복 있는 사람

오직 여호와의 율법을 즐거워하여 그 율법을 주야로 묵상하는 자로다.
저는 시냇가에 심은 나무가 시절을 좇아 과실을 맺으며 그 잎사귀가 마르지 아니함 같으니
그 행사가 다 형통하리로다.(시편 1:2-3)

영적 침체라는 주제를 이 책보다 더 치밀하면서도 심도 있게 다루기는 힘들 것이다. 로이드 존스는 섬세하고 사려 깊은 영혼의 의사인 동시에 친절하고 자상한 상담자가 되어, 그리스도인들이 겪는 온갖 영적 질병과 침체의 증후들을 낱낱이 분석하고 그 심층적인 원인들을 다각적으로 진단하여 최상의 처방책을 제시해 준다. 오래전 영적으로 심히 곤고했던 나에게 큰 위로가 되었던 그의 메시지가 이번에 새롭게 번역되어 나옴으로, 영적 침체의 늪지에서 허우적거리며 구조의 손길을 애타게 찾는 많은 영혼들에게 생명줄과 같은 역할을 하게 되기를 기대한다. 한국 교회가 거대한 침체의 수렁 속으로 빠져 들어가는 위급한 상황에서 이보다 더 시의적절한 메시지는 없을 것이다.

박영돈 고려신학대학원 교의학 교수

마틴 로이드 존스가 쓴 『영적 침체』는 그리스도인의 내면 문제를 다룬 최고의 책이다. 본인도 이 책으로 영적 침체를 극복하는 데 큰 도움을 받았을 뿐 아니라, 수많은 목회자들과 성도들이 이 책을 통하여 영적 침체의 실체를 알게 되어 이 사탄의 가시와 같은 영적 침체를 극복할 수 있었다. 크리스천 가운데도 우울증이 만연하고 자살이 증가하고 있는 최근의 현실에서, 이 위대한 책이 큰 도움이 될 줄 믿는다.

김서택 대구동부교회 담임목사

성경 말씀 자체에 관심이 있는 교회 부흥 시기에는 강해설교만으로 충분하지만, 말씀에 대한 관심이 사라지고 있는 이 시기에는 주제설교가 더 효과적이다. 마틴 로이드 존스의 『영적 침체』는 저 유명한 웨스트민스터 교회에서 "왜 그리스도인들은 삶 가운데서 활력을 잃고 자유와 기쁨과 행복을 상실한 채 살고 있는가?"라는 한 가지 주제로 선포한 21편의 주제설교를 모아 놓은 것이기에 설교자들에게는 최선의 선택이 될 수 있다.

몸을 고치는 전직 의사의 성공한 눈으로 현대 교회의 고질병인 영적 침체의 원인을 진단해 내고 그 치료법을 처방하는 영적인 의사인 로이드 존스의 글은, 그리스도 안에서의 자유와 기쁨과 행복을 잃어버린 일반 성도들에게도 후회 없는 선택이 될 것이다. 21편의 설교 가운데 첫 번째 설교만 읽어도 로이드 존스가 왜 최고의 설교자인지 한눈에 알 수가 있다. 이에 목회자와 신학생과 일반 성도 모두에게 강력히 추천하는 바다.

김지찬 총신대학교 신학대학원 구약학 교수

오늘 우리는 포스트모던 시대를 살아가며 수많은 상처와 더불어 갈등하고 고통하고 있다. 수많은 처방이 제시되고 있지만, 한결같이 피상적인 해답으로 도움이 되지 못하고 있는 것이 현실이다. 영국 왕실의 의사였고 위대한 성경 강해자인 로이드 존스의 『영적 침체』는 이런 걱정을 한꺼번에 날려 보내는, 문자 그대로 복음적 처방을 제시한다. 수년 전 개인적으로 영혼의 어두운 밤을 지나던 때, 이 책은 내게 새로운 내일을 향해 다시 일어설 수 있는 새 힘을 주었다. 영적 침체로 고뇌하는 모든 성도들과 영적 침체를 설교하고자 하는 모든 설교자들에게 강력히 추천하고 싶은 우리 시대의 클래식이다. **이동원** 지구촌교회 원로목사

그리스도인의 삶에는 어려움이나 문제가 없어야 할 것 같다. 그러나 '영적 침체'는 구원받은 그리스도인들에게 종종 찾아오는 영혼의 질병이며, 고통과 좌절의 시대를 살아가는 한국 교회 성도들에게도 만연한 현상이다. 이 책에서 마틴 로이드 존스는 영적 침체로 힘겨워하는 이들을 위한 강력한 처방을 제시한다. 최고의 의사이자 설교자답게 근본 원인을 잡아내고, 구체적이며 성경적인 치료법으로 영혼의 소성을 도모하고 있다. 영적 침체 상태에 있는 한국 교회의 많은 성도들이 이 책을 통해, 하나님의 놀라운 회복의 은혜를 경험하기를 기대한다. **이찬수** 분당우리교회 담임목사

'영혼의 의사'인 청교도 목회자들은 설교자가 반드시 읽고 알아야 할 두 가지 책을 한 목소리로 강조하였다. 그것은 바로 하나님의 말씀인 성경책과 사람들의 마음이라는 책이다. 청교도 정신을 이어받은 로이드 존스는 『영적 침체』에서 전직 내과 의사이자 영혼의 의사로서 영적 침체, 영혼의 어두운 밤을 지나는 성도들을 돌보기 위한 최선책을 제시한다. 의사가 질병을 먼저 진단한 후 뒤따라 그에 대한 처방을 하듯, 그는 영적 질병인 '영적 침체'에 대하여 오직 복음으로 원인을 정확하게 진단하고, 오직 복음으로 그 치료책을 명쾌하게 보여준다. 로이드 존스의 이 귀한 책이 새롭게 출판됨을 기쁘게 생각한다. **박태현** 총신대학교 신학대학원 실천신학 교수

'영적 침체'라는 주제는 생소하거나 현대적인 개념이 아니다. 오히려 신·구약성경뿐 아니라 교회 역사 안에서도 자주 등장하는, 모든 시대의 성도들을 괴롭혀 온 중요한 주제 중 하나이다. 침체에 빠졌다고 성도가 아닌 것은 아니나, 주님 허락하신 귀한 복락들을 놓치게 되어 불행하고 비참해지기 쉽다. 특히 오늘날 조국 교회에는 여러 이유들로 인해 낙심하고 좌절하며, 속으로 불안해하는 많은 성도들이 있다. 이런 때에 영혼의 의사 로이드 존스의 수작 가운데 하나인 『영적 침체』가 새로운 번역을 통해 다시 소개되는 것은 무척이나 기쁜 일이다. 침체의 가장 흔한 이유들을 중점적으로 다루고 있는 이 책은, 전문가가 아닌 우리 일반 성도들을 위해 실제적인 도움을 주는 귀한 책이다.
화종부 남서울교회 담임목사

로이드 존스는 훈련을 잘 받은 유능한 의사였으며, 신학적·영적으로도 명민한 진단자였다. 뛰어난 청교도 저술가들처럼 그는 영혼의 의사로서 성경에 따라 바른 것을 깊이 이해하고, 이 틀 속에서 영혼의 문제를 철저히 진단하며 분석했다. '영적 침체'는 로이드 존스가 특별히 주의를 기울인 문제였다. 그는 『영적 침체』에서 이 문제가 하나님의 은혜로운 약속에 대한 불신이 핵심에 자리 잡고 있는 상태라고 진단하며, 이를 치료하기 위해 불신앙에서 오는 감정들과 싸우는 법을 배워야 한다고 처방한다. 이 처방은 의사나 심리학자들이 정서적 우울증을 치료하는 방식과 비교할 수 없이 탁월하다. 로이드 존스는 오직 하나님의 신실하심에만 영적인 눈을 고정하고 시편 기자처럼 고백하라고, 하나님의 자녀들을 향해 강력하게 권면하고 있다.
J. I. 패커

1954년, 내가 존경하는 마틴 로이드 존스는 런던의 웨스트민스터에서 연속설교를 한 후 그것을 『영적 침체』라는 책으로 엮어 냈다. 그가 20세기 중반의 교회에 대해 내린 평가는 지금도 여전히 유효하다. 더욱이 그가 목사가 되기 전에 존경받는 의사였다는 사실은, 수많은 그리스도인들 사이에 퍼져 있는 '영적 침체'의 원인에 대한 그의 진단에 특별한 무게를 실어 준다. 이 책에서 그는 침체를 일으키는 원인이 복잡하다는 사실을 외면하지 않지만, '불신앙'이 모든 영적 침체의 최종적인 원인이라는 사실을 단호하게 짚어 낸다.
존 파이퍼

로이드 존스는 과학적으로 훈련된 지성과 웨일스 사람다운 정열을 겸비하고 있었다. 그는 의사로 일하던 시절 이후에도 의학 서적을 계속해서 읽음으로써, 사람들의 약점과 단점을 의사이자 목사의 통찰력으로 직시할 수 있었다. 이 통찰이 탁월하게 반영된 『영적 침체』는 그의 가장 인기 있는 저서 가운데 하나이며, 실제적인 성경적 지혜로 가득 차 있다.
존 스토트

마틴 로이드 존스의 『영적 침체』는 영혼의 고통과 괴로움에 관한 훌륭한 처방이다. 죄책감, 우울한 감정, 절망적인 상황 등과 씨름하고 있는 모든 그리스도인들에게 권한다.
티모시 켈러

마틴 로이드 존스는 의심할 바 없이 20세기 최고의 강해설교자다. 그의 성경 강해는 매우 정확하고 꼼꼼할 뿐 아니라 열정과 에너지로 가득 차 있다. 『영적 침체』에서 그는 현대 심리학이나 세상이 광고하는 것과는 전혀 다른 침체의 해결책을 제시한다. 그는 우리가 과도한 자기 성찰이나 병적인 집착을 버리고 오직 하나님의 말씀에 귀를 기울여야 하며, 적절한 생각과 행동을 통해 믿음을 발휘하는 법을 훈련해야 한다고 이야기한다. 이것은 금세 만족을 얻을 수 있는 지름길이 아니다. 그리스도인다운 삶을 올바로, 꾸준히 살 때에만 비로소 터득할 수 있는 진정한 영적 비결이다.
존 맥아더

로이드 존스의 설교는 듣는 이들을 '칭의'라는 주제로 돌아가게 한다. 『영적 침체』에서 그는 조건 없는 은혜의 복음이 먼저 주어져 우리가 하나님을 추구할 수 있게 되었다고 강조한다. 그러나 칭의를 상기하는 것만으로 성화가 이루어진다고 말하는 것은 아니다. 그는 신약성경을 인용하며, 복음 메시지를 기억하는 동시에 복음의 명령을 따라 행동해야 한다고 강력하게 권한다. 우리는 지나치게 행동에만 몰두하거나, 나태하게 아무 일도 하지 않는 극단을 피해 균형을 지켜야 한다. 그리스도의 죽음 안에서 죄에 대해 죽었다면, 이제는 육체를 따르는 행실에 죽음을 고해야만 한다. 로이드 존스의 책은 이 진리를 선명히 보여주고 있다.
케빈 드영

영적 침체

D. Martyn Lloyd-Jones

Spiritual Depression: Its Causes and Cures

영적 침체

마틴 로이드 존스 지음 | 정상윤 옮김

복 있는 사람

영적 침체

2014년 4월 28일 초판 1쇄 발행
2025년 6월 30일 초판 17쇄 발행

지은이 마틴 로이드 존스
옮긴이 정상윤
펴낸이 박종현

(주) 복 있는 사람
주소 서울특별시 마포구 연남동 246-21(성미산로 23길 26-6)
전화 02-723-7183(편집), 7734(영업·마케팅)
팩스 02-723-7184
이메일 hismessage@naver.com
등록 1998년 1월 19일 제1-2280호

ISBN 979-11-7083-273-7 03230

이 도서의 국립중앙도서관 출판시도서목록(CIP)은
서지정보유통지원시스템 홈페이지(http://seoji.nl.go.kr)와 국가자료공동목록시스템(http://www.nl.go.kr/kolisnet)에서 이용하실 수 있습니다. (CIP 제어번호: 2014012235)

Spiritual Depression, 2nd edition
by D. Martyn Lloyd-Jones
Originally Published in the U.S.A. under the title *Spiritual Depression, 2nd edition*
Copyright ⓒ 1965, 1998 by Zondervan
Published by permission of Zondervan, Grand Rapids, Michigan, U.S.A.
All rights reserved.

Translated and used by the permission of Zondervan
through the arrangement of rMaeng2, Seoul, Korea.
This Korean edition Copyright ⓒ 2014 by The Blessed People Publishing Inc., Seoul, Korea.

이 책의 한국어판 저작권은 알맹2 Agency를 통해 Zondervan과 독점 계약한 (주) 복 있는 사람이 소유합니다. 신저작권법에 의하여 한국 내에서 보호를 받는 저작물이므로 무단 전재와 복제를 금합니다.

앤에게

차례

머리말　13

1　일반적인 고찰　15
2　참된 토대　35
3　나무 같은 것들이 걸어가는 것　57
4　정신과 마음과 의지　75
5　그 한 가지 죄　95
6　부질없는 후회　113
7　미래에 대한 두려움　133
8　감정　153
9　포도원의 품꾼들　171
10　너희 믿음이 어디 있느냐?　191

11 바람을 보고	211
12 종의 영	229
13 거짓 가르침	249
14 선을 행하다가 낙심하는 경우	269
15 훈련	287
16 시련	307
17 징계	329
18 하나님의 체육관에서	347
19 하나님의 평강	367
20 자족을 배우라	385
21 최종해결책	403

해설의 글　421

일러두기

· 이 책 19, 20, 21장은 로이드 존스 박사가 『빌립보서 강해』 제2부 평안의 삶 14, 17, 18장을 재수록한 것이다.
· 이 책에서는 우리말 성경 개역개정판과 통일찬송가를 사용했다.

머리말

웨스트민스터 채플에서 매주 주일 오전예배 때 전한 설교를 거의 손대지 않은 채 이 책에 실었습니다. 목회를 하면서 '영적 침체'라는 주제로 설교해야겠다는 필요성을 느꼈고, 이제 그 설교들을 묶어서 출판해 달라는 거듭된 요청에 힘입어 이렇게 책으로 내게 된 것입니다.

교회가 되살아나 기쁨으로 충만해지는 것이 이 시대에 가장 필요한 일이라고 믿기에, 이 설교에서 다룬 주제야말로 다른 무엇보다 중요하다고 생각합니다. 불행한 그리스도인은 누구에게도 기독 신앙을 권할 수 없다는 말은 과장이 아닙니다. 기독교의 확산에 가장 크게 기여한 것은 초대교회 그리스도인들의 넘치는 기쁨이었던 것이 분명합니다.

물론 이 주제를 속속들이 다 다룬 것은 아닙니다. 저는 가장 흔한 침체의 원인이라고 생각되는 것들을 다루고자 했습니다. 몇몇 경우에는 (예컨대 신체적, 심리적, 영적 원인의 관계를 다루는 경우처럼) 좀 더 철저히 살피고 싶은 마음도 있었지만, 설교 한 편으로 그렇게 하기란 거의 불가능했습니다. 여기 실린 설교들은 전부 '전문가'가 아닌 '평범한 사람들', 도움이 필요한 사람들을 위한 것입니다. 하나님께서 그들에게 복을 주시길 기도합니다.

저처럼 이 책에서 도움을 얻는 분들도 처음 설교를 속기해 준 허칭즈 부인Mrs. Hutchings과 원고를 바로잡고 교정하는 등 여러 수고를 해준 제 아내에게 감사하리라 생각합니다.

1964년 9월
웨스트민스터 채플에서,
D. M. 로이드 존스

1
일반적인 고찰

내 영혼아, 네가 어찌하여 낙심하며 어찌하여 내 속에서 불안해하는가? 너는 하나님께 소망을 두라. 그 얼굴의 도우심으로 말미암아 내가 여전히 찬송하리로다.
시편 42:5, 흠정역KJV

내 영혼아, 네가 어찌하여 낙심하며 어찌하여 내 속에서 불안해하는가? 너는 하나님께 소망을 두라. 내 얼굴에 화색을 주시는 내 하나님을 내가 여전히 찬송하리로다.
시편 42:11, 흠정역

다섯 권으로 이루어진 시편을 가장 간단히 설명하는 말은 '이스라엘의 뛰어난 기도서이자 찬송가'라는 것입니다. 시편은 진리를 계시하되 추상적으로 계시하는 것이 아니라 인간의 경험을 통해 계시합니다. 시편의 진리는 하나님의 백성이 구체적인 상황 속에서 겪는 고통, 욕망, 감정과 어우러져 나타납니다. "시편은 모든 시대 모든 하나님의 백성들 —이스라엘 자손과 교회 교인들—에게 위안과 격려의 큰 원천이 되어 왔다"는 말이 합당한 이유가 여기 있습니다.

우리는 시편에서 자기 자신, 또는 자기 문제와 씨름하는 고상한 영혼들을 볼 수 있습니다. 그들은 자기 자신, 자기 영혼과 이야기를 나누는 가운데 속내를 드러내고, 문제를 분석하며, 스스로 책망하는 동시에 격려합니다. 고양되어 있을 때든 침체해 있을 때든 한결같이 정직하게 자신을 대면합니다. 그렇기 때문에 역시 정직하게 자신을 대면하려는 자들에게 시편이 그토록 소중한 것입니다.

이제 살펴보려는 42편 기자는 곤경에 빠져 있고 불행합니다. 그래서 극적인 표현을 써 가며 부르짖고 있습니다. "내 영혼아, 네가 어찌하여 낙심하며 어찌하여 내 속에서 불안해하는가? 너는 하나님께 소망을 두라. 내 얼굴에 화색을 주시는 내 하나님을 내가 여전히 찬송하리로다"(11절).*

42편에 두 차례 나오는 이 표현은 다음 시편에도 똑같이 등장합니다. 그래서 43편을 별도의 시가 아닌 42편의 일부로 보는 이들도 있습니다. 이것은 쉽게 단정 지을 수 있는 문제가 아니며 그리 중요한 문제도 아니지만, 어쨌든 43편 끝에 똑같은 표현이 나오면서 두 시편에 공히 반복되고 있는 것은 사실입니다.

시편 기자는 이 시를 썼던 당시에 자신의 상태가 어떠했는지, 자신이 얼마나 불행했으며 자기 영혼이 얼마나 불행했는지 토로합니다. 그리고 그 원인을 밝히고 있습니다. 아마도 그는 다른 이들과 함께 하나님의 집으로 공적인 예배를 드리러 가지 못할 형편에 처했던 것 같습니다. 게다가 원수들의 공격까지 받았던 것이 분명합니다. 그를 낙심시키려고 애쓰는 자들이 있었습니다. 시편 기자는 그 상황을 설명합니다. 그러나 우리의 주된 관심은 그 상황 자체보다 시편 기자가 어떻게 그 상황에 대처하여 자신을 추스르는가 하는 데 있습니다.

다시 말해서 지금 우리가 다루려 하는 것은 '영적 침체'라고 표현할 수 있는 상태의 원인과 치료입니다. 성경이 이 주제를 얼마나 자주 다루는지 살펴보면 흥미롭습니다. 여기에서 끌어낼 수 있는 유일한 결론은 침체가 아주 흔한 현상이라는 것입니다. 구약성경과 신약성경이 공히 이 상태를 묘사하거나 다루는 것을 보면, 침체가 애초부터 하나님의 백성을 괴롭혀 온 문제임을 짐작할 수 있습니다. 이 한 가지 이유만으로도 영적 침체라는 주제를 주목해서 살펴보기에 충분합니다. 그러

---

* 우리말 성경 개역개정판에는 "내 영혼아, 네가 어찌하여 낙심하며 어찌하여 내 속에서 불안해하는가? 너는 하나님께 소망을 두라. 나는 그가 나타나 도우심으로 말미암아 내 하나님을 여전히 찬송하리로다"라고 되어 있다.

나 제가 이 주제에 주의를 환기시키는 또 한 가지 이유가 있는데, 그것은 영적 침체가 여러 가지 면에서 수많은 하나님의 백성들을 괴롭혀 온 문제일 뿐 아니라 특히 지금 이 시점에 괴롭히고 있는 특별한 문제라는 것입니다.

여기에는 많은 이유가 있습니다. 그중에서도 주된 이유는 두 차례의 전쟁과 그 이후의 격변이라는 무서운 일을 경험한 데 있는 것이 분명합니다. 물론 그것이 유일한 이유는 아니지만, 거기에 일부 책임이 있다고 저는 믿습니다. 이유가 무엇이든 간에 분명한 사실은 불행해 보이는 그리스도인들이 참으로 많다는 것입니다. 그리스도인들은 낙담하고 있으며, "속에서 불안해"하고 있습니다. 그래서 제가 이 주제에 여러분의 주의를 환기시키는 것입니다.

'영적 침체'라는 주제를 폭넓게 분석하기 위해 밟아야 할 경로가 두 가지 있습니다. 첫째는 이 문제에 대한 성경의 가르침을 찾아보는 것이고, 둘째는 침체의 구체적인 사례 및 실례를 살펴보면서 개인들이 각 상황에 어떻게 대처했으며 하나님이 그들을 어떻게 다루셨는지 관찰하는 것입니다. 이것은 영적인 삶에 수반되는 다른 문제들을 다룰 때에도 유익한 방법입니다. 성경은 모든 영적인 상태에 대해 분명한 가르침을 주기 때문에 항상 그 가르침을 먼저 살펴본 다음, 성경에 등장하는 구체적인 사례와 실례를 살펴보는 것이 좋습니다.

이 두 가지 방법은 우리에게 큰 도움을 줍니다. 그중 어느 한 가지도 소홀히 하면 안 되는 이유를 설명해 드리겠습니다. 실례와 일화에만 관심을 갖는 이들이 있는데, 일화에 담긴 원리를 신중하게 끌어내지 못하면 오히려 상태가 악화될 수 있습니다. 물론 사례와 실례를 살펴보는 일도 매우 유익하지만, 그보다 먼저 성경의 가르침을 반드시 찾아보아야 합니다. 많은 이들이 남의 체험에 기대어 살거나 남의 체험을 욕심내다가 혼란에 빠지곤 합니다. 성경의 가르침을 먼저 파악하기보다 어떤 사람이나 그 사람의 일화에만 주목하다가 걷잡을 수 없이 어긋난 길로 가 버리는 경우가 허다합니다. 앞으로 이 주제를 논하다 보면 알게 되겠지만, 성경은 가르침과 실례를 다 포괄하고 있기 때문에 성경을 알면 이런 위험에 빠지지 않게끔 경고와 보호를 받을 수 있습니다. 은혜로우신 하나님은 중대한 원리마다 각각의 실례를 보여주심으로 그 원리가 어떻게 현실에 적용되는지 알려 주십니다.

제가 왜 이토록 침체의 문제를 직시하는 일을 중요하게 여기는지 따로 설명할 필요는 없을 것입니다. 그래도 부분적인 이유를 밝히자면, 시편 42편에 완벽하게 묘사되어 있듯이 불행하고 불안하고 불편한 긴장 상태와 혼란 상태에 빠져 있는 이들을 돕기 위해서입니다. 그런 상태로 대부분의 삶을 살아가는 그리스도인들을 보면 정말 안타깝습니다. 물론 침체에 빠졌다고 그리스도인이 아닌 것은 아닙니다. 그러나 상당히 많은 부분을 누리지 못한 채 놓치고 있습니다. 순전히 그런 이들을 위해서라도 이 시편이 분명히 보여주는바, 영적 침체의 상태에 대해 조사해 보는 일이 중요합니다.

더 중요한 이유가 있는데, 그것은 하나님 나라와 그의 영광을 위해 이 문제를 직시해야 한다는 것입니다. 어떤 의미에서 '침체한 그리스도인'이라는 말은 그 자체가 모순이라고 할 수 있습니다. 침체한 그리스도인은 복음을 제대로 대변할 수 없습니다. 우리는 실용주의 시대에 살고 있습니다. 오늘날 사람들은 '진리'가 아닌 결과에 주로 관심을 보입니다. 그들은 오직 "효과가 있느냐?"를 물으며, 자신에게 도움이 될 만한 것을 광적으로 찾아다닙니다. 그런데 우리는 하나님이 부분적으로 그 백성인 우리를 통해 자신의 나라를 확장해 나가신다고 믿는 자들입니다. 우리는 하나님이 아주 평범한 그리스도인의 소박한 삶을 통해 교회 역사상 가장 중요한 일들을 행하시곤 한다는 사실을 압니다. 그렇기 때문에 주변에서 우리를 지켜보는 사람들이 "그리스도인이 된다는 건 불행하고 슬프고 병적인 사람이 된다는 뜻이로구나. '즐거움을 비웃으며 고된 나날을 살아가는'* 사람이 된다는 뜻이로구나"라고 여길 만한 상태에서 벗어나는 것보다 중요한 일이 없습니다. 실제로 이런 그리스도인들 때문에 자신은 믿지 않노라고, 그나마 기독 신앙에 가졌던 약간의 관심조차 잃어버렸다고 말하는 자들이 많습니다. 그들은 "그리스도인들을 좀 봐. 저들의 모습을 좀 봐!" 하면서, 자신의 실상이야 어떻든 개의치 않고 자신이 믿는 바에 열광하는 세상 사람들과 그리스도인들을 비교하길 좋아합니다. 세상 사람들은 축구 경기에 대해 열변을 토하며 자신이 본 영화 이야기에 열을 올립니다. 잔뜩 흥분해서 만나는 사람마다 붙잡고 그 이야기를 하려 듭니다. 반면에, 그리스도인들은 내내 침울해 보이거나 자유로움이나 기쁨 없이 불행해 보일 때가 너무 많습니다. 이것이야말로 많은 이들이 기독교에 관심을 잃는 주된 이유인 것이 확실합니다. 어떤 의미에서 그럴 만도 하다는 점을 솔직히 인정합시다. 그들의 비판이 정당함을 인정할 필요가 있습니다. 그러므로 우리 자신뿐 아니라 하나님 나라를 위해, 우리가 믿는 그리스도의 영광을 위

---

*   존 밀턴John Milton, 「리시더스Lycidus」

해, 어떤 환경 어떤 상황에서도 우리를 지켜보는 이들이 반감이 아닌 호감과 매력을 느낄 수 있는 방식으로 그리스도를 대변해야 하며, 그의 대의와 메시지와 능력을 대변해야 합니다. "하나님께 나아가면 나도 저 사람처럼 살 수 있을까? 저 사람처럼 세상을 헤쳐 나가며 살아 나갈 수 있을까?" 하는 말이 나오게끔 살아야 합니다. 그런데 낙담한 상태로는 그런 역할을 할 수 없는 것이 분명합니다.

잠시 일반적인 측면에서 이 주제를 살펴보겠습니다. 침체의 일반적인 원인을 찾아서 고찰한 다음, 그에 대처하는 방법을 알아보겠습니다. 이렇게 일반적인 측면의 침체부터 살펴보아야 더 구체적인 측면의 침체에 대해 살펴볼 수 있습니다. 저는 이 방법의 중요성을 강조하고 싶습니다. 영국 교회 역사상 아주 유명했던 이들, 침체의 문제를 다루었던 이들의 책과 글을 읽어 보면 예외 없이 이 방법을 썼던 것을 알 수 있습니다. 물론 오늘날에는 이 방법이 인기가 없다는 것을 저도 압니다. 우리는 단번에 급히 해결하려 듭니다. 단 몇 분 안에 모든 진리를 요약할 수 있다고 믿습니다. 그러나 제 대답은 그럴 수 없다는 것입니다. 오늘날 피상적으로 살아가는 그리스도인들이 그토록 많은 이유는 시간을 내서 자신을 점검해 보지 않는 데 있습니다. 예를 들어 보겠습니다. 의사의 처방을 어떻게 따를지 몰라 고생하는 이들의 이야기를 종종 들을 것입니다. 물론 의사를 만나 지시를 듣기는 했습니다. 잘 알아들은 줄 알고 돌아왔는데, 막상 처방대로 하려고 보니 자세히 아는 내용이 없습니다. 전체적인 지시만 듣고 세세한 내용은 듣지 못한 것입니다. 환자는 당황합니다. 자기가 구체적으로 뭘 해야 할지, 정확히 어떻게 처방을 따라야 할지 알 수 없기 때문입니다. 교육 분야에서도 마찬가지입니다. 현명한 선생은 항상 일반적인 원리를 먼저 제시하지만, 그렇다고 자세한 설명을 소홀히 하지는 않습니다. 이처럼 일반적인 진술만으로는 충분치 못합니다. 구체적인 설명이 꼭 필요합니다. 그럼에도 지금은 잠시 전체적인 그림에 관심을 집중해 보겠습니다.

먼저 영적 침체가 어떤 상태를 가리키는 말인지부터 살펴봅시다. 42편 기자의 묘사보다 더 좋은 묘사는 없습니다. 그는 영적 침체의 상태를 아주 정확하게 그려 내고 있습니다. 한 구절 한 구절 읽어 보십시오. 낙심과 낙담에 빠진 이의 모습이 생생히 그려질 것입니다. 마치 그 얼굴이 눈앞에 보이는 듯합니다. 이 맥락에서 5절과 11절의 차이에 주목하기 바랍니다. 먼저 11절을 보십시오. "내 영혼아, 네가 어찌하여 낙심하며 어찌하여 내 속에서 불안해하는가? 너는 하나님께 소망을 두라. 내 얼굴에 화색을 주시는 내 하나님을 내가 여전히 찬송하리로다." 5절에서는 이렇게 말합니다. "내 영혼아, 네가 어찌하여 낙심하며 어찌하여 내 속에서 불안해하는가? 너는 하나님께 소망을 두라. 그 얼굴의 도우심으로 말미암아 내가 여전히 찬송하리로다."* 5절에서는 바라볼 때마다 자신을 도와주시는 하나님의 얼굴을 이야기하고, 11절에서는 "내 얼굴"을 이야기하는 것입니다. 다시 말해서 낙담하여 불안하고 비참한 사람, 불행하고 침체한 사람은 항상 얼굴에 그 표시가 나타나게 되어 있습니다. 걱정과 근심의 기색이 나타나게 되어 있습니다. 얼핏 보아도 알 수 있습니다. 그렇습니다. 시편 기자가 말하는 바는 그럴 때라

---

* 우리말 성경 개역개정판에는 "내 영혼아, 네가 어찌하여 낙심하며 어찌하여 내 속에서 불안해하는가? 너는 하나님께 소망을 두라. 그가 나타나 도우심으로 말미암아 내가 여전히 찬송하리로다"라고 되어 있다.

도 하나님을 바라보면 회복된다는 것입니다. 얼굴 표정까지 회복된다는 것입니다. "화색"이 돈다는 것입니다. 핼쑥하고 초췌하던 표정, 짜증 내고 근심하며 당혹해하던 내성적인 표정은 사라지고, 차분하고 침착하며 안정되고 밝은 표정이 나타난다는 것입니다. 일부러 그런 척하는 것이 아닙니다. 저절로 그런 표정이 나타납니다. 침체하거나 불행하면 본인이 원하든 원치 않든 얼굴에 나타나게 되어 있습니다. 반면에, 하나님과 바른 관계를 누리며 참으로 영적인 상태에 있을 때에도 그 표시가 얼굴에 나타납니다. 그렇다고 내내 억지웃음을 짓는다는 말은 아닙니다. 어떤 이들은 참된 그리스도인의 기쁨을 나타내기 위해 억지웃음을 지어야 하는 것처럼 생각하는데, 그럴 필요가 없습니다. 저절로 기쁜 기색이 나타납니다. 나타내고 싶지 않아도 나타납니다. "내 얼굴에 화색을 주시는 내 하나님을……."

42편에 나오는 가련한 사람을 다시 보십시오. 마치 혼자 세상을 다 짊어진 것 같습니다. 그만큼 짓눌려 있고, 슬퍼하고 있으며, 근심하고 있고, 당혹해하고 있습니다. 더 나아가 그는 눈물이 계속 흐른다고 말합니다. "내 눈물이 주야로 내 음식이 되었도다." 그가 이처럼 눈물을 흘리며 우는 것은 당혹감과 두려움 때문입니다. 자기 자신을 생각하고 자신에게 닥친 일을 생각하니 걱정이 몰려옵니다. 자신을 공격하는 원수들, 자신과 하나님에 대해 수군거리는 원수들을 생각하니 근심이 몰려옵니다. 모든 상황이 자신을 짓누르는 것 같습니다. 감정을 주체할 수가 없습니다. 그는 식욕조차 잃었다고 말합니다. "내 눈물이 주야로 내 음식이 되었도다." 이것은 우리도 익히 아는 경험입니다. 근심 걱정이 심하면 식욕이 달아나서 아무것도 먹고 싶지 않습니다. 음식만 보아도 토할 것 같습니다. 이것은 순전히 신체적이고 의학적인 관점에서 볼 때에도 흥미롭게 살펴볼 만한 증세지만, 지금은 침체한 사람에게 이런 특징이 나타난다는 점만 강조하고 넘어가겠습니다. 침체의 문제점은, 막상 침체에 빠진 당사자는 많은 경우 자신의 모습이 어떻게 비치는지 모른다는 것입니다. 지금은 남의 눈에 비치는 그리스도인들의 모습을 고찰하는 중이니, 침체한 사람의 객관적인 모습을 살펴보는 것도 그리 나쁘지 않을 것입니다. 남의 눈으로 자신을 볼 줄 아는 것이야말로 승리와 해방으로 나아가는 중요한 걸음이 될 때가 많습니다. 잔뜩 침체해서 밥도 먹지 않고 사람도 만나지 않고 내내 울기만 하는 모습, 자기 불행에 매몰되어 우울하고 침울하게 가라앉아 있는 모습이 남의 눈에는 과연 어떻게 비칠지 생각해 보는 것이 좋습니다.

일반적인 차원에서 침체한 모습을 살펴보았으니, 이제 일반적인 원인도 몇 가지 찾아봅시다. 제가 주저 없이 첫 번째로 꼽는 원인은 기질입니다. 사람의 유형은 각기 다릅니다. 제가 기질을 첫 번째 원인으로 제시해서 놀랐습니까? "그리스도인의 문제를 다루는 데 기질이나 유형의 요소를 끌어들이면 안 되지요. 기독교는 그런 요소들을 폐하는 것이 분명한데, 오히려 그런 걸 고려하면 어떡합니까?"라고 항의하고 싶은 분이 있을지도 모르겠습니다. 이것은 아주 중요한 문제이므로 대답하고 넘어가야겠습니다. 가장 먼저 밝힐 점은, 기질과 심리와 성향은 구원에 아무 영향을 끼치지 못한다는 것입니다. 감사하게도 이것은 그리스도인이라는 우리 신분의 토대를 이루는 사실입니다. 구원의 영역에서 기질은 아무 문제가 되지 않습니다. 우리는 다 같은 방법으로 구원받습니다. 하나님이 우리 주와 구주 되신 아들 예수 그리스도 안에서,

그를 통해 행하신 일을 통해 구원받는 것입니다. 이것이 심리학에 대한 우리의 답변이자, 종종 심리학적 연구의 결과로 제기되는 기독교 비판에 대한 답변입니다. 이 점을 분명히 짚고 넘어갑시다. 여러분의 배경은 아무 문제가 되지 않으며, 어쩌다 타고난 기질도 아무 문제가 되지 않습니다. 그 모든 것은 구원에 어떤 영향도 끼치지 못합니다. 우리는 '종교적 성향' 같은 것을 인정하지 않습니다. 살아 계신 하나님의 교회에 온갖 기질의 사람들이 있었음을 교회 역사가 풍성히 입증해 준다는 것이야말로 우리의 자랑거리입니다. 오늘날도 마찬가지입니다. 그러나 근본적인 구원의 문제에 기질이 아무 영향도 끼치지 못한다는 사실을 진심으로 강조하는 동시에 제가 똑같이 강조하고 싶은 사실은, 그리스도인이 실제 살아가는 삶에는 기질이 아주 지대한 영향을 끼친다는 것, 따라서 기질이야말로 영적 침체와 같은 상태를 진단하고자 할 때 가장 먼저 고려해야 할 요소이자 출발점이라는 것입니다.

다시 말해서 제가 이 주제에 관련된 성경의 가르침을 이해한 바에 따르면, 자기 자신을 최대한 빨리, 지체 없이 파악하는 것만큼 중요한 일이 없습니다. 사실 우리는 다 같은 그리스도인이면서 동시에 각기 다른 유형에 속한 사람들입니다. 각자의 기질과 유형에 따라 부딪치기 쉬운 문제와 어려움과 곤란과 시험이 다릅니다. 물론 우리는 같은 구원과 같은 필요를 공유한 자들이며 같은 싸움을 싸우는 자들입니다. 그러나 구체적으로 부딪치는 어려움은 각각의 경우에 따라, 각각의 사람에 따라 차이가 있습니다. 침체의 문제를 다루면서 모든 그리스도인이 모든 측면에서 똑같으리라고 전제하는 것만큼 무익한 짓은 없습니다. 그렇습니다. 그리스도인이라고 다 똑같을 수는 없습니다.

이번에도 다른 분야의 예를 통해 이 점을 아주 잘 설명할 수 있습니다. 우리는 인간으로서 기본적으로는 같은 체질을 가지고 있습니다. 그럼에도 똑같은 사람은 하나도 없다는 것, 실제로 아주 많은 점에서 각기 다르다는 것을 우리 모두 잘 압니다. 그런데 이 기본적인 사실을 완전히 무시하는 치료법, 따라서 분명히 잘못된 생활 방식이나 치료법을 옹호하는 이들을 만날 때가 종종 있습니다. 그들은 세상 모든 사람에게 똑같은 식이요법을 권장합니다. 만인을 치료할 수 있는 보편적 식이요법을 권장하는 것입니다. 그러나 그러한 식이요법은 존재할 수 없을 뿐 아니라, 그 정의부터 완전히 잘못된 것입니다. 제가 영양학의 첫 번째 기본 법칙으로 자주 인용하는 옛말은 이것입니다. "잭 스프랫은 지방을 먹을 수 없고, 그 아내는 살코기를 먹을 수 없다." 그렇습니다! 이것은 재미있는 말이면서도, 아주 중요한 영양학의 기본 원칙을 담고 있는 말입니다. 체질이 다른 잭 스프랫과 그 아내에게 다 유익하다고 장담하며 똑같은 요법을 권장하는 사람은 기본적인 오류를 범하는 것입니다. 물론 두 사람 다 같은 인간이지만 체질은 각기 다릅니다. 또 다른 예로, 모든 학생에게 똑같은 체조를 강요하는 풍조도 살펴봅시다. 이 또한 동일한 오류입니다. 제각기 키도 다르고 다리 길이도 다른 학생들에게 모든 유형에 무조건 적용되는 한 가지 기준을 강요하는 것은 불합리한 일입니다. 그 운동이 적성에 맞는 학생도 있고 맞지 않는 학생도 있는데 무조건 똑같은 운동을 부과하는 것은 모든 사람에게 똑같은 식이요법을 권장하는 것만큼이나 괴이한 짓입니다. 물론 운동은 누구나 해야 하지만, 그 방식과 분량까지 똑같아야 하는 것은 아닙니다.

이상은 모든 것을 규격화하려는 작금의 추세를 반영하는 예들로서,

제가 말하고 싶은 요점은 마치 사람이 무슨 기계라도 되는 양 보편적인 법칙을 정해서 무조건 부과할 수는 없다는 것입니다. 그것은 신체적인 영역에서도 잘못된 태도일 뿐 아니라 영적인 영역에서는 더더욱 잘못된 태도입니다.

인간은 크게 두 부류로 나뉘는 것이 분명합니다. 이른바 내향적인 사람이 있고, 외향적인 사람이 있습니다. 대체로 자기 속을 들여다보는 유형이 있고, 항상 자기 밖을 쳐다보는 유형이 있습니다. 자신이 그중 하나에 속한다는 사실을 아는 것, 더 나아가 영적 침체의 상태에 더 빠지기 쉬운 유형이 있다는 사실을 아는 것이 무엇보다 중요합니다. 이처럼 자기 자신을 파악하고 이해하는 데서부터 출발해야 합니다.

특별히 영적 침체에 빠지기 쉬운 유형이 있습니다. 그렇다고 그들이 더 열등하다는 말은 아닙니다. 오히려 제가 이렇게 말할 수 있는 것은, 교회 역사상 가장 영광스럽게 우뚝 서 있는 인물들 중에 우리가 살펴보려는 유형에 속한 이들이 아주 많기 때문입니다. 내향적이면서 위대한 성도들이 있습니다. 외향적인 사람들은 대체로 피상적이 되기 쉽습니다. 그에 비해 천성적으로 늘 자신과 자신이 하는 일을 분석하며, 자기 행동의 결과를 염려하고, 항상 뒤를 돌아보면서 부질없이 후회하는 유형이 있습니다. 이미 엎질러진 물인데도 떨쳐 버리질 못합니다. 돌이킬 수 없는 일에 매달려 계속 자신을 분석하고 판단하며 책망합니다. 여러분도 이런 유형의 사람들을 잘 알 것입니다. 그 모든 성향이 영적인 영역과 생활에 그대로 전이됩니다. 다시 말해서 이런 유형의 사람들은 병적인 상태에 빠질 위험이 큰 것이 분명합니다. 앞서 말했지만, 저는 이런 유형의 성도들을 얼마든지 열거할 수 있습니다. 저 위대한 헨리 마틴Henry Martin도 확실히 이런 유형의 사람이었습니다. 하나님의 사람 마틴의 생애를 읽어 보면 그가 내향적인 유형의 사람이었음을 금세 알 수 있습니다. 그는 내향적인 인물로서 과도한 자기 성찰과 병적인 집착에 빠져드는 확연한 성향 때문에 고통을 받았습니다.

과도한 자기 성찰과 병적인 집착이라는 이 두 가지 표현을 살펴보면, 건전한 자기 점검과 과도한 자기 성찰을 신중히 구분하지 못하는 데 근본적인 문제가 있음을 알게 됩니다. 자기 점검이 필요하다는 말에는 누구나 동의할 것이며, 동시에 이 두 가지가 해롭다는 말에도 누구나 동의할 것입니다. 그렇다면 자기 점검과 과도한 자기 성찰은 어떻게 다를까요? 어떤 의미에서 자기 점검만 내내 계속할 때, 그러한 자기 점검이 삶의 중요하고 주된 목적이 되어 버릴 때, 건전한 자기 점검을 넘어 과도한 성찰로 나아가게 된다고 저는 생각합니다. 정기적인 자기 점검은 필요합니다. 그러나 항상 점검만 하는 것, 이를테면 자기 영혼을 해부대 위에 올려놓고 샅샅이 해부하는 것은 과도한 성찰입니다. 주변 사람들에게 늘 자기 문제와 어려움을 토로하며 일그러진 얼굴로 "너무 힘들어요"라고 말하는 이는 내내 자신에게만 집중하는 것일 수 있습니다. 이것이 과도한 성찰로서, 이러한 성찰은 병적인 집착의 상태로 이어지게 되어 있습니다.

항상 여기에서부터 출발해야 합니다. 여러분은 자신이 어떤 유형인지 알고 있습니까? 어떤 위험에 빠지기 쉬운지 알고 있습니까? 특별한 취약점이 무엇인지 알고 있습니까? 성경은 이에 대한 가르침으로 가득합니다. 성경은 장점과 약점 모두 조심하라고 경고합니다. 모세 같은 인물을 보십시오. 성경은 그가 세상에서 가장 온유한 사람이었다고 말합니다. 그런데 그는 바로 그 부분에서 큰 죄를 짓고 실패했습니다. 자기 뜻을 주장하며 화를 낸 것입니다. 자신의 장점과 약점을 잘 살펴보아야 합니다. 지혜의 핵심은 이처럼 자신의 기본 특징을 깨닫는 데 있습니다. 선천적으로 내향적인 사람이라면 항상 그 점에 주의하여 자신도 모르게 병적인 상태에 빠지지 않도록 경계해야 합니다. 외향적인 사람도 자기 특성을 잘 파악해서 특별히 빠지기 쉬운 시험을 조심해야 합니다. 천성적으로 타고난 성향 때문에 남들보다 영적 침체라는 질병에 걸리기 쉬운 이들이 있습니다. 예레미야나 세례 요한이나 바울이나 루터Martin Luther를 비롯한 많은 인물들이 그러했습니다. 이런 이들이 얼마나 많은지 모릅니다! 그렇습니다. 내향적인 사람들은 영적 침체라는 특별한 시험에 유난히 취약합니다.

두 번째로 큰 원인, 즉 몸 상태를 살펴봅시다. 이 말도 이상하게 들립니까? 그리스도인에게 몸 상태 같은 것은 그리 중요치 않은 문제 같습니까? 자, 그 환상은 얼마 가지 않아 깨지게 되어 있습니다. 몸 상태도 영적 침체에 영향을 끼칩니다. 첫 번째 원인과 두 번째 원인을 명확하게 가르기란 매우 어렵습니다. 어느 정도는 몸 상태가 기질을 좌우하며, 거의 신체적인 측면 때문에, 즉 체질 때문에 침체에 빠지기 쉬운 이들이 있습니다. 다시 말해서 더 쉽게 침체에 빠지게 만드는 몸의 질병이 있다는 것입니다. 저는 토머스 칼라일Thomas Carlyle이 그 두드러진 예라고 생각합니다. 역사상 참으로 위대했던 설교자, 40년간 런던에서 사역한 19세기 설교자 찰스 해든 스펄전Charles Haddon Spurgeon도 보십시오. 그렇게 위대한 인물도 쉽게 영적 침체에 빠지곤 했는데, 통풍의 고통이 그 주된 원인으로 작용했던 것이 분명합니다. 스펄전은 결국 그 병 때문에 죽었습니다. 그는 아주 심각한 영적 침체의 문제에 직면해야 했습니다. 조상에게서 유전된 통풍이 심해질 때마다 어김없이 심각한 침체의 현상이 나타났습니다. 실제로 침체의 문제 때문에 상담하려고 찾아오는 이들을 만나 보면, 신체적인 데 주된 원인이 있는 것이 분명한 경우가 많습니다. 일반적으로 그런 이들은 피로나 과로나 질병의 문제를 안고 있습니다. 우리는 몸과 정신과 영혼을 가진 존재이기 때문에, 영적인 문제와 신체적인 문제를 분리해서 생각할 수가 없습니다. 아무리 위대하고 훌륭한 그리스도인이라도 몸이 쇠약해지면 건강할 때보다 영적 침체의 공격에 노출되기 쉽습니다. 성경에도 그 중요한 예들이 나옵니다.

이 지점에서 한 가지 경고할 말이 있습니다. 그것은 마귀의 존재를 잊지 말라는 것입니다. 근본적인 문제는 신체적인 데 있는데 마치 영적인 데 있는 것처럼 착각하게 만드는 마귀의 속임수에 넘어가면 안 됩니다. 모든 면에서 두 영역을 신중하게 구분해야 합니다. 몸 상태 때문에 힘든 것인데, 마치 영적인 문제가 있는 듯 죄책감을 느낄 수 있습니다. 몸 상태가 영의 상태에 일부 영향을 줄 수 있음을 인정하고 그 점을 충분히 고려해야 영적인 문제에 더 잘 대처할 수 있습니다.

영적 침체를 불러오는 또 한 가지 흔한 문제는 이른바 반작용—큰 축복을 받거나 비상하고 특별한 경험을 하고 난 후에 생기는 반작용—입니다. 언젠가 기회가 되면 로뎀 나무 밑에 쓰러져 있던 엘리야에 대해 살펴보고 싶은데, 제가 볼 때 그의 주된 문제는 갈멜 산 사건 이후의 반작용에 있었던 것이 분명합니다(왕상 19장 참조). 아브라함도 같은 경험을 했습니다(창 15장 참조). 이런 이유 때문에 저는 사람들이 찾아와 자신의 놀라운 경험을 이야기할 때 함께 기뻐하고 하나님께 감사드리면서도, 항상 주의 깊게 지켜보며 혹시 반작용이 찾아오지는 않는지 그들 대신 예민하게 경계하곤 합니다. 물론 매번 반작용이 찾아오는 것은 아닙니다. 그러나 방심하면 위험에 빠질 수 있습니다. 하나님이 기꺼이 비상한 축복을 주신 이후에는 역시 비상한 주의를 기울여야 한다는 사실을 알아야 흔히 찾아오는 반작용을 피할 수 있습니다.

이제 그다음 원인을 살펴봅시다. 어떤 의미에서 영적 침체의 유일한 한 가지 원인은 결국 우리 영혼의 원수 마귀의 존재입니다. 마귀가 우리의 기질도 이용하고 몸 상태도 이용합니다. 우리 스스로 기질을 통제해서 제 역할을 다하도록 다스리는 것이 아니라 오히려 기질이 우리를 통제하며 다스리게 만듭니다. 마귀가 영적 침체를 일으키는 방법은 무궁무진합니다. 그 존재를 항상 기억해야 합니다. 마귀의 한 가지 목적은 하나님의 백성을 침체시킨 다음, 세상 사람들한테 가서 이렇게 말하는 것입니다. "하나님의 백성이라는 자들을 좀 봐. 너도 저렇게 되고 싶어?" 우리 영혼의 원수이자 하나님의 원수인 마귀의 전략은, 우리를 침체시킴으로써 이 불행한 시대를 살아가는 세상 사람들의 눈에 비참한 자들로 보이게 하려는 것임이 분명합니다.

최종적으로 다음과 같이 요약할 수 있습니다. 영적 침체의 궁극적인 원인은 불신앙입니다. 불신앙 없이 마귀가 할 수 있는 일은 아무것도 없습니다. 하나님의 말씀이 아닌 마귀의 말에 귀를 기울이기 때문에 그에게 굴복하게 되는 것이며 그의 공격에 넘어지는 것입니다. 시편 기자가 계속 자신에게 "너는 하나님께 소망을 두라"라고 말하는 이유가 여기 있습니다. 그는 계속 자신에게 하나님을 상기시킵니다. 왜 그럴까요? 침체하여 하나님을 잊고 지내다가 결국 하나님과 그의 능력 및 그와 자신의 관계에 대한 믿음과 신앙까지 잃어버렸기 때문입니다. 이처럼 침체의 최종적이고 궁극적인 원인은 순전한 불신앙에 있다고 요약할 수 있습니다.

이렇게 해서 침체의 일반적인 원인들을 살펴보았습니다. 그렇다면 이에 대한 일반적인 치료법은 무엇일까요? 간략하게 말하자면, 무엇보다 먼저 시편 기자가 배운 바를 배우는 것입니다. 즉, 자기 자신을 다루는 법을 배우는 것입니다. 시편 기자는 맥없이 드러누워 자신을 불쌍히 여기는 데 만족하지 않았습니다. 그보다 훨씬 더 중요한 일을 했습니다. 그것은 바로 자신에게 말을 거는 것이었습니다. 그는 말했습니다. "내 영혼아, 네가 어찌하여 낙심하며 어찌하여 내 속에서 불안해하는가?" 이처럼 그는 자신에게 말을 걸고 이야기를 했습니다. 아까는 자신을 들여다보는 데 너무 많은 시간을 쓰는 것이 중대한 문제라면서, 왜 지금은 자신에게 말을 걸라 하느냐고 항의하는 분이 있을지도 모르겠습니다. "앞서 한 말과 분명히 모순되지 않습니까? 지나친 자기 성찰과 병적인 상태에 빠지지 말라고 그렇게 경고해 놓고 이제 와서 자신에게 말을 걸라니요!"

이 두 가지가 어떻게 조화를 이룰까요? 다음과 같이 조화를 이룹니다. '자아'가 우리에게 말을 걸게 하지 말고 우리가 자아에게 말을 걸어야 합니다! 이 말이 무슨 뜻인지 알겠습니까? 어떤 의미에서 영적 침체의 주된 문제점은 우리가 자아에게 말하는 대신 자아가 우리에게 말하는 데 있다고 생각합니다. 억지 같습니까? 절대 그렇지 않습니다. 침체의 문제를 다루는 지혜의 핵심이 여기 있습니다. 인생에서 대부분의 불행은 우리가 자아에게 말하는 대신 오히려 자아의 말을 듣는 데 있음을 모르겠습니까? 아침에 눈을 뜰 때 바로 떠오르는 생각이 어떤 것들인지 보십시오. 내가 의식적으로 그 생각을 하는 것이 아닙니다. 그 생각이 절로 떠올라 나한테 먼저 말을 걸고 어제 있었던 문제나 그 밖의 일들을 상기시키는 것입니다. 누군가 먼저 내게 말을 겁니다. 그 누군가가 누구일까요? 내 자아입니다. 시편 기자의 대처법이 바로 이것이었습니다. 자아가 자신에게 말을 걸게 두지 않고 자신이 먼저 자아에게 말을 거는 것이었습니다. "내 영혼아, 네가 어찌하여 낙심하는가?"라고 묻는 것이었습니다. 자기 영혼이 압박하며 짓눌러 올 때, 그는 벌떡 일어나 말했습니다. "잠깐, 내 말을 들어 봐. 내가 말할 거야." 제 말이 무슨 뜻인지 알겠습니까? 모르겠다면 이렇게 해본 적이 거의 없는 것입니다.

 자신을 다룰 줄 아는 것은 영적인 삶을 살아가는 데 중요한 기술입니다. 자신을 장악할 줄 알아야 합니다. 자신에게 이야기하고 설교하며 질문해야 합니다. 자기 영혼을 향해 "왜 그렇게 낙심하지? 무엇 때문에 그렇게 불안해하는 거야?"라고 물어야 합니다. 자신에게 달려들어 야단치고 책망해야 합니다. "그렇게 침체하고 불행한 마음으로 불평만 하지 말고 하나님께 소망을 두어야지!" 하면서 격려해야 합니다. 계속 하나님을 상기시켜야 합니다. 하나님이 누구시며 무슨 일을 하셨는지, 무엇을 하기로 맹세하셨는지 일깨워야 합니다. 그리고 마지막으로 "자아와 다른 사람들과 마귀와 온 세상에 맞서 싸워라. 시편 기자처럼 '내 얼굴에 화색을 주시는 내 하나님을 여전히 찬송하리로다'라고 고백해라"라는 중대한 말을 해야 합니다.

 이것이 치료법의 핵심입니다. 자세한 내용은 앞으로 계속 이 주제를 고찰해 나가면서 살펴보겠습니다. 우리의 자아, 즉 우리 속에 있는

일반적인 고찰 33

또 하나의 나를 다루어야 한다는 사실을 아는 것이 핵심입니다. 자아의 말을 듣지 마십시오. 자아에게 덤벼드십시오. 자아에게 말하십시오. 자아를 책망하십시오. 야단치십시오. 권면하십시오. 격려하십시오. 자아의 말을 맥없이 듣고 있다가 기운을 잃고 주저앉지 말고, 여러분이 알고 있는 사실들을 자아에게 상기시키십시오. 자아가 여러분을 멋대로 휘두르게 내버려 두면 앞으로도 계속 휘두르려 들 것입니다. 마귀는 우리를 침체시키기 위해 자아를 장악하고 활용합니다. 그럴 때 우리는 시편 기자처럼 벌떡 일어나 말해야 합니다. "내 영혼아, 네가 어찌하여 낙심하며 어찌하여 내 속에서 불안해하는가?" 더 이상 그러지 말라고 하십시오! "너는 하나님께 소망을 두라"고, "그 얼굴의 도우심으로 말미암아" 찬송하라고, "내 얼굴에 화색을 주시는 내 하나님"을 찬송하라고 하십시오!

2
참된 토대

그러므로 사람이 의롭다 하심을 얻는 것은 율법의 행위에 있지 않고 믿음으로 되는 줄 우리가 인정하노라.

로마서 3:28

지난주에 고찰하기 시작한 기본 본문에 비추어 이 구절을 함께 살펴보 겠습니다.

　영적 침체로 알려져 있는 이 상태가 아주 흔히 나타난다는 것은 의 심할 여지 없는 사실입니다. 생각하면 할수록, 사람들과 이야기하면 할 수록 이것이 얼마나 흔한 질환인지 알 수 있습니다. 이미 밝혔듯이 우 리가 이 상태를 고찰하는 데에는 적어도 두 가지 중대한 이유가 있습니 다. 첫 번째 이유는, 그리스도인이 침체의 상태에 계속 머물러 있는 것 은 매우 안타까운 일이라는 것입니다. 그리고 그보다 훨씬 더 심각하고 중요한 두 번째 이유는, 침체한 그리스도인은 기독 신앙을 제대로 대변 할 수 없다는 것입니다. 현대 세계의 온갖 문제와 혼란과 어려움과 슬 픔을 생각할 때, 그리스도인을 자처하며 그리스도의 이름을 내세우는 우리가 신앙을 제대로 대변함으로써 바로 이곳에 해결책이 있고 대답 이 있음을 보여주는 것보다 중요한 일은 없습니다. 모든 것이 심히 타 락해 버린 세상과 달리, 어떤 조건이나 역경 속에서도 근본적인 기쁨과 확신을 잃지 않는 자들로 우뚝 서야 합니다. 구약성경과 신약성경 곳곳 에 나오는 하나님의 백성들이 바로 그러했다는 데 여러분도 동의할 것 입니다. 하나님의 사람들은 세상에 우뚝 서서 어떤 환경과 조건도 넉넉 히 이기고 승리할 수 있는 삶의 비결이 있음을 보여주었습니다. 그렇기 때문에 영적 침체의 상태를 아주 면밀히 조사할 필요가 있는 것입니다.

우리는 이미 일반적인 차원에서 침체의 상태를 살펴보면서 주된 원인 몇 가지를 찾아보았습니다. 그리고 시편 기자가 말하는 치료법의 핵심이 진정으로 자기 자신을 대면하는 데 있음을 알았습니다. 다시 말해서, 자아가 내게 말하게 두지 말고 내가 자아에게 말해야 한다는 것입니다. 시편 기자가 자기 자신과 자기 영혼에게 말을 하고 질문을 던졌듯이, 우리도 우리 영혼을 붙잡고 "내 영혼아, 네가 어찌하여 낙심하며 어찌하여 내 속에서 불안해하는가?"라고 물어야 합니다. "너는 그럴 권리가 없다. 왜 그렇게까지 낙담하고 침체하는가?"라고 물어야 합니다. 시편 기자는 이처럼 자신과 대면하여 말하고 논쟁함으로써 다시 믿음의 자리로 돌아오게 만들었습니다. 하나님을 믿으라고 호소함으로써 다시 기도하게 만들었습니다.

저는 시편 기자가 옹호하는 이 방법을 살펴보고자 합니다. 여기에서 긴요한 원리는 자기 자신과 대면하여 점검하는 것입니다. 지금 우리가 구원의 기쁨과 주님의 기쁨을 전혀 보여주지 못하고 있다면, 그 원인부터 찾아보아야 합니다. 여러 가지 원인들이 있습니다. 제가 볼 때 침체의 문제를 다루는 지혜의 핵심은 그 원인들을 한 가지씩 다루면서 자세히 살펴보는 것입니다. 어떤 것도 당연시하고 넘어가면 안 됩니다. 실제로 이렇게 당연시하는 치명적인 경향이야말로 침체의 주된 원인임을 쉽게 입증해 보일 수 있습니다. 이 문제로 사람들과 이야기를 나누어 볼수록 이 사실을 더 확인하게 됩니다. 처음부터 다루어야 할 일차적인 문제들과 기본적인 사항들을 분명히 짚고 넘어가지 않는 탓에 참된 그리스도인의 위치에 이르지 못하는 이들이 허다합니다.

오해의 소지를 무릅쓰고 다음과 같이 설명해 보겠습니다. 저는 우리가 다루는 침체의 문제가 신앙과 무관하게 자란 이들보다는 신앙적인 환경에서 자란 이들에게 흔히 나타난다는 것을 알았습니다. 기독교 가정에서 성장하여 늘 교회에 다녔던 이들이 그렇지 않은 이들보다 더 쉽게 침체에 빠지는 것입니다. 셰익스피어William Shakespeare의 말처럼 "얕은 물에 갇혀 비참하게"* 살아가는 경우가 많습니다. 그런 상태에서 한 번도 벗어나지 못하는 것 같습니다. 교회의 영역 안에 머물며 기독교적인 일들에 큰 관심을 보이지만, 신약성경이 말하는 '그리스도 안에 있는 새사람'과는 거리가 멀다는 것을 금세 알 수 있습니다. 실제로 본인들도 그 사실을 알고 있으며, 그것이 침체와 불행의 주된 원인으로 작용하는 경우가 많습니다. 그들은 기뻐하는 그리스도인들을 보면서 "아, 난 저렇지 못한데. 저 사람한테는 나한테 없는 무언가가 있네"라고 합니다. 어떻게 해서든 자신도 그 무언가를 얻고 싶어 합니다. 그들은 교회의 역사를 아름답게 장식하고 있는 여러 성도들의 생애와 그리스도인들의 전기를 읽으면서 그들과 자신의 차이를 바로 인정합니다. 자신은 한 번도 그들처럼 살아 본 적이 없다는 것, 그들이 분명히 누렸던 것을 누리지 못한다는 것을 압니다.

이런 불행한 상황에 처한 그리스도인들이 많습니다. 그들에게 그리스도인의 삶은 해결되지 않는 숙제입니다. 그들은 늘 같은 질문을 던집니다. "왜 난 저런 자리에 이를 수 없을까? 왜 저렇게 되지 못할까?" 그래서 자신에게 없는 그 무언가를 찾기 위해 끊임없이 기독교적인 삶의

---

* 「줄리어스 시저Julius Caesar」, 4막 2장.

방식을 가르치는 책을 읽거나 이런저런 집회와 수련회에 참석합니다. 그들은 낙심합니다. 그들의 영혼은 낙심하며 속에서 불안해하고 있습니다.

그런 이들을 대할 때, 사실상 그들이 기독 신앙에서 가장 일차적이고 기본적인 원리들을 분명히 모르고 있다는 점부터 확실히 짚고 넘어가는 일이 아주 중요합니다. 저는 그런 이들을 만나면서 이 점에 진정한 문제가 있음을 무수히 발견했습니다. 그렇다고 그리스도인이 아닌 것은 아닙니다. 다만 구원의 방법을 제대로 이해하지 못하는 탓에 그 모든 믿음과 노력이 큰 효력을 발휘하지 못하는 것입니다. 그런 이들은 성화의 문제에 집중하는 경우가 많은데, 사실은 칭의를 제대로 이해하지 못하기 때문에 성화를 위한 노력이 성과를 거두지 못합니다. 그들은 스스로 바른 길에 있노라 가정하고, 계속 그 길을 가면 된다고 생각합니다.

그런 이들을 과연 그리스도인으로 볼 수 있을까 하는 것은 신학적으로 흥미로운 문제입니다. 저는 그리스도인이 맞다고 생각합니다. 대표적인 예로 존 웨슬리John Wesley를 들 수 있습니다. 그가 1738년 이전까지 그리스도인이 아니었다고 단언하기는 어렵습니다. 물론 믿음으로 의롭다 하심을 받는 구원의 방법은 이해하지 못했던 것이 분명합니다. 어떤 의미에서 성경의 모든 가르침에는 동의하되, 그 내용을 온전히 이해하고 파악하지는 못했던 것입니다. 그에게 주님의 죽음에 대해 질문했다면 필시 정확하게 대답했을 것입니다. 그러나 경험적으로는 믿음으로 의롭다 하심을 얻는다는 것이 무엇인지 명확하게 알지 못했습니다. 여러분도 알다시피 그가 이 긴요한 교리를 참으로 이해하게 된 것은 모라비아 형제단을 만난 이후, 특히 런던에서 옥스퍼드로 가던 길에

피터 뵐러Peter Böhler라는 사람과 대화를 나눈 이후였습니다. 그때까지 그는 옥스퍼드에서 죄수들에게 설교하거나, 대학 연구원직을 버리고 조지아의 이교도를 전도하기 위해 대서양을 건너는 위험을 감수하는 등 여러 가지 사역을 함으로써 행복한 그리스도인의 삶을 살고자 했습니다. 특정한 삶의 방식을 통해 행복을 찾고자 한 것입니다. 그러나 사실 그의 진정한 문제는 믿음으로 의롭다 하심을 얻는다는 교리를 제대로 깨닫지 못하고 이해하지 못한 데 있었습니다. 그는 지금 우리가 살펴보려는 이 구절을 이해하지 못했습니다. "그러므로 사람이 의롭다 하심을 얻는 것은 율법의 행위에 있지 않고 믿음으로 되는 줄 우리가 인정하노라." 웨슬리처럼 유난히 경건한 가정에서 자란 사람, 기독교 사역에 평생을 바친 사람이 이렇게 기본적이고 우선적인 교리를 처음부터 잘못 알고 있었다는 사실이 쉽게 납득되지 않을 것입니다. 그러나 실제로 그랬습니다.

저는 지금도 그런 이들이 많다고 말하는 바입니다. 본인들은 우선적인 교리들을 잘 알고 있다고 생각하지만, 사실은 칭의를 제대로 이해한 적이 없습니다. 마귀는 이 부분에서 혼란을 일으킵니다. 참으로 마귀답게도 성화나 거룩함이나 다른 많은 문제에는 얼마든지 관심을 쏟도록 내버려 둡니다. 칭의를 제대로 모르면 나머지도 제대로 될 리가 없기 때문입니다. 칭의에서부터 출발해야 하는 이유가 여기 있습니다. 기초가 잘못된 상태에서 상부 구조를 다루어 봐야 소용이 없습니다. 이 중대한 교리부터 다루어야 합니다. 이 혼동의 문제는 오래된 것입니다. 어찌 보면 이것이야말로 사탄의 걸작이라고 할 수 있습니다. 이 부분에서만 혼동을 일으킬 수 있다면 다른 부분에서는 얼마든지 의롭게 살도록 부추깁니다. 이 예비적인 진리를 완전히 오해하고 있어도 선행만 하면 그리스도인으로 간주해 버리는 평범한 교인들을 볼 때, 마귀는 지금도 같은 일을 하고 있는 것이 분명합니다. 이 문제는 오래된 것입니다. 유대인들의 본질적인 문제도 이것이었습니다. 주님이 계속 지적하신 바리새인들의 문제, 사도 바울이 유대인들과 논쟁을 벌인 주된 주제도 분명 이것이었습니다. 그들은 율법을 완전히 오해했습니다. 그들에게 어떻게 바른 관점을 알려 주느냐 하는 것이 가장 큰 문제였습니다. 그들은 율법을 주신 목적이 인간 스스로 율법을 지킴으로써 구원을 얻게 하려는 데 있다고 믿었습니다. 그렇기 때문에 우리가 해야 할 일은 오직 율법을 지키는 것이라고, 율법에 따라 살면 하나님이 받아 주시고 흡족해하신다고 믿었습니다. 그들은 율법을 전혀 이해하지 못했고, 따라서 지킬 수 있다고 생각했습니다. 율법을 자의적으로 해석함으로써 얼마든지 지킬 만한 것으로 축소해 버렸습니다. 그리고 그 조항들을 지켰기 때문에 자신들은 괜찮다고 여겼습니다. 복음서를 비롯하여 신약성경 곳곳에 등장하는 바리새인들이 바로 그러했습니다. 이것이 유대인들의 핵심 문제였으며, 오늘날 많은 이들의 핵심 문제이기도 합니다. 평강을 얻고 그리스도인의 삶을 누리길 바라기 전에, 먼저 분명하게 알아야 할 교리들이 있음을 알아야 합니다.

로마서 3장의 가르침을 전체적으로 설명함으로써 이 예비적인 교리를 잘 설명할 수 있습니다. 위대하고 강력한 서신 로마서는 첫 네 장을 할애하여 이 주제를 다룹니다. 바울이 분명히 전하려 했던 것이 바로 예수 그리스도를 믿음으로 하나님의 의를 얻는다는 이 교리였습니다. 그는 1:16-17에서 이렇게 말합니다. "내가 복음을 부끄러워하지 아니하노니 이 복음은 모든 믿는 자에게 구원을 주시는 하나님의 능력이 됨이라. 먼저는 유대인에게요 그리고 헬라인에게로다. 복음에는 하나님의 의가 나타나서 믿음으로 믿음에 이르게 하나니 기록된 바 오직 의인은 믿음으로 말미암아 살리라 함과 같으니라." 그런데 문제는 "왜 모든 사람이 이 메시지를 믿지 않았을까?" 하는 것입니다. 과거에 들었던 어떤 소식보다 중대하고 복된 소식이 주어졌는데 왜 바로 받아들이지 않았을까요? 그 대답은 필요성을 깨닫지 못했기 때문이라는 것입니다. 그들은 의에 대해 잘못된 관점을 가지고 있었습니다. 바울이 말하는 의는 하나님과 관련된 의입니다. 하나님과 바른 관계를 맺지 못하면 결국 행복도 없고 평안도 없고 기쁨도 없다는 것입니다. 이 말은 모든 그리스도인이 받아들입니다. 확신에 찬 그리스도인이나 비참한 그리스도인이나 전부 동의합니다. 그런데 비참한 그리스도인은 의를 얻는 방법을 잘못 알고 있다는 점에서 완전히 다릅니다. 유대인의 문제가 바로 이것이었습니다. 앞서 말했듯이 그들은 자의적으로 율법을 이해하고 실천함으로써 의를 얻을 수 있다고 생각했습니다. 그러나 그들의 율법관은 완전히 잘못된 것이었습니다. 그들은 율법을 왜곡했고, 그 결과 구원의 방법을 완성하기 위해 주신 율법이 오히려 구원을 가로막는 주된 장애물이 되어 버렸습니다.

이 점이 가르치는 바가 무엇일까요? 기독교의 구원을 누리길 바라기 전에 먼저 분명하게 알아야 할 간단한 원리들이 있다는 것입니다. 첫 번째는 자신이 유죄임을 아는 것입니다. 자신의 죄성을 철저히 아는 것입니다. 사도 바울의 방법론을 따라, 여기에서 제기될 법한 반론을 살펴보겠습니다. 어떤 이는 즉시 반박할 것입니다. "지금 죄에 대해 설교하려는 겁니까? 우리가 유죄임을 알라고 말하려는 겁니까? 당신은 우리를 행복하게 해주려고 그런 말을 한다지만, 사실은 그 때문에 훨씬 더 불행한 마음이 듭니다. 지금 고의적으로 우리를 비참하고 불쌍하게 만들려는 겁니까?" 그에 대한 간단한 대답은 "그렇습니다"라는 것입니다! 위대한 사도가 1-4장에서 가르치는 바가 바로 이것입니다. 역설적으로 들릴 수도 있지만—용어 자체는 중요치 않습니다—이것은 예외 없이 확실한 법칙입니다. 참된 기독교의 기쁨을 경험하려면 먼저 비참해져야 합니다. 비참한 그리스도인의 진정한 문제는 자신이 유죄임을 알고 참으로 비참해진 적이 한 번도 없다는 것입니다. 기쁨에 반드시 선행되어야 할 단계를 건너뛰어 버렸다는 것, 기쁨을 누릴 자격이 없는데도 있다고 착각하는 것입니다.

성경의 말로 다시 설명해 보겠습니다. 시므온이라는 노인이 어린 아기였던 주 예수 그리스도를 품에 안고 했던 말을 기억합니까? 그는 아주 중대한 말을 했습니다. "보라, 이는 이스라엘 중 많은 사람을 패하거나 흥하게 하며······"(눅 2:34). 흥하기 전에 먼저 패해야 합니다. 이것이 절대적인 법칙입니다. 그런데 안타깝게도 오늘날 이 법칙을 망각한 이들이 많으며, 그러면서도 안다고 가정하는 이들이 많습니다. 성경의 순서는 이것입니다. 구원의 혜택을 누리려면 그 순서를 따라야 합니다. 결국 사람을 그리스도께 이끌어 그리스도만 의지하게 만드는 것은 진정한 의미의 유죄 선고뿐입니다. 자신이 정말 죄인임을 모르기 때문에 어긋난 길로 가는 것입니다. 그래서 제가 기독교적인 방식으로 경건한 양육을 받고 자란 이들이 특히 침체에 빠진다고 말한 것입니다. 그들의 주된 문제는 죄를 오해하는 데 있습니다. 이 문제를 아주 극적으로 보여주었던 한 사람이 생각납니다. 몹시 경건한 가정에서 자라난 그 여성은 예배에 꼬박꼬박 참석했을 뿐 아니라 교회생활도 적극적으로 부지런히 했습니다. 그런데 그가 다니던 교회에는 갑자기 회심하여 악한 과거—술에 빠져 지내는 등의 생활—를 청산한 이들이 많았습니다. 그 여성이 저한테 했던 말이 지금도 생생히 기억납니다. "이해하시겠지만, 저도 다른 환경에서 자랐다면 좋았을 것 같아요. 저도 그런 분들처럼 살았다면 그렇게 놀라운 경험을 할 수 있었을 테니까요." 이 말에 담긴 의미가 무엇인지 알겠습니까? 그 여성은 한 번도 자신을 죄인으로 생각해 본 적이 없었다는 것입니다. 왜 없었을까요? 거기에는 여러 가지 이유가 있습니다. 그런 사람은 죄를 행동의 문제, 구체적인 잘못의 문제로만 생각합니다. 그것도 몇 가지 특정한 행동의 문제로만 생각합니다. 그래서 그 특정한 행동을 하지 않은 자신은 죄인이 아니라고 여기는 경향이 나타나는 것입니다. 실제로 드러내 놓고 그렇게 말하는 이들도 있습니다. "사실 전 제가 죄인이라고 생각해 본 적이 없습니다. 처음부터 잘 보호받으며 살았으니 그럴 수밖에 없지요. 죄의 유혹 자체를 받아 본 적이 없기 때문에 당연히 죄인이라는 의식도 가져 본 적이 없습니다." 그들이 범하는 오류의 핵심이 여기 있습니다. 그들은 죄를 행동의 차원에서, 그것도 몇 가지 특정한 행동의 차원에서 생각하며, 남들이나 남들의 경험과 비교해서 생각합니다. 그렇기 때문에 진정한 의미에서 자신이 유죄임을 알지 못하는 것이며, 주 예수 그리스도가 절대적으로 필요한 이유 또한 명확히 알지 못하는 것입니다. 그리스도가 우리 죄를 위하여 죽으셨다는 설교를 듣고 그것을 믿는다고 말하지만, 사실은 한 번도 그 절대적인 필요성을 느껴 본 적이 없습니다.

그렇다면 그런 사람은 어떻게 자신이 유죄임을 알 수 있을까요? 바울이 로마서 3장에서 다루는 문제가 이것이며, 사실상 2장에서 내내 다루는 문제도 이것입니다. 그가 이 문제를 다루는 방식 및 중대한 주제는 다음과 같습니다. "의인은 없나니 하나도 없으며." "모든 사람이 죄를 범하였으매 하나님의 영광에 이르지 못하더니." 여기에서 "모든 사람"이란 누구일까요? 사도가 계속 지적하는 바는 이방인뿐 아니라 유대인도 포함된다는 것입니다. 이방인이 외인外人이요 하나님을 거역한 확실한 죄인이라는 말에는 유대인도 당연히 동의합니다. 그런데 바울은 "잠깐, 너희 유대인도 똑같은 죄인이다"라고 말합니다. 이처럼 기독 신앙이 유대인도 이방인과 똑같은 죄인이라고 말하기 때문에 그리스도가 그들의 미움을 받고 십자가에 못 박혀 죽으신 것이며, 십자가가 "걸림돌"이 된 것이고, 바울이 기독 신앙을 미워하는 동족에게 그토록 박해를 당한 것입니다. 기독 신앙은 유대인—항상 의롭고 경건한 삶을 살아 왔노라 자부하는 사람—이나 눈 뜨고 볼 수 없을 만큼 악한 이방인이나 똑같은 죄인이라고 주장합니다. "모든 사람이 죄를 범하였으매." 유대인이나 이방인이나 하나님 앞에서는 똑같은 죄인입니다.

오늘날도 마찬가지입니다. 자신이 유죄임을 알기 위해 가장 먼저 해야 할 일은 죄를 특정 행동에 국한하지 않는 것입니다. 이 일이 얼마나 어려운지 모릅니다. 우리 모두 죄에 대해 편견을 가지고 있습니다. 죄를 몇 가지 행동에 국한해 놓고, 우리는 그런 행동을 하지 않았으니 죄인이 아니라고 생각합니다. 그러면 자신이 유죄임을 알 수가 없습니다. 존 웨슬리도 그랬다면 자신이 죄인임을 깨닫지 못했을 것입니다. 그가 어떻게 깨달았는지 기억합니까? 그는 대서양 한복판의 폭풍우 속에서도 의연한 모라비아 형제단의 모습을 보았습니다. 웨슬리 자신은 그토록 폭풍우가 무섭고 죽음이 두려웠는데, 모라비아 형제단은 전혀 그렇지 않았습니다. 그들은 태풍과 폭풍우 속에서도 햇빛이 찬란히 비칠 때처럼 평안해 보였습니다. 그는 자신이 죽음을 두려워한다는 사실을 깨달았습니다. 그러면서 자신은 그들처럼 하나님을 모르고 있다는 생각이 들었습니다. 다시 말해서 자신의 결핍을 느낀 것입니다. 자신이 죄인임을 아는 일은 항상 여기에서 시작됩니다.

자신이 죄인임을 알려면 남들과 비교할 것이 아니라 하나님의 율법 앞에 서야 한다는 것이 핵심입니다. 자, 하나님의 율법이 무엇입니까? 살인하지 말라, 도둑질하지 말라는 것입니까? '나는 한 번도 그런 짓을 하지 않았으니 죄인이 아니다'라고 생각합니까? 그러나 여러분, 그것은 율법의 전부가 아닙니다. 하나님의 율법을 알고 싶습니까? 제가 알려드리겠습니다. "네 마음을 다하고 목숨을 다하고 뜻을 다하고 힘을 다하여 주 너의 하나님을 사랑하라 하신 것이요 둘째는 이것이니 네 이웃을 네 자신과 같이 사랑하라 하신 것이라"(막 12:30-31). 술주정 같은 특정 행동이 죄라는 생각은 이제 접으십시오. 신문 기사에 나오는 범죄자들의 이야기도 잊으십시오. 저와 여러분이 적용해야 할 시금석은 이것입니다. "나는 전심으로 하나님을 사랑하는가?" 전심으로 하나님을 사랑하지 않는 사람은 죄인입니다. 이것이 시금석입니다. "모든 사람이 죄를 범하였으매 하나님의 영광에 이르지 못하더니." 하나님이 우리를 만드셨습니다. 하나님 자신을 위해 우리를 만드셨습니다. 하나님 자신의 영광을 위해 우리를 만드셨으며, 전적으로 그를 위해 살도록 우리를 만드셨습니다. 인간은 원래 하나님의 대리인으로서 그와 교통하며 살도록 지어졌습니다. 우주의 주인으로서 하나님을 영화롭게 하도록 지어졌습니다. 「소요리문답」이 말하는 그대로입니다. "인간의 제일되는 목적은 하나님을 영화롭게 하며 영원토록 그를 즐거워하는 것입니다." 그렇게 하지 못한다면 본인이 알든 모르든, 느끼든 못 느끼든 누구보다 심각한 죄인입니다.

달리 설명해 보겠습니다. 저는 다음과 같은 접근법이 이 주제를 다루는 데 아주 유용하다고 생각합니다. 하나님이 아시지만, 이것은 신앙적인 환경에서 자란 저 자신의 경험에서 나온 이야기입니다. 또한 저와 같은 환경에서 자란 이들을 자주 도왔던 경험에서 나온 이야기이기도 합니다. 인간은 원래 하나님을 알도록 지어졌습니다. 이제 제가 던지는 질문은 이것입니다. 여러분은 하나님을 압니까? "하나님을 믿는가? 하나님에 대한 몇 가지 사실을 믿는가?"를 묻는 것이 아닙니다. 그리스도인이 된다는 것은 영생을 얻는다는 뜻인데, 주님이 요한복음 17:3에서 말씀하신 대로 "영생은 곧 유일하신 참 하나님과 그가 보내신 자 예수 그리스도를 아는 것"입니다. 이 시금석을 적용해 보라는 것입니다. "이런저런 일을 했는가?"를 묻는 것이 아닙니다. 제가 제시하는 시금석은 더 적극적인 것입니다. "나는 하나님을 아는가? 예수 그리스도는 나에게 실제적인 분인가?" 하는 것입니다. "하나님에 관한 사실들을 아는가?" 하는 것이 아니라, "하나님을 아는가? 하나님을 즐거워하는가? 하나님이 내 삶과 영혼의 중심이자 가장 큰 기쁨의 원천이신가?" 하는 것입니다. 이 질문에 그렇다고 대답할 수 있어야 합니다. 하나님은 그렇게 살도록, 하나님과 교통하고 그를 즐거워하며 그와 동행하도록 인간을 지으셨습니다. 저와 여러분은 그렇게 살아야 할 존재들입니다. 그렇게 살지 못하는 것은 죄입니다. 죄의 핵심이 여기 있습니다. 우리는 그렇게 살기 싫다고 거부할 권리가 없습니다. 그것은 가장 심각하고 악한 죄입니다. 다시 말해서 죄의 핵심은 전적으로 하나님의 영광을 위해 살지 않는 데 있습니다. 물론 특정한 죄를 지으면 하나님 앞에 죄책이 더 무거워지지만, 설사 그런 죄를 짓지 않는다 해도 자기 삶에 만족하고 자기 성취를 자랑하며 남을 무시하고 자기를 남보다 낫게 여기는 무서운 죄의 책임은 면할 길이 없습니다. 남들보다 하나님과 가깝다는 생각 때문에 오히려 하나님께 나아가지 못하는 것이야말로 가장 악한 죄입니다. 성전에서 "이 세리"와 같지 않은 것을 감사했던 바리새인이 그런 태도를 가지고 있었습니다. 그는 자신 역시 용서받아야 할 죄인임을 몰랐습니다. 그보다 무서운 죄는 없습니다. "알다시피 전 한 번도 죄인이라는 생각을 해본 적이 없어요"라고 말하는 사람보다 더 심각한 죄인을 저는 알지 못합니다. 하나님에 대한 진리와 자기 자신에 대한 진리를 전혀 모른다는 점에서 그것은 가장 큰 죄입니다. 사도 바울의 논증을 읽어 보면 그의 논리가 지극히 타당할 뿐 아니라 전혀 반박할 수 없는 것임을 알게 됩니다. "의인은 없나니 하나도 없으며." "우리가 알거니와 무릇 율법이 말하는 바는 율법 아래에 있는 자들에게 말하는 것이니 이는 모든 입을 막고 온 세상으로 하나님의 심판 아래 있게 하려 함이라." 하나님 앞에 자신이 죄인이라는 사실을 모르는 사람은 그리스도 안에 있는 기쁨을 얻을 수 없습니다. 그것은 아예 불가능한 일입니다. "예수는 의인이 아닌 죄인을 구하러 오셨네." "건강한 자에게는 의사가 쓸데없고 병든 자에게라야 쓸 데 있느니라"(마 9:12).

이처럼 자신이 유죄 판결을 받은 죄인임을 아는 것이 첫 번째입니다. 그것을 모르는 사람, 자신이 하나님 앞에 무가치한 자요 심각한 죄인이요 철저한 실패자임을 모르는 사람은 그것을 알 때까지 이 문제에 집중해야 합니다. 이 문제가 해결되지 않는 한 침체에서 벗어날 수 없고 기쁨도 얻을 수 없습니다. 참된 구원을 경험하려면 그 전에 반드시 자신이 유죄 판결을 받은 죄인임을 알아야 합니다.

이것은 두 번째 원리로 이어집니다. 참된 그리스도인이 두 번째로 알아야 할 사실은 그리스도 안에 구원의 길이 있다는 것입니다. 이것은 중대한 복음입니다. 바울이 로마인들에게 말한 요지가 이것입니다. "내가 너희에게 전하는 것은 이 의, 하나님으로부터 말미암는 의, 예수 그리스도 안에 있는 의, 예수 그리스도의 의다." 이 말이 무슨 뜻일까요? 괜찮다면 질문의 형태로 설명해 보겠습니다. 여러분은 그리스도가 어떤 분이라고 생각합니까? 그는 왜 세상에 오셨을까요? 하나님이 그리스도 안에서 하신 일이 무엇입니까? 그는 단순히 인류의 스승이나 본보기에 불과한 분일까요? 그런 생각이 얼마나 어리석은 것인지 설명하느라 시간을 낭비하지는 않겠습니다. 그렇습니다. 예수 그리스도 안에 있는 하나님의 의는 적극적인 것입니다. 오직 그리스도 안에만 구원이 있습니다. 다른 것들은 해답이 아니요 오직 그리스도만 해답이라고 생각하지 않는 사람은 그리스도인이 아닙니다. 그는 불행할 수밖에 없습니다. "예수 그리스도 안에 있는 하나님의 의"라는 말에는 하나님이 그리스도를 세상에 보내 율법을 지키게 하심으로 인간이 사함을 얻게 하셨다는 의미가 포함되어 있습니다. 그리스도는 하나님께 온전히 순종하셨습니다. 하나님이심에도 육신을 입고 인간의 본성을 취하셨으며, 온전한 경의와 온전한 충성과 온전한 순종을 성부께 바치셨습니다. 하나님의 율법을 한 번도 어기지 않고 온전하고 완벽하게 지키셨습니다. 그뿐만이 아닙니다. 바울이 속죄의 교리에 대한 이 대표적인 진술을 통해 지적하는 사실들이 더 있습니다. "이 예수를 하나님이 그의 피로써 믿음으로 말미암는 화목제물로 세우셨으니 이는 하나님께서 길이 참으시는 중에 전에 지은 죄를 간과하심으로 자기의 의로우심을 나타내려 하심이니 곧 이때에 자기의 의로우심을 나타내사 자기도 의로우시며 또한 예수 믿는 자를 의롭다 하려 하심이라"(25-26절). 이 말의 의미를 설명해 드리겠습니다. 인간이 하나님과 화목해지고 하나님을 알려면 죄부터 제거해야 합니다. 하나님은 죄를 벌하시겠다고, 그 벌은 죽음이요 하나님 앞에서 쫓겨나는 것이라고 하셨습니다. 이 문제가 먼저 처리되어야 합니다. 그래서 하신 일이 무엇입니까? 자, 바울은 예수를 화목제물로 삼으셨다고 말합니다. 이것이 하나님이 사용하신 방법입니다. 그가 예수를 우리 죄를 위한 화목제물로 삼으셨다는 것은 우리가 지은 죄의 책임을 그에게 지우셨다는 뜻입니다. 우리 죄는 그리스도께 전가되었고, 하나님은 그 안에서 우리 죄를 처리하시고 벌하셨습니다. 이처럼 그리스도 안에서, 십자가에 달리신 그의 몸 안에서 우리 죄를 벌하셨기 때문에 정당하게 우리를 용서하실 수 있는 것입니다. 알다시피 이것은 고상한 교리입니다. 인간이 감히 설명하기 힘든 교리입니다. 그럼에도 사도는 설명해야 했고, 저는 지금 그의 설명을 반복하여 전달하고 있습니다. 하나님은 의로우시고 거룩하시고 영원하신 분이기 때문에 죄를 벌하지 않은 채 그냥 용서하실 수 없습니다. 죄를 벌하겠다고 말씀하셨기 때문에 반드시 죄를 벌하셔야 하며, 실제로―그를 찬송하십시오―죄를 벌하셨습니다. 그리하여 자기도 의로우시며 예수 믿는 자도 의롭다

하실 수 있었습니다.

이 일의 효력은 어떻게 나타날까요? 제가 설명해 드리겠습니다. 하나님은 그리스도의 의, 율법의 모든 면에 부합되는 온전한 의를 받으셨습니다. 그리스도는 율법을 지키셨고, 율법에 순종하셨으며, 율법이 부과하는 형벌을 받으셨습니다. 율법의 요구를 완전히 충족시키셨습니다. 이것이 하나님의 구원 방법이라고 바울은 말합니다. 그리스도가 이루신 이 의를 우리에게 주시는 것입니다. 자신의 필요를 깨닫고 하나님께 나아가 고백하는 자들에게 친아들의 의를 주시는 것입니다. 그리스도를 믿는 자들에게 그의 의를 주어 의롭다고 여기시는 것입니다. 그 안에서 의롭다고 선언하시며 선포하시는 것입니다. 이처럼 믿음으로 의롭다 하심을 얻는 것이 하나님의 구원 방법이요 기독교의 구원 방법입니다. 그러므로 우리의 결론은 이것입니다. 주 예수 그리스도 외에는 그 누구도 그 무엇도 바라보거나 믿거나 의지하면 안 됩니다. 저는 바울의 표현 방식이 마음에 듭니다. 그는 묻습니다. "그런즉 자랑할 데가 어디냐? 있을 수가 없느니라. 무슨 법으로냐? 행위로냐? 아니라. 오직 믿음의 법으로니라." "어리석은 유대인들아, 너희는 할례를 받았다거나 하나님의 말씀을 맡았다거나 하나님의 백성이라는 사실을 자랑하는데, 더 이상 그러지 마라. 너희가 물려받은 전통과 조상들을 의지하지 마라. 그런 것들은 전혀 자랑거리가 못 된다. 오직 주 예수 그리스도와 그가 온전히 이루신 일만 의지해라. 유대인이나 이방인이나 마찬가지다. '모든 사람이 죄를 범하였으매 하나님의 영광에 이르지 못하더니.' 그리스도, 오직 그리스도만 바라보아라. 어떤 면에서도 너희 자신을 바라보지 마라."

아주 현실적인 차원에서 믿음을 점검할 수 있는 간단한 방법을 알려 드리겠습니다. 사람은 그 말로 자신을 드러내게 되어 있습니다. 주님도 말로 의롭다 함을 받는다고 하셨습니다(마 12:37 참조). 정말 그렇습니다. 저는 종종 이 문제를 다룰 기회가 있는데, 그때마다 믿음으로 의롭다 하심을 얻는 이 방법을 알려 주면서 우리가 어떻게 그리스도 안에서 모든 것을 얻을 수 있는지, 하나님이 어떻게 그의 의를 우리에게 주시는지 설명합니다. 그리고 설명을 마친 후에 이렇게 묻습니다.

"자, 이 말을 들으니 기쁜가요? 이 말이 믿어집니까?"

상대방이 그렇다고 하면 저는 말합니다.

"그렇다면 이제 당신은 그리스도인이라고 고백할 준비가 된 겁니다."

그런데 그 사람이 고백하지 못하고 주저할 때, 아직 제 설명을 다 이해하지 못했음을 감지하고 이렇게 묻습니다.

"무슨 문제가 있나요? 왜 망설입니까?"

그럴 때 사람들이 하는 말은 이것입니다.

"아무래도 전 그럴 자격이 없는 것 같아요."

그 순간 저는 모든 설명이 수포로 돌아간 것을 깨닫습니다. 그들은 여전히 자기 자신을 기준으로 삼고 있습니다. 자기 자신을 보니 그리스도를 영접하고 그리스도인이 될 만한 자격이 없다는 것입니다. 그리스도인이 되려면 그럴 만한 자격을 갖추어야 한다는 것입니다! "아무래도 전 그럴 자격이 없는 것 같아요"라는 것은 아주 겸손한 말처럼 들리지만, 사실은 마귀의 거짓말이요 믿음을 부인하는 말입니다. 여러분은 그렇게 말하는 것을 겸손으로 생각합니다. 그러나 여러분은 절대 자격을 갖출 수 없습니다. 그 누구도 자격을 갖출 수 없습니다. 기독교가 전하는 구원의 핵심은 "오직 그리스도만 자격이 있다. 그리고 나는 그리스도 안에 있다"라고 고백하는 것입니다!

계속 자기 자신을 바라보면서 '아, 나도 그리스도인이 되고 싶지만 자격이 없어. 난 죄인이야. 그것도 큰 죄인이야'라고 생각하는 것은 하나님을 부인하는 태도입니다. 그런 사람은 결코 행복해질 수 없습니다. 계속 낙담하고 불안할 수밖에 없습니다. 좀 나아진 것 같다가도 사실은 나아지지 않았다는 것을 발견합니다. 성도들의 전기를 읽으면서 실제로 아무 진전이 없다는 것을 깨닫습니다. 그래서 계속 '어떡하지? 난 여전히 자격이 없는 것 같아'라고 생각합니다. 여러분 자신이나 자신과 관련된 모든 사실들은 이제 그만 잊으십시오. 여러분은 당연히 자격이 없고, 앞으로도 없을 것입니다. 기독교는 구원과 여러분의 자격은 아무 상관이 없다고 말합니다. 여러분이 어떻게 살아왔든, 무슨 짓을 했든 아무 상관이 없다고 말합니다. 어떻게 하면 이 점을 더 분명하게 설명할 수 있을까요? 제가 주일마다 강단에서 이 점을 전하기 위해 애쓰는 것은, 대부분의 사람들이 주 안에서 기뻐하지 못하는 이유가 바로 여기 있다고 생각하기 때문입니다. 설사 여러분이 거의 지옥의 나락까지 떨어졌다고 해도, 온갖 악한 죄를 짓고 살인까지 저질렀다고 해도, 하나님께 의롭다 하심을 받는 데는 아무 지장이 없습니다. 스스로 의롭다고 생각하며 세상에서 가장 존경받는 사람이나 여러분이나 소망이 없기는 매한가지입니다. 이것을 믿습니까?

자신을 점검하기에 좋은 방법이 또 한 가지 있습니다. 구원과 칭의의 영역에서 죄인과 의인을 가르는 관습적인 구분은 일거에 폐기되었다는 것, 우리가 죄인이냐 아니냐를 결정짓는 것은 우리의 행동이 아니라 우리와 하나님의 관계라는 것을 믿습니까? 그리스도, 오직 그리스도만 바라보아야 한다는 것, 그 외에는 그 누구도 그 무엇도 바라보면 안 된다는 것, 특정한 죄나 특정한 사람을 바라보면 안 된다는 것을 기꺼이 인정하고 분명히 고백합니까? 이것이야말로 시금석이라고 저는 말하고 싶습니다. 그 누구도 그 무엇도 바라보지 마십시오. 오직 그리스도만 바라보며 이렇게 고백하십시오.

> 내 소망 오직
> 예수의 피와 의에 있도다.
> 어떤 아름다운 토대도 마다하고
> 오직 예수의 이름에만 기대노라.
> 위태한 모래밭 대신
> 굳건한 반석 그리스도 위에 서리라.*
> ― 에드워드 모트 Edward Mote

더 나아가 거룩한 담대함으로 다음과 같이 고백하는 믿음이 있어야 합니다.

> 율법도 하나님도
> 두렵지 않도다.
> 구주의 순종과 피

---

* 찬송가 539장 1절 다시 옮김.

내 모든 허물 가려 주시니.

—오거스터스 탑레이디Augustus Toplady

영적 침체에서 벗어나고 싶습니까? 그렇다면 먼저 여러분의 과거에 영원히 안녕을 고해야 합니다. 그리스도 안에서 여러분의 모든 과거가 덮이고 도말되었음을 깨달아야 합니다. 다시는 자신의 죄를 돌아보지 마십시오. "다 끝났다. 그리스도가 피로 다 덮어 주셨다"라고 선포하십시오. 이것이 첫걸음입니다. 이 첫걸음을 내딛으십시오. 자기 자신이나 충분한 자격에 대한 생각은 이제 그만 떨쳐 버리십시오. 주 예수 그리스도만 바라보십시오. 그래야 참된 행복과 기쁨의 문이 열립니다. 여러분에게 필요한 것은 더 나은 삶을 살겠다거나 금식하겠다거나 노력하겠다거나 기도하겠다는 결심이 아닙니다. 그렇습니다! 다만 다음과 같이 고백하면 됩니다.

내 허물 속하려 죽으신
그분만 믿노라.

이 첫걸음을 내딛으십시오. 그 즉시 전에는 한 번도 경험해 보지 못한 기쁨과 해방감이 밀려올 것입니다. "그러므로 사람이 의롭다 하심을 얻는 것은 율법의 행위에 있지 않고 믿음으로 되는 줄 우리가 인정하노라." 절망적인 죄인들에게 놀라운 구원을 행하신 하나님의 이름을 찬송하십시오.

3
나무 같은 것들이 걸어가는 것

벳새다에 이르매 사람들이 맹인 한 사람을 데리고 예수께 나아와 손대시기를 구하거늘 예수께서 맹인의 손을 붙잡으시고 마을 밖으로 데리고 나가서 눈에 침을 뱉으시며 그에게 안수하시고 "무엇이 보이느냐?" 물으시니 쳐다보며 이르되 "사람들이 보이나이다. 나무 같은 것들이 걸어가는 것을 보나이다" 하거늘 이에 그 눈에 다시 안수하시매 그가 주목하여 보더니 나아서 모든 것을 밝히 보는지라. 예수께서 그 사람을 집으로 보내시며 이르시되 "마을에는 들어가지 말라" 하시니라.

마가복음 8:22-26

지금 우리가 고찰하는 주제, 제가 '영적 침체'라고 표현한 주제에 대한 고찰의 일환으로 이 사건에 주의를 환기시키고자 합니다.

우리가 이 주제를 고찰하는 것은 그리스도인으로서 비참하게 사는 것이 안타깝고 비극적인 일이기 때문일 뿐 아니라 오늘날 교회의 전반적인 상태 때문이기도 합니다. 주저 없이 다시금 주장하는바, 교회가 현대 세계에서 이렇게 별 볼 일 없는 곳이 되어 버린 한 가지 이유는 침체에 빠진 그리스도인들이 많다는 데 있습니다. 모든 그리스도인이 신약성경이 말하는 역할을 감당하기만 해도 오늘날처럼 전도하기가 어렵지는 않을 것입니다. 이 문제를 즉시 해결해야 합니다. 우리가 매일 그리스도인답게 살거나 행동하거나 증언하지 못하는 탓에 교회는 별 볼일 없는 곳이 되어 버렸고, 우리 주 예수 그리스도를 통해 하나님께 나아오는 사람들이 희귀해졌습니다. 가장 절박한 이 한 가지 이유 때문만이라도 침체의 문제를 다룰 필요가 있습니다.

우리는 일반적인 관점에서 이 문제를 살펴보았습니다. 그리고 지난번에는 그 한 가지 측면을 고찰하면서, 사실상 믿음으로 의롭다 함을 얻는다는 중대한 중심 교리를 명확히 모르는 탓에 침체에 빠지는 그리스도인들이 있다는 사실을 알았습니다. 종교개혁 이전에 사람들이 겪은 혼란의 전적인 원인도 이것이었습니다. 종교개혁을 통해 교회는 첫 몇 세기 이후 맛보지 못했던 평안과 행복과 기쁨을 되찾았는데, 그 모든 일은 믿음으로 의롭다 하심을 얻는다는 이 중심 교리를 재발견함으로써 이루어졌습니다. 마르틴 루터는 이 중대한 교리를 깨닫고 기뻐하며 찬송했고, 다른 이들 또한 이 진리를 발견하도록 이끌었습니다. 이처럼 이 진리는 큰 기쁨을 가져왔습니다. "이 진리를 명확히 모르는 사람은 그리스도인이 아니다"라고 단언할 수는 없겠지만, 이 진리를 이해해야 비참한 그리스도인이 아닌 기뻐하는 그리스도인이 된다는 것만큼은 확실한 사실입니다.

한 단계 더 나아가 구체적으로 살펴봅시다. 마가복음 8:22-26에 나오는 사건, 복되신 주님이 이 땅에 살면서 행하신 특별한 한 사건을 통해 이 주제를 살펴보려 합니다. 여러분도 즉시 알아챘겠지만, 우리는 지금 침체의 또 다른 유형, 또 다른 사례를 다루려 하고 있습니다. 이 사건이 그 유형을 잘 보여줍니다. 이것은 여러 가지 면에서 우리 주와 구주 되신 예수가 행하신 기적 중에 가장 눈에 띄는 기적이라 할 만합니다. 주님이 구체적으로 이 맹인에게 하신 일을 여러분도 알 것입니다. 주님은 그의 손을 붙잡고 마을 밖으로 나가셨습니다. 그리고 그 눈에 침을 뱉고 안수하신 후, 무엇이 보이느냐고 물으셨습니다. 그는 "사람들이 보이나이다. 나무 같은 것들이 걸어가는 것을 보나이다"라고 대답했습니다. 그러자 또 한 번 그의 눈에 안수하시고 다시 보게 하셨습니다. 이번에는 시력이 완전히 회복되어 "모든 것을 밝히" 보았습니다.

여기에는 아주 깊은 의미가 담겨 있는 것이 분명합니다. 이것은 우연히 일어난 사건이 아닙니다. 맹인들을 고치신 다른 사례들을 볼 때, 주님은 "보라"라는 말씀만으로도 즉시 고치실 수 있었음을 알게 됩니다

다. 주님께는 그런 능력이 있었습니다. 그가 못 하실 일은 하나도 없었습니다. 다른 맹인들은 말씀만으로 고치셨고, 이번에도 말씀만으로 고치실 수 있었습니다. 그럼에도 이렇게 특별한 행동을 하신 데에는 신중한 의도와 확고한 목적이 있었던 것이 분명합니다. 주님은 아무렇게나 되는 대로 행동하신 적이 한 번도 없습니다. 모든 행동에 의도가 있었고, 방법을 달리하실 때마다 이유가 있었습니다. 이 맹인의 경우도 특별히 고치기가 어려워서 방법을 달리하신 것이 아닙니다. 우리에게 가르치시고 싶은 교훈과 메시지가 있었기에 작정하고 이렇게 하신 것입니다. 다시 말해서 주님이 행하신 기적은 단순한 사건을 뛰어넘는 일종의 비유입니다. 그렇다고 역사적인 실제 사건으로 믿지 않는다는 말은 아닙니다. 기적은 실제 사건인 동시에 비유라는 점을 강조하는 것일 뿐입니다. 다른 기적들도 그렇지만, 이 기적은 특히 더 그렇습니다. 주님이 이렇게 치료의 절차를 달리하신 데에는 중요하고도 긴요한 교훈을 부각시키시고 가르치시려는 의도가 있었던 것이 분명합니다.

무엇보다 제자들에게 주된 교훈을 주고자 하셨다는 주장에 저는 기꺼이 동의하는 바입니다. 이 사건 전에 무슨 일이 있었는지 여러분도 알 것입니다. 제자들은 떡 가져오는 것을 잊고 배에 탔습니다. 가진 음식이라고는 떡 한 개뿐이었습니다. 그들은 걱정이 되었고 마음이 불편했습니다. 그래서 주님이 "삼가 바리새인들의 누룩과 헤롯의 누룩을 주의하라"라고 하시자, 떡이 없기 때문에 그런 말씀을 하신다고 넘겨짚었습니다. "누룩"이라는 표현 때문에 떡 이야기를 하신다고 생각한 것입니다! 그들은 주님의 말씀을 문자적으로만 이해했습니다. 영적인 지각을 사용하지 못했습니다. 그래서 "누룩"이라는 말에 떡만 생각하고, 떡 가져오는 것을 잊은 일만 생각했습니다. 그들은 마음이 불편하고 불안 했습니다. 그런 그들에게 주님은 연달아 질문을 던지셨습니다. 그 마지막 질문은 "아직도 깨닫지 못하느냐?"라는 것이었습니다. 그 질문의 요지는 이것입니다. "내가 이렇게 너희와 함께 있지 않느냐? 그토록 설교하고 가르쳤는데도 여전히 모르는 듯하구나. 떡이 한 개밖에 없어서 근심이 되느냐? 떡 몇 개와 물고기 몇 마리로 5천 명도 먹이고 4천 명도 먹이는 것을 보지 않았느냐? 그런데도 깨닫지 못하느냐?" 저는 이런 제자들의 실상을 보여주시고자 맹인에게 이 일을 행하셨다고 생각합니다. 이 특별한 방법을 사용하심으로써 제자들로 하여금 자신들의 실상을 보게 하셨다고 생각합니다.

그뿐만이 아닙니다. 이 사건은 하나님의 백성들에게 영원한 교훈을 주며, 무서운 메시지를 줍니다. 제가 이 일에 주의를 환기시키는 것은 이 맹인과 같은 상태에 있는 자들, 이 맹인이 치료받은 과정의 첫 단계에 머무는 듯한 자들이 많기 때문입니다. 알다시피 주님은 그의 눈에 침을 뱉으신 후 물으셨습니다. "무엇이 보이느냐?" 그는 "사람들이 보이나이다. 나무 같은 것들이 걸어가는 것을 보나이다"라고 했습니다. 이것이 어떤 상태인지 알겠습니까? 이것은 뭐라고 규정짓기 힘든 상태입니다. 더 이상 맹인이라고 할 수는 없습니다. 무언가 보기는 하니 맹인은 아닙니다. 그렇다고 완전히 본다고 말하기는 주저됩니다. 사람을 걸어 다니는 나무로 볼 정도로 불확실하게 보기 때문입니다. 그렇다면 이 사람을 맹인이라고 해야 할까요, 아니라고 해야 할까요? 맹인이라고 할 수도 있고, 아니라고 할 수도 있습니다. 본다고 할 수도 있고, 못 본다고 할 수도 있습니다.

제가 이제 다루려는 상태가 바로 이런 것입니다. 제 관심은 이 맹인처럼 밝히 보지 못하는 탓에 불안하고 불행하며 비참하게 사는 그리스도인들에게 있습니다. 그들을 명확하게 규정짓기란 거의 불가능합니다. 함께 이야기를 나누어 보면 '그리스도인이 맞다'라는 생각이 들다가도, 다시 만나 살펴보면 '저런 말과 행동을 하는 걸 보니 그리스도인일 리가 없다'라는 의심이 듭니다. 이처럼 만날 때마다 인상이 달라지니 그리스도인인지 아닌지 분간하기가 어렵습니다. 앞을 본다고 말하기도 꺼림칙하고, 못 본다고 말하기도 꺼림칙합니다. 본인들도 혼란을 느끼기는 마찬가지입니다. 저도 인정하는 바지만, 이처럼 정체성이 불분명한 탓에 불행하게 지내는 이들이 있습니다. 예배를 드리면서 '맞아. 난 그리스도인이야. 이걸 믿으니까'라고 생각하다가도, 무언가 문제가 생기면 '아니야. 내가 그리스도인일 리가 없어. 그리스도인이라면 이런 생각을 할 리가 없지. 이런 짓을 하고 싶어 할 리가 없다고' 하면서 낙심합니다. 이처럼 자신의 정체성에 본인도 혼란을 느끼고 다른 그리스도인들도 혼란을 느낍니다. 그리스도인 같기도 하고 아닌 것 같기도 한 상태에 머물러 있습니다. 세상을 마냥 즐기지 못할 만큼은 기독교를 알지만, 스스로 만족할 만큼은 알지 못합니다. "차지도 아니하고 뜨겁지도 아니"합니다(계 3:15). 보기도 하고 못 보기도 합니다. 많은 이들이 이런 상태에 머물고 있다는 제 말에 여러분도 동의할 것입니다. 이것은 괴로운 상태입니다. 여러분도 짐작하겠지만, 저의 전적인 메시지는 아무도 이런 상태에 빠지거나 머물러서는 안 된다는 것입니다.

이제 주님의 가르침을 살펴봅시다. 가장 좋은 방법은 이 상태를 또 다른 형태로 설명하는 것입니다. 전반적인 특징은 이미 설명했습니다.

이제 이런 상태에 있는 자들이 자기 실상을 제대로 보고 우리도 이 상태를 제대로 이해할 수 있도록 몇 가지 구체적인 특징을 이야기해 보겠습니다. 이들이 보는 것이 무엇일까요? 이들도 보는 것이 있습니다. 맹인은 말했습니다. "아, 보여요. 사람이 보입니다. 하지만 좀 문제가 있네요. 사람이 꼭 걸어 다니는 나무처럼 보이는데요."

이런 상태에 있는 자들이 보는 것이 무엇입니까? 많은 경우, 자신에게 문제가 있다는 사실은 분명히 봅니다. 그래서 만족하지 못합니다. 무언가 변화를 겪으면서 자기 자신에게 불만을 느낍니다. 전에는 완벽하게 만족했습니다. 자기 나름대로 살아오면서 아무 문제의식을 느끼지 못했습니다. 그런데 이제는 아닙니다. 무언가 변화를 겪으면서 그동안 살아왔던 삶을 완전히 다시 보게 됩니다. 제가 일일이 설명할 필요는 없을 것입니다. 지금도 여전히 그렇게 살고 있는 세상 사람들, 신문가십난을 탐독하고 사교생활과 문화생활을 누리는 삶을 선망하며 '저런 게 진짜 삶이지' 생각하는 세상 사람들과 비교해 보면 됩니다. 자기 문제를 보는 자들은 그런 세상 사람들과 다릅니다. 그런 삶이 얼마나 공허하고 허망하며 허무한지 알며, 그런 삶에 깊은 불만을 느낍니다. 무엇보다 그것이 현명한 삶이 아니라 아주 공허한 삶이라는 것을 압니다. 자기 자신에게 불만을 느낍니다. 더 이상 그렇게 살 수 없다고 선언합니다. 이런 위치에 있는 자들, 이런 단계에 있는 자들이 많습니다. 기독교가 옳다는 확신까지는 못해도, 어쨌든 다른 것들이 잘못되었다는 사실은 압니다. 이 단계에 있는 사람은 종종 냉소나 절망에 빠집니다.

아주 극적인 예가 있습니다. 뛰어난 의사로 런던에서 명성을 떨치던 사람이 있었습니다. 그는 주변의 지인들이 깜짝 놀랄 만큼 갑자기 모든 것을 내던지고 선의船醫가 되어 배를 탔습니다. 그 일의 전말은 이렇습니다. 그는 훌륭한 의사로서 그 분야의 어떤 영예를 얻겠다는 정당한 야망을 품었습니다. 그런데 그 일이 좌절되면서 모든 것을 다시 보기 시작했습니다. 그는 자기 삶에 지속적인 만족이 없다는 결론에 도달했습니다. 자기 삶의 실체를 간파한 것입니다. 그러나 그리스도인이 되지는 않았습니다. 냉소적인 태도로 모든 것을 내던졌을 뿐입니다. 이 사람처럼 그리스도인이 되지 않고 모든 것을 포기한 채 약간의 평안과 행복을 찾을 수 있는 외딴 곳을 찾아간 이들의 흥미로운 사례가 많습니다. 이처럼 자기 삶의 문제를 보는 자들이 있습니다.

더 나아가 산상설교에서 기독교적인 삶의 탁월성을 발견하는 자들도 있습니다. 그들은 말합니다. "의문의 여지가 없다. 기독교적인 삶이야말로 진정한 삶이다. 모든 사람이 이렇게 살면 얼마나 좋을까!" 그들은 성도들의 생애도 읽고 그들의 훌륭한 면을 인정합니다. 전에는 그런데 관심이 없었습니다. 그런데 이제는 산상설교에 나오는 삶을 보며 이것이야말로 진정한 삶이요 생활이라고 생각합니다. 고린도전서 13장이 묘사하는 삶을 보며 "모든 사람이 이렇게 살면 온 세상이 낙원이 될 텐데"라고 말합니다. 이 사실을 아주 밝히 보고 압니다.

여기에서도 더 나아가 예수 그리스도가 유일한 소망이라는 사실, 어찌 되었든 구주라는 사실을 보는 자들도 있습니다. "어찌 되었든"이라는 제 표현에 여러분도 주목했을 것입니다. 이들은 예수 그리스도가 자신들을 도와줄 수 있다고 생각합니다. 기독교가 세상의 유일한 소망임을 알며, 예수라는 분이 자신들을 도와줄 수 있음을 압니다. 전에는 예수에게 아무 관심이 없었습니다. 진지하게 고려해 보지도 않고 무시해 버렸습니다. 그러나 이제는 그렇지 않습니다. 세상의 공허함을 알며 그리스도인들의 삶에 무언가가 있다는 것을 압니다. 예수 그리스도가 다른 위인들과 다르다는 것을 압니다. 어찌 되었든 그가 구주라는 사실을 압니다. 그래서 그에게 관심을 갖고 그에 대해 고민합니다. 여기까지는 아주 밝히 보고 압니다.

더 나아가 지난번에 다룬 자들과 달리 스스로 구원할 수 없다는 사실까지 보는 자들도 있습니다. 믿음으로 의롭다 하심을 얻는 구원의 방법을 제대로 모르는 자들의 문제점은 여전히 자기 힘으로 바로잡으려 든다는 것입니다. 그런데 이들은 그렇게 할 수 없다는 것을 압니다. 이들도 수없이 시도해 보았지만 만족스러운 결과를 얻지 못했습니다. 기독교적인 삶의 참된 본질을 보았기에 인간의 힘으로는 도저히 거기에 이를 수 없다는 것을 압니다. 스스로 구원할 수 없다는 사실을 보고 압니다.

"정말 지나치네요. 그런 자들을 너무 과대평가하는 것 아닙니까!"라고 항의하는 이가 있을 것입니다. 과대평가하는 것이 아닙니다! 이들이 "무엇이 보이느냐?"라는 주님의 질문에 "보이나이다"라고 대답했던 맹인만큼은 볼 수 있다는 점을 설명하는 것일 뿐입니다. 맹인은 확실히 앞을 볼 수 있었고, 사람의 모습을 볼 수 있었습니다. 이들 역시 앞을 볼 수 있습니다. 제가 말한 사실들을 보고 알 수 있습니다.

그러나 안타깝게도 그다음으로 지적할 점이 있습니다. 그것은 이들이 여전히 혼동하고 있다는 것, 모든 것을 밝히 보지 못한다는 것입니다. "나무 같은 것들이 걸어가는 것" 정도로만 본다는 것입니다. 어떤 점에서 그럴까요? 무엇을 빼고 무엇을 꼽아야 할지 분별하기 어렵지만, 중요하고 주된 요점이라고 생각되는 것을 세 가지만 말씀드리겠습니다.

첫째로, 이들이 명확하게 이해하지 못하는 원리들이 있습니다. "어찌 되었든" 그리스도가 구주라는 사실은 안다고 조심스럽게 말한 이유가 여기 있습니다. 이들은 그리스도가 어떻게 구주가 되셨는지 모릅니다. 예컨대 그리스도의 죽음이 어떤 것인지, 그의 죽음이 절대적으로 필요한 이유가 무엇인지 명확하게 모릅니다. 중생의 교리도 명확하게 모릅니다. 그에 대해 이야기를 나누어 보면 완전히 혼동하고 있다는 것을 알게 됩니다. 이들은 모르겠다고 말합니다. 맞습니다! 모릅니다. 그리스도가 죽으신 이유를 알거나 이해하지 못하며, 중생의 필요성도 알지 못합니다. 여러분도 이런 자들을 익히 알 것입니다. 이들은 자기 삶에 불만을 느끼고, 기독교적인 삶을 칭송하며, 그리스도가 구주시라고 고백합니다. 그럼에도 여전히 어떤 진리들은 "보지" 못합니다. 그 결과 근심하며 불행하고 비참하게 삽니다.

둘째로, 그들은 마음을 완전히 바친다는 것이 무엇인지 명확히 알지 못합니다. 많은 사실들을 보고 알지만 기독교와 그리스도인의 신분에서 행복을 찾지는 못합니다. 어느 정도 감화는 받지만 진정한 기쁨을 찾지는 못합니다. 자신이 그리스도인이라는 사실을 일부러 상기하면서 그에 맞추어 살고자 애쓸 뿐입니다. 행복을 느끼지 못합니다. 다른 데서 기쁨을 찾습니다. 신앙에 마음을 완전히 바치지 못합니다. 하나님이 허락하실 때 좀 더 자세히 다룰 수 있길 바라면서, 지금은 이 정도로 전체적인 개관만 하고 넘어가겠습니다.

우리가 다루는 이들의 셋째 특징은 의지가 분열되어 있다는 것입니다. 반항적이라는 것입니다. 그리스도인이라고 해서 왜 무엇은 해야 하고 무엇은 하지 말아야 하는지 납득하지 못하며, 그런 태도를 편협하게 여깁니다. 전반적으로는 과거의 삶을 비판하고 그리스도인의 삶을 받아들이며 그리스도가 구주라는 사실을 인정하지만, 의지를 가지고 주님의 가르침을 적용하는 영역에서는 명확하게 이해하지 못하고 혼동을 느낍니다. 매번 따지고 들면서 "과연 그것이 옳은가?"라고 묻습니다. 순순히 의지를 양도하지 않습니다. 저는 지금 이들을 우습게 묘사하는 것이 아닙니다. 문자 그대로 정확하고 자세하게 묘사하는 것입니다. 이 단계에 있는 자들, 실제로 이 단계를 거치고 있는 자들이 많습니다. 주님이 맹인을 고치실 때 물리적인 절차를 밟으신 것처럼, 사람을 회심시킬 때에도 비슷한 절차를 밟으시는 경우가 가끔 있는 듯합니다. 회심하자마자 밝히 보는 자들이 있는가 하면, 단계적으로 시력을 회복하는 자들이 있습니다. 우리는 후자의 경우를 살펴보면서 그 상태를 설명하고 있는 중입니다.

이제 다음 문제로 넘어가 봅시다. 주님이 제자들을 가르치시면서 연달아 질문을 던지신 이유, 이 사건을 통해 극적인 형태로 이 모든 것을 제시하신 이유가 무엇일까요? 다시 말해서 사람들이 이처럼 그리스도인도 아니고 비그리스도인도 아닌 상태, 보는 것도 아니고 보지 못하는 것도 아닌 상태에 빠지는 원인이 무엇일까요? 분명한 사실은 처음 눈을 열어 준 전도자들에게 전적인 책임을 물어야 하는 경우가 있다는 것입니다. 그들이 문제의 원인일 때가 많습니다. 결과물을 보고해야 한다는 압박감 때문에 사람들을 이런 상태로 만드는 것입니다.

그렇다고 늘 전도자들만 잘못하는 것은 아닙니다. 본인들이 잘못하는 경우도 아주 많습니다. 아마 전도자들이 잘못하는 경우만큼이나 많을 것입니다. 그들이 이런 상태에 빠지는 주된 이유는 다음과 같습니다. 첫째로, 그들은 대체로 명쾌한 정의定義에 반발합니다. 명확하고 확실한 것을 싫어합니다. 그 구체적인 이유까지 다룰 필요는 없겠지만, 명확한 생각과 정의에는 항상 요구가 따르기 때문이라고 생각합니다. 사람들이 로마 가톨릭에 매력을 느끼는 것도 그리 놀랄 일이 아닙니다. 막연하고 불확실한 종교일수록 사람을 편하게 해줍니다. 결단을 요구하는 성경의 명쾌한 진리만큼 불편한 것은 없습니다. 그들은 말합니다. "당신은 너무 정확하고 율법적입니다. 그래요. 전 그런 게 싫습니다. 기독교는 믿지만, 당신이 말하는 개념들은 너무 경직되고 편협해요." 여러분도 이런 자들을 익히 알 것입니다. '기독교는 명쾌하지 않다'라는 이론에서 출발하는 자들은 이 맹인처럼 사람을 걸어 다니는 나무 정도로밖에 보지 못하는 것이 당연합니다. 명확한 초점과 정확한 정의를 원치 않으면서 그리스도인의 생활과 삶을 시작하는 자들은 이후에도 밝히 보지 못할 가능성이 큽니다!

둘째 원인은—이것이 진정한 문제인 경우가 아주 많은데—성경의 가르침과 권위를 온전히 받아들이지 않는 것입니다. 결국 이것이 전적인 원인이라고 저는 생각합니다. 이들은 성경으로 나아가지 않으며, 성경에 전적으로, 철저히 굴복하지 않습니다. 어린아이처럼 성경으로 나아가 액면 그대로 받아들이기만 해도, 성경이 우리에게 말할 수 있도록 허락하기만 해도 이런 문제는 생기지 않을 것입니다. 그런데 이들은 그렇게 하지 않습니다. 영적인 진리에 자기 생각을 뒤섞어 버립니다. 근본적으로 성경의 진리를 받아들인다고 주장하지만, 그것은 치명적으로 잘못된 말입니다. 사실은 받아들이는 즉시 수정해 버리기 때문입니다. 성경의 사상을 받아들인다고 하면서도 옛 생활에 속한 다른 사상과 철학을 끌어옵니다. 육적인 생각과 영적인 생각을 뒤섞어 버립니다. 산상설교와 고린도전서 13장을 좋아하고 그리스도를 구주로 믿는다고 하면서도 "너무 지나치게 나아가면 안 된다"라고 주장하며 적당한 것이 좋다고 말합니다. 그러면서 성경을 수정하기 시작합니다. 설교와 삶, 교리와 세계관을 비롯한 모든 면에서 성경의 권위를 받아들이길 거부합니다. "상황이 바뀌었습니다. 지금의 삶은 예전과 달라요. 우리는 20세기에 살고 있다고요"라고 말합니다. 성경의 교리를 처음부터 끝까지 받아들이며 지금이 20세기라는 것과 성경을 받아들이는 일은 아무 상관이 없다는 사실을 인정하는 대신, 자신들의 생각에 맞추어 성경을 여기저기 수정합니다. 그러나 성경은 시대를 초월하는 하나님의 말씀입니다. 우리는 거기에 굴복해야 하며, 자신의 뜻과 방법대로 일하시는 하나님을 신뢰해야 합니다.

이런 상태에 빠지는 또 한 가지 원인은 거의 예외 없이 교리에 무관심한 것입니다. 여러분은 교리에 관심이 있습니까? 이런 자들은 스스로 영적 독서라고 생각하는 성경 읽기와 교리를 반대되는 것으로 대조하는 어리석음을 드러냅니다. 교리에는 관심이 없다고, 성경 강해는 좋지만 교리는 싫다고 말합니다. 성경에 있는 교리, 성경에 근거한 교리를 믿는다고 하면서도 성경 강해와 교리를 대조하는 치명적인 잘못을 저지릅니다. 그러나 성경의 목적이 바로 교리를 제시하는 것 아닙니까? 진리로 인도하지 못하는 강해가 무슨 가치가 있습니까? 물론 그들의 입장도 이해하기 힘든 것은 아닙니다. 교리는 상처를 주며 초점을 맞춥니다. 성경의 전체적인 내용을 살펴보고 각 단어와 그 의미의 미세한 차이에 흥미를 갖는 일은 그렇지 않습니다. 마음이 불안해지거나 죄에 집중하게 되거나 결단의 압박감을 느끼지 않아도 됩니다. 편히 앉아서 즐겁게 살펴볼 수 있습니다. 그러나 교리는 우리에게 직접 말을 걸며 결단을 촉구합니다. 교리는 진리입니다. 우리를 점검하고 시험합니다. 스스로 자신을 점검하게 만듭니다. 처음부터 이런 교리에 반대했던 자들이 이후에 밝히 보지 못하는 것은 당연한 결과입니다. 기독교회가 모든 교리와 교의에 대한 신앙고백과 함께 신경信經들을 작성한 목적은 전적으로 밝히 보고 생각하게 하려는 데 있었습니다. 그래서 여러 신앙고백과 신경들을 체계적으로 정리한 것입니다. 교회가 출범한 후 몇백 년에 걸쳐 세대에서 세대로 복음이 전해졌습니다. 그런데 그 복음이 잘못되었다고 주장하는 자들이 나타나기 시작했습니다. 예컨대 그리스도는 실제로 육신을 가지고 오신 것이 아니라 유령의 모습으로 오셨다고 말하는 이들이 있었습니다. 이처럼 온갖 주장이 난무하면서 신자들은 갈피를 못 잡고 불행해졌습니다. 그래서 교회가 사도신경 등의 형태로 교리를 체계화하기 시작한 것입니다. 초대 교부들이 단순히 재미로 이 일을 했다고 생각합니까? 절대 그렇지 않습니다. 아주 실제적인 이유 때문에 이 일을 했습니다. 진리는 명확하게 규정하고 안전하게 보호해야 합니다. 그러지 않으면 사람들이 진리에서 벗어나 오류에 빠집니다. 진리에 반대하는 자들이 밝히 보지 못하는 것, 불행해지고 비참해지는 것은 당연한 결과입니다. 성경의 교리를 이해하고 파악하는 일보다 더 영적인 눈을 밝혀 주는 것은 없습니다.

제가 지적하고 싶은 마지막 원인은 성경의 교리를 바른 순서로 이해하지 못하는 자들이 많다는 것입니다. 이것은 아주 중대한 요점이므로 다음에 다시 다룰 생각입니다. 저는 개인적인 경험을 통해 이 점을 깨달았습니다. 성경의 교리를 바른 순서로 이해하는 일이 중요합니다. 중생의 교리를 속죄의 교리보다 앞세우면 혼동에 빠집니다. 하나님 앞에서 자신의 위치를 명확히 알기도 전에 중생과 새 생명에 관심을 가지면 어긋난 길로 접어들게 되며 결국 비참해집니다. 성화를 칭의에 앞세워도 마찬가지입니다. 교리는 항상 바른 순서로 이해해야 합니다. 다시 말해서 "사람이 이런 상태에 빠지게 되는 중대한 원인은 바르게 생각하기를 거부하는 데 있다"라는 말로 모든 내용을 요약할 수 있습니다. 실제로 이해해서 내 것으로 삼기도 전에 먼저 누리려고 할 치명적인 위험이 있습니다. 제대로 생각하기를 거부하는 자들, 배우기를 싫어하는 자들, 여러 가지 이유로—많은 경우 자신을 방어하기 위해—가르침을 잘 받지 않는 자들이 있습니다. 일반적으로 이런 자들이 밝히 보지 못하는 영적 혼동의 희생자가 되며, 보기도 하고 보지 못하기도 하는 어중간한 상태에 쉽게 빠집니다.

이제 최종적인 질문을 드리겠습니다. 이런 상태를 치료할 수 있는 방법이 무엇일까요? 원리만 잠시 말씀드리겠습니다. 첫 번째 원리는 명백합니다. 무엇보다 눈이 다 보인다고 성급하게 주장하면 안 됩니다. 이 맹인도 틀림없이 그 유혹을 크게 받았을 것입니다. 전에는 아무것도 보이지 않았습니다. 그런데 주님이 눈에 침을 뱉고 "무엇이 보이느냐?"라고 물으시자 "보이나이다"라고 했습니다. 그때 즉시 달려 나가 온 세상을 향해 "이제 보인다!"라고 외치고 싶은 유혹이 얼마나 컸겠습니까! 어떤 의미에서 그는 볼 수 있었지만, 시력이 온전히 회복된 것은 아니었습니다. 밝히 보이기 전까지는 다 보인다고 섣불리 간증하지 않는 것이 중요합니다. 이것은 큰 유혹으로서, 저도 능히 그 마음을 이해할 수 있습니다. 그럼에도 이것은 치명적인 잘못입니다. 사실상 여전히 혼동에 빠져 밝히 보지 못한다는 것을 많은 이들이 뻔히 아는데도 다 보인다고 외치는 자들―그렇게 외치기를 강요받고 재촉받는 자들―이 요즘 정말 많습니다. 그들이 끼치는 해악이 얼마나 큰지 모릅니다. 그들은 사람을 걸어 다니는 나무로 묘사합니다. 다른 이들을 오도하는 것입니다!

두 번째 유혹은 첫 번째 유혹과 정반대입니다. 첫 번째 유혹이 밝히 보이지 않는데도 달려 나가 다 보인다고 외치는 것이었다면, 두 번째 유혹은 완전히 절망에 빠져 "더 해봐야 소용없어. 주님이 내 눈에 침을 뱉고 만져 주셔서 어느 정도는 보이게 되었지만, 그래 봐야 사람이 걸어 다니는 나무처럼 보이는 정도인 걸" 하는 것입니다. 그런 이들이 종종 저를 찾아와 진리가 밝히 보이지 않는다고 탄식하며, 혼동에 빠져 절박하게 묻곤 합니다. "저는 왜 보이지 않을까요? 모든 게 절망적입니다." 그들은 더 이상 성경도 읽지 않고 기도도 하지 않습니다. 이처럼 마귀는 많은 이들을 거짓말로 낙심시킵니다. 그 말을 들으면 안 됩니다.

그렇다면 이 문제의 치료법은 무엇일까요? 바른 길은 무엇일까요? 무엇보다 먼저 정직해지는 것입니다. 주님의 질문에 진실하고 정직하게 대답하는 것입니다. 이것이 전적인 비결입니다. 주님은 맹인에게 물으셨습니다. "마땅히 보여야 할 만큼 보이느냐?" 그는 아주 정직하게 대답했습니다. "보입니다. 하지만 사람이 걸어 다니는 나무처럼 보이는데요." 이 사람을 구한 것은 바로 이 철저한 정직성이었습니다. 이제 우리가 던질 질문은 이것입니다. 우리는 지금 어떤 단계에 있습니까? 이 질문을 던지려는 것이 오늘 설교의 전적인 목적입니다. 우리는 지금 어떤 단계에 있습니까? 모든 것이 정확히 보입니까? 밝히 보입니까? 만족스럽습니까? 앞이 잘 보입니까? 앞이 잘 보이는지 안 보이는지 자기 상태부터 정확히 파악해야 합니다. 우리는 하나님을 알고 있습니까? 예수 그리스도를 알고 있습니까? 우리의 구주라는 사실을 알 뿐 아니라 그분 자신을 인격적으로 알고 있습니까? "말할 수 없는 영광스러운 즐거움으로 기뻐하"고 있습니까?(벧전 1:8) 신약의 그리스도인들은 그랬습니다. 우리도 그들처럼 보고 있습니까? 정직해집시다. 이 질문에 대답합시다. 철저히 정직하게 대답합시다.

그 다음으로 해야 할 일이 무엇일까요? 자, 마지막 단계는 그리스도께 굴복하는 것입니다. 이 맹인처럼 완전히 굴복하는 것입니다. 그는 계속되는 치료를 거부하지 않고 즐거이 받아들였습니다. 아마 주님이 더 치료해 주시지 않았다면 맹인 자신이 요청했을지도 모릅니다. 여러분도 똑같이 할 수 있습니다. 하나님의 말씀 앞으로 나아가십시오. 이제 의문은 그만 제기하십시오. 하나님의 약속에서 출발하되, 바른 순서로 출발하십시오. "어떤 대가를 치르든 진리를 보고 싶습니다"라고 아뢰십시오. 자신을 진리에 묶으십시오. 진리에 굴복하십시오. 어린아이처럼 완전히 엎드린 채 선명하고 완전하게 보게 해달라고, 온전히 치료해 달라고 간절히 구하십시오. 자랑스럽게 상기시키는바, 주님은 능히 그렇게 해주실 수 있는 분입니다. 반드시 그렇게 해주실 것을 그의 복된 이름으로 보장합니다. 주님은 어떤 것도 불완전한 채로 두시지 않습니다. 이것이 성경의 가르침입니다. 그 가르침을 들으십시오. 이 소경은 고침받고 회복되어 "모든 것을 밝히" 보게 되었습니다. 그리스도인은 이렇게 밝히 보는 위치에 이르러야 합니다. 의심하고 의혹하며 반신반의하는 불행한 상태에 머물면 안 됩니다. 우리를 이런 혼동의 상태에서 벗어나게 하시려고 하나님의 아들이 하늘에서 내려와 이 땅에 사시면서 그 모든 일을 하셨다는 것, 십자가에서 죽으시고 장사되시고 다시 살아나셨다는 것, 하늘에 오르시고 성령을 보내 주셨다는 것을 믿습니까? 신자가 계속 혼동의 상태에 머무는 것은 있을 수 없는 일입니다. 우리로 밝히 보게 하시려고, 하나님을 알게 하시려고 주님이 오셨습니다. 영생을 주시려고 주님이 오셨습니다. "영생은 곧 유일하신 참 하나님과 그가 보내신 자 예수 그리스도를 아는 것이니이다." 이 말씀으로 점검해 볼 때 자신의 상태에 만족할 수 없다면, 바로 주님 앞에 나아가십시오. 그의 말씀 앞에 나아가십시오. 주님을 기다리고 주님께 간청하며 주님을 붙잡으십시오. 이 찬송처럼 주님께 구하십시오.

거룩한 진리이신 성령이여,
내 영혼에 임하소서.
하나님의 말씀이요 내면의 빛이시여,
내 영혼 깨우시고 내 눈을 밝히소서.
―새뮤얼 롱펠로우 Samuel Longfellow

성령은 이것을 약속하셨고, 그 약속대로 하실 것입니다. 여러분은 더 이상 보기도 하고 못 보기도 하는 불확실한 그리스도인의 위치에 머물지 않을 것입니다. "보인다. 내게 필요한 모든 것이 주님 안에 넘치게 있는 것이 보인다. 이제 내가 하나님께 속한 자임을 분명히 안다"라고 말하게 될 것입니다.

4
정신과 마음과 의지

하나님께 감사하리로다. 너희가 본래 죄의 종이더니 너희에게 전하여 준 바 교훈의 본을 마음으로 순종하여.

로마서 6:17

이 구절에서 흠정역이 "교리의 형태form of doctrine"라고 옮긴 부분을 개역성경RV은 "교훈의 본standard of teaching"이라고 옮겨 놓았습니다.* 앞으로 살펴보겠지만 이 두 표현이 가리키는 내용은 한 가지인 것이 분명합니다. 제가 이 구절에 주의를 환기시키는 것은 이를 통해 '영적 침체'의 원인과 치료라는 문제를 계속 살펴보기 위해서입니다.

침체에 대해 살펴볼수록 그 형태가 거의 무한대로 많다는 사실에 놀라게 됩니다. 그 모습과 형태가 얼마나 다양한지 이 사실 자체에 걸려 넘어지는 사람들이 있을 정도입니다. 그들은 이 한 가지 질병, 이 한 가지 영적 상태에 수반되는 증상과 징후가 그토록 많을 수 있다는 데 놀라움을 금치 못합니다. 그만큼 이 문제에 무지한 탓에 침체에 빠집니다. 주 예수 그리스도를 믿는 즉시 모든 문제가 사라지고 "그 후로 내내 행복하게 살았더래요"라는 말로 자기 인생의 나머지 이야기가 풀릴 것이라고 믿는 사람은 얼마 가지 않아 영적 침체에 빠질 것이 확실합니다. 우리는 하나님의 은혜로 이 경이로운 삶과 영적인 상태로 옮겨졌습니다. 그러나 우리를 대적하는 또 다른 권세가 있다는 사실을 절대 잊으면 안 됩니다. 하나님 나라 시민인 우리를 대적하는 또 다른 나라, 영

---

* 우리말 성경 개역개정판은 후자로 번역했다.

적인 나라가 있다고, 그 나라가 계속 우리를 포위하고 공격한다고 성경은 말합니다. 우리는 "믿음의 선한 싸움"을 싸우는 사람들입니다(딤전 6:12). "우리의 씨름은 혈과 육을 상대하는 것이 아니요 통치자들과 권세들과 이 어둠의 세상 주관자들과 하늘에 있는 악의 영들을 상대함이라"(엡 6:12). 그러므로 지금 살펴보고 있는 이런 침체에 마땅히 대비해야 하며, 온갖 유형의 사람들에게 온갖 방식으로 침체가 나타날 것에 대비해야 합니다.

사탄의 활동에 가장 크게 나타나는 특징은 교묘함입니다. 사탄은 강력할 뿐 아니라 교묘합니다. 실제로 사도 바울은 사탄이 필요할 때마다 "자기를 광명의 천사로 가장"한다고 했습니다(고후 11:14). 사탄의 유일한 소원은 하나님의 역사를 망치고 파괴하는 것입니다. 그중에서도 우리 주와 구주 되신 예수 그리스도 안에 있는 은혜의 역사, 그리스도를 통해 이루어지는 은혜의 역사를 가장 파괴하고 싶어 합니다. 그렇기 때문에 그리스도인이 되는 순간 우리는 사탄의 표적이 됩니다. 그래서 야고보가 "내 형제들아, 너희가 여러 가지 시험을 당하거든 온전히 기쁘게 여기라"라고 말한 것입니다(약 1:2). 시험을 당한다는 것은 우리가 제대로 믿는다는 증거이기에 기뻐해야 합니다. 그리스도인이 되는 순간부터 마귀는 우리를 낙담시키는 일에 각별한 관심을 쏟는데, 그 가장 좋은 방법이 바로 우리를 비참하게 만드는 것이며 찰스 램^{Charles Lamb}의 표현대로 "영혼의 홍역과 볼거리"를 앓게 만드는 것입니다. 침체한 그리스도인은 마치 소모증에 걸린 아이처럼 건강과 활력을 잃고 제대로 성장하지 못합니다. 그리스도인이 이런 상태로 사는 것은 거의 믿음을 부인하는 일이나 다름없기 때문에 사탄은 이것을 좋아합니다. 그래서 우리를 침체시키는 일에 각별한 관심을 쏟는 것입니다. 침체가 나타나는 방식, 우리에게 영향을 끼치는 방식은 무한히 많습니다. 그 변화무쌍한 징후들을 미리 예측하고 대비해야 합니다.

이번에는 또 한 가지 일반적인 원인에 여러분의 주의를 환기시키고 싶습니다. 오늘 본문이 그 원인을 알려 줍니다. 이 구절은 그리스도인을 적극적으로 묘사하고 있지만, 소극적으로도 활용할 수 있습니다. 즉, 이 구절이 묘사하는 모습에 일치하지 못하는 것이야말로 모든 영적 침체의 공통된 원인이라고 볼 수 있는 것입니다. 이것은 그리스도인에 대한 완벽한 묘사입니다. 바울은 말합니다. "너희는 사탄의 지배를 받던 사탄의 종이었다. 그것이 너희의 원래 위치였다. 그러나 이제는 그 위치가 바뀌었다." 그는 이렇게 말할 수 있는 것에 대해, 그들이 전에는 사탄의 종이었지만 이제는 아니라고 말할 수 있는 것에 대해 하나님께 감사를 드립니다. 왜 이제는 종이 아닙니까? "너희에게 전하여 준 바─너희가 인도함을 받은 바─교훈의 본을 마음으로 순종"했기 때문입니다. 이것이 사도가 적극적으로 묘사하는 그리스도인의 모습입니다.

그 삶의 총체성과 균형에 이 구절의 강조점이 있다는 사실을 여러분도 알아챘을 것입니다. "교훈의 본"은 정신과 지각으로 아는 것입니다. "마음으로"라는 것은 감정과 감성으로 반응한다는 뜻이며, "순종하여"라는 것은 의지로 반응한다는 뜻입니다. 사도가 그리스도인을 이렇게 묘사하면서 강조하는 것은 그 삶의 총체성입니다. 즉, 그리스도인의 삶은 전인全人을 포괄한다는 것입니다. 정신과 마음과 의지를 다 포괄한다는 것입니다. 영적 침체의 공통된 원인 한 가지는 그리스도인의 삶이 이처럼 총체적이고 균형 잡힌 것임을 모르는 데 있습니다. 균형을 잃는 것이야말로 그리스도인의 삶에 혼란과 불일치와 불안을 가장 많이 일으키는 원인입니다.

두렵지만 이렇게 균형을 잃게 되는 책임을 설교자나 전도자들에게서 찾아야 하는 경우가 너무나 많다는 점을 다시금 지적해야겠습니다. 일반적으로 교리가 균형 잡혀 있지 않고 총체적이지 못하며 빈약한 설교자나 전도자들이 이처럼 치우친 그리스도인들을 만들어 냅니다. 이 문제를 계속 살펴볼수록 어떤 환경에서 그리스도인이 되었느냐가 얼마나 중요한지 알게 됩니다. 누군가 이것을 연구 주제로 삼아 그리스도인이 회심한 방법 및 방식과 이후 살아가는 모습 사이의 상관관계를 조사하면 좋겠다는 생각이 가끔 듭니다. 필시 의미도 있고 재미도 있는 작업이 될 것입니다. 일반적으로 자녀를 보면 부모의 특징을 알 수 있듯이, 회심자들을 보면 그들의 회심에 사용된 자들의 특징을 알 수 있습니다. 그뿐 아니라 회심자가 어떤 유형, 어떤 종류의 모임에서 빛으로 나아오게 되었느냐, 어떤 환경에서 중생했느냐 하는 점도 우리 생각보다 자주 이후의 행로에 영향을 끼칩니다. 지난번에도 우리는 이 점에 주목했습니다. 확실한 것은, 이 점이 지금 고찰하는 문제와 관련해서도 매우 중요하다는 것입니다. 그리스도인들이 각기 다른 유형의 특징을 보이는 이유가 여기 있습니다. 한 집단의 구성원들은 비슷한 모습을 보이며 일정한 특징을 나타냅니다. 다른 집단도 마찬가지입니다. 그렇게 될수록, 특정한 목회 유형과 관련된 특징이 많이 나타날수록 균형을 잃기 쉬우며 결국 그로 인해 불행해지고 비참해지기 쉽습니다.

사도 바울이 이 점을 다루는 것은, 이 점이 실제적인 문제를 야기하기 때문입니다. 이 편지는 로마의 그리스도인들에게 보내는 것입니다.

사도가 단지 논증을 위해 이런 질문을 가정한 것인지, 아니면 실제로 로마 교인들이 이런 질문을 던진 것인지는 확실히 알 수 없습니다. "은혜를 더하게 하려면 죄에 거해야 하는 것 아닌가요?"라고 질문한 자들이 정말 있었을 수도 있고, 사도가 오직 믿음으로 의롭다 하심을 받는다는 교리를 입증한 후에 '아, 이 말을 오해할 위험이 있겠다. 은혜를 더하게 하려면 오히려 죄에 거해야 하는 것 아니냐고 물을지도 모르겠다'라고 생각해서 이런 질문을 가정했을 수도 있습니다. 사도 자신이 "죄가 더한 곳에 은혜가 더욱 넘쳤나니"라는 말을 직전에 했기 때문입니다. 초대교회에는 그렇게 반박하는 자들이 있었고, 지금도 여전히 그렇게 반박하는 자들이 많습니다. 그들의 입장은 이것입니다. "좋습니다. 그 교리에 따르면 사람이 무슨 짓을 하든 상관이 없군요. 죄를 많이 지을수록 그를 용서하시는 하나님은 더 큰 영광을 받으시니 말입니다. 어차피 은혜로 다 덮어 주실 테니 그리스도인은 무슨 짓을 하든 괜찮겠네요." 이에 대해 사도가 하는 말이 무엇입니까? 자신의 가르침을 전혀 이해하지 못해서 그런 말을 한다는 것입니다. 제대로 이해한 사람은 절대 그런 추론을 하지 않는다는 것입니다. 그런 추론을 하려야 할 수가 없다는 것입니다. 사도의 즉각적인 대답은 이것입니다. "그럴 수 없느니라. 죄에 대하여 죽은 우리가—사도가 이제껏 전한 메시지가 바로 이것입니다—어찌 그 가운데 더 살리요?" 그리스도인은 "그리스도 안에" 있음으로써 그와 함께 죽었으며 그와 함께 다시 살아났습니다. 이 가르침을 제대로 이해한 사람은 "은혜를 더하게 하려면 죄에 거해야 합니까?"라는 무서운 질문을 할 수가 없습니다. 사도가 6장을 기록한 전적인 목적은 진리를 균형 있게 파악하는 일의 중요성, 진리를 총체적으로 붙잡는 일의 중요성, 진리를 제대로 이해할 때 반드시 수반되는 결과를 깨닫는 일의 중요성을 알리려는 데 있습니다.

이 주제를 간단히 분류해서 살펴보겠습니다. 사도가 명확히 밝히는 원리가 몇 가지 있습니다. 첫 번째는 복음이 얼마나 큰 것인지 모르는 탓에 영적 침체에 빠지거나 불행한 삶을 사는 그리스도인들이 아주 많다는 것입니다. 사도는 "너희에게 전하여 준 바 교훈의 본"에 대해, "교리의 형태"에 대해 언급합니다. 부적절한 관점으로 기독교와 복음 메시지를 바라보는 탓에 불행한 삶을 사는 그리스도인들이 많습니다. 어떤 이는 복음을 단순한 용서의 메시지로 생각합니다. 그런 이에게 기독교가 무엇이냐고 물으면 "주 예수 그리스도를 믿고 죄 사함을 받는 것"이라고 대답합니다. 그 이상 나아가지 못합니다. 이것이 그들이 아는 전부입니다. 그들에게는 불행한 과거사가 있습니다. 그런데 하나님이 그리스도 안에서 다 용서하신다는 메시지가 들립니다. 그들은 그 메시지를 받아들이는 데서 만족해 버립니다. 이것이 그들이 믿는 기독교의 전부입니다. 그런가 하면 기독교를 도덕적인 교훈으로만 생각하는 이들도 있습니다. 그들에게 죄 사함은 필요 없습니다. 그저 고양된 삶을 살고 싶을 뿐이며, 세상에서 선한 일을 하고 싶을 뿐입니다. 그들에게 기독교는 윤리적이고 도덕적인 프로그램입니다. 그런 자들은 불행해질 수밖에 없습니다. 도덕으로는 절대 피할 수도 없고 해결할 수도 없는 문제들—누군가의 죽음이나 인간관계 같은 문제들—이 발생하기 때문입니다. 그럴 때 도덕과 윤리는 아무 도움이 되지 못합니다. 따라서 그들이 복음이라고 생각했던 것 또한 아무 역할을 하지 못합니다. 이처럼 그들은 복음에 대해 올바른 관점을 가지고 있지 못한 탓에 충격을 받고 불행해집니다. 그것은 부분적인 관점에 불과합니다. 그들은 복음의 한 측면에만 주목합니다. 또는 복음을 단순히 좋고 아름다운 것으로만 보는 이들도 있습니다. 그들은 기독교에 심미적으로 큰 매력을 느낍니다. 이것이 그들이 복음을 묘사하는 방식입니다. 그들이 볼 때 복음 메시지는 들으면 기분이 좋아지는 아주 아름답고 훌륭한 이야기에 불과합니다.

이 모든 것은 사도가 "교훈의 본"이나 "교리의 형태"라고 말한 복음, 로마서에서 강력한 논증과 명제와 영적인 상상력을 동원하여 구체적으로 설명하는 중대한 진리에 어긋나는 불완전하고 부분적인 관점들입니다. 복음은 바울이 말하는 이런 것입니다. 토머스 칼라일의 표현을 빌리자면 "무한하고 광대한" 것입니다. 로마서와 에베소서와 골로새서에 나오는 이런 것입니다. 정확한 관점으로 복음을 바라보아야 합니다. "당신은 에베소서와 골로새서는 거론하면서 '복음 메시지'는 말하지 않는군요. 복음 메시지를 전한다면 죄 사함만 이야기해도 될 텐데요"라고 말하는 사람이 있을지 모르겠습니다. 그것은 어떤 점에서는 맞지만 어떤 점에서는 틀린 말입니다. 주일 저녁예배에 참석했던 어떤 사람이 저한테 편지를 보내 자신이 발견한 사실이 한 가지 있다고 했습니다. 그것은 그 예배가 분명히 전도예배였음에도 신자들을 대상으로 했다는 것이었습니다. 그는 말했습니다. "전에는 그런 일이 가능하다는 생각 자체를 하지 못했습니다. 한 예배에서 불신자들에게 복음을 전하는 동시에 신자들에게도-그들이 불쾌해할 텐데도-복음을 전할 수 있다는 걸 알지 못했지요." 그것은 중대한 고백이었습니다. 그는 지금까지 자신이 복음적인 관점을 가지고 있었다고 했습니다. 그러나 그것은 한두 가지만 골라낸 부분적이고 불완전한 관점이었습니다. 그렇습니다. 복음을 전하는 자는 "하나님의 뜻을 다" 전해야 합니다(행 20:27). 그런데 사람들은 너무 바쁘다고, 그 뜻을 다 이해할 수가 없다고 말합니다. 저는 사도 바울이 노예들에게 설교했다는 사실을 상기시키고 싶습니다. "능한 자가 많지 아니하며 문벌 좋은 자가 많지 아니하도다"(고전 1:26). 그런 자들에게 사도는 이 엄청난 진리를 제시했습니다. 복음은 부분적이거나 단편적인 것이 아닙니다. 삶 전체, 역사 전체, 세상 전체를 포괄하는 것입니다. 복음은 창조와 마지막 심판, 그리고 그 사이에 일어나는 모든 일에 대해 알려 줍니다. 삶을 온전히, 총체적으로 보게 해줍니다. 이처럼 기독교적인 삶의 방식은 우리 삶의 모든 필요를 채워 준다는 것, 우리가 경험하는 모든 일에 적용된다는 사실을 깨닫지 못하는 탓에 불행하게 사는 그리스도인들이 많습니다. 복음이 다루지 않는 삶의 측면은 하나도 없습니다. 이처럼 복음은 포괄적이기 때문에 삶 전체를 그 영향력 아래 두어야 합니다. 복음이 우리 삶의 모든 것을 통제하고 지배하게 해야 합니다. 이것을 모르면 얼마 가지 않아 불행해지게 되어 있습니다. 이처럼 비성경적이고 해로운 이분법에 빠져 기독교를 삶의 특정 영역에만 적용하는 탓에 불가불 혼란에 빠지는 이들이 너무나 많습니다. 그것은 피할 수 없는 결과입니다. 이것이 본문에서 발견하는 첫 번째 원리입니다. 복음이 얼마나 큰 것인지, 그 범위가 얼마나 광대하고 영원한지 알아야 합니다. 그 크고 절대적인 교리의 부요함을 되새기며 그 안에 거해야 합니다. 복음서 안에만 머물면 안 됩니다. 복음서에서 출발하여 더 나아가야 합니다. 큰 맥락 안에서 복음을 보아야 그것이 얼마나 강력한 것인지 알게 되며, 우리 삶 전체를 그 통치 아래 두어야 한다는 것을 알게 됩니다.

이것은 두 번째 원리로 연결됩니다. 우리는 복음 메시지가 얼마나 크고 총체적인 것인지 깨닫지 못하듯이, 인간 전체가 복음에 연관되고 포함되어야 한다는 것, "너희에게 전하여 준 바 교훈의 본을 마음으로 순종"해야 한다는 것 또한 깨닫지 못하고 있습니다. 인간은 놀라운 피조물입니다. 정신이 있고, 마음이 있고, 의지가 있습니다. 이것이 인간을 구성하는 세 가지 주된 요소입니다. 하나님은 인간에게 정신과 마음과 행동하는 의지를 주셨습니다. 이렇게 인간 전체를 포괄한다는 것이야말로 복음의 가장 영광스러운 점 중에 하나입니다. 아니, 더 나아가 저는 복음 외에 그 어떤 것도 이처럼 전체를 포괄하지 못한다고 말하고 싶습니다. 이 완전한 복음, 삶과 죽음과 영원에 대한 이 완전한 관점만큼 인간 전체를 포괄하는 거대한 것은 없습니다. 우리의 많은 혼란은 이 사실을 깨닫지 못하는 데서 발생합니다. 우리는 이 거대한 복음에 부분적으로만 반응합니다.

제 요점을 입증하기 위해 몇 가지 구체적인 사실들을 살펴보겠습니다. 머리—지성과 지각—만 사용하는 듯한 사람들이 있습니다. 그들은 하나의 관점 내지 기독교 철학으로서 복음에 지대한 관심이 있다고 말합니다. 그들은 기독교적인 시각, 요즘 말로 하자면 기독교적인 통찰에 대해 늘 이야기합니다. 그들에게 복음은 순전히 철학적인 것이요 지적인 것입니다. 요즘 이런 입장을 취하는 이들이 아주 많다는 데 여러분도 동의하리라 생각합니다. 이들은 기독교를 지대한 관심사로 삼고, 기독교적인 관점을 정치계와 산업계와 다른 모든 분야에 적용하면 모든 문제가 해결될 것이라고 선언합니다. 이것은 완전히 지적인 태도 및 관점입니다.

전처럼 많지는 않지만 오직 신학과 교리와 형이상학에 대한 관심으로, 중대한 문젯거리와 논쟁거리와 토론거리에 대한 관심으로 복음에 관심을 갖는 자들도 있습니다. 물론 이것은 과거의 이야기로서, 그런 시절은 이제 지나갔습니다. 그들을 옹호할 마음은 없지만 현 상황에 비하면 그래도 그때가 훨씬 나았습니다. 그때는 오직 신학적인 문제에 대한 관심 때문에 복음에 관심을 갖는 자들이 있었습니다. 그들은 신학적인 문제들을 놓고 논쟁하며 토론했습니다. 그 일에 몰두했습니다. 신학이 지적인 취미이자 관심사였습니다. 그러나 그들의 비극은 오직 지적인 관심만 있었을 뿐, 마음의 감동은 전혀 없었다는 것입니다. 그들의 삶에는 주 예수 그리스도의 은혜가 없었을 뿐 아니라 평범한 인정조차 찾아보기 힘들었습니다. 특정 교리를 놓고 거의 싸우다시피 논쟁을 벌이는 자들에게 다가가기란 그리 쉬운 일이 아닙니다. 어려움에 처한 사람이라면 그런 자들을 찾지 않을 것입니다. 그런 자들이 자신의 어려움을 이해하거나 공감해 줄 것 같지가 않기 때문입니다. 그보다 더 나쁜 점은, 머리로는 진리에 그토록 큰 관심을 쏟으면서 삶에는 하나도 적용하지 않는다는 것입니다. 오직 연구만 할 뿐입니다. 정신으로만 진리를 탐구할 뿐, 행동과 행위는 아무 영향도 받지 않습니다. 그런 자들은 얼마 가지 않아 어려움에 빠지게 되어 있으며 불행해지게 되어 있습니다. 그렇게 인생의 종말을 맞는 이들을 본 적이 있습니까? 더 이상 아무것도 읽을 수 없을 때, 오직 침상에서 임종만 기다릴 때의 모습을 본 적이 있습니까? 저는 한두 사람 본 적이 있는데, 그런 비참한 모습은 다시 보고 싶지 않습니다. 자신이 그토록 열심히 논쟁하고 추론하며 심지어 '옹호'했던 복음에 단 한 번도 붙잡혀 본 적이 없기에, 막상 죽음이 닥쳤을 때 아무 도움도 받지 못한다는 것은 참으로 무서운 일입니다. 그들에게 복음은 지적인 취미에 불과합니다.

그런가 하면 마음만 복음의 영향을 받는 이들도 있습니다. 오늘날 더 흔히 나타나는 모습은 이것입니다. 그들은 감정적으로 해방감을 느끼고, 위기의식에서 벗어납니다. 그런 경험을 폄하할 의도는 없습니다만, 순전히 감정적인 차원의 경험에만 머물게 될 현실적인 위험이 있습니다. 어떤 이들은 풀리지 않는 인생의 문제로 고민합니다. 과거에 지은 죄 때문에 괴로워하기도 합니다. 애써 잊으려 하지만 잊히지가 않습니다. 그런데 자신을 거기에서 해방시켜 주는 듯한 메시지가 들립니다. 그 메시지를 받아들이면서 모든 문제가 해결됩니다. 그들은 거기에 만족해 버립니다. 그들은 해방되길 원했고, 마침내 해방되었습니다. 복음을 불완전하게 듣고서도 그런 해방감을 느낄 수 있습니다. 그러나 그것은 부분적이고 불완전한 경험에 불과합니다. 그런 이들은 자신이 일차적으로 원했던 감정적인 경험만 할 뿐, 그 이상은 얻지 못합니다.

신비주의나 신비한 현상에 자연스럽게 관심을 가질 수도 있습니다. 천성적으로 신비주의자에 가까운 이들이 있습니다. 그들에게는 어딘가 다른 세상에서 온 것 같은 분위기가 있습니다. 그들은 신비한 것에 흥미를 느낍니다. 요즘 사람들은 심령 현상이나 초감각적인 경험에 큰 관심을 보이는데, 이런 데 관심을 갖는 이들은 어느 시대에나 있었습니다. 이들은 천성적인 신비주의자들로서 신비한 경험을 제공하는 것에 이끌립니다. 성경을 읽는 것도 그 안에서 신비한 경험에 대한 동경과 갈망을 채울 수 있기 때문입니다. 그들은 추구하는 바를 얻지만, 그 이상은 얻지 못합니다.

단순히 복음이 전달되는 방식이나 교회의 분위기, 색유리 그림, 기념물, 의식, 찬송가, 음악, 설교 중 한 가지나 그 모든 것에 심미적인 감동을 받아 균형을 잃는 이들도 있습니다. 그들은 힘들고 냉혹한 삶을 살아온 자들로서, 그런 상황에 분하고 억울한 심정을 느끼고 있습니다. 그런데 예배를 드릴 때 왠지 모를 위로와 위안이 느껴지면서 행복감과 만족감이 찾아옵니다. 그들이 원하던 바가 바로 이것이었습니다. 이것을 얻었으니 더 이상 바랄 게 없습니다. 그들은 행복한 마음으로 집에 돌아갑니다. 그러나 그렇게 행복했던 것만큼 확실한 또 한 가지 사실은, 막상 곤경이 닥칠 때 그 행복감이 아무 도움이 되지 않는다는 것입니다. 위기에 봉착할 날, 그 위기를 뚫고 나가야 할 날이 옵니다. 그러나 그들은 충분히 생각하는 법을 배우지 못했습니다. 감정에 기초한 삶에만 만족했을 뿐입니다.

집회 설교자의 초청에 응했다가 균형을 잃는 이들도 있습니다. 영국을 방문했던 한 유명한 전도자, 이제는 나이 들어 은퇴한 전도자의 신앙상담실에서 있었던 이야기를 여러 목회자들에게 들은 것이 생각납니다. 그들은 신앙상담실을 찾아오는 이들에게 방문 사유를 묻곤 했는데, 자신이 왜 왔는지 모르는 경우가 허다했습니다. "그래도 이렇게 오시지 않았습니까? 왜 오신 거지요?"라고 물으면, "설교자가 오라고 해서 왔는데요"라는 대답이 돌아왔습니다. 그 설교자는 이야기를 아주 잘하는 훌륭하고도 특별한 재주가 있었습니다. 그는 극적으로 이야기할 줄 알았고, 종종 감동적인 일화로 강연을 마치곤 했습니다. 그리고 앞으로 나오라고 초청하면, 사람들은 거의 홀린 듯 자리에서 일어나 이유도 모른 채 신앙상담실을 찾곤 했습니다. 그들은 감동을 받고 매료되었지만 진리를 알지 못했고 "너희에게 전하여 준 바 교훈의 본"과 연결되지 못했습니다. 오직 감정적인 감동 때문에 신앙상담실을 찾았습니다. 이런 이들 또한 얼마 가지 않아 혼란에 빠지게 되어 있습니다. 불행해지고 비참해지며 침체하게 되어 있습니다. 마음으로는 느끼는 바가 있지만 머리는 전혀 쓰지 않는 자들, 불행히도 의지 또한 쓰지 않는 자들이 많습니다. 그들은 감정적으로 누리고 느끼는 데만 만족합니다. 진리를 정신과 의지에 적용하는 일에는 아무 관심이 없습니다.

마지막으로, 의지만 쓰는 자들도 있습니다. 이런 일이 가능하고, 불행히도 이런 일이 실제로 발생하는 것은 전도자들이 기독교를 믿도록 설득하기 때문입니다. 의지만 쓰는 자들은 기독교의 삶이 선한 것이기 때문에 그것을 믿기로 엄숙히 결단했다고 말합니다. 저는 '결단'이라는 말부터 폐기해야 한다고 생각합니다. 저는 그 말을 좋아하지 않습니다. 이제부터 설명하겠지만, 그리스도를 믿기로 결단한다는 것은 우리가 살펴보고 있는 이 구절을 부정하는 말처럼 들립니다. 더욱이 '결단'은 초청의 결과로 이루어지는 경우가 많습니다. 의지를 강하게 몰아붙이면 바로 반응하는 이들이 있습니다. 결단하라고 요구하고 압박하면 바로 결단하는 것입니다. 그들은 의지의 압박을 받습니다. 결단해야 한다는 말을 들으면 바로 결단합니다. 그러나 늘 이유를 알고 결단하는 것은 아닙니다. 시간이 흐르면 의문이 고개를 들기 시작합니다. 사탄은 반드시 그런 이들의 마음에 의문을 불러일으킵니다. 그러나 그들은 답을 찾지 못합니다.

이 점을 요약해서 설명해 보겠습니다. 이들은 기독교에 붙잡히는 대신 스스로 기독교를 붙잡기로 결단합니다. 자신을 강권하는 힘, "저는 도저히 거부할 수 없사오니, 하나님, 저를 도와주소서"라고 부르짖게 만드는 절박함을 느낀 적이 없으며, 믿는 것 외에는 도저히 다른 길을 선택할 수 없는 경험, 도저히 거부할 수 없도록 진리가 강하게 다가오는 경험을 해본 적이 없습니다. 바울이 6장에서 말하는 바가 바로 이것입니다. 그는 말합니다. "그것은 있을 수 없는 일이다. 대체 지금 무슨 말을 하는 것이냐? 진리가 무엇인지 모르는 것이냐? 은혜를 더하게 하려고 죄에 거하겠다는 말을 감히 어떻게 할 수 있느냐? 그런 말을 하는 사람은 은혜가 무엇인지 모르는 것이다." 진리를 이해한 사람만 진리를 행하길 열망합니다. 진리를 행치 않는 이들의 비극은 진리를 한 번도 깨달은 적이 없다는 것입니다.

이것이 침체의 원인입니다. 저는 이 점을 강조하고 싶습니다. 앞에서도 설명했듯이, 인격의 한 부분—머리나 가슴이나 의지—만 쓰는 이들이 종종 있습니다. 그런 이들은 잘못될 수밖에 없다는 말에 모두 동의할 것입니다. 좀 더 분명히 짚어서 말하자면, 셋 중에 어느 두 가지만 쓰는 이들도 잘못되기는 마찬가지입니다. 머리와 가슴만 쓰고 의지를 쓰지 않거나, 머리와 의지만 쓰고 가슴을 쓰지 않거나, 가슴과 의지만 쓰고 머리는 쓰지 않는 것도 똑같이 잘못된 일입니다. 사도가 명심시키려 하는 점이 바로 이것이라고 저는 생각합니다. 그리스도인의 위치는 삼중적인 것입니다. 세 가지를 다 사용해야 합니다. 세 가지를 항상 같이, 동시에 사용해야 합니다. 위대한 복음은 전인을 붙잡습니다. 복음에 전인이 붙잡히지 않은 사람은 자신의 위치를 다시 확인할 필요가 있습니다. "너희에게 전하여 준 바 교훈의 본을 마음으로 순종하여." 복음은 이런 것입니다! 영광스러운 메시지는 이런 것입니다! 복음은 인간의 정신을 온전히 채우고, 마음을 완전히 움직이며, 의지의 영역에서 전심으로 순종하게 만듭니다. 이것이 복음입니다. 그리스도는 우리의 일부를 구원하기 위해 죽으신 것이 아니라 전인을 온전케 하기 위해 죽으셨습니다. 치우친 그리스도인이 아닌 균형 잡히고 완성된 그리스도인을 만들기 위해 죽으셨습니다.

그뿐만이 아닙니다. 이처럼 비례가 맞지 않으면 나중에 반드시 문제가 생기게 됩니다. 인간은 원래 균형 잡힌 존재로 지어졌기 때문입니다. 이 점을 생각해 본 적이 있습니까? 하나님이 어떻게 이 세 가지 힘-정신, 마음, 의지-을 인간 안에 두셨느냐 하는 것은 심리학적으로 흥미로운 주제입니다. 더구나 그 힘이 얼마나 막대한지 모릅니다. 한 사람 안에서 이 세 가지 힘이 균형 있게 공존한다는 것이 불가능해 보일 수도 있습니다. 그러나 하나님은 인간을 완벽하게 만드셨습니다. 알다시피 이 세 가지 힘은 주 예수 그리스도 안에 완벽하게 공존했습니다. 구원의 목표는 우리 또한 그렇게 완벽하게 만드시는 것입니다. 죄의 영향과 흔적을 제하고 없애서 그의 형상을 닮게 만드시는 것입니다.

마지막으로, 균형에 대해 한마디만 더 하겠습니다. 이 세 가지는 항상 바른 순서에 따라 사용해야 합니다. 17절에는 명확한 순서가 나오는데, 그 순서는 다음과 같습니다. 로마 교인들은 죄에 붙잡힌 종이었지만, 이제는 거기에서 벗어났습니다. 어떻게 벗어났을까요? 사도는 교훈의 본이 전해졌기 때문이라고 말합니다. "너희에게 전하여 준 바 교훈의 본을 마음으로 순종하여." 그들은 전에 종살이를 했습니다. 그런데 어떻게 벗어났습니까? 진리가 제시되면서 벗어났습니다. 단순히 마음의 영역에서 감정적인 감동만 받은 것이 아닙니다. 초청을 받아 의지만 사용한 것도 아닙니다. 그렇습니다. 진리가 먼저 제시되었습니다. 항상 이 순서를 지켜야 합니다. 진리가 첫 번째입니다. 교리가 첫 번째이고, 교훈의 본이 첫 번째이며, 복음 메시지가 첫 번째입니다. 단순히 감정적으로나 의지적으로 사람들을 끌어당기려 해서는 안 됩니다. "말씀을 전파"해야 합니다(딤후 4:2). 사도들은 단순히 성과를 내고 사람들을 바꾸기 위해 보냄받지 않았습니다. "복음을 전파"하려고, 진리를 설교하려고, "예수와 부활"을 전하고 선포하려고, 이 메시지, 이 교훈의 본, 맡은 바 이 말씀을 전하려고 보냄받았습니다!(막 16:15, 행 17:18) 이것이 신약성경이 사용하는 용어들입니다. 교회가 진리를 첫자리에 두는 데 실패할 때, 어김없이 영적 괴물이 생겨납니다.

그리스도인은 자신이 왜 그리스도인지 알아야 합니다. 단순히 자신에게 굉장한 일이 일어났다고만 하면 안 됩니다. 절대 그러면 안 됩니다. "속에 있는 소망에 관한 이유"를 밝힐 수 있어야 하며, 언제든지 밝힐 준비를 하고 있어야 합니다(벧전 3:15). 그럴 수가 없다면, 자신의 위치를 확인해 보는 것이 좋습니다. 그리스도인은 자신이 왜 그리스도인인지, 자신이 서 있는 위치가 어디인지 아는 자입니다. 제시된 교리를 듣고, 진리를 받아들인 자입니다. "교훈의 본"을 깨달은 자입니다. 정신으로 깨달은 자입니다. 언제든지 정신으로 먼저 깨달아야 합니다. 성령이 밝혀 주신 정신과 지각으로 먼저 깨달아야 합니다. 이렇게 진리를 깨달은 그리스도인은 진리를 사랑하게 됩니다. 진리가 그 마음을 움직이게 됩니다. 자신이 과거에 어떤 사람으로서 어떤 삶을 살아왔는지 보고, 그것을 미워하게 됩니다. 여러분도 자기 자신에 대한 진리, 죄의 종이라는 진리를 안다면, 자신을 미워할 것입니다. 그리스도의 사랑에 대한 영광스러운 진리를 깨닫고, 그것을 소원하며 열망할 것입니다. 마음을 다 바칠 것입니다. 참으로 진리를 안다는 것은 진리에 감동받는다는 뜻이며 진리를 사랑한다는 뜻입니다. 사랑하지 않으려야 않을 수가 없습니다. 진리를 밝히 본 사람은 그것을 마음으로 느끼게 되어 있습니다. 그 진리를 실천하며 그 진리대로 살기를 다른 무엇보다 열망하게 되어 있습니다.

이것이 바울의 전적인 주장입니다. 그는 말합니다. "죄에 계속 거하겠다는 것은 감히 생각도 할 수 없는 일이다. 자신이 그리스도와 연합되었다는 사실만 알아도, 그의 죽으심과 같은 모양으로 연합되었으며 그와 함께 부활했다는 사실만 알아도 그런 말은 절대 할 수가 없다. 그리스도와 연합되어 하나가 된 사람이 죄에 계속 거해도 되느냐고 묻는다는 것은 있을 수 없는 일이다. 이 큰 진리가 전에 했던 짓들을 계속하도록 허용할 리가 있겠느냐? 절대 없다. 그것은 상상도 할 수 없는 일이다. 자신이 그리스도와 함께 다시 살아났다는 사실을 알고 믿는 사람은 반드시 그와 함께 새 생명 가운데 행하기를 열망하게 되어 있다."

이처럼 바울은 강력하게 논증하며 입증합니다. 제가 여기에서 끌어낼 수 있는 최종적인 결론은 항상 정신의 영역에서 먼저 깨달아야 한다는 것, 따라서 복음을 전하는 자는 마음에 직접 접근해서는 안 된다는 것입니다. 더 나아가 의지에 직접 접근해서도 안 된다고 말하고 싶습니다. 이것은 개인적인 관계에서나 복음을 전할 때나 공히 마음에 새겨야 할 아주 중요한 원칙입니다. 마음은 항상 지각의 영향을 받아야 합니다. 정신이 첫 번째고, 마음이 그다음이며, 의지가 마지막입니다. 대상이 자기 자신이든 다른 사람이든 마음을 직접 공략해서는 안 됩니다. 제가 아는 이들 중에는 악한 삶을 살면서도 '신앙 집회에서 여전히 감정적인 감동을 받고 울 수 있다'는 사실에서 거짓 위로를 찾는 어이없는 사람들이 있습니다. 그들은 "내가 이렇게 반응하는 걸 보면 완전히 나쁜 사람은 아니야"라고 주장합니다. 그러나 그것은 잘못된 추론입니다. 그들 스스로 감정적인 반응을 만들어 낸 것에 불과합니다. 참으로 진리에 반응했다면 삶이 바뀌어야 합니다. 진리를 전하는 자는 마음이나 의지에 직접 접근하지 말아야 하며, 진리를 듣는 자는 인간에게 주신 하나님의 가장 큰 선물인 정신과 지각으로 먼저 받아들여야 합니다. 하나님은 자기 형상대로 인간을 지으셨는데, 그 형상의 가장 큰 부분이 바로 진리를 이해할 수 있는 정신입니다. 하나님은 우리에게 정신을 주셨고, 그 통로를 통해 진리를 보내십니다.

그렇다고 지성으로 다 되는 것처럼 생각해서도 안 됩니다. 지성에서 출발하여 계속 더 나아가야 합니다. 마음으로 나아가야 하며, 결국은 의지를 양도해야 합니다. 어쩔 수 없이 마지못해 순종하는 것이 아니라 전심으로 순종해야 합니다. 그리스도인의 삶은 인격 전체를 사로잡고 붙잡는 영광스럽고 완전한 것입니다. 오, 하나님이 우리를 균형 잡힌 그리스도인으로 만들어 주시기를, 그리하여 "받은 바 교훈의 본을 마음으로 확실하고 명백하게 순종하는 자들"이라는 말을 듣게 해주시기를 원합니다.

5
그 한 가지 죄

그러나 내가 긍휼을 입은 까닭은 예수 그리스도께서 내게 먼저 일체 오래 참으심을 보이사 후에 주를 믿어 영생 얻는 자들에게 본이 되게 하려 하심이라.

디모데전서 1:16

지난주에 우리는 정신과 마음과 의지의 균형을 잃은 탓에 그리스도인의 삶을 실제로 누리지 못하고 불행해지는 이들을 살펴보았습니다. 바울은 디모데전서에서 이 문제를 언급하며 "믿음과 착한 양심을 가지라. 어떤 이들은 이 양심을 버렸고 그 믿음에 관하여는 파선하였느니라. 그 가운데 후메내오와 알렉산더가 있으니 내가 사탄에게 내준 것은 그들로 훈계를 받아 신성을 모독하지 못하게 하려 함이라"라고 말합니다(딤전 1:19-20). 이처럼 균형을 잃는 것은 불행의 가장 큰 원인이며, 그리스도인의 삶에서 실패하고 실족하는 가장 큰 원인입니다.

이 말에 놀라는 이들이 있습니다. 그들은 결단 카드에 서명했기 때문에 자신들은 당연히 그리스도인이며 따라서 완벽하게 행복해야 한다는, 그럴듯하지만 피상적인 신앙관을 가지고 있습니다. 그러나 교회의 역사와 경험이 아주 분명히 보여주듯이 그것은 현실과 동떨어진 관점입니다. 그렇게 피상적인 관점을 가지고 있으면 머잖아 어떤 식으로든 혼란에 빠지게 됩니다. 현실 세계에는 여러 가지 이유로 어려움을 겪는 그리스도인들이 항상 존재하기 때문입니다. 신약 서신서를 읽어 보면 제 말이 사실임을 어김없이 발견할 것입니다. 믿고 구원받는 것으로 모든 문제가 해결된다면 신약 서신서도 필요 없고 어떤 의미에서는 교회도 필요 없습니다. 사람들은 구원만 받으면 여생을 그리스도인으로 행복하게 살아갈 수 있다고 생각합니다. 그러나 사실은 그렇지 않다는 증거가 얼마든지 있습니다. 신약 시대 사람들은 믿고 그리스도인이 되었지만 이런저런 어려움을 겪었습니다. 그래서 사도 바울과 베드로와 요한과 또 다른 이들이 편지를 쓴 것입니다. 신자들은 다양한 이유로 불행해졌고, 그리스도인의 삶을 제대로 누리지 못했습니다. 심지어 구원받기 이전의 삶으로 돌아가고 싶어 하는 이들까지 있었습니다. 심각한 시험에 빠진 자들도 있었고, 잔혹한 박해를 받는 자들도 있었습니다. 이처럼 신약 서신서의 존재 자체가 그리스도인들도 불행해질 수 있다는 사실을 보여줍니다. 우리는 여기에서 이상하지만 아주 실제적인 위로를 받습니다. 제 말이 잘 이해되지 않는다면 달리 설명해 보겠습니다. 여러분이 지금 불행하거나 어려움을 겪고 있다고 해서 그리스도인이 아닌 것은 아닙니다. 아니, 더 나아가 아무 어려움 없이 산다면 오히려 그리스도인이 맞는지 심히 의심해야 한다고 말하고 싶습니다. 거짓 평안에 속는 것일 수도 있고, 사실은 믿지 않으면서 믿는다고 착각하는 것일 수도 있습니다. 신약성경과 모든 시대를 망라하는 교회 역사는 "믿음의 선한 싸움"이 있다는 사실, 따라서 영혼의 어려움이 전혀 없는 것은 결코 좋은 징후가 아니라는 사실을 웅변적으로 입증해 줍니다. 오히려 그것은 무언가 근본적으로 잘못되었음을 보여주는 심각한 증거입니다. 제가 이렇게 말하는 데는 충분한 이유가 있습니다. 그리스도인이 되는 순간 우리는 마귀의 특별한 표적이 됩니다. 마귀는 주님을 포위하고 공격했던 것처럼 그의 백성들도 포위하고 공격합니다. 그래서 야고보가 "여러 가지 시험-환난-을 당하거든 온전히 기쁘게 여기라"라고 한 것입니다(약 1:2). 환난은 믿음의 시험대일 뿐 아니라 증거라는 점에서 믿음을 입증하는 방편이 됩니다. 우리가 그리스도께 속해 있기 때문에 마귀가 그토록 낙담시키고 불안하게 만들려고 기를 쓰는 것입니다. 감사하게도 마귀는 우리의 구원을 빼앗아 가지 못합니다. 그러나 우리를 비참하게 만들 수는 있습니다. 어리석게도 그의 말에 귀를 기울이면 구원을 마음껏 누리는 데 심각한 제한을 당하게 됩니다. 마귀가 계속 힘쓰는 일이 이것이며, 신약 서신서가 이에 대해 가르치고 교훈하는 이유 또한 이것입니다.

이번에는 이 방면에서 마귀가 아주 흔히 사용하는 공격 방법 한 가지를 살피려 합니다. 16절뿐 아니라 1장에 나오는 사도의 자전적인 서술―자신을 주 예수 그리스도의 사역자로 언급하는 부분―전체가 이 내용을 다루고 있습니다. 여기에서 문제가 되는 것은 과거―과거에 지은 특정한 죄, 또는 과거의 죄가 남긴 모습― 때문에 영적 침체에 빠지거나 비참하게 살아가는 그리스도인의 경우입니다. 오랜 세월 목회를 해온 저의 경험으로 볼 때 이보다 흔히 맞닥뜨리는 어려움이 없습니다. 이 문제가 계속 반복됩니다. 생각해 보면 다른 어떤 문제보다 이 문제로 고민하는 이들을 만나야 할 때가 많았습니다.

처음에 얼핏 보면 이런 자들이 과연 그리스도인일까 하는 의문과 의구심이 생길 수 있습니다. 그러나 그것은 아주 잘못된 생각입니다. 그들은 분명히 그리스도인입니다. 기독교 신앙에 대해 진술해 보라고 하면 완벽하게 진술합니다. 믿음으로 의롭다 하심을 얻는 교리도 더없이 명확하게 알고 있는 것 같습니다. 즉, 스스로 자기 자신을 바로잡을 수 없다는 사실을 아주 명확하게 알고 있습니다. 따라서 자신의 삶이나 활동이나 자신이 할 수 있는 그 어떤 것도 의지하지 않습니다. 자신이 완전히 무력하다는 사실, 우리 주와 구주 되신 예수 그리스도의 은혜만 전적으로 의지해야 한다는 사실을 올바로 알고 있습니다. 이처럼 칭의의 교리를 더없이 명확하게 알고 있으며 증언할 수 있습니다. 주 예수 그리스도를 믿고 있습니다. 자, 그렇다면 무엇이 문제냐고 물을 것입니다. 이처럼 중심 교리를 더없이 명확하게 아는 것처럼 보임에도 불구하고, 실제로 그리스도인다운 고백을 함에도 불구하고 불행하게 산다는 것이 문제입니다. 그들이 이처럼 불행한 모습, 아니 비참한 모습으로 찾아와 항상 꺼내는 이야기, 어김없이 꺼내는 이야기가 있습니다. 대개는 과거에 자신이 했던 어떤 행동이나 행위—다른 사람이 연루되었을 수도 있고 그렇지 않을 수도 있습니다—나 잘못에 대한 이야기입니다. 어떤 한 가지 일, 중대한 일에 대한 이야기입니다. 자꾸 그 일을 들먹입니다. 계속 그 일을 되뇌면서 떨쳐 내지 못합니다. 항상 그 일을 분석하고 들여다보며 자신을 정죄합니다. 그 결과 불행해집니다. 때로는 과거에 했던 어떤 말, 입 밖에 냈던 단어가 문제가 되기도 합니다.

제가 본 예 중에 가장 생생한 예를 들어 보겠습니다. 제가 이 이야기를 하는 것은 단순히 이 요점을 이해하기에 아주 좋은 예이기 때문입니다. 77세에 회심하여 그리스도인이 된 할아버지가 있었습니다. 그의 회심은 제가 아는 바 가장 놀라운 것이었습니다. 그는 아주 악한 삶을 살았습니다. 어느 때고 하지 않은 짓이 거의 없을 정도였습니다. 그런데 노년에 이르러 복음을 듣고 회심했습니다. 그가 교인이 된 후, 주일 저녁예배 때 첫 성찬을 받는 기쁜 날이 왔습니다. 그것은 그의 인생 최대의 경사였습니다. 본인도 말할 수 없이 기뻐했지만 교인들도 모두 즐거워했습니다. 그런데 그 뒷이야기가 있습니다. 다음날 잠자리에서 채 일어나기도 전에 그 불쌍한 할아버지가 저희 집에 찾아왔습니다. 그래서 나가 보니 실의에 빠진 비참한 모습으로 문 앞에서 하염없이 울고 있었습니다. 저는 놀라고 의아했습니다. 그 전날 밤, 그의 인생 최고의 밤에 최대의 경사가 있었던 것을 알았기에 특히 더 그랬습니다. 간신히 울음을 진정시키고 사연을 물었더니 고민을 털어놓았습니다. 성찬식을 마치고 집으로 돌아갔는데, 문득 30년 전 일이 생각났다는 것입니다. 술집에서 사람들과 함께 술을 마시며 종교에 대해 논쟁하다가 경멸과 조롱의 뜻에서 "예수 그리스도는 후레자식이야" 했던 말이 기억났다는 것입니다. 갑자기 그 일이 떠오르면서 절대 용서받을 수 없을 것 같은 절망감이 들었다는 것입니다. 그 한마디가 문제였습니다! 아, 그렇습니다. 술을 마시고 도박을 하며 방탕하게 살던 삶은 전부 잊고 더없이 행복하게 지낼 수 있었습니다. 그 모든 과거는 아무런 문제가 되지 않았습니다. 전부 사함을 받았고, 본인도 그 사실을 분명히 알고 있었습니다. 그런데 하나님의 아들, 세상의 구주께 했던 한마디, 그 한마디가 문제가 되었습니다! 그 말과 관련해서는 어떤 위로나 위안도 얻을 수가 없었습니다. 그 한마디가 그를 낙담시켰고 심한 절망에 빠뜨렸습니다 (감사하게도 저는 성경을 적용함으로써 그의 기쁨을 되찾아 줄 수 있었습니다). 제가 앞서 말한 바가 바로 이것입니다. 현재 온전한 기독 신앙을 가지고 있음에도, 과거에 했던 일이나 말을 다시 떠올리고 생각하면서 비참해하고 괴로워할 수 있습니다. 모순되어 보이는 이런 상태에 실제로 빠질 수 있습니다. 이 현상을 있는 그대로 인정해야 합니다. 지키지 못한 약속이나 서원에 붙잡혀 어려움을 겪는 이들도 있습니다. 아플 때 낫게 해주시면 이런저런 것을 하겠노라 서원하거나 약속한 이들의 예를 저도 많이 알고 있습니다. 그들은 맹세를 지키지 못했습니다. 다른 것을 하느라 약속을 이행하지 못했습니다. 그들은 그 일에 얽매여 불행해집니다.

제가 지금 주의를 환기시키려는 상태가 바로 이런 것입니다. 구원의 교리는 더없이 분명하게 아는 것 같은데, 무언가 문제―과거의 특정한 죄나 그 죄가 남긴 흔적―가 있어서 왠지 구원받지 못한 자 같은 모습을 보입니다. "네, 그건 저도 압니다. 하지만……" 하면서 말끝을 흐립니다. 짓눌려 있습니다. 그리스도인이면서도 비참하게 지냅니다. 영적 침체에 빠져 있습니다.

이들의 진정한 문제가 무엇일까요? 자, 주로 두 가지로 설명할 수 있습니다. 가장 먼저, 이것은 당연히 마귀의 작품입니다. 구원은 빼앗아 가지 못해도 기쁨은 확실히 빼앗아 가는 사탄의 짓입니다. 그의 지대한 관심사는 일단 그리스도인이 되지 못하게 막는 것입니다. 그런데 그 일에 실패하면, 다음 단계로 나아가 그를 비참하게 만듭니다. 하나님의 정죄 아래 있는 불신자들 앞에서 그 사람을 가리키며 "봐, 저런 게 기독교야. 저 사람을 좀 보라고. 저런 게 기독교의 실상이라니까! 저 비참한 인생을 좀 봐. 너도 저렇게 되고 싶어?"라고 말합니다. 이처럼 대부분의 경우에 침체의 핵심 원인은 마귀에게 있는 것이 분명합니다.

부수적인 원인도 있습니다. 저는 이 점을 강조하고 싶습니다. 다시 말하지만 침체는 거의 전적으로 교리에 대한 무지―신약성경이 말하는 구원의 교리를 명확하게 이해하지 못하는 무지―에서 비롯됩니다. 치료의 핵심이 여기 있습니다. 이 점을 강조하기 위해 오해의 소지를 무릅쓰고 직설적으로, 솔직하게 말씀드리겠습니다. 어떤 의미에서 침체에 빠진 자들이 절대 하지 말아야 할 일 한 가지는 바로 침체에서 건져 주시길 기도하는 것입니다! 기도는 그리스도인들이 늘 하는 일이요 도움이 필요할 때마다 어김없이 하는 일로서, 실제로 침체에 빠지면 기도하라고 권하는 것이 일반적인 반응입니다. 그리스도인은 항상 기도하는 것이 마땅하며, "쉬지 말고 기도"하는 것이 마땅합니다(살전 5:17). 그러나 이 경우에는 잠시 기도를 멈추고 생각부터 해야 합니다! 제가 말한 이런 문제가 발생했을 때는 무조건 기도하는 것만으로 해결할 수가 없습니다. 오히려 기도가 과거의 일을 상기시키고 그 일에 매달리게 할 수 있으므로 때에 따라서는 기도를 멈추어야 합니다. 기도를 멈추고 생각부터 해야 하며, 자신이 교리를 제대로 알고 있는지부터 점검해야 합니다.

그렇다면 무엇을 생각해야 할까요? 저의 첫 번째 제안은 사도 바울의 사례와 그의 말을 생각하라는 것입니다. "나를 능하게 하신 그리스도 예수 우리 주께 내가 감사함은 나를 충성되이 여겨 내게 직분을 맡기심이니 내가 전에는 비방자요 박해자요 폭행자였으나 도리어 긍휼을 입은 것은 내가 믿지 아니할 때에 알지 못하고 행하였음이라. 우리 주의 은혜가 그리스도 예수 안에 있는 믿음과 사랑과 함께 넘치도록 풍성하였도다. 미쁘다, 모든 사람이 받을 만한 이 말이여, 그리스도 예수께서 죄인을 구원하시려고 세상에 임하셨다 하였도다. 죄인 중에 내가 괴수니라. 그러나 내가 긍휼을 입은 까닭은 예수 그리스도께서 내게 먼저 일체 오래 참으심을 보이사 후에 주를 믿어 영생 얻는 자들에게 본이 되게 하려 하심이라"(딤전 1:12-16). 이것은 참으로 놀라운 말입니다. 여러분도 사도가 무슨 말을 하는지 알 것입니다. 사도의 주장은 주 예수 그리스도가 자신을 구원하여 본이 되게 하셨다는 것입니다. 어떤 면에서 본이 되게 하셨습니까? 하나님의 은혜와 자비의 한도를 넘는 죄를 지었다고 생각하는 자들에게 본이 되게 하셨습니다. 사도는 자신의 사례가 절대 그렇게 생각해서는 안 된다는 것을 단번에 입증하는 증거요 충분한 증거라고 주장합니다. 다시 말해서 그들은 죄에도 등급이 있고 구분이 있다고 생각합니다. 용서받을 수 있는 죄와 용서받을 수 없을 것 같은 죄로 구분합니다. 그런데 사도는 자신의 사례가 그런 주장을 일축하기에 충분하고도 남는 증거라고 말합니다. "과거에 무슨 짓을 했든 간에, 그래서 지금 무슨 생각이 들든 간에 내 사례를 생각해라. '비방자요 박해자요 폭행자'였던 내 과거를 생각해라"라고 말합니다. 그보다 더 악한 죄를 지을 수 있겠습니까? 그는 나사렛 예수 그리스도의 이름을 미워했고, 온 힘을 다해 그의 제자들을 제거하려 들었으며, "위협과 살기가 등등하여" 그들을 대적했습니다(행 9:1). 비방자와 박해자의 위치에 있었습니다. 사도는 말합니다. "자, 내가 시범 사례다. 너희 자신에 대해 무슨 생각이 들든 간에 내 사례와 나란히 비교해 보고, 너희가 어떤 위치에 있는지 확인해 보아라." 이것이 첫 번째 주장입니다. 그의 사례를 보며 자기 자신에게 말하십시오. "이런 사람이 자비를 얻고 용서를 받았다면, 내가 지은 죄에 대해서도 다시 생각해 봐야 한다." 이것이 출발점입니다.

두 번째로, 혹시라도 죄를 구분해서 생각지 않도록 사도는 이야기를 더 진전시킵니다. 그 말을 표면적으로만 들으면 오히려 사도가 죄를 구분하는 것 같습니다. "그리스도 예수께서 죄인을 구원하시려고 세상에 임하셨다 하였도다. 죄인 중에 내가 괴수니라." 이것은 마치 큰 죄인과 작은 죄인이 있다는 말처럼 들립니다. 그러나 사도는 그런 뜻에서 이 말을 한 것이 아닙니다. 자신의 핵심 교리에 어긋나는 말을 할 리가 없습니다. 이 말의 실제 의미는 하나님께 가까이 갈수록 자기 죄가 크게 보인다는 것입니다. 자기 영혼의 어둠을 본 사람은 "죄인 중에 내가 괴수"라고 고백하게 되어 있습니다. 이렇게 고백하는 사람은 그리스도 인뿐입니다. 세상 사람들은 절대 이렇게 말하지 않습니다. 오히려 자신이 얼마나 선한 사람인지 입증하려 듭니다. 그러나 방금 전에 지적했듯이, 사도는 그 이상을 말하는 듯합니다. 한편으로 보면 그리스도를 대적하는 죄야말로 죄 중에 죄라고 말하는 것 같지만, 다른 표현을 보면 그의 의도를 더 명확히 알 수 있습니다. "내가 믿지 아니할 때에 알지 못하고 행하였음이라." 사도는 이 말로 죄의 등급을 철폐해 버립니다. 한쪽 각도에서 보면 그의 죄야말로 최악의 죄이지만, 또 다른 각도에서 보면 모든 죄를 포괄하는 죄이기도 합니다. 결국 죄는 단 한 가지, 불신앙의 죄뿐이기 때문입니다.

이것은 우리가 다루는 주제와 관련된 신약성경의 중대한 교리입니다. 죄 때문에 침체에 빠진 이들이 무엇보다 붙잡아야 할 교리가 바로 이것입니다. 자신이 지은 특정한 죄의 관점에서 생각할 것이 아니라 하나님과 자신의 관계라는 관점에서 생각해야 합니다. 우리는 이 부분에서 쉽게 헷갈립니다. 그래서 특별한 회심과 평범한 회심이 있다고 여깁니다. 그렇지 않습니다. 세상에서 가장 존경받는 자나 가장 비천한 자나 하나님의 은혜로 구원받기는 마찬가지입니다. 하나님의 은혜 외에 사람을 구원할 수 있는 것은 아무것도 없습니다. 누구든지 구원받으려면 동일한 은혜가 필요합니다. 그런데 우리는 그렇게 생각하지 않습니다. 특별한 회심이 있다고 생각합니다. 교리를 제대로 모르는 탓에 이 죄와 저 죄를 구분하면서 더 악한 죄가 있다고 생각합니다. 결국 모든 것은 하나님과 우리의 관계로 귀결됩니다. 문제는 하나님을 믿느냐, 믿지 않느냐 하는 것입니다.

성경에는 주목할 만한 예가 많이 나옵니다. 요셉 같은 인물의 뛰어난 영적 통찰력과 이해력이 드러나는 지점도 여기입니다. 보디발의 아내가 유혹했을 때 그는 말했습니다. "그런즉 내가 어찌 이 큰 악을 행하여 하나님께 죄를 지으리이까?"(창 39:9) 보디발의 아내에게 죄를 짓는 일이 문제가 아니라 하나님께 죄를 짓는 일이 문제라는 것입니다. 바로 이런 것이 영적인 사고입니다. 죄의 행위 자체에 너무 집착하면 안 됩니다. 우리는 그렇게 하기 쉽습니다. 요셉에게 죄는 하나님과 자신의 관계에 관련된 문제였습니다. '이것은 하나님께 죄를 짓는 것'이라고 그는 생각했습니다. 다윗도 마찬가지였습니다. 살인과 간음의 죄를 저지르고 괴로워한 이유가 여기 있었습니다. "내가 주께만 범죄하여 주의 목전에 악을 행하였사오니"(시 51:4). 이것은 남에게 저지른 악행을 축소하는 말이 아닙니다. 그는 자신이 어떤 악행을 저질렀는지 잘 알고 있었습니다. 그러나 무엇보다 심각한 문제는 그 악행 자체가 아니라 하나님께 있었습니다. 하나님과 자신의 관계에 있었습니다. 이 점을 생각하면 특정한 죄에 매이지 않게 되며 더 심한 죄가 있다는 오해도 버리게 됩니다. "문제는 나의 특정 행동이 아니라 불신앙이었다"라고 바울은 말합니다. 실제로 중요한 것은 하나님과 우리의 관계이며 율법과 우리의 관계입니다.

신약성경은 이와 관련하여 아주 인상적인 가르침을 주고 있습니다. 바울이 갈라디아서 5장에서 제시하는 육체의 일에 대한 목록을 본 적이 있는지 모르겠습니다. "육체의 일은 분명하니 곧 음행과 더러운 것과 호색과—이에 대해서는 우리도 잘 알고 있습니다. 이것은 정말 끔찍한 죄입니다!—우상 숭배와—이 또한 확실한 죄입니다—주술과—이것도 죄가 분명합니다. 그런데 갑자기 등장하는 항목이 무엇입니까?—원수 맺는 것과……." 원수 맺는 것이라니요? 죄는 간음하거나 부정한 자들에게만 해당되는 것 아닙니까? 절대 그렇지 않습니다. 원수를 맺거나 분쟁하거나 시기하거나 분을 내거나 당을 짓거나 분열하는 자들과 이단에게도 해당됩니다. 바울이 이 모든 항목들을 어떻게 섞어 놓았는지 보십시오. 투기와 살인을 같이 제시합니다. 그렇습니다. 실제 행동만 문제가 아니라 마음도 문제입니다. 술 취하고 방탕한 것도 문제입니다. 참으로 놀라운 목록이 아닐 수 없습니다! 주님도 "마음에서 나오는 것은 악한 생각과 살인과……"라고 하시면서 같은 점을 지적하셨습니다(마 15:19). 행동과 마음의 죄를 같이 제시하셨습니다. 큰 죄만 말씀하신 것이 아니라 모든 죄를 말씀하셨습니다. 하나님과 우리의 관계를 어그러지게 만드는 모든 죄—불법, 율법을 어기는 것—를 말씀하셨습니다. 야고보는 자신의 서신 2:10에서 이 점을 단번에 요약해 줍니다. "누구든지 온 율법을 지키다가 그 하나를 범하면 모두 범한 자가 되나니." 이제 여러분도 모든 사람이 같은 수준에 있다는 사실을 알았을 것입니다. 악한 마귀가 "네가 지은 죄는 달라"라고 속삭일 때, 율법의 어떤 조항을 범했는지가 중요한 게 아니라고, 하나를 범하면 모두 범한 것과 같다고 대꾸해 주십시오. 실제로 어떤 조항을 범했는지는 중요치 않습니다. 중요한 것은 율법 그 자체입니다. 이것이 하나님이 죄를 바라보시는 방식입니다. 마귀에게 현혹되지 마십시오. 중요한 것은 특정한 죄가 아니라 율법입니다. 율법과 우리의 관계이며 하나님과 우리의 관계입니다.

이것은 세 번째 요점으로 이어집니다. 특정한 죄 때문에 불행하게 사는 그리스도인의 문제는 사실상 성경을 믿지 않는다는 것입니다. 이런 생각을 해본 적이 있습니까? 여러분은 "내가 지은 무서운 죄가 문제야"라고 말하지만, 하나님의 이름으로 말하건대 그것은 문제가 아닙니다. 진짜 문제는 불신앙입니다. 하나님의 말씀을 믿지 않는 것입니다. 저는 지금 요한일서 1장에 근거하여 말하고 있습니다. "만일 우리가 우리 죄를 자백하면 그는 미쁘시고 의로우사 우리 죄를 사하시며 우리를 모든 불의에서 깨끗하게 하실 것이요"(요일 1:9). 성령 하나님은 그 종을 통해 이렇게 단언하십니다. 여기에는 어떤 제한도 없고, 구분도 없고, 요구하는 자격도 없습니다. 여러분의 죄가 무엇이든, 현재의 죄가 무엇이고 과거의 죄가 무엇이든 상관없이─이것이 이 말씀이 포괄하는 범위입니다─"우리 죄를 자백하면 그는 미쁘시고 의로우사 우리 죄를 사하시며 우리를 모든 불의에서 깨끗하게" 하실 것입니다. 이것을 믿지 않고 계속 죄에 거한다면, 여러분은 하나님의 말씀을 받아들이지 않는 것이요 그의 말씀을 있는 그대로 믿지 않는 것이라고, 그가 말씀하신 바를 믿지 않는 것이라고 저는 주장하는 바입니다. 여러분의 진정한 죄는 바로 이것입니다. 베드로가 겪은 일을 여러분도 알 것입니다(사도행전 10장을 보십시오). 그는 기도하고 쉬려고 지붕에 올라갔다가 홀연히 이상을 보았습니다. 하늘에서 큰 보자기가 내려왔는데 그 안에 온갖 네 발 달린 짐승들이 들어 있었습니다. 그리고 "베드로야, 일어나 잡아먹으라" 하는 소리가 들렸습니다. 베드로는 "주여, 그럴 수 없나이다. 속되고 깨끗하지 아니한 것을 내가 결코 먹지 아니하였나이다"라고 했습니다

다. 그다음에 어떻게 되었는지 아십니까? 하늘에서 다시 하나님의 음성이 들렸습니다. "하나님께서 깨끗하게 하신 것을 네가 속되다(부정하다) 하지 말라." 요컨대 "지금 네가 무슨 짓을 하고 있는지 아느냐? 내가 잡아먹으라고 명한 것을 속되고 부정하다며 계속 거부하고 있다. 하나님께서 깨끗하게 하신 것을 네가 속되다 하지 말라"라는 것입니다. 수년 전에 지은 특정한 죄나 과거의 불행한 사건 때문에 마귀에게 속아 침체에 빠진 이들에게 제가 하고 싶은 말이 바로 이것입니다. 그 죄가 무엇이든 상관없습니다. 하나님의 이름으로 말하건대, 그가 깨끗하게—독생하신 아들의 피로 깨끗하게—하신 것을 여러분이 속되거나 부정하다 하지 마십시오. "그 아들 예수의 피"는 "우리를 모든 죄에서 깨끗하게" 하시며 모든 불의에서 깨끗하게 하십니다. 여러분, 하나님이 하신 말씀을 믿으십시오. 계속해서 미친 듯이 용서를 구하지 마십시오. 용서의 메시지를 구하지 마십시오. 하나님은 이미 그 메시지를 주셨습니다. 이 부분에서는 계속 기도하는 것이 오히려 불신앙의 표현이 될 수 있습니다. 하나님을 믿으십시오. 그가 하신 말씀을 믿으십시오.

특정한 죄 때문에 침체에 빠진 이들의 또 다른 문제는 주님이 갈보리 언덕 십자가에서 하신 일을 온전히 깨닫지 못하는 것이라고 생각합니다. 그의 죽음이 희생제물과 속죄제물의 죽음이었다는 것은 믿지만, 그 일에 함축된 의미는 제대로 이해하지 못합니다. 그에 대한 교리를 온전히 알지 못합니다. 구원받을 만큼은 알지만—저는 이미 구원받은 그리스도인들에 대해 이야기하고 있습니다—침체에 빠지지 않을 만큼 온전히 알지는 못합니다. 그들은 처음에 천사가 요셉에게 선포한 말씀, "자기 백성을 그들의 죄에서 구원할 자"라는 말씀을 잊고 있습니다

(마 1:21). 천사는 여러분이 지은 그 한 가지 죄를 제외한 모든 죄에서 구원할 자라고 말하지 않았습니다. 절대 그러지 않았습니다! "자기 백성을 그들의 죄에서 구원할 자"라고 했습니다. 베드로도 같은 말을 했습니다. "친히 나무에 달려 그 몸으로 우리 죄를 담당하셨으니 이는 우리로 죄에 대하여 죽고 의에 대하여 살게 하려 하심이라. 그가 채찍에 맞음으로 너희는 나음을 얻었나니"(벧전 2:24). 여기에는 어떤 제한도 없고 요구하는 자격도 없습니다. 사도 바울의 말도 들어 보십시오. "하나님이 죄를 알지도 못하신 이를 우리를 대신하여 죄로 삼으신 것은······" (고후 5:21). 여기에는 모든 죄가 다 포함됩니다. 어떤 제한도 없고 예외도 없습니다. 그 백성의 모든 죄, 낱낱의 죄가 다 포함됩니다. 주님도 십자가에서 친히 말씀하시지 않았습니까? 그는 "다 이루었다"라고, 완전히 끝났다고 하셨습니다. 무슨 뜻에서 그렇게 말씀하셨을까요? 과거에 지은 모든 죄뿐 아니라 장차 지을 모든 죄까지 다 처리하셨다는 뜻에서 그렇게 말씀하셨습니다. 주님은 영원한 제사를 단번에 드리셨습니다. 이제는 다시 십자가에 달리실 일이 없습니다. 모든 죄를 완전히, 최종적으로 다 처리하셨습니다. 그가 처리하시지 않은 죄는 하나도 없습니다. "다 이루었다." 우리는 떡과 잔을 나눔으로써 이처럼 그가 온전히 이루신 일을 기억하고 선포합니다. 특정한 죄를 용서받기 위해 요구되는 자격은 없습니다. 주님을 믿는 자들의 모든 죄는 낱낱이 다 처리되었습니다. 빽빽한 구름이 사라지듯 다 사라졌습니다(사 44:22 참조). 여러분이 지을 수 있는 모든 죄가 다 처리되었습니다. 주님께 나아가기만 하면 "그 아들 예수 그리스도의 피가" 깨끗하게 씻어 줍니다.

그다음 단계는 칭의에 대해 분명히 아는 것입니다. 지난번에 이미 다루었지만 다시 한 번 상기시키겠습니다. 칭의란 단순히 죄 사함을 받고 의롭다는 선포만 받는 것이 아니라는 사실, 믿는 그 순간에만 의로워지는 것이 아니라 영원히 의로워지는 것이라는 사실을 기억합시다. 여기에는 하나님이 그 아들 주 예수 그리스도의 적극적인 의를 주신다는 의미가 포함됩니다. 이것이 칭의입니다. 죄만 사해 주시는 것이 아닙니다. 예수 그리스도의 의로 옷 입혀 주시는 것입니다. 요컨대 "이제 너는 의로운 자다. 내 눈 앞에 죄인이 아닌 의로운 자녀다. 그리스도 안에 있는 자요 그리스도의 거룩함과 의를 입고 있는 자다"라고 말씀하시는 것입니다. 하나님은 단번에, 영원히 그렇게 하십니다. 여러분을 그리스도 안에 감추십니다. 여러분과 여러분의 인격과 여러분의 삶을 그리스도의 의 안에 두십니다. 그러므로 말씀의 권위에 근거하여 감히 말하건대, 하나님은 이제 여러분의 죄를 보시지 않습니다. 여러분을 덮고 있는 그리스도의 의를 보십니다. 이 진리를 붙잡으십시오.

    결론은 이것입니다. 이 문제의 진정한 원인은 자신이 그리스도와 연합되었다는 사실을 모르는 데 있습니다. 기독교의 구원을 죄 사함으로만 생각하는 듯한 이들이 많습니다. 그러나 죄 사함은 구원의 시작이자 한 측면에 불과합니다. 본질적으로 구원은 그리스도와 연합하는 것이며 그리스도와 하나가 되는 것입니다. 과거에 아담과 하나였던 것처럼 이제 그리스도와 하나가 되는 것입니다. 그와 함께 못 박히는 것입니다. 바울도 "내가 그리스도와 함께 십자가에 못 박혔"다고 했습니다(갈 2:20). "그리스도께 일어난 일은 내게도 일어난 것이다. 나는 그리스도와 하나다"라고 했습니다. 로마서 5장과 6장도 읽어 보십시오. 사도가 거기에서 가르치는 바는 우리가 그리스도와 함께 죽었고, 그리스도와 함께 장사되었으며, 그리스도와 함께 다시 살아났다는 것입니다. 그와 함께, 그 안에서 하늘에 앉아 있다는 것입니다. 이것이 성경의 가르침입니다. "이는 너희가 죽었고 너희 생명이 그리스도와 함께 하나님 안에 감추어졌음이라"(골 3:3). 옛사람과 옛사람에 속한 모든 것은 십자가에 못 박혔습니다. 옛사람의 죄는 다 처리되었습니다. 여러분은 그리스도와 함께 장사되었고, 그리스도와 함께 다시 살아났습니다. "이와 같이 너희도 너희 자신을 죄에 대하여는 죽은 자요 그리스도 예수 안에서 하나님께 대하여는 살아 있는 자로 여길지어다"(롬 6:11).

이제 다음과 같이 요약해 보겠습니다. 저와 여러분은—이것은 제가 그리스도인으로 살면서 발견한 중대한 사실입니다. 이 사실을 처음 깨달았을 때의 해방감은 결코 잊지 못할 것입니다—절대 과거를 돌아보면 안 됩니다. 하나님을 찬양하고 그리스도 예수 안에 있는 그의 은혜를 찬송하기 위해서가 아니라면 어떤 식으로든 과거의 죄를 돌아보면 안 됩니다. 이것이 저의 요구입니다. 과거를 돌아보며 침체하는 사람, 그 결과 비참하게 살고 있는 사람은 바울이 했던 대로 해야 합니다. 그는 "나는 비방자였다"라고 하면서도 그 사실에 얽매이지 않았습니다. 그가 "나는 비방자였기 때문에 복음 전도자로 합당치 못하다"라고 했습니까? 오히려 정반대로 "나를 능하게 하신 그리스도 우리 주께 내가 감사함은 나를 충성되이 여겨 내게 직분을 맡기심"이라고 하지 않았습니까? 그는 과거를 돌아보고 자기 죄를 떠올리며 구석에 처박힌 채 "난 그리스도인으로서 합당치 못해. 난 너무 끔찍한 짓을 저질렀어"라고 자책하지 않았습니다. 절대 그러지 않았습니다. 오히려 과거를 돌아보며 하나님을 더욱 찬양했습니다. 자신에게 주신 은혜를 자랑하며 "우리 주의 은혜가 그리스도 예수 안에 있는 믿음과 사랑과 함께 넘치도록 풍성하였 도다"라고 했습니다.

여러분도 이런 자세로 과거를 바라보아야 합니다. 그렇지 않고 과거 때문에 침체하는 사람은 마귀의 말을 듣고 있는 것입니다. 과거를 돌아보며 "불행하게도 이 세상 신에게 눈이 가려졌던 것이 사실이지만, 감사하게도 하나님이 그 은혜를 넘치도록 풍성하게 부어 주셨다. 사랑과 자비를 차고 넘치게 부어 주심으로 그 모든 죄를 용서해 주셨다. 이제 나는 새사람이다"라고 말할 수 있어야 합니다. 이것이 과거를 바라보는 그리스도인의 자세입니다. 이렇게 하지 않는 사람은 비참해지는 것이 당연하다고 말하고 싶습니다. 왜 하나님을 믿지 않고 마귀를 믿습니까? 주저앉아 있는 자리에서 이제 그만 일어나 여러분에 관한 진리를 깨달으십시오. 여러분의 모든 죄는 영원히, 단번에 사라졌습니다. 오, 하나님의 말씀을 의심하는 것이 오히려 죄라는 사실, 하나님이 이미 처리하신 과거가 우리의 기쁨을 빼앗도록 허용하며 현재와 미래에 우리를 무용지물로 만들도록 허용하는 것이 오히려 죄라는 사실을 기억합시다. 의심하며 주저하던 사도 베드로에게 주신 말씀에 다시 귀를 기울이십시오. "하나님께서 깨끗하게 하신 것을 네가 속되다 하지 말라." 여러분의 죄를 없이하시고 하나님의 자녀로 삼아 주신 이 놀라운 은혜와 자비를 기뻐하십시오. "주 안에서 항상 기뻐하라. 내가 다시 말하노니 기뻐하라"(빌 4:4).

6
부질없는 후회

맨 나중에 만삭되지 못하여 난 자 같은 내게도 보이셨느니라. 나는 사도 중에 가장 작은 자라. 나는 하나님의 교회를 박해하였으므로 사도라 칭함받기를 감당하지 못할 자니라. 그러나 내가 나 된 것은 하나님의 은혜로 된 것이니 내게 주신 그의 은혜가 헛되지 아니하여 내가 모든 사도보다 더 많이 수고하였으나 내가 한 것이 아니요 오직 나와 함께하신 하나님의 은혜로라.

고린도전서 15:8-10

요즘 사람들은 이목을 끄는 모든 것에 관심을 보입니다. 광고의 시대에 들려오는 모든 말을 기꺼이 믿습니다. 광고에서 하는 말도 믿고, 남이 하는 말도 믿습니다. 그러므로 그리스도인들이 기쁘고 행복한 삶, 승리하는 삶을 사는 것처럼 보이면 구름 떼같이 몰려와 성공적인 삶의 비결을 물을 것입니다. 이 점에서 볼 때 '그토록 많은 이들이 교회 밖에 머무는 것은 교회 안에 있는 사람들의 상태 때문'이라는 것이 그리 부당한 추론은 아닙니다. 우리는 낙담하고 침체한 듯한 인상을 줄 때가 허다합니다. 아니, 그리스도인이 되면 전에 없던 근심거리가 많이 생기는 것 같은 인상까지 줍니다. 그러다 보니 표면만 보는 세상 사람들은 교회 안에 있는 것보다 교회 밖에 있는 편이 더 행복하다는 결론을 내리게 됩니다. 물론 그것은 아주 잘못된 생각이지만, 어쨌든 그에 대해 책임을 져야 할 그리스도인들이 분명히 있다는 사실은 인정해야 하며, 영적 침체에 빠져 거의 비참하게 사는 탓에 구속의 은혜에 대한 복음을 심히 왜곡해서 전달하는 경우가 허다하다는 사실 또한 인정해야 합니다.

물론 이 모든 문제의 원인은 우리 앞에 있는 매우 강력한 대적에게 있습니다. 그리스도인이 되는 순간, 우리는 성경이 "공중의 권세 잡은 자", "불순종의 아들들 가운데서 역사하는 영", "이 세상의 신", "사탄", "마귀"라고 부르는 자의 가장 교묘하고 강력한 공격의 대상이 됩니다.

앞으로 계속 침체에 대해 연구하면서 마귀가 다가와 공격하는 방법, 우리가 알아채지 못하도록 속이고 미혹하는 교묘한 방법들을 고찰할 텐데, 그러다 보면 왜 그토록 많은 이들이 실패하는지 이해가 될 것입니다. 무엇보다 복음과 복음 전파에 관심을 가진 자칭 교회의 친구이자 "광명의 천사"로 다가올 때 가장 교묘하고 위험합니다. 성경에 따르면 마귀는 이런 짓을 하며(고후 11장), 이런 짓을 할 때 가장 교묘하게 움직입니다. 이처럼 그는 강력할 뿐 아니라 교묘한데, 침체의 여러 형태와 징후들을 고찰해 나갈수록 이 점을 더 명확히 알게 될 것입니다.

이 점을 생각할 때 우리는 마귀와 그의 공격에 대비해야 마땅합니다. 그 방법이 바로 성경을 공부하는 것입니다. 그래야 마귀의 술수를 간파할 수 있습니다. 바울은 고린도 교인들에게 "우리는 그 계책을 알지 못하는 바가 아니로라"라고 했습니다(고후 2:11). 그런데 그 계책을 알지 못하고 그 존재도 믿지 않는 자들이 많다는 것, 아니 그 존재를 믿는 자들조차 그가 항상 옆에 대기하고 있다가 여러 가지 교묘한 방법으로 움직인다는 사실을 기억하지 못한다는 것이 우리의 비극입니다. 객관적인 입장에서 마귀가 하는 짓을 보면, 그런 덫에 걸려드는 우리의 한없는 어리석음에 놀라지 않을 수가 없습니다. 영적 침체의 사례들을 보면서 여러분은 물을 것입니다. "어떻게 그런 덫에 걸려들 수가 있지요?" 모든 계책이 눈에 뻔히 보입니다. 그런데도 모든 사람이 계속 같은 덫에 걸려듭니다. 그만큼 마귀의 술수는 교묘합니다. 마귀는 걸려들기 직전까지 알아채지 못할 정도로 교묘하게 덫을 놓습니다. 이에 대처하는 유일한 방법이 바로 마귀의 술수를 공부하는 것이며, 영적 침체에 대한 성경의 다양한 가르침을 공부하는 것입니다. 우리가 이 연속설교를 통해 하는 일이 바로 그것입니다.

이번에는 과거를 돌아보되 특정한 죄 때문이 아니라 너무 오랜 세월 외인으로 살다가 뒤늦게 하나님 나라에 들어왔다는 사실 때문에 현재의 삶을 제대로 살지 못하는 경우를 살펴보겠습니다. 이 또한 아주 흔한 영적 침체의 원인입니다. 이런 자들은 그토록 많은 시간과 세월을 허송했다는 사실 때문에, 뒤늦게 그리스도인이 되었다는 사실 때문에 침체에 빠집니다. 그 많은 기회-선을 행하며 남을 돕고 섬길 수 있는 기회-를 놓쳤다는 사실 때문에 늘 한탄합니다. "젊었을 때 이 모든 걸 알았다면 진작 나서서 섬겼을 텐데, 이렇게 뒤늦게 깨닫다니" 하면서 한탄합니다. 기회를 다 놓쳐 버린 것을 후회합니다! 또는 진작 믿지 못해 얻지 못한 것들을 떠올리며 아쉬워하기도 합니다. "진작 믿었더라면!" 이것이 그들의 탄식입니다. 진작 믿었어야 하는데 믿지 못했다는 것입니다. 이처럼 진리를 모른 채 세상에서 허송한 세월을 아쉬워하고 믿지 않았던 과거의 모습과 진작 믿지 못해서 이르지 못한 신앙의 수준을 아쉬워하며 부질없이 후회합니다. 과거를 돌아보며 후회하고 한탄합니다. 자신이 얻을 수 있었던 기쁨, 행복하고 즐겁게 살 수 있었던 세월을 아쉬워합니다. 너무 늦었다는 것입니다. 기회를 다 놓쳐 버렸다는 것입니다. 왜 그리 어리석었느냐는 것입니다. 왜 그리 눈이 멀었느냐는 것입니다. 왜 그리 늦게 믿었느냐는 것입니다! 전에도 복음은 들었습니다. 좋은 책들도 읽었습니다. 무언가 마음에 다가올 때도 있었습니다. 그런데 그런 기회들을 하나도 붙잡지 못하고 놓쳐 버렸다는 것입니다. 그리고 이렇게 뒤늦게 깨달았다는 것입니다. 그들은 "진작 믿었더라면!" 하는 미련을 떨쳐 내지 못합니다.

이것은 아주 흔히 볼 수 있는 상태로서, 많은 사람들이 이 때문에 영적 침체에 빠집니다. 그렇다면 이 문제는 어떻게 처리해야 할까요? 이 문제에 대해 무슨 말을 해주어야 할까요? 가장 먼저 지적하고 싶은 점은, 뒤늦게 믿었다고 후회하는 마음은 지극히 정당하지만 그로 인해 비참해지는 일은 더없는 잘못이라는 것입니다. 과거의 삶을 돌아볼 때 후회가 되는 것은 어쩔 수 없습니다. 그런데 이 지점에서 미묘한 문제가 발생합니다. 정당한 후회와 잘못 낙담하고 비참해지는 상태를 정교하게 구별할 필요가 생기는 것입니다. 그리스도인의 삶은 매우 정교한 균형이 필요한 삶입니다. 이것이 우리 삶의 가장 두드러진 특징 중 하나입니다. 마치 칼날 위를 걷고 있어서 쉽게 한쪽으로 떨어질 수 있는 것과 같습니다. 걸어가는 내내 모든 것을 엄밀하게 구별해야 합니다. 정당한 후회와 잘못 낙담하고 비참해지는 상태를 구별하는 것도 우리가 해야 할 일 중에 하나입니다.

이런 이유로 비참해지지 않으려면 어떻게 해야 할까요? 사도 바울의 자전적 진술을 통해 살펴보겠습니다. 또한 마태복음 20:1-16에 나오는 포도원 품꾼의 비유, 제11시까지 시간별로 고용된 품꾼의 비유에서 주님이 가르치신 내용도 완벽한 예가 된다고 생각합니다. 그러므로 제11시에 고용된 품꾼, 맨 나중에 하나님 나라에 들어간 자들의 관점에서도 이 문제를 살펴보려 합니다.

그러나 이렇게 성경에 비추어 살펴보기 전에, 비교적 일반적인 측면에서 먼저 고찰해 보도록 합시다. 이 상황은 상식 내지는 일반적인 지혜의 원리에 따라 먼저 살펴볼 필요가 있습니다. 그리스도인은 상식을 사용하면 안 되는 것처럼 착각하는 이들이 있습니다. 모든 일을 영적인 방법으로 해결해야 한다고 생각하는 것입니다. 그러나 제가 볼 때 그것은 아주 비성경적인 태도입니다. 그리스도인은 어떤 면에서도 불신자들보다 못하지 않습니다. 항상 그들보다 뛰어납니다. 그들이 하는 일을 할 뿐 아니라 그 이상의 일을 합니다. 이것이 그리스도인에 대한 우리의 관점입니다. 그리스도인도 상식적으로 상황에 대처할 줄 압니다. 상식을 사용하는 것은 우리가 마땅히 취해야 할 옳고도 합당한 태도입니다. 상식의 차원에서 마귀를 이길 수 있으면 그렇게 하십시오. 어떤 차원에서든 이기면 됩니다. 상식과 평범한 지혜를 사용해서 마귀를 무너뜨리고 쫓아낼 수 있으면 그렇게 하십시오. 그리스도인이 그렇게 하는 것은 전적으로 옳고도 합당한 태도입니다. 제가 이 말을 하는 것은, 과거의 문제로 어려움을 겪는 이들이 상식적으로 아주 명백한 대처법이 있는데도 계속 기도만 하면서 시간을 보내는 모습을 자주 보기 때문입니다.

제 말이 무슨 뜻인지 설명해 보겠습니다. 저는 과거의 문제로 침체에 빠진 이들(또한 그들을 돕는 이들)이 첫 번째로 해야 할 일은, 과거의 실패 때문에 현재 비참하게 사는 것은 순전한 시간 낭비요 힘의 낭비임을 상기하는 것이라고 주장하는 바입니다. 이것은 명백한 사실이며 상식입니다. 과거를 되돌아 봐야 아무 소용이 없습니다. 주저앉아 비참해하면서 이제 남은 인생이 별로 없다는 후회의 쳇바퀴를 계속 돌린다고 과거가 달라지는 것이 아닙니다. 이것은 상식입니다. 이것을 증명하기 위해 기독교의 계시까지 찾아볼 필요가 없습니다. 세상은 지혜롭게도 "이미 엎지른 물"이라는 속담을 씁니다. 자, 마귀에게 이 속담을 인용하십시오! 왜 그리스도인이 불신자보다 어리석어야 합니까? 왜 자연스러운 상식과 인간의 지혜를 쓰지 못합니까? 많은 이들이 이 부분에서 실패합니다. 그 결과, 바꿀 수도 없고 물릴 수도 없는 과거사를 놓고 부질없이 후회하느라 시간과 힘을 낭비하고 있습니다. 이것은 세속적인 상식의 기준에서 보아도 완전히 어리석고 불합리한 짓입니다. 그러니 이것을 원칙으로 정해 놓읍시다. 우리가 영향을 주거나 바꿀 수 없는 일은 단 한 순간도 걱정할 필요가 없습니다. 그것은 힘의 낭비에 불과합니다. 손쓸 수 없는 상황이라면 더 이상 생각하지 마십시오. 다시는 돌아보지도 말고 생각하지도 마십시오. 계속 돌아보면 마귀한테 질 수밖에 없습니다. 막연하고 부질없는 후회는 불합리한 것이라고 일축해 버리십시오. 여러분, 더 이상 과거에 매달리지 마십시오! 그것은 기독교와 거리가 먼 어리석은 행동입니다. 순전한 시간 낭비요 힘의 낭비에 불과합니다.

두 번째로, 과거에 매달릴수록 현재 실패할 뿐이라는 사실 또한 기억합시다. 주저앉아 과거를 한탄하며 그때 못한 일들을 후회하는 사람은 현재의 삶을 제대로 살 수 없으며 어떤 일도 제대로 할 수 없습니다. 기독교가 과연 그런 것일까요? 당연히 아닙니다. 기독교는 상식을 뛰어넘으면서도 상식을 포괄하는 것입니다. "아, 상식은 세상에서도 들을 수 있잖아요" 하는 사람이 있을지 모르겠습니다. 자, 그러면 세상에서 들은 대로 하십시오! 주님도 "이 세대의 아들들이 자기 시대에 있어서는 빛의 아들들보다 더 지혜"롭다고 하시면서 불의한 청지기를 칭찬하셨습니다(눅 16:8). 저도 똑같이 말하겠습니다. 통상적인 지혜의 관점에서 볼 때, 적어도 이 문제에서는 세상의 태도가 전적으로 옳습니다. 과거에 현재를 저당 잡히는 것, 과거가 현재의 발목을 잡게 하는 것은 언제나 잘못입니다. 죽은 자는 죽은 자들로 장사하게 하십시오. 통상적인 사고의 원리로 볼 때 과거사 때문에 현재 실패하는 것보다 더 책망받을 일은 없습니다. 병적으로 과거에 매달리면 이런 결과가 빚어집니다. 과거의 후회에 붙잡혀 현재 실패하는 것입니다. 그리스도인으로서 현재의 삶을 살아가는 대신 주저앉아 과거만 한탄하는 것입니다. 과거를 아쉬워하느라 현재 아무것도 못하는 것입니다. 이것이 얼마나 잘못된 태도인지 모릅니다.

상식과 인간적인 지혜의 관점에 근거한 저의 세 번째 주장은 이것입니다. 과거가 정말 그렇게 아쉽다면, 과거에 세월을 허송한 것이 정말 그렇게 후회스럽다면, 지금 그것을 벌충하십시오. 이 또한 상식 아닙니까? 심히 낙담한 채 찾아와 "진작 믿었더라면 얼마나 좋았을까요! 전 세월을 허송했습니다!" 하며 한탄하는 사람이 있습니다. 그런 사람에게 제가 해주는 말은 이것입니다. "그렇다면 지금 그 허송한 세월을 벌충하고 있습니까? 왜 무를 수도 없는 과거 이야기를 하느라 힘을 낭비합니까? 왜 지금 힘을 다하지 않습니까?" 이런 경우는 단호하게 다루어야 하기 때문에, 이런 사람에게 가장 금해야 할 것이 바로 동정이기 때문에, 저는 가혹하게 말합니다. 여러분도 이런 이유로 침체에 빠져 있다면, 평범한 상식의 관점에서 자신을 엄격하게 점검해 보기 바랍니다. 이것은 어리석고 불합리한 행동이자 시간과 힘의 낭비입니다. 자신의 말처럼 정말 과거를 후회하는 태도가 아닙니다. 허송한 세월이 정말 한탄스럽다면 지금 벌충하십시오. 지금 이 순간의 삶에 집중하십시오. 바울은 그렇게 했습니다. 그는 말합니다. "맨 나중에 만삭되지 못하여 난 자 같은 내게도 보이셨느니라." 요컨대 "나는 많은 세월을 허송했고 다른 사도들보다 늦되었다"라는 것입니다. 그러나 그가 연이어 덧붙이는 말은 이것입니다. "내가 모든 사도보다 더 많이 수고하였으나 내가 한 것이 아니요 오직 나와 함께하신 하나님의 은혜로라."

그렇습니다. 이것이 저의 주장이자 평범하고 통상적인 인간의 지혜와 상식의 관점에 근거한 대처법입니다. 여기까지만 다루어도 충분하겠지만, 좀 더 살펴보도록 하겠습니다. 앞서 말했듯이 그리스도인은 불신자들보다 못하지 않을 뿐 아니라 언제나 그들보다 뛰어납니다. 불신자들의 모든 상식과 지혜를 가지고 있을 뿐 아니라 그 이상의 것을 가지고 있습니다. 이제 위대한 사도의 말과 마태복음 20장 포도원 비유에 나오는 주님의 가르침을 살펴봅시다.

먼저 사도의 말부터 살펴보겠습니다. 앞서 보았듯이, 사도는 과거의 큰 죄만 언급하는 것이 아니라 이 문제도 언급하고 있습니다. 그는 부활하신 주님이 나타나신 이야기를 합니다. 물론 직접적인 관심은 부활의 위대한 교리를 전하려는 데 있지만, 그 교리를 전하면서 이 문제도 언급합니다. "맨 나중에……내게도 보이셨느니라." 이것을 보면 사도도 뒤늦게 그리스도인의 삶을 살게 된 것을 애석해했던 것이 분명합니다. 그가 "맨 나중에"라는 표현을 쓴 의도를 분명히 알아 둡시다. 자신은 부활하신 주님을 맨 나중에 본 사도라는 것입니다. 다른 사도들은 완전히 다른 방식으로 주님을 보았습니다. 바울은 그들과 함께하지 못했을 뿐 아니라 오히려 그들을 비방하고 박해했습니다. 여기에서 "맨 나중에"라는 것은 사도들 중에 말째였다는 뜻입니다. 그는 사도로서도 말째였을 뿐 아니라 부활하신 주님을 본 목격자들 중에서도 말째였습니다. 사도 바울이 다메섹으로 가는 길에 부활하신 주님을 본 이후, 육안으로 주님을 본 사람은 아무도 없었습니다. 주님은 500여 형제들에게 일시에 나타나셨습니다. 우리가 이름도 모르는 그들 앞에, 여러 목격자들 앞에 나타나셨습니다. 그중에서도 맨 나중에 주님을 본 사람이 바로 다소의 사울이었습니다. 그는 다메섹으로 가는 길에서 이상을 본 것이 아니라—이상을 본 자들은 그 후에도 많이 있었습니다—문자 그대로 영광의 주님을 보았습니다. 사도가 여기에서 말하는 바가 바로 그것입니다. "맨 나중에……내게도 보이셨느니라." 이로써 그는 사도가 되었고 부활의 증인이 되었습니다. 그는 이 점을 강조합니다. 자신이 맨 나중이었다는 것입니다. 그는 여기에서 그치지 않고 "만삭되지 못하여 난 자 같은"이라는 표현도 씁니다. 그의 영적 출생에는 비정상적인 측면이 있었고 기한을 다 채우지 못한 측면이 있었습니다. 다른 사도들은 그렇지 않았습니다. 그들은 주님의 가르침을 직접 들었고, 주님과 내내 함께 지냈습니다. 십자가 죽음의 현장에 있었고, 그가 장사되시는 것을 보았으며, 부활하신 후 40일 동안이나 함께 지냈고, 승천하시는 장소에도 있었습니다. 처음부터 끝까지 주님과 함께 있었습니다. 그에 비해 바울의 영적 출생은 비정상적인 것이었고 기한을 다 채우지 못한 것이었습니다. 그는 특이하고 기이한 방식으로 사도가 되었습니다. 맨 나중에야 사도가 되었습니다.

이것이 사도가 자신에 대해 하는 말입니다. 물론 그 일만 생각하면 아쉬웠을 것입니다. 처음부터 주님과 함께했다면, 그 혜택과 기회를 자신도 누렸다면 좋았으리라고 생각했을 것입니다. 그러나 그때 자신은 복음을 미워했습니다. "예수의 이름을 대적하여 많은 일을" 해야 한다고 생각했습니다(행 26:9). 예수가 하나님을 모독한다고 여기고 그 제자들과 교회를 제거하기 위해 애를 썼습니다. 이처럼 자신은 밖에 있었고, 다른 사도들은 안에 있었습니다. 그러다가 "맨 나중에" 기이한 방식으로 안에 들어왔습니다. 과거에 매달려 부질없이 후회하며 여생을 보낼 만하지 않습니까! 그는 말합니다. "맨 나중에……내게도 보이셨느니라. 나는 사도 중에 가장 작은 자라. 나는 하나님의 교회를 박해하였으므로……." 그것은 전부 틀림없는 사실이었고, 그는 그 사실을 뼈저리게 후회했습니다. 그러나 그 때문에 무력해지지는 않았습니다. 구석에 처박혀 "난 맨 나중에야 들어왔어. 대체 왜 그랬을까? 어떻게 감히 주님을 배척할 수 있었을까?" 한탄하면서 여생을 보내지 않았습니다. 영적 침체에 빠진 자들이 하는 일이 그것입니다. 그러나 바울은 그렇게 하지 않았습니다. 오히려 자신을 이 자리로 이끌어 준 놀라운 은혜를 생각했습니다. 그래서 엄청난 열심으로 새로운 삶을 시작했고, "맨 나중에" 들어왔음에도 어떤 의미에서 맨 첫째가 되었습니다.

여기에서 배울 수 있는 교훈이 무엇입니까? 사도의 가르침을 염두에 두고, 마태복음 20장의 비유에 비추어 살펴보도록 합시다. 둘 다 가르치는 내용은 같습니다. 현재 그리스도인이라면, 과거에 그리스도인이 아니었다는 것보다 현재 그리스도인이라는 이 사실이 무엇보다 중요하지 않습니까? 말도 안 되는 소리 같습니까? 아니, 이것은 더없이 명백한 사실입니다. 과거에 그리스도인이 아니었다는 것보다 현재 그리스도인이라는 사실이 더 중요합니다. 그렇습니다. 이렇게 보면 명백한데, 마귀의 공격을 받으면 이 명백한 사실을 알아채기가 어렵습니다. "나는 하나님의 교회를 박해하였으므로 사도라 칭함받기를 감당하지 못할 자"라고 사도는 말합니다. 그러나 연이어 덧붙이는 말은 이것입니다. "그러나 내가 나된 것은 하나님의 은혜로 된 것이니." 과거의 모습이 무엇이 중요합니까? "내가 나된 것", 현재 내 모습에 집중하십시오. 과거의 모습에 매달리지 마십시오. 그리스도인이라는 신분의 핵심은 현재 내 모습을 생각하는 데 있습니다. 물론 과거가 분명히 있고, 과거에 지은 죄도 분명히 있습니다. 그럼에도 자기 자신에게 이렇게 말해 주십시오.

구속받고 치료받고 회복되고 사함받았으니
나처럼 주를 찬양할 자 누구랴.

"내가 나된 것." 과거에 어떠했든지 현재 내 모습은 이것입니다. 이 모습이 중요합니다. 지금 나는 어떤 사람입니까? 십자가에서 흘리신 아들의 피로 죄 사함을 받고 하나님과 화목케 된 사람입니다. 하나님의 자녀입니다. 하나님의 가족으로 입양된 자, 그리스도와 함께 유업을 받을 공동 상속자입니다. 영광을 향해 나아가는 자입니다. 중요한 것은 이것입니다. 과거의 내 모습이나 지금까지의 내 모습은 중요치 않습니다. 그러므로 원수가 이 방면에서 공격해 올 때 사도처럼 하십시오. 원수에게 말하십시오. "네 말이 전적으로 옳다. 나는 네가 말하는 그런 사람이었다. 하지만 내 관심은 과거의 모습이 아닌 현재의 모습에 있다. 내가 나된 것은 하나님의 은혜로 된 것이다."

두 번째 추론을 말씀드리겠습니다. 아주 간단하고 분명합니다. 언제 하나님 나라에 들어왔느냐는 중요치 않습니다. 내가 이미 하나님 나라에 들어와 있다는 사실이 중요합니다. 오직 이것만 중요합니다. 좀 더 일찍 들어오지 못했음을 한탄하느라 지금 누릴 수 있는 혜택을 놓치는 것이 얼마나 어리석은 짓인지 모릅니다. 마치 대단한 전시회에 가서 긴 줄이 늘어선 것을 본 사람과 같습니다. 그는 늦게 도착했습니다. 도착하기는 했지만 오래 기다려야 합니다. 거의 마지막에 입장할 것 같습니다. 그런데 그 사람이 마침내 전시회장에 들어간 후에도 입구에서 서성이며 "맨 처음으로 들어오지 못한 게 너무 부끄럽다. 왜 좀 더 일찍 오지 못했을까?" 하며 한탄하는 모습을 본다면 어떻겠습니까? 아마도 그 사람을 비웃을 것입니다. 그것은 당연한 반응입니다. 저는 여러분 자신도 그렇게 비웃어야 한다는 점을 지적하고 싶습니다. 여러분도 영적으로 똑같은 짓을 하고 있기 때문입니다. "오, 난 너무 늦게 왔어" 하며 한탄하고 있기 때문입니다. 여러분, 이제 그만 한탄하고 그림을 감상하십시오. 조각을 구경하고 값진 작품들을 감상하십시오. 언제 입장했느냐가 무엇이 중요합니까? 중요한 것은 여러분이 이미 입장했다는 사실, 전시회가 열리고 있다는 사실, 온갖 훌륭한 작품들이 앞에 전시되어 있다는 사실입니다. 입장한 시간은 중요치 않습니다.

마태복음 20장으로 다시 돌아가 봅시다. 어떤 품꾼들은 제11시가 되어서야 마지막으로 포도원에 들어왔습니다. 어쨌든 포도원에 들어왔습니다. 중요한 것은 이 사실입니다. 주인이 그들을 불러 세웠고, 고용했고, 데려왔습니다. 중요한 것은 이렇게 포도원에 들어왔다는 사실입니다. 언제 들어왔느냐, 어떻게 들어왔느냐는 중요치 않습니다. 저는 이 점을 한참 더 강조하고 싶습니다. 이 말은 줄기차게 계속할 필요가 있습니다. 중요한 것은 회심의 방법이나 방식이 아니라 구원받았다는 사실 그 자체입니다. 그런데 사람들은 자리에 주저앉은 채 자신이 하나님 나라에 들어오게 된 방법이나 시기나 방식이나 유형이나 방편 때문에 근심합니다. 그런 것들은 전혀 중요치 않습니다. 중요한 것은 여러분이 이미 이 안에 들어와 있다는 사실입니다. 그러니 기뻐하십시오. 예전 모습은 그만 잊으십시오.

좀 더 살펴봅시다. 저는 이 특정한 영적 침체의 징후가 죄가 될 만큼 병적인 자기 집착에서 비롯된다고 말하고 싶습니다. 방금 전에 이런 경우는 엄하게 다루어야 한다고 했습니다. 그들의 진정한 문제가 여전히 '자아'에 있음을 알려 주어야 합니다. 그들이 하는 일이 무엇입니까? 자신에 대한 심판을 하나님께 맡기지 않고 여전히 자신이 맡으려 하는 것입니다. 비유적으로 말하자면 지체하고 늦게 왔다는 이유로 자신을 채찍질하고 난도질하며 계속 정죄하는 것입니다. 아주 겸손하고 통회하는 모습처럼 보이지만, 사실은 거짓 겸손이요 자기 집착입니다. 바울도 고린도전서 4장에서 같은 말을 합니다. 그의 말을 들어 보십시오. "사람이 마땅히 우리를 그리스도의 일꾼이요 하나님의 비밀을 맡은 자로 여길지어다. 그리고 맡은 자들에게 구할 것은 충성이니라. 너희에게나 다른 사람에게나 판단받는 것이 내게는 매우 작은 일이라.―이제 바울의 말 중에서도 가장 위대한 말이 나옵니다―나도 나를 판단하지 아니하노니 내가 자책할 아무것도 깨닫지 못하나 이로 말미암아 의롭다 함을 얻지 못하노라. 다만 나를 심판하실 이는 주시니라"(1-4절). 그리스도인은 하나님께 심판을 맡겨야 합니다. 하나님이 심판자십니다. 자신을 정죄하면서 하나님의 시간을 낭비하고 자신의 시간과 힘을 낭비할 권리가 여러분에게는 없습니다. 자신은 그만 잊고, 하나님께 심판을 맡기십시오. 그리고 여러분이 해야 할 일을 하십시오. 병적으로 자신에게 집착하며 심판하려 드는 데서 모든 문제가 비롯됩니다. 그뿐 아니라 이것은 여전히 자신이 할 수 있는 일의 관점에서 생각하려는 성향을 드러내는 표시이기도 합니다. 이런 사람들은 겸손해 보이는 모습으로 찾아와 "제가 진작 믿었더라면 많은 일을 할 수 있었을 겁니다" 하며 한탄합니다. 그것은 어떤 의미에서 더없이 맞는 말이지만, 또 다른 의미에서는 더없이 틀린 말이요 심히 거짓된 말입니다. 이런 주장을 하지 못하도록 주님이 포도원 품꾼의 비유를 가르치신 것입니다.

이 점을 적극적으로 설명하고 설교를 마치겠습니다. 저는 여전히 자신에게 병적으로 집착하는 데 이들의 부분적인 문제가 있다고 했습니다. 그리스도인으로서 자신을 부인하며 자기 십자가를 지고 주님을 따르는 법을 배우지 못하고, 자기 자신과 자신의 과거, 현재, 미래를 맡기는 법을 배우지 못한 데 부분적인 문제가 있다고 했습니다. 아, 그들은 왜 그렇게 자신에게 병적으로 집착하는 것일까요? 그 대답은 주님께 충분히 집중하지 못하기 때문이라는 것입니다. 주님과 주님의 길에 대해 마땅히 알아야 할 만큼 알지 못하는 것이 이들의 진정한 문제입니다. 주님을 바라보는 데 더 많은 시간만 들여도 자기 자신은 금세 잊어버릴 것입니다. 일단 전시회에 갔다면 늦게 입장한 것을 한탄하며 입구에 서 있을 것이 아니라 값진 작품들을 구경해야 한다고 방금 전에 말했습니다. 이제 그것을 영적인 영역에 적용해 봅시다. 여러분은 영적인 삶을 시작했습니다. 자, 그러니 이제 자기 자신은 그만 들여다보고 주님을 감상하십시오. 그리스도인과 비그리스도인의 차이점이 무엇입니까? 바울은 고린도후서 3장에서, 비그리스도인은 수건이 눈을 가리고 있기 때문에 그리스도와 하나님을 알아보지 못한다고 말합니다. 그런데 그리스도인은 어떻습니까? 바울은 이렇게 묘사합니다. "우리가―모든 그리스도인이-다 수건을 벗은 얼굴로 거울을 보는 것같이 주의 영광을 보매 그와 같은 형상으로 변화하여 영광에서 영광에 이르니 곧 주의 영으로 말미암음이니라"(18절). 그리스도인은 이런 사람들입니다. 그리스도를 바라보고 응시하는 데 시간을 들이는 사람들입니다. 그리스도의 모습에 심취한 나머지 자기 자신을 잊어버리는 사람들입니다. 그리스도께 대한 관심이 커질수록 자기 자신에 대한 관심은 줄게 되어 있습니다. 수건을 벗은 얼굴로 주님을 바라보며 주님을 응시하십시오. 그러면 하나님 나라에서 중요한 것은 주님을 섬긴 기간이 아니라 주님을 대하는 태도이며 그를 기쁘시게 하려는 열망이라는 사실을 깨달을 것입니다. 주님은 남들만큼 섬겼느냐를 보시지 않습니다. 주님의 관심은 우리의 마음에 있습니다. 그런데 정작 우리는 시간에 관심을 쏟으며 우리가 쓴 시간과 한 일을 계산하고 기록합니다. 비유에 나오는 맨 처음 품꾼들처럼 자신이 모든 일을 했노라 내세우고 그 일에 들인 시간을 자랑합니다. 또 처음에 오지 못한 자들은 그들대로 이런저런 일들을 하지 못했다고 근심하며 온종일 일하지 못했다고 근심합니다. 그러나 주님의 관심은 이런 식으로 우리가 무슨 일을 했느냐에 있지 않습니다. 주님의 관심은 과부의 적은 헌금에 있습니다. 돈의 액수가 아니라 과부의 마음에 있습니다. 마태복음 20장의 비유에서 가르치시는 바도 똑같습니다. 동일한 이유로 주님은 한 시간 일한 품꾼들에게도 온종일 일한 품꾼들과 같은 삯을 주셨습니다. 바울이 여기에서 말하는 바가 그것입니다. "맨 나중에 만삭되지 못하여 난 자 같은 내게도 보이셨느니라." 감사하게도 주님을 처음 보든 나중 보든 상관이 없습니다. 은혜가 우선입니다. "내가 나된 것은 하나님의 은혜로 된 것이니." 주님의 관심은 시기에 있지 않습니다. 관계에 있습니다.

이제 마지막 원리를 살펴봅시다. 하나님 나라에서 중요한 것은 오직 은혜입니다. 이것이 이 비유의 전적인 요점입니다. 하나님이 보시는 방법은 우리와 다릅니다. 하나님은 인간처럼 보시지 않습니다. 인간처럼 계산하시지 않습니다. 처음부터 끝까지 은혜로 대하십니다. 맨 나중 온 자들에게도 처음 온 자들과 똑같이 한 데나리온을 주십니다. 처음 온 자들과 동일한 삯을 주십니다. 더 나아가 주님은 다음과 같은 말씀으로 이 진리를 각인시켜 주십니다. "이와 같이 나중된 자로서 먼저 되고 먼저된 자로서 나중되리라." 더 이상 세상적으로, 인간적으로, 육신적으로 생각하지 마십시오. 하나님과 그리스도의 나라에서는 오직 은혜의 관점만 통용됩니다. 은혜는 규정과 다릅니다. 이 은혜가 중요합니다. "내가 나된 것은 하나님의 은혜로 된 것이니." 그러므로 여러분이 하지 못한 일과 허송한 세월은 이제 그만 돌아보십시오. 하나님의 나라에서는 오직 은혜만 중요하다는 이 사실을 기억하십시오. 맨 나중에 온 여러분이 첫자리에 있는 것을 보고 놀라게 될 날이 올 것입니다. 마태복음 25장의 비유에 나오는 사람들처럼 "우리가 언제 그런 일을 했습니까?"라고 묻게 될 날이 올 것입니다. 주님은 아십니다. 보십니다. 족한 은혜를 주십니다.

자, 이제 구약성경에 나오는 권면으로 설교를 맺겠습니다. "너는 아침에 씨를 뿌리고 저녁에도 손을 놓지 말라. 이것이 잘될는지, 저것이 잘될는지, 혹 둘이 다 잘될는지 알지 못함이니라"(전 11:6). 여러분 중에도 오랜 세월 그리스도 밖에서 세상과 죄 가운데 살다가 노년에 하나님 나라에 들어온 분들이 있을지 모르겠습니다. 그런 분들은 제가 다룬

이 문제에 걸려들기 쉽습니다. 그분들에게 제가 드릴 말씀이 바로 이것입니다. "이 놀라운 은혜의 나라에서는 저녁에도, 인생의 저녁에도 손을 놓지 말아야 합니다. 이 나라는 초자연적인 나라입니다. 심판의 날이 이르렀을 때 젊어서 일찍 구원받은 자들보다 더 큰 상을 받을 수도 있습니다." 복음은 얼마나 영광스러운 것인지요! '젊음'은 오늘날 중대한 말이 되었습니다. 그러나 하나님 나라에서 나이는 전혀 중요치 않습니다. 세상 사람들처럼 나이를 강조하는 것은 성경적이지 못한 태도입니다. "아침에 씨를 뿌리고." 좋습니다. 아침에 씨를 뿌리십시오. 그러나 제가 똑같이 강조하고 싶은 말은 이것입니다. "저녁에도 손을 놓지 말라."

이것은 성경 도처에서 찾아볼 수 있는 가장 놀라운 말씀, 가장 위로가 되는 말씀임을 기억하십시오. 요엘 선지자도 장차 오실 그리스도와 그의 초림에 대한 위대한 이상과 함께 이 말씀을 받았습니다. 하나님께 이 말씀을 받아 전했습니다. "팥중이가 먹은 햇수대로 너희에게 갚아 주리니"(욜 2:25). 이것은 하나님이 주신 약속입니다. 하나님은 능히 이렇게 해주실 수 있는 분입니다. 우리가 허송한 세월, 헛된 세월, 메뚜기와 느치와 황충과 팥중이와 다른 벌레들이 남김없이 먹어 치운 세월에 대해 "팥중이가 먹은 햇수대로" 갚아 주겠다고 하십니다. 자신의 힘과 능력으로 할 수 있는 일이라는 관점에서 보면 시간이 언약의 핵심 요소가 됩니다. 그러나 우리는 시간이 전혀 중요치 않은 나라에 살고 있습니다. 주님이 개입하여 10년 치 수확을 한 해에 주실 수 있습니다. "팥중이가 먹은 햇수대로 너희에게 갚아 주리니." 이것이 우리 주인, 우리 구주, 우리 하나님의 특징입니다. 이 사실에 근거하여 말씀드립니다. 다시는 뒤를 돌아보지 마십시오. 현재의 시간을 낭비하지 마십시오. 힘을 낭비하지 마십시오. 과거는 그만 잊으십시오. 하나님의 은혜로 현재의 모습이 된 것을 기뻐하십시오. 놀라운 은혜로 이루어지는 하늘의 연금술을 통해 여러분의 삶과 체험에 가장 놀라운 일이 일어날 수 있다는 것, 나중된 자가 먼저되는 일이 일어날 수 있다는 것을 생각하며 기뻐하십시오. 자신의 현재 모습과 자신이 지금 하나님 나라에 들어와 있다는 사실을 생각하며 찬양하십시오.

7
미래에 대한 두려움

하나님이 우리에게 주신 것은 두려워하는 마음이 아니요 오직 능력과 사랑과 절제하는 마음이니.

디모데후서 1:7

이 구절은 우리가 '영적 침체'라고 일반적으로 묘사하는 상태의 또 다른 원인을 알려 줍니다. 이 상태, 이 영혼의 질병에 걸리거나 이 질병의 공격을 받을 수 있는 방식은 거의 무궁무진합니다. 우리는 대적 마귀가 참으로 교묘하다는 것, 광명의 천사로 가장할 만큼 교묘하다는 것을 입증했습니다. 이것은 분명한 사실입니다. 그리고 그만큼 분명한 또 한 가지 사실은 그가 아주 집요하다는 것입니다. 이 말은 절대 중단하거나 포기하는 법이 없다는 뜻입니다. 우리를 넘어뜨리고 하나님의 일을 의심하게 만들기 위해서라면 수단 방법을 가리지 않고 덤벼듭니다. 마귀는 일관성을 유지할 생각이 전혀 없습니다. 서슴없이 방법과 접근법을 바꾸며, 이전에 했던 말을 번복합니다. 그의 목표와 관심은 오직 한 가지뿐입니다. 하나님의 이름과 그가 하시는 일, 특히 우리 주와 구주 되신 예수 그리스도를 통해 우리를 구속하시는 큰일에 먹칠을 하는 것입니다.

하나님이 처음 세상을 지으시고 창조하셨을 때 "지으신 그 모든 것을 보시니 보시기에 심히 좋았"다고 성경은 말합니다(창 1:31). 하나님은 세상을 보고 아주 기뻐하셨습니다. 세상은 완벽했습니다. 그러자 마귀는 질투와 악의로 하나님의 작품을 망치고 해치기로 결심했고, 특히 최고의 작품인 인간을 망치는 데 노력을 집중했습니다. 인간만 무너뜨리면 창조의 최고봉을 망칠 수 있었습니다. 그래서 우리가 알다시피 여자를 집중적으로 구슬려 남편을 잘못된 길로 이끌게 했고, 그 결과 인간은 타락하게 되었습니다. 그러나 인류의 역사는 그렇게 끝나지 않았습니다. 하나님은 인간을 구속하기 위한 위대한 방법을 작정하시고 계획하셨습니다. 구속은 하나님의 탁월한 영광을 드러내는 일인 것이 분명합니다. 구속은 창조보다 위대한 일입니다. 하나님이 구속을 이루신 방법, 즉 성육신이라는 놀라운 기사와 표적을 통해 독생자를 세상에 보내신 것과 무엇보다 십자가에서 그를 죽음에 내주신 것을 생각하면 더더욱 그렇습니다. 이것은 하나님이 하신 최고의 일입니다. 이 일을 통해 죄를 짓고 타락한 인간의 구속과 회복이 가능해졌으며, 결국 모든 피조 세계의 구속과 회복도 가능해졌습니다. 대적이요 원수인 마귀의 최고 관심사는 어떻게 해서든 이 일에 먹칠을 해서 수치스럽게 만드는 것입니다. 이를 위해 마귀가 특별히 공격하는 대상이 바로 구원의 상속자인 그리스도인들입니다. 그리고 이 목적에 가장 적합한 방법이 우리를 침체시키고 넘어뜨림으로써 이 자랑스러운 구원이 사실은 상상의 소산에 불과하며 그런 구원을 믿는 우리는 "교묘히 만든 이야기"를 믿는 자들에 불과하다는 인상을 사람들에게 심어 주는 것입니다(벧후 1:16). 우리를 이런 상태로 만들어 '그리스도인은 침체하고 짓눌려 있으며 비참하게 사는 자들'이라는 인상을 심어 주는 것보다 더 구속의 역사를 망치기에 좋은 방법이 있겠습니까?

지난번에는 마귀가 어떻게 과거에 주목하고 매달리게 함으로써 우리를 낙담시키고 침체시키는지 살펴보았습니다. 그런데 그 일이 실패로 돌아갈 때 예측 가능한 전략은 완전히 방향을 바꾸어 미래를 보게 하는 것입니다. 마귀는 정말 그렇게 합니다. 우리가 이 구절을 통해 살

퍼보려는 문제가 바로 그것입니다. 이제부터 미래에 대한 무서움과 두려움 때문에 영적 침체에 빠지는 경우를 고찰해 보겠습니다.

이 또한 아주 흔히 볼 수 있는 경우입니다. 원수가 겉보기에 완전히 반대되는 방법을 통해 똑같은 사람을 기본적으로 똑같은 상태에 빠뜨릴 때가 많은 것을 보면 정말 이상합니다. 과거에 매인 사람의 문제를 바로잡아 주는 즉시 미래에 대한 두려움을 토로하기 시작합니다. 과거에 매인 사람에게 그의 죄가 이미 사함받았다는 것, 유난히 마음에 걸려 있던 죄까지 다 사함받았다는 것을 납득시킵니다. 비록 세월을 허송했지만 하나님은 "팥중이가 먹은 햇수대로" 갚아 주신다는 것을 설명합니다. 그러면 "아, 그렇군요. 그런데……" 하면서 미래와 장차 닥칠 일에 대한 두려움을 토로하기 시작합니다.

이에 대한 가르침이 성경에 많이 나오지만, 사도의 서신을 두 차례나 받은 이 사람 디모데야말로 가장 좋은 예인 것이 분명하다고 생각합니다. 디모데의 문제가 바로 이것으로서, 사도는 그 때문에 이 편지들을 썼던 것이 확실합니다. 디모데는 장차 닥칠 어려움과 위험을 두려워했고, 그래서 바울을 몹시 의지했습니다. 바울이 이 편지들을 쓴 목적은 미래에 대한 그의 이런 태도를 바로잡으려는 데 있었습니다. 디모데라는 인물 자체를 살펴보는 데 시간을 들일 필요는 없을 것입니다. 지금은 미래에 대한 두려움 때문에 침체에 빠지는 한 예로서만 살펴보도록 하겠습니다.

사람들이 이런 상태에 빠지는 원인이 무엇일까요? 미래를 두려워하는 이유가 무엇일까요? 그들이 내세우는 이유가 무엇일까요? 미래에 대한 두려움의 희생자들이 쉽게 빠지는 문제, 항상 토로하는 문제와 어려움에는 어떤 측면들이 있을까요? 자, 여러 가지 원인 중에서도 가장 먼저 꼽아야 할 것은 기질―특정 성향―인 것이 분명합니다. 우리는 저마다 다르게 태어납니다. 아무도 똑같지 않습니다. 저마다 자신만의 특징과 장점과 결점과 약점과 흠을 가지고 있습니다. 인간은 아주 섬세하고 정교하게 균형 잡혀 있는 존재입니다. 일반적인 특징들은 기본적으로 공유하지만, 그 특징들의 상대적인 비율이 천차만별이기 때문에 다양한 기질이 나타납니다. 이 점을 기억하는 것이 중요합니다. 어떤 이는 말할 것입니다. "아, 하지만 우리는 그리스도인이잖아요. 그리스도인이 되면 모든 차이가 없어지는 것 아닌가요?" 이 문제를 일으키는 핵심적인 오류가 바로 이것입니다. 물론 중생의 변화보다 철저한 변화는 없습니다. 그러나 중생했다고 해서―하나님이 우리 영혼에 하늘의 영적인 원리를 심어 주셨다고 해서―기질까지 바뀌는 것은 아닙니다. 기질은 여전히 남아 있습니다. 그리스도인이 되었다고 완전히 딴사람이 되는 것이 아닙니다. 여전히 원래 모습대로 살아갑니다. 다른 자아가 생기는 것이 아니라 원래 자아 그대로 살아갑니다. 바울은 구원받고 회심한 이후에도 본질적으로는 예전과 같은 사람이었습니다. 딴사람이 된 것이 아니었습니다. 기질로 보나 본질적인 성격으로 보나 베드로는 여전히 베드로였고, 요한은 여전히 요한이었습니다. 그리스도인으로서 우리 삶의 영광이 여기 있습니다. 마치 자연과 피조 세계가 다양한 것과 같습니다. 꽃을 보십시오. 똑같이 생긴 꽃이 하나도 없습니다. 하나님이 하시는 기이한 일에는 근본적인 통일성이 있지만, 그 통일성 안에 다양성이 존재합니다. 교회도 마찬가지입니다. 우리는 각기 다릅니다. 기질이 각기 다릅니다. 저마다 다른 모습을 가지고 있습니다. 이것이 교회의 한 가지 큰 영광입니다. 본질적인 인성은 회심 이전과 똑같지만, 성령을 통해 다양한 은사를 나누어 받습니다. 여기에서 인성이란 특정한 행동 방식 내지는 기질을 가리킵니다. 같은 일도 저마다 다르게 합니다. 그리스도인으로서 본질적으로 같은 일을 하지만 그 방식은 저마다 다릅니다. 사람에 따라 같은 복음을 얼마나 달리 설교하며, 같은 그리스도인의 삶을 얼마나 달리 사는지 보십시오. 하나님은 이런 차이를 사용하여 복음을 퍼뜨리십니다. 각 유형마다 그 유형에 호소력을 발휘할 사람을 사용하여 메시지를 전파하십니다. 사람들이 각기 다르니 메시지를 제시하는 방법도 각기 달라야 호소력을 발휘하는 것이 당연합니다. 그래서 하나님은 모든 사람을 사용하십니다.

　이처럼 기질을 가장 먼저 고려해야 합니다. 기질적으로 예민한 사람, 불안과 겁이 많은 사람들이 있습니다. 저는 바울이 그 예라고 생각합니다. 그는 신경이 예민했고, 천성적으로 자신감이 부족했습니다. 그래서 고린도에 갔을 때에도 "약하고 두려워하고 심히 떨었"습니다(고전 2:3). 그는 천성적으로 소심한 사람이었습니다. "밖으로는 다툼이요 안으로는 두려움이었노라"(고후 7:5). 이것이 바울의 천성이었습니다. 디모데는 특히 더 그랬습니다. 이렇게 태어날 때부터 소심한 이들이 있는가 하면, 자신감과 확신이 넘치는 이들도 있습니다. 이런 사람들은 아무것도 두려워하지 않습니다. 무엇에든 덤벼들고, 어디서든 버터 냅니다. 긴장할 줄을 모릅니다. 이처럼 똑같은 그리스도인인데도 근본적인 기질은 극도로 다릅니다. 최악의 어려움이 닥쳐야 겨우 대중 앞에 나서서 말할 생각을 하는 사람이 있는가 하면, 정반대인 사람도 있습니다. 기질은 이런 형태의 염려와 침체를 불러오는 원인들을 고찰할 때 반드시 고려해야 할 중요한 요소입니다.

미래를 두려워하는 이들을 살펴볼 때 고려해야 할 요소들이 또 있습니다. 이런 이들은 그리스도인이 수행해야 할 과업의 성격 때문에 늘 고민합니다. 기독교의 대의에 대해 아주 높은 기준을 가지고 있으며(그들의 말을 들어 보면 알 수 있습니다), 그리스도인의 삶에 대해서도 높은 기준을 가지고 있습니다. 그들은 그리스도인으로서 살아가는 일이 결코 쉽지 않다는 사실, 단순히 회심한 후 꽃밭에서 여생을 보내면 되는 것이 아니라는 사실을 압니다. 신약성경을 읽고―그들은 예외 없이 지적인 사람들입니다―그리스도인의 과업과 소명의 중대성을 인식합니다. 그에 비해 자신들이 얼마나 부족한지 알기에 쉽게 침체에 빠집니다. 다시 말해서 실패할까 봐 두려워하며, 기독교의 대의에 못 미칠까 봐 두려워하는 것입니다. 그들은 말합니다. "나는 복음이 좋다. 내 죄가 사함받은 것 또한 믿는다. 그래서 그리스도인답게 살고 싶은데, 그러지 못할까 봐 두렵다. 모임에 참석하거나 그리스도인들과 교제하는 동안에는 괜찮지만 밖에 나와서도 살아야 할 것 아닌가? 나는 내가 어떤 사람인지, 얼마나 약한 사람인지 알고 있다. 그에 비해 그리스도인이 감당해야 할 과업은 얼마나 크고 어려운 것인지도 알고 있다." 이처럼 그들은 실패를 두려워합니다. 세상에서 하나님과 주 예수 그리스도와 땅 위에 있는 그의 교회를 실망시키고 싶지 않지만, 자신처럼 약한 사람이 어떻게 그런 삶을 살 수 있단 말입니까? 이처럼 과업의 중대성과 그에 대비되는 자신의 부족함 및 결핍에 대한 날카로운 인식이 그들을 짓누릅니다. 구체적으로 두려운 일이 있기 때문이라기보다는 막연히 미래가 두려운 것입니다. 무엇이 그렇게 두려우냐고 물어보면 대답하지 못합니다. 그러면서도 막연한 두려움을 느끼며, 미래와 장차 닥치거나 겪을 수 있는 일들에 불안을 느낍니다. 저도 이런 경우를 다루어야 할 때가 많았습니다. 한 여성이 했던 말이 생각납니다.

"그럼요, 전 확실히 믿어요. 하지만 제가 정말 그리스도인이라고 말할 수 있을지 모르겠어요."

제가 "왜 그런가요?"라고 묻자, 그 여성은 대답했습니다.

"과거에 그리스도를 위해 박해받았던 이들과 지금 박해받고 있는 이들의 이야기를 읽으면서 제가 그들의 입장이었다면 어떻게 했을까 생각해 봤거든요."

그 당시 그에게는 세 살배기 아들이 있었습니다.

"신앙을 부인할 것이냐 아이를 포기할 것이냐 하는 기로에 섰을 때 제가 과연 뭐라고 할지 모르겠더라고요. 전 그 사람들만큼 강하지가 못하거든요. 모든 것을 내놓고, 필요하다면 목숨까지 내놓고 주님을 첫자리에 모실 용기가 제겐 없는 것 같아요."

그래서 자신은 그리스도인이라고 말할 자격이 없다는 것입니다. 이제껏 그런 시험을 받은 적이 없었고 이후로도 받을 가능성이 없었음에도 불구하고, 그 여성은 그런 일이 닥칠까 봐 염려하며 그 때문에 침체했습니다. 이런 영적 침체의 원인은 바로 미래에 대한 두려움—많은 경우 상상에서 비롯된 두려움—에 있습니다.

다른 예도 얼마든지 많지만, 이 정도만 설명하겠습니다. 주목할 점은 이런 두려움에 붙잡혀 현재의 삶에서 무력해질 수 있다는 것입니다. 실제로 이런 두려움에 붙잡히고 매몰된 나머지 현재 아무것도 하지 못하는 위험에 빠지는 경우가 허다합니다. 디모데가 겪었던 문제의 핵심도 이런 두려움에 있었던 것이 분명합니다. 바울이 옥에 갇히자 장차 닥칠 일들이 걱정되기 시작했습니다. 바울이 죽기라도 하면 어떡합니까? 과연 자기 혼자 교회에 발생하는 어려움들과 막 시작된 박해, 자신도 연루될지 모르는 박해에 맞설 수 있겠습니까? 바울은 이렇게 걱정에 사로잡힌 디모데를 엄하게 다룰 필요가 있었습니다. 그래서 바울 자신과 자신이 겪는 고난을 부끄러워하지 말라고 말합니다. "그러므로 너는 내가 우리 주를 증언함과 또는 주를 위하여 갇힌 자된 나를 부끄러워하지 말고 오직 하나님의 능력을 따라 복음과 함께 고난을 받으라"(딤후 1:8). 이처럼 미래에 대한 두려움이야말로 디모데가 겪었던 문제의 핵심이었던 것이 확실합니다.

이제 우리가 던져야 할 질문은 이것입니다. 이런 상태는 대체 어떻게 다루어야 하며 어떻게 해결해야 합니까? 이번에도 이전 문제를 다룰 때 택했던 방법을 택하는 것이 가장 좋다고 생각합니다. 정확히 이에 해당되는 성경의 가르침을 찾아보기 전에 일반적인 원리부터 살펴보자는 것입니다. 몇 가지 명제로 제시해 보겠습니다. 이번에도 첫째가는 명제는 정당하게 미래를 생각하는 태도와 현재 아무것도 못할 정도로 미래를 두려워하는 태도 사이의 경계선을 정확히 찾아내고 파악해야 한다는 것입니다. 미래를 미리 생각하는 것이 정당할 때가 있는가 하면 아주 어리석을 때도 있습니다. 성경은 미래를 염려하지 말라고 늘 경고합니다. "내일 일을 생각하지 말라"(흠정역)라는 것은 "내일 일을 위하여 염려하지 말라"라는 뜻입니다(마 6:34).* 내일 일을 전혀 생각하지 말라

---

* 우리말 성경 개역개정판은 후자로 번역했다.

는 뜻이 아닙니다. 그러면 농부는 쟁기질이나 써레질도 하지 못하고 씨도 뿌리지 못할 것입니다. 농부는 미래를 내다보아야 합니다. 그렇다고 수확 때까지 미리 생각하고 염려하느라 시간을 낭비할 필요는 없습니다. 그렇습니다. 합리적으로 생각한 후 결과는 하나님께 맡겨야 합니다. 이번에도 문제는 경계선이 어디냐 하는 것입니다. 어느 지점까지는 미리 생각하는 것이 옳습니다. 그런데 그 지점을 넘어서까지 미리 생각하면 걱정과 근심에 사로잡혀 아무것도 못하는 무력한 상태에 빠지게 됩니다. 다시 말해서 미래를 생각하는 일 자체는 옳지만, 미래에 통제당하는 것은 잘못입니다. 이런 두려움에 희생되는 자들의 문제점은 미래에 통제당하고 미래에 대한 생각에 지배당한 나머지 마음을 졸이면서 아무것도 못하고 두려움에 짓눌린다는 것입니다. 실제로 그들은 알지 못하는 미래에 완전히 사로잡히고 지배당하는데, 그것은 전적으로 잘못된 일입니다. 미래를 생각하는 일 자체는 옳지만, 미래에 통제당하는 것은 완전한 잘못입니다. 이것은 기본 명제로서, 세상도 이 점을 알고 있습니다. 그래서 "지레 걱정하지 말라"라는 속담이 생긴 것입니다. 이 속담을 기독교의 가르침에 포함시키십시오. 이 점에서는 세상이 옳습니다. 그리스도인도 세상의 지혜는 받아들일 필요가 있습니다. 지레 걱정하지 마십시오. 속담처럼 회자되는 성경구절들도 같은 내용을 가르치고 있습니다. "내일 일을 위하여 염려하지 말라.……한 날의 괴로움은 그날로 족하니라"(마 6:34). 물론 신약성경은 이 개념을 영적인 형태로 제시합니다. 그러나 "한 날의 괴로움은 그날로 족하니라"라는 말은 가장 낮은 차원에도 그대로 해당되는 건전한 상식입니다. 이미 살펴본 바 무를 수 없는 과거를 염려하는 것이 시간 낭비이듯, 지금 정확히 알 수 없는 미래를 걱정하는 것 또한 동일한 잘못입니다. "한 걸음씩 늘 인도 하소서."* 지금 이 순간 최선을 다해 사십시오. 과거가 현재를 저당 잡지 못하게 하는 것 이상으로 미래가 현재를 저당 잡지 못하게 하십시오.

이제 사도가 말한 내용을 살펴봅시다. 그는 추론의 차원을 한층 더 높여 이중으로—첫째는 책망하고, 둘째는 상기시킴으로—가르치고 있습니다. 두 가지 다 반드시 필요한 요소입니다. 그는 먼저 디모데를 책망합니다. "하나님이 우리에게 주신 것은 두려워하는 마음[영]이 아니요." 이것은 책망입니다. 디모데가 두려움의 영에 사로잡히고 붙잡힌 것을 바울은 책망했습니다. "하나님이 우리에게 주신 것은 두려워하는 마음이 아니요 오직 능력과 사랑과 절제하는 마음이니." 여기에서 가르치는 원리 내지 교리는 하나님이 성령의 은사를 통해 우리에게 이미 주신 것과 지금도 주고 계시는 것이 무엇인지 모르는 탓에 이런 침체에 빠진다는 것입니다. 실제로 이것이 디모데의 문제였고, 그와 같은 침체에 빠진 모든 그리스도인들의 문제입니다. 하나님이 우리를 위해 이미 하신 일과 지금도 하고 계시는 일이 무엇인지 모르는 것입니다. 주님이 약간 다른 맥락에서 하신 말씀을 적용할 수도 있습니다. 야고보와 요한이 하늘에서 불을 내려 사마리아인들을 태워 버리자고 했을 때 주님은 "너희는 무슨 정신으로 말하는지 모르는구나"라고 책망하셨습니다(눅 9:55 난하주). 바울이 디모데에게 하는 말도 그것입니다. 주님은 소극적인 표현을 쓰셨고, 사도는 적극적인 표현을 쓴 것이 다를 뿐입니다.

또한 그는 디모데에게 하나님의 은사를 다시 불러일으키라고 했습

---

* 찬송가 429장 1절.

니다. 은사를 불러일으키지 않기 때문에 두려움에 빠지는 것입니다. 생각하지 않기 때문에, 자신을 통제하지 않기 때문에 두려움에 빠지는 것입니다. 미래를 내다보고 장차 닥칠 일을 상상하며 "대체 어떻게 될까?" 걱정하기 시작할 때, 걷잡을 수 없이 상상의 나래가 펼쳐지면서 여러분을 사로잡아 버립니다. 그럴 때 걱정에 압도당하지 않고 무너지지 않으려면 상상하기를 멈추고 자신이 누구이며 어떤 존재인지 상기해야 합니다. 무엇보다 자신을 굳게 붙잡아 일으켜 세워야 합니다. 자신을 분발시키고 통제해야 합니다. 자신에게 말을 걸어야 합니다. 사도의 표현대로 "생각하게" 해야 합니다. 제가 이해한 바에 따르면 바울이 실제로 디모데에게 말한 중대한 요점은 이것입니다. "디모데야, 너는 아직도 평범한 사람처럼 너 자신과 네 삶과 네가 할 일들만 생각하는구나. 그러나 넌 평범한 사람이 아니다! 거듭난 그리스도인이다. 하나님의 성령을 받은 자다. 그런데도 여전히 예전처럼, 평범한 사람처럼 모든 상황을 대하는구나." 우리 모두의 문제도 이것 아닙니까? 진정한 그리스도인이면서도, 진리를 믿고 있으면서도, 거듭났으면서도, 분명한 하나님의 자녀이면서도 다시 예전의 모습으로 돌아가 마치 이런 일을 하나도 경험치 못한 사람처럼 생각하고 있습니다. 중생치 못한 세상 사람처럼 미래가 다가와 자신을 지배하도록 방치하고 있으며, 당면한 엄청난 과업 및 소명의 중대성과 자신의 부족한 능력 및 연약함을 비교하고 있습니다. 마치 타고난 모습이 전부인 것처럼 침체해 있습니다. 바울은 디모데에게 자신이 성령의 은사를 받은 자라는 사실, 따라서 자신의 삶과 미래를 본질적으로 다르게 바라보아야 한다는 사실을 상기하라고 말합니다. 고난을 새롭게 바라보고 모든 상황에 새롭게 대처하려면 성령이 우리 안에 계시다는 사실을 상기해야 합니다. 내 앞에는 미래가 있고, 높은 소명이 있고, 박해가 있고, 반대가 있고, 원수가 있습니다. 나는 그 모든 현실을 압니다. 그에 비해 내가 약하다는 것, 감당할 능력과 성향이 없다는 것을 솔직히 인정합니다. 그러나 거기에서 멈추지 말고 "그래. 나는 그 모든 것을 안다. 하지만……"이라고 해야 합니다. 이렇게 "하지만"을 덧붙이는 것이 사도의 명령을 따르는 길입니다. "하지만, 하지만 내 안에는 하나님의 성령이 계신다. 하나님이 내게 성령을 주셨다"라고 해야 합니다. 그렇게 하는 순간, 시각 자체가 바뀌게 됩니다. 다시 말해서 어떤 상황에서든 우리 자신에 대한 진리와 하나님에 대한 진리를 선포하는 법을 배워야 하는 것입니다. 디모데는 천성적으로 약한 사람이었던 데 비해 원수는 강했고 과업은 중대했습니다. 맞습니다. 그러나 그렇다고 해서 자신의 약함만 생각하고 그 관점에서 상황을 바라보면 안 됩니다. "하나님이 우리에게 주신 것은 두려워하는 마음이 아니요 오직 능력과 사랑과 절제하는 마음이니." 자신의 약함만 생각하지 말고 성령의 능력을 생각하십시오. 그래야 교리의 균형을 잡을 수 있고, 상황 전체를 명확하게 파악할 수 있습니다.

사람마다 기질이 다르다는 점을 이미 강조했지만, 한 번 더 강조하고 싶습니다. 그러면서 동시에 지적하고 싶은 바는, 기질이 다르다고 과업을 대하는 방식까지 달라지는 것은 아니라는 점입니다. 이것이 구속救贖의 기적입니다. 하나님은 우리에게 기질을 주셨습니다. 사람마다 기질이 다른 것은 하나님이 각기 다른 기질을 주셨기 때문입니다. 맞습니다. 그러나 그리스도인은 그 기질이 아닌 성령의 통제를 받아야 합니다. 이 순서를 기억하십시오. 사람은 기질에 따라 능력과 재능을 사용합니다. 그러나 그리스도인은 능력과 재능을 사용할 때도 반드시 성령의 통제를 받아야 합니다. 그리스도인이 기질의 통제를 받는 것은 심히 잘못된 일입니다. 육에 속한 사람은 항상 기질의 통제를 받습니다. 그 통제를 벗어나려야 벗어날 수가 없습니다. 그러나 중생한 사람은 기질보다 더 높은 차원의 통제를 받습니다. 우리 안에 오신 성령이 기질을 포함한 모든 것을 통제하시며, 자신의 특별한 방식에 따라 기질을 사용하십니다. 이것이 구속의 기적입니다. 기질이 여전히 남아 있지만, 더 이상 나를 통제하지는 못합니다. 이제 나를 통제하시는 분은 성령입니다.

자세히 살펴봅시다. "하나님이 우리에게 주신 것은 두려워하는 마음이 아니요." 그러면 무엇을 주셨을까요? 잘 보십시오. "하나님이 우리에게 주신 것은 두려워하는 마음이 아니요 오직 능력과……." 지극히 당연하게도 하나님은 능력을 먼저 주십니다. 이루어야 할 과업이 있는데 우리는 약합니다. 맞습니다. 그런데 하나님이 약한 우리에게 능력을 주십니다. 여기에서 능력이란 우리가 생각할 수 있는 가장 포괄적인 의미의 능력입니다. 그리스도인의 삶을 제대로 살지 못할까 봐 두렵습니까? 그 해결책이 여기 있습니다. "두렵고 떨림으로 너희 구원을 이루라. 너희 안에서 행하시는 이는 하나님이시니 자기의 기쁘신 뜻을 위하여 너희에게 소원을 두고 행하게 하시나니"(빌 2:12-13). 두렵고 떨리는 마음은 여전히 있습니다. 기질이 어느 정도 남아 있기 때문입니다. 그럼에도 "너희에게 소원을 두고 행하게 하시"는 능력이 있기에 구원을 이루어 나갈 수 있습니다. 그리스도인이 되었다고 더 이상 무섭지 않거나 두렵지 않은 것이 아닙니다. 여전히 두렵고 떨리는 마음으로 구원을 이루어 나갑니다. 그러나 우리에게는 능력이 있습니다. "자기의 기쁘신 뜻을 위하여 너희에게 소원을 두고 행하게 하시"는 능력이 있습니다. 하나님은 그리스도인의 삶을 살아갈 능력만 주시는 것이 아니라 죄와 유혹에 맞서 싸울 능력도 주십니다. 모든 것을 견뎌 낼 능력, 어떤 형편과 상황도 헤치고 나아갈 능력, 참고 인내할 능력을 주십니다. 가장 소심한 자에게도 모든 것을 감당할 능력을 주시며, 죽음까지 감수할 능력을 주십니다. 사도들을 보면 알 수 있습니다. 베드로는 죽음이 너무 무섭고 두려워 주님을 부인했습니다. "난 그자를 모른다. 그자와 아무 상관이 없다"라고 했습니다. 자기 목숨을 위해 맹세와 저주까지 하면서 복되신 주님, 자신의 가장 큰 은인을 부인했습니다. 그런데 사도행전에서 어떻게 달라졌는지 보십시오. 능력의 성령을 받고 죽음을 불사하는 사람이 되었습니다. 당국자들이든 누구든 능히 맞서는 사람이 되었습니다. 기나긴 교회사의 기록이 보여주는 가장 영광스러운 모습이 이것입니다. 이런 일은 지금도 일어나고 있습니다. 줄기차게 권하는바, 순교자와 신앙고백자들의 이야기, 개신교 교부와 청교도와 서약자들의 이야기를 읽어 보십시오. 그리스도를 위해 영광스럽게 죽어 간 강하고 용감한 남자들뿐 아니라 연약한 여자와 소녀들을 보게 될 것이며, 심지어 어린아이들까지 보게 될 것입니다. 천성적으로 용감해서 그런 것이 아닙니다. 능력의 영을 받았기 때문에 그런 것입니다. 바울이 지적하는 바가 바로 이것입니다. 그는 디모데에게 이야기합니다. "그런 식으로 말하지 마라. 너는 지금 육에 속한 자처럼 말하고 있다. 네 힘으로 모든 상황에 대처해야 할 것처럼 말하고 있다. 하나님이 능력의 영을 주시지 않았느냐? 앞으로 나아가라. 그 영이 함께해 주실 것이다. 너도 네 모습을 알아보지 못할 것이며, 변한 네 모습에 깜짝 놀랄 것이다. 설사 죽게 되더라도 그의 영광스러운 이름을 위해 능욕받고 죽임당하는 일에 합당한 자로 여겨 주심을 오히려 기뻐하게 될 것이다." 능력! 우리에게는 능력이 있습니다. 적대적인 상황 속에서 침체하려 할 때마다 저와 여러분이 해야 할 일은 "능력의 영이신 성령이 내 안에 계신다"라고 말하는 것입니다.

다음으로 사도가 꼽는 것은 "사랑"입니다. 이 점이 아주 흥미롭고 매력적입니다. 두려움의 문제를 다루면서 사랑을 목록에 올릴 사람이 과연 얼마나 될까요? 여러분은 사도가 왜 사랑을 말한다고 생각합니까? 그 의미가 무엇이라고 생각합니까? "하나님이 우리에게 주신 것은 두려워하는 마음이 아니요 오직 능력과……." 좋습니다. 내게 능력이 필요하다는 말은 이해가 됩니다. 그런데 난데없이 사랑이라니요? 소심한 사람에게 필요한 것이 사랑은 아니지 않습니까? 자, 이것은 최고의 심리학입니다. 결국 두려움이 생기는 주요 원인이 무엇입니까? '자아' – 자기애, 자기 집착, 자기 방어 – 입니다. 두려움의 본질은 지나친 자아 몰입에 있음을 여러분도 알고 있습니까? 무언가를 했다가 실패하면 어쩌느냐는 것입니다. '나'가 중요합니다. 늘 자기 생각에 파묻혀서 자기를 바라보고 자기를 걱정합니다. 이럴 때 필요한 것이 사랑의 영입니다. 오직 사랑의 영만 자아에서 벗어나게 해줍니다. 이것이 유일한 자아의 치료법입니다. 여러분의 힘으로는 자아를 처리할 수 없습니다. 가련한 수도사나 은둔자들은 이 점에서 치명적인 오류를 범하고 있습니다. 그런 방법으로는 세상도, 인간도, 자기 자신도 벗어날 수 없습니다. 자아는 여러분 속에 있는 것이기 때문에 벗어날 수 없습니다. 죽이려 들면 들수록 더 살아나서 여러분을 괴롭힙니다.

자아에서 벗어나는 길은 오직 한 가지, 자기 자신을 생각할 틈이 없을 만큼 누군가나 무언가에 빠지는 것입니다. 감사하게도 하나님의 성령이 이 일을 해주십니다. 그는 '능력의 영'일 뿐 아니라 '사랑의 영'입니다. 이 말이 무슨 뜻일까요? 하나님, 우리를 만드신 크신 하나님, 비참한 피조물인 우리─지옥에 떨어져 마땅한 우리─에게 구속의 길을 열어 주신 크신 하나님을 사랑하게 해주신다는 뜻입니다. 하나님은 "영원한 사랑으로" 우리를 사랑하셨습니다(렘 31:3). 바로 그 사실을 생각하라고 바울은 디모데에게 말합니다. 하나님의 사랑에 몰입하면 자기 자신은 완전히 잊게 됩니다. 사랑의 영! 오직 이것만 자기 이익과 자기 염려와 자아로 인한 침체에 빠지지 않도록 지켜 줍니다. 침체는 자아와 자기 염려의 소산이기 때문입니다. 사랑의 영은 모든 면에서 자아로부터 벗어나게 해줍니다. 그러므로 자기 자신에게 하나님에 대해 이야기해 주십시오. 죄인인 우리를 계속 지켜보시며 구속의 길을 계획하시고 자기 아들을 아끼지 않고 우리 모든 사람을 위해 내주신 하나님의 영원하고 놀라운 사랑에 대해 이야기해 주십시오.

그다음으로 해야 할 일이 무엇일까요? 성자의 사랑을 생각하는 것입니다. 그 넓이와 길이와 높이와 깊이를 생각하는 것입니다. 지식에 넘치는 그리스도의 사랑을 알아 가는 것입니다. 영원한 영광의 휘장을 내려놓고 하늘 궁정을 떠나 어린 아기로 오시고 목수로 일하셨던 분, 자신을 거역하는 죄인들을 참아 주신 분을 생각하는 것입니다. 그 거룩한 얼굴에 침 뱉음을 당하시고 그 이마에 가시관을 쓰시며 그 손과 발에 못질을 당하신 분을 생각하는 것입니다. 십자가에 달리신 분을 생각하는 것입니다. 그가 십자가에서 하신 일이 무엇입니까? 저와 여러분을 위해 죽으심으로 죄를 사하시고 하나님과 화목케 하신 것입니다. 그 사랑을 생각하십시오. 그 사랑을 알면 알수록 자기 자신은 잊게 됩니다.

그다음으로 생각할 것은 형제의 사랑입니다. 다른 이들을 생각하고, 그들의 필요와 관심사를 생각하십시오. 더 설명할까요? 디모데는 자신이 죽을지도 모른다고 생각했던 것 같습니다. 바울은 말합니다. "다른 이들을 생각해라. 죄로 멸망하는 자들을 생각해라. 너 자신은 그만 잊어버려라." 잃은 자에 대한 사랑, 형제에 대한 사랑, 세상에서 가장 크고 고상한 대의인 복되고 영광스러운 복음에 대한 사랑을 키우십시오. 여러분 스스로 키우십시오. 바울이 말하는 능력의 영과 사랑의 영은 바로 이런 것입니다. 사랑의 영에 사로잡히면 자기 자신을 잊게 됩니다. 날 위해 자신을 주신 그리스도 외에 아무것도 중요치 않다는 고백, 그 무엇을 드려도 부족하다는 고백을 하게 됩니다. 친첸도르프 백작Count Zinzendorf처럼 "그분, 오직 그분"만 열망하게 됩니다. 이것이 사랑의 영입니다!

마지막은 "절제하는[현명한] 마음"입니다. "두려워하는 마음이 아니요 오직 능력과 사랑과 절제하는 마음이니." 이 말이 무슨 뜻일까요? 이것은 두려워하는 마음에 대한 해독제로서, 자기 통제, 훈련, 균형 잡힌 정신을 의미합니다. 하나님은 신경이 예민하고 소심한 사람에게도 통제의 영, 훈련의 영, 판단의 영을 주십니다. 바울보다 주님이 먼저 이에 대해 말씀하셨습니다. 바울은 그 가르침을 반복해서 설명한 것에 불과합니다. 사람들을 가르치도록 제자들을 파송하면서 주님이 하신 말씀을 여러분도 기억할 것입니다. 주님은 그들이 미움과 박해를 받을 것이며, 그리스도인의 삶을 산다는 이유로 재판에 회부되거나 목숨까지 내

놓을 날이 올 것이라고 경고하셨습니다. 그리고 연이어 이렇게 말씀하셨습니다. "너희를 넘겨줄 때에 어떻게 또는 무엇을 말할까 염려하지 말라. 그때에 너희에게 할 말을 주시리니"(마 10:19). 그들을 재판정에 세워 놓고 꼬투리를 잡기 위해 온갖 짓을 다 해도 염려하지 말라는 것입니다. 그때 할 말을 주신다는 것입니다. 그러니 두려워하거나 겁내지 말라는 것입니다. 무슨 말을 할지 몰라 초조해하거나 불안해하지 말라는 것입니다. 정확한 때에 할 말을 주신다는 것입니다. 지혜의 영과 현명한 마음을 주신다는 것입니다!

한 가지 예를 들어 이 점을 아주 간단하게 설명해 보겠습니다. 서약자들의* 시대, 스코틀랜드에 비교적 나이 어린 소녀가 살았습니다. 어느 주일 오후, 소녀는 서약자들의 성찬예배에 참석하기 위해 길을 나섰습니다. 물론 그 당시에 성찬예배는 엄격히 금지되어 있었습니다. 잉글랜드 왕의 군대가 혹시라도 사람들이 모여 성찬예배에 참석할까 봐 사방에서 감시하고 있었습니다. 그 소녀도 골목을 돌아 나오다가 한 무리의 병사들과 마주쳤습니다. 소녀는 곤경에 처한 것을 알았습니다. 그래서 무슨 말을 할까 잠시 고민하는데, 병사의 질문을 받자마자 대답할 말이 떠올랐습니다. "제 오빠가 죽었는데, 오늘 오후에 오빠가 남긴 유언을 읽어 준대요. 오빠가 날 위해 해준 일이 있고 남겨 준 유산이 있거든요. 그 유언을 들으려고 가는 거예요." 병사들은 소녀를 보내 주었습니다. "하나님이 우리에게 주신 것은 두려워하는 마음이 아니요 오

---

* Covenanters. 1637년 잉글랜드 스튜어트 왕가의 찰스 1세가 스코틀랜드 교회에 영국 국교 방식에 맞는 새 예배 형식을 강요했을 때 스코틀랜드 교회의 장로주의 전통에 충실하기로 서약한 자들.

직 능력과 사랑과 절제하는 마음―지혜와 분별력과 지각―이니." 하나님은 우리를 뱀처럼 지혜롭게 해주십니다. 한 점 거짓 없이 말해도 원수가 알아채지 못하고 보내게 해주십니다. 아, 그렇습니다. 소녀의 오빠가 죽었습니다. 그리스도가 소녀를 위해 죽으셨습니다. 소녀는 그리스도가 남기신 말씀을 듣고, 그가 자신을 위해 해주신 일과 자신에게 주신 유산을 기억하기 위해 성찬예배에 참석하려 했던 것이 맞습니다. 그리스도의 나라에서 가장 무지한 사람, 불안이 많은 사람에게도 하나님은 현명한 마음과 지혜의 영을 주십니다. 정확한 때에 할 말을 알려 주실 테니 염려하지 말라고 그리스도는 말씀하십니다. 무슨 일을 하고 무슨 말을 할지 알려 주시고, 필요하면 막아도 주시겠다고 말씀하십니다. 우리는 우리 힘으로 사는 자들이 아닙니다. 자신을 평범한 사람으로 생각하면 안 됩니다. 우리는 육에 속한 자들이 아닙니다. 거듭난 자들입니다. 하나님이 우리에게 주신 성령은 "능력과 사랑과 절제하는 마음"의 영입니다. 특히 미래에 대한 무서움과 두려움으로 영적인 침체에 빠지기 쉬운 이들에게 하나님의 이름으로 사도의 말을 거듭 들려 드리겠습니다. 여러분이 받은 "은사를 다시 불일 듯하게" 하십시오. 그리스도인에게 해당되는 사실들을 자기 자신에게 말해 주고 상기시키십시오. 미래와 미래에 대한 생각에 붙잡히지 마십시오. 내가 누구이며 어떤 존재인지, 내 안에 계신 성령이 어떤 분인지 자기 자신에게 말해 주고 상기시키십시오. 성령의 특징을 기억하면 아무 두려움 없이 앞으로 나아갈 수 있습니다. 날 위해 자신의 모든 것을 주신 주님을 영화롭게 하겠다는 유일한 열망으로 현재를 살아갈 수 있고, 미래 또한 준비할 수 있습니다.

8
감정

그러므로 내가 나의 안수함으로 네 속에 있는 하나님의 은사를 다시 불일 듯하게 하기 위하여 너로 생각하게 하노니.

디모데후서 1:6

이것은 중대한 진술입니다. 우리의 일차적인 관심은 사도가 디모데 속에 있는 하나님의 은사를 다시 "불일 듯하게 하기 위하여" 권면하는 내용에 있습니다. 저는 '영적 침체'라는 주제에 대한 일반적 고찰의 일환으로 이 구절에 주의를 환기시키고자 합니다. 우리는 이른바 비참한 그리스도인들을 진단하고 치료하고자 애쓰는 중입니다. '비참한 그리스도인'이라는 것은 본질적으로 잘못된 말로서, 저는 힘써 이 점에 주의를 환기시키고자 했습니다. 나란히 쓸 수 없는 이 두 단어를 나란히 쓰는 것은 실제로 비참하게 사는 그리스도인들이 존재하기 때문입니다. 원래는 있을 수 없는 일이지만 현실에는 분명히 존재합니다. 비참한 그리스도인들이 없어야 마땅하지만 실제로는 엄연히 있습니다. 우리가 아는 바 구약성경과 신약성경의 가르침에 따르면, 이런 상태를 해결하는 것이 바로 우리의 임무입니다.

　이런 상태를 전혀 인정하지 않고 성급하게 무시해 버리는 자들, 그리스도인은 온종일 찬송하는 사람들로서 자신은 회심 이후 늘 그렇게 살아왔다고, 영혼에 잔물결 하나 없이 늘 평안했다고 말하는 자들이 있음을 저도 압니다. 그들은 이런 상태를 전혀 인정하지 않기 때문에 침체에 빠진 자들에게 심각한 의심의 눈초리를 보내며, 심지어 그리스도인이 아니라고까지 생각합니다. 그러나 우리가 거듭 입증했듯이, 성경은 침체한 자들에게 훨씬 더 자상한 태도를 보입니다. 우리는 성경의 가르침을 살펴보면서, 그리스도인도 침체할 수 있다는 사실을 분명히 인정하게 되었습니다. 성경은 침체를 정당한 일로 여기며 현실로 인정합니다. 영혼을 양육하고 돌보는 사람은 이런 침체의 사례들을 알고 있어야 하며, 하나님이 성경에서 값없이 제공해 주시는 치료법을 사용해야 합니다.

우리는 침체의 여러 가지 원인을 찾아보았고, 지금도 계속 찾아보는 중입니다. 그 원인은 무궁무진하게 많습니다. 이미 상기시켰듯이 우리를 아주 잘 아는 대적, 우리 자신보다 더 잘 아는 매우 교묘하고 강력한 대적이 있습니다. 그의 한 가지 중대한 목표 및 의도는 하나님과 주 예수 그리스도의 영광을 훼손하는 것입니다. 그 가장 효과적인 방법이 그리스도인들을 비참하게 만들고 침체시키는 것입니다. 좋든 싫든 세상은 우리를 보고 하나님과 주 예수 그리스도를 판단하게 되어 있습니다. 왜 그러느냐고 탓할 수가 없습니다. 우리는 진리를 주장하는 자들입니다. 우리가 가지고 있는 그리스도인이라는 이름 자체가 하나의 주장이요 도전입니다. 세상은 우리를 지켜볼 권리가 있습니다. 세상은 우리에게 "굉장한 주장을 한다"라고 말합니다. 우리를 보면서 "그런 게 정말 기독교인가? 지금 그 삶으로 우리를 초청하는 것인가?"라고 묻습니다. 오늘날 대다수 사람들이 기독교회 밖에 머무는 것은 다른 무엇보다 교회 안에 있는 자들의 상태 때문인 것이 확실합니다. 이 점을 분명히 알아야 합니다. 과거에 일어난 부흥의 이야기들을 읽어 보면 그 시작이 항상 동일한 것을 알게 됩니다. 한 사람, 때로는 여러 사람이 문득 참된 그리스도인의 삶에 눈을 뜨고, 주변 사람들이 그들을 주목하기 시작합니다. 교회 밖에 있는 세상이 술렁이며 주목하기 시작합니다. 이처럼 부흥은 항상 교회 안에서 시작됩니다. 그다음에 바깥세상이 그것을 보고 주목하는 것입니다. 신자들의 상태가 그토록 중요한 이유가 여기 있습니다.

우리는 마귀가 어떻게 과거-예전에 지은 죄나 허송한 세월-에 집중하게 하며 한탄하게 하는지, 과거를 염려하다가 결국 현재 비참한 삶을 살게 하는지 보았습니다. 그리고 그 방법이 통하지 않으면 전략을 완전히 바꾸어 미래를 보게 한다는 것, 미래에 대한 불길한 예감에 사로잡혀 역시 현재의 삶에서 침체하게 한다는 것 또한 알았습니다.

이제 미래에 대한 두려움 및 불안과 당연히 연결되는 주제, 아주 밀접히 관련되는 주제를 살펴보겠습니다. 6절은 감정-그리스도인이 살면서 느끼는 감정-의 문제를 다룹니다. 이보다 더 흔한 침체의 원인, 불행한 삶의 원인은 없습니다. 감정의 역할이 무엇일까요? 올바른 감정이란 어떤 것일까요? 사람들은 늘 이 문제로 염려합니다. 목회 사역을 하는 사람이라면 감정의 문제만큼 사람들이 자주 가져오는 문제가 없다는 말에 동의하리라 확신합니다. 결국 모두 행복해지고 싶어 한다는 점을 생각할 때 이것은 아주 자연스러운 현상입니다. 행복해지고 싶은 것은 인간 본성에 내재된 욕망입니다. 비참함을 즐기는 듯한 자들, 불행 속에서 행복을 찾는 듯한 자들이 간혹 있는 것을 알지만, 그래도 비참해지고 싶어 하는 사람은 아무도 없습니다!

저는 신앙과 관련하여 정신과 지성의 우선권을 강조하는 것이야말로 목회자로서 제가 받은 소명의 중대한 몫이라고 생각합니다. 그러나 이렇게 정신을 강조하는 동시에, 느낌과 감정과 감성 또한 결정적으로 중요하다고 주장할 준비가 되어 있습니다. 우리는 체질적으로 감정이 지배적인 역할을 하도록 만들어진 존재입니다. 실제로 저는 그리스도인들뿐 아니라 모든 이들의 삶에서 가장 중대한 문제 중 한 가지가 바로 느낌과 감정을 제대로 다루는 것이라고 말하고 싶습니다. 오, 자기 감정을 다룰 줄 모른다는 단순한 이유 때문에 세상의 온갖 혼란과 비극과 불행과 비참한 일들이 빚어집니다! 하나님은 감정이 아주 중요한 위치를 차지하도록 인간을 지으셨습니다. 실제로 '중생과 새로운 출생의 최종적인 유익은 정신과 감정과 의지의 위치가 바로잡히는 것'이라고 말할 만한 근거가 충분히 있습니다. 그 점은 이 주제를 분석해 나가면서 살펴보도록 하겠습니다. 감정은 확실히 간단하게 다룰 수 없는 아주 중대한 주제로서, 포괄적으로 다루는 일이 중요합니다.

여기에서 미리 짚고 넘어가야 할 사실, 제가 흥미롭게 여기는 사실이 있습니다. 처음에 말했듯이, 감정의 문제와 미래를 무서워하고 겁내는 문제 사이에는 묘한 관련성이 있습니다. 이 두 가지 문제는 함께 나타나는 경향이 있기 때문에, 한 설교에서 같이 다루는 것도 그리 놀랄 일은 아닙니다. 디모데는 천성적으로 신경이 예민한 사람이었던 것이 분명합니다. 또한 그는 침체에 빠지기 쉬운 사람이었습니다. 이처럼 한 사람에게 두 가지 문제가 같이 나타나는 경우가 많습니다. 그러므로 이번에도 천성적으로 더 침체에 빠지기 쉬운 이들이 있다는 점을 지적해야겠습니다. 회심하고 중생해도 기본적인 인성은 변하지 않는다는 중대한 사실을 거듭 역설하고 강조하는 바입니다. 회심 이전에 남들보다 쉽게 침체하던 사람은 회심 이후에도 같은 문제와 싸워야 합니다. 그리스도인의 삶에는 누구나 겪는 공통적인 문제도 있지만, 각자 겪는 특별한 문제도 있습니다. 우리의 은사는 다양합니다. 모든 사람이 같은 재능을 가진 것이 아닙니다. 어려움도 마찬가지입니다. "마음의 고통은 자기가 알고"(잠 14:10). 사람마다 자기만 지는 짐이 있습니다. 자기만 겪는 어려움이 있습니다. 그 어려움은 대개 기질과 타고난 성향에서 비롯됩니다. 천성적으로 내성적이고 병적이며 쉽게 침체하는 사람은 그리스도인으로 살면서도 그 점을 계속 유념해야 합니다. 그는 특히 감정의 문제와 관련하여 침체할 위험이 있습니다.

따라서 이 주제를 살펴보기에 가장 유익한 방법은 일반적인 측면부터 살펴본 후에 특정한 측면을 살펴보는 것이라고 생각합니다. 감정 및 감정이 그리스도인의 삶에서 차지하는 위치와 관련하여 여러 가지 일반적 사실부터 짚어 봅시다. 첫 번째로 떠오르는 질문은 이것입니다. 감정의 역할, 감정의 자리, 감정이 그리스도인의 경험에서 차지하는 위치는 무엇일까요? 이와 관련하여 여러 가지 일반적 사실들부터 말씀드리겠습니다. 가장 먼저 지적할 점은 참된 그리스도인의 경험에는 틀림없이 감정이 포함된다는 것입니다. 감정이 따라온다는 것입니다. 우리는 로마서 6:17에 나오는 바울의 위대한 진술을 고찰하면서 이 점을 발견했습니다. 17절의 전적인 강조점은 예수 그리스도의 복음이 심히 크고 영광스러운 것이기에 사람의 일부가 아니라 전부를 요구한다는 것이었습니다. 그러므로 제가 지금 무엇보다 지적하고 싶은 점은, 정신과 의지가 적극적으로 포함되어야 하듯이 감정 또한 포함되어야 한다는 것입니다. 그렇습니다. 감정이 전혀 움직이지 않는다면 기초부터 다시 점검해 보는 것이 좋습니다. 워즈워스William Wordsworth 같은 시인은 자연을 생각하며 이렇게 읊었습니다. "고양된 생각의 기쁨으로 나를 설레게 하는 존재를 느꼈네."* 신비주의적인 시인이 이렇게 말할 수 있었다면, 이런 복음, 이런 메시지, 이런 구주, 이런 하나님, 이런 성령의 능력과 영향력을 아는 저와 여러분은 얼마나 더 엄청난 고백을 해야겠습니까? 신약성경을 읽는 자는 누구나 기독교적인 경험의 핵심에 기쁨이 있다는 사실을 발견할 것입니다. 가장 두드러진 회심의 효력은 기가 막힐 웅덩이와 수렁에서 벗어나 반석 위에서 견고한 걸음을 내딛는 것이며 새 노래를 부르는 것입니다(시 40:2-3 참조). 이처럼 회심에는 감정이 포함됩니다. 복음이 찾아오면 전인이 반응하게 되어 있습니다. 영광스러운 진리 앞에 정신이 움직이고, 마음이 움직이며, 의지가 움직이게 되어 있습니다.

제가 지적하고 싶은 두 번째 사실이 있는데, 아주 간단하고 기본적인 것임에도 잊고 지내는 탓에 어려움에 빠질 때가 많습니다. 그것은 우리 스스로 감정을 만들어 낼 수 없으며, 마음대로 불러낼 수 없다는 것입니다. 분명히 말씀드리지만, 우리 스스로 마음속에 감정을 불러일으킬 수 없습니다. 눈에 눈물이 고이거나 흐른다고 해서 반드시 진짜 감정이라고 할 수는 없습니다. 참된 감정과 완전히 다른 거짓 감상일 수도 있습니다. 참된 감정은 우리가 통제할 수 없고 만들어 낼 수 없습니다. 노력한다고 되는 것이 아닙니다. 실제로 어떤 의미에서는 감정을 만들어 내려 할수록 오히려 비참해집니다. 심리학적으로 볼 때 인간에 대해 알 수 있는 가장 놀라운 사실은, 인간은 감정의 주인이 아니라는 것입니다. 인간은 감정을 불러일으키거나 만들어 내지 못합니다. 감

---

* 「틴턴 사원 몇 마일 위에서 지은 시Lines Composed a Few Miles above Tintern Abbey」

정이 생기게 하지 못합니다. 직접 감정을 만들어 내려 할 때마다 오히려 문제가 악화됩니다.

이것은 그다음 분명한 사실로 이어집니다. 감정만큼 변덕스러운 것은 없습니다. 우리는 아주 변덕스러운 피조물로서, 그중에서도 가장 변덕스러운 것이 바로 감정입니다. 감정은 수많은 요소에 좌우됩니다. 감정에 영향을 끼치는 요소들이 많습니다. 기질도 영향을 끼치고 몸 상태도 영향을 끼칩니다. 알다시피 고대인들은 감정이 몸의 여러 장기에 있다고 믿었습니다. 점액질이나 우울질에 대한 고대인들의 말―"황달 걸린 눈에는 모든 것이 노랗게 보인다" 등―은 어떤 의미에서 옳은 것으로, 진실의 일면을 담고 있습니다. 몸 상태가 감정에 깊은 영향을 끼칩니다. 그리스도인이 되었다고 체질적인 성향까지 즉시 사라지는 것은 아닙니다. 그대로 남아 있습니다. 이 모든 요소들이 기분을 쉽게 바꾸어 놓습니다. 아침에 일어났을 때 전날의 기분이나 상태와 너무나 달라서 놀란 적이 많을 것입니다. 왜 그렇게 기분이 바뀌었는지 설명할 수가 없습니다. 그 전날 더없이 행복하게 지내다가 '내일도 정말 즐거운 날이 되겠지' 기대하며 잠자리에 들었는데, 아침에 일어나 보면 오히려 기분이 나쁘고 우울합니다. 이유도 없이 갑자기 그렇게 바뀝니다. 여기에 문제의 핵심이 있습니다. 다시 말해서 감정은 변덕스러운 것으로서, 저는 그 감정의 통제를 받을 위험이 있다는 점을 강조하고 싶습니다. 이미 살펴보았듯이, 어떤 기질이든 기질의 통제를 받을 위험이 있습니다. 하나님은 우리에게 기질을 주셨습니다. 사람마다 다른 기질을 주셨습니다. 똑같은 기질을 가진 사람은 아무도 없습니다. 그렇습니다. 사람마다 각기 다른 기질을 가지고 있습니다. 그러나 기질의 통제를 받는 것만큼 그리스도인답지 못한 잘못은 없습니다. 물론 자기 기질을 자랑하는 자들도 있습니다. "난 항상 내 마음과 생각을 숨김없이 밝힙니다" 하는 자들을 우리는 알고 있습니다. 그런 자들이 독선적으로 남의 감수성을 짓밟으면서 어떤 피해를 끼치는지 생각해 보십시오! 모든 사람이 그렇게 하면 어떻게 되겠습니까? 그들은 "난 원래 그렇다니까요"라고 합니다. 그에 대한 답변은 그러면 안 된다는 것입니다! 이것은 기질을 바꾸라는 말이 아닙니다. 기질을 통제하라는 말입니다. 기질은 하나님의 선물입니다. 그러나 인간이 죄를 짓고 타락하면서, 기질이 제자리를 벗어나지 않도록 잘 지켜야 할 필요성이 생겼습니다. 기질은 훌륭한 선물이지만 잘 통제해야 합니다. 감정도 마찬가지입니다. 감정은 항상 우리를 통제하려 들며, 우리가 눈치채지 못하는 한 어김없이 통제합니다. 기분이 처지거나 우울해지는 이유가 여기 있습니다. 우울감은 예기치 않게 몰려오는 것 같습니다. 우울해지기 싫은데 우울해집니다. 그 기분에 장악당하고 지배당할 위험이 있습니다. 아침에 일어나서 기분이 나쁘면 그 기분을 바꿀 계기가 생기기 전까지 하루 종일 기분이 나쁩니다. 구약성경에 나오는 이스라엘 왕 사울이 좋은 예입니다. 감정에 굴복하는 것, 감정이 우리 삶 전부를 지시하고 다스리고 주장하고 통제하도록 허용하는 것은 위험한 일입니다.

이 항목에서 마지막으로 주의를 환기시키고 싶은 위험은 '나는 특정한 감정이나 체험이 없으니까 그리스도인이 아니다'라고 생각하는 것입니다. 영적인 관점에서 볼 때, 감정 때문에 침체하는 이들에게 가장 흔히 나타나는 징후가 바로 이것입니다. 놀라운 감정을 느꼈다는 남들의 이야기나 간증을 듣고 '난 저런 적이 없는데'라고 생각하는 이들이 여기 해당됩니다. 그들은 스스로 그리스도인이 맞는지 의심하기 시작합니다. 앞에서도 말했지만 다시 한 번 말하겠습니다. 참된 기독교에는 반드시 감정이 포함되지만, 어떤 특별한 감정을 느끼지 못했다는 단순한 이유로 그리스도인이 아니라고 단정 지을 수는 없습니다. 감정은 필수 요소입니다. 그러나 어떤 특별한 감정을 필수 요소로 상정하면, 참된 그리스도인도 마귀의 먹이가 되어 평생 "얕은 물에 갇혀 비참하게", 불행하게 살기 쉽습니다.

제가 볼 때 이것은 매력적인 주제지만, 그렇다고 곁길로 빠져 이 주제를 다룰 수는 없습니다. 그러나 이것이 기질의 문제뿐 아니라 민족의 문제도 제기한다는 것은 의심할 여지 없는 사실이며, 특정한 인생관에 빠지기 쉬운 민족 유형이 있다는 것 또한 의심할 여지 없는 사실입니다. 기독 신앙 안에도 확실히 그런 이들이 있는데, 일반적으로는 켈트족이 그렇습니다. 개중에는 "그리스도인은 너무 행복하면 안 된다"라고 말하는 이들도 있습니다. 그들은 감정에 매이는 것을 두려워한 나머지 "행복하고 기쁜 감정은 거짓된 데서 나오는 것이 거의 확실하다"라고까지 말합니다. 그런 민족들만 있는 것이 아니라 그런 교파들도 있습니다. 엄격한 침례교 Strict Baptists의 창시자 중 한 사람이었던 필팟 J. C. Philpot은 이사야 50장 마지막 두 절에 근거하여 '어둠 가운데 걷는 빛의 자녀와 빛 가운데 걷는 어둠의 자녀'라는 제목의 설교를 했습니다. 필팟은 그 설교에서 사람들이 거짓 감정을 자극하여 놀라운 불꽃을 일으키고 체험을 유도할 수 있지만, 그것은 오래가지 못한다고 했습니다. "하나님의 참된 자녀는 자기 마음의 재앙과 죄성을 알기에, 하나님의 위대함과 위엄을 인식하고 자기 죄를 인식하는 가운데 무겁게, 힘들여 세상을 걸어갑니다." 저는 이 위대하고 경건한 설교자의 주된 강조점에 크게 공감합니다. 그러나 이 설교에서는 지나치게 나아갔다고 생각합니다. 결국 '행복한 사람은 어딘가 잘못된 것이며 그리스도인이라고 할 수 없다'라고 말하는 듯한 인상을 주기 때문입니다. 그것은 지나친 주장입니다. 물론 영적 체험이 아닌 심리적 체험을 한 후에 스스로 그리스도인이라고 착각하는 이들도 분명히 있습니다. 허황되고 경박한 행복은 기독교의 기쁨이 아닙니다. 그렇다고 기쁨 자체를 기독교적인 것이 아니라고 주장해서는 안 됩니다.

자, 그렇다면 성경은 이에 대해 무엇이라고 할까요? 우리는 감정의 문제를 어떻게 다루어야 할까요? 몇 가지로 말씀드리겠습니다. 첫 번째는 아주 실제적인 것입니다. 지금 침체에 빠진 사람은 기쁨이 사라진 명백한 이유가 있는지부터 확인해야 합니다. 예컨대 죄가 있으면 비참해집니다. "사악한 자의 길은 험하니라"(잠 13:15). 하나님의 법을 어기고 규례를 저버린 상태로는 행복할 수가 없습니다. 그리스도인이면서도 자신의 뜻과 호불호대로 살 수 있다고 생각하는 사람은 비참해질 수밖에 없습니다. 자기가 좋아하는 죄에 계속 거하는 사람, 성령이 양심을 통해 정죄하시는데도 계속 죄를 붙잡고 있는 사람이 행복하지 못한 것은 "밤이 낮을 따르듯"* 당연한 결과입니다. 그럴 때 우리가 해야 할 유일한 일은 죄를 고백하고 인정하며 회개하는 것입니다. 즉시 하나님께 나아가 죄를 고백하는 것입니다. 열린 마음과 벌거벗은 영혼으로 하나도 숨기지 않고 전부 아뢰는 것입니다. 그렇게 자백할 때 용서해 주

---

* 셰익스피어, 「햄릿 Hamlet」 1막 3장.

심을 믿는 것입니다. "만일 우리가 우리 죄를 자백하면 그는 미쁘시고 의로우사 우리 죄를 사하시며 우리를 모든 불의에서 깨끗하게 하실 것이요"(요일 1:9). 고백하지 않은 죄가 있어서 불행한 것이라면, 다른 원인을 찾느라 시간을 낭비할 필요가 없습니다. 얼마나 많은 죄가 우리를 넘어뜨리는지 모릅니다. 이 점부터 분명히 확인해야 합니다. 양심의 소리에 귀를 기울여야 합니다. 내 안에 계신 성령을 통해 하나님이 말씀하시는 소리를 들어야 합니다. 그가 지목하시는 죄를 제거해야 합니다. 죄에 계속 거하는 한 침체의 문제는 해결될 가능성이 없습니다.

죄가 원인이 아닌 것이 분명하고도 확실하다면, 그다음으로 지적하고 싶은 원인은 이것입니다. 자기 감정에 너무 집중하는 잘못에 빠지지 마십시오. 무엇보다 감정을 중심에 두는 무서운 오류에 빠지지 마십시오. 제가 줄기차게 이 점을 지적하는 것은 이것이 실족의 원인으로 작용하는 경우가 허다하기 때문입니다. 감정을 첫자리에 두거나 중심에 두면 절대 안 됩니다. 그것은 하나님이 친히 정하신 순서를 무시하는 것이기에 불행해질 수밖에 없습니다. 감정은 항상 무언가의 결과물로 주어지는 것입니다. 성경을 한 번이라도 읽어 본 사람이 어떻게 이런 오류에 빠질 수 있는지 이해가 되지 않습니다. 시편 34편 기자는 말합니다. "너희는 여호와의 선하심을 맛보아 알지어다"(8절). 맛보아야 알 수 있습니다. 맛보기 전에는 알 수도 없고 느낄 수도 없습니다. "맛보아 알지어다." 이 또한 "밤이 낮을 따르듯" 당연한 결과입니다. 맛보지 않고 알기란 불가능합니다. 성경이 도처에서 계속 강조하는 바가 이것입니다. 감정적인 자극이 기쁨을 주는 것이 아닙니다. 그것은 일차적인 원인이 아닙니다. 일차적인 원인은 진리입니다. 정신으로 먼저 진리를 들어야 합니다. 진리는 하나님이 인간에게 주신 최고의 선물입니다. 그 진리를 이해하고 그 진리에 굴복할 때 비로소 감정이 따라오는 것입니다. "나는 이 진리를 어떻게 느끼는가?"를 먼저 물으면 안 됩니다. "나는 이 진리를 믿는가? 이 진리를 받아들이는가? 이 진리에 붙잡혔는가?"를 먼저 물어야 합니다. 그렇습니다. 제가 가장 중요하게 여기는 법칙은 감정에 너무 집중하지 말라는 것입니다. 영적인 맥박을 재고 체온을 재는 데 너무 많은 시간을 쓰지 마십시오. 자기 감정을 분석하는 데 너무 많은 시간을 쓰지 마십시오. 그것은 병적인 상태로 나아가는 지름길입니다.

이 문제는 아주 미묘한 것으로서, 그 미묘함은 종종 다음과 같이 나타납니다. 어느 시대의 인물이든 위대한 성도들의 생애를 읽어 본 사람은 그들이 한결같이 자기 점검의 중요성을 강조했다는 사실을 발견할 것입니다. 각 인물의 신학적 견해와 상관없이 이 점에서는 모두가 동일합니다. 그들은 우리에게도 자기를 점검하며 자기 마음을 살펴볼 것을 촉구합니다. 그들이 자기 감정을 살펴보았다는 것은 우리도 당연히, 반드시 그렇게 해야 한다는 뜻입니다. 그들은 우리가 신학 논쟁에만 관심을 갖는 주지주의자는 아닌지 확인하길 원합니다. 도덕규범에만 관심을 갖는 도덕주의자는 아닌지 확인하길 원합니다. 그런데 그들을 따라가다 보면 감정을 지나치게 중시하기 쉽습니다. 경건한 헨리 마틴도 확실히 그랬습니다. 그러나 누구보다 대표적인 예는 17세기 미국에 살았던 토머스 셰퍼드Thomas Sheppard일 것입니다. 그는 영국의 심장부에서 미국으로 건너가 세상에서 가장 위대한 성도의 한 사람이 되었으며, 『열 처녀의 비유The Parable of the Ten Virgins』 같은 위대한 책들을 썼습니다. 그럼에도 그 가련한 인물은 자신의 감정에 너무 신경을 쓰고 거짓 감정의 위험에 예민했던 나머지 늘 침체한 삶을 살았습니다. 스스로 비참하게 만든 것입니다.

그다음으로 지적할 요점은 이것입니다. 우리는 기쁨과 행복감이 완전히 다르다는 것을 인정해야 합니다. 성경은 항상 기뻐하라고 말합니다. 바울은 빌립보 교인에게 보낸 서정적인 서신에서 "주 안에서 항상 기뻐하라. 내가 다시 말하노니 기뻐하라"라고 했습니다(빌 4:4). 그는 계속 이 말을 반복합니다. 이처럼 기뻐하라는 것은 명령입니다. 맞습니다. 그러나 기뻐하는 것과 행복해지는 것은 완전히 다릅니다. 스스로 행복해질 수는 없지만 기뻐할 수는 있습니다. 기쁨은 언제나 주 안에 있기 때문입니다. 행복은 우리 안에 있지만, 기쁨은 주 안에 있습니다. 주 안에서 기뻐하는 것과 단순히 행복감을 느끼는 것을 구분하는 일이 얼마나 중요한지 모릅니다. 고린도후서 4장을 보십시오. 사도 바울은 일련의 특별한 대조를 통해 이 점을 아주 명백하게 설명하고 있습니다. "우리가 사방으로 욱여쌈을 당하여도ㅡ그때 바울은 행복하지 않았을 것입니다ㅡ싸이지 아니하며, 답답한 일을 당하여도ㅡ그때도 전혀 행복하지 않았을 것입니다ㅡ낙심하지 아니하며, 박해를 받아도 버린 바 되지 아니하며, 거꾸러뜨림을 당하여도 망하지 아니하고." 다시 말해서 사도는 육체적인 의미에서 행복하지 않았지만, 그럼에도 여전히 기뻐했습니다. 이것이 차이점입니다.

이 사실은 실제적인 요점으로 연결됩니다. 이와 관련하여 중요한 일은 스스로 분발하는 법을 아는 것입니다. 이 문제의 전적인 핵심이 여기 있습니다. 계속 상기시켰듯이, 기분에 굴복하고 패배하여 침체할 위험이 있습니다. 그 기분을 떨쳐 내고 싶다는 말은 하지만, 그 기분을 떨쳐 내기 위한 노력은 전혀 하지 않습니다. 사도는 디모데에게 "은사를 다시 불일 듯하게" 하라고 말합니다. "맥없는 태만과 우울"을 떨쳐 버리라고 합니다.

자기 자신에게 말을 해야 합니다. 이미 여러 번 말씀드렸지만, 또 다시 말씀드리겠습니다. 어떤 점에서 성경은 '어떻게 자기 자신에게 말할 것인가?'를 가르치는 책입니다. 이미 상기시켰듯이, 자기 자신에게, 자신의 무서운 자아에게 말을 해야 합니다. 자아에게 말을 해서 "은사를 불일 듯하게" 해야 합니다. 자기 자신에게 상기시켜야 합니다. 내가 누구이며 어떤 존재인지 상기시켜야 합니다. 자기 자신을 향해 "난 너한테 지배당하지 않겠다. 기분에 통제당하지 않겠다. 이 기분을 떨쳐 내겠다. 돌파해 나가겠다"라고 말해야 합니다. 그리고 자리에서 벌떡 일어나 나가서 무언가를 해야 합니다. "은사를 불일 듯하게" 해야 합니다. 성경이 계속 권하는 바가 이것입니다. 기분이 나를 통제하도록 내버려 두면 계속 비참하게 살 수밖에 없습니다. 기분이 나를 통제하도록 내버려 두지 마십시오. 떨쳐 내 버리십시오. 기분을 인정해 주지 마십시오. 다시 한 번 말씀드립니다. "맥없는 태만"을 떨쳐 버리십시오.

어떻게 그럴 수 있을까요? 다음과 같이 하면 됩니다. 저와 여러분이 해야 할 일은 감정을 불러일으키는 것이 아니라 믿는 것입니다. 성경은 그 어디에서도 감정으로 구원받는다고 하지 않습니다. 믿음으로 구원받는다고 합니다. "주 예수를 믿으라. 그리하면 너와 네 집이 구원을 받으리라"(행 16:31). 성경이 감정을 첫자리에 두는 경우는 단 한 번도 없습니다. 믿는 것은 우리가 할 수 있습니다. 스스로 행복해질 수는 없지만, 스스로 믿음을 일깨울 수는 있습니다. 자기 자신에게 믿으라고 권면할 수 있습니다. 시편 42편 기자처럼 "내 영혼아, 네가 어찌하여 낙심하며 어찌하여 내 속에서 불안해하는가? 너는 하나님께 소망을 두라"라고 할 수 있습니다. 하나님을 믿으라고, 하나님을 신뢰하라고 할 수 있습니다. 이것이 방법입니다. 그러면 감정도 따라오게 되어 있습니다. 감정 때문에 염려하지 말고 자기 자신에게 말을 하십시오. 마귀가 "넌 아무 감정도 못 느끼니 그리스도인이 아니야"라고 할 때 이렇게 받아치십시오. "그래. 난 아무것도 느끼지 못한다. 하지만 느끼든 못 느끼든 성경을 믿는다. 하나님의 말씀이 참됨을 믿는다. 내 영혼은 계속 그 말씀에 거할 것이다. 무슨 일이 있어도 그 말씀을 믿을 것이다." 이처럼 믿음을 첫자리에 두고, 믿음을 지키십시오. 그렇습니다. 이 점에서는 필팟의 말이 맞습니다. 빛의 자녀는 어둠 속에서도 계속 앞으로 걸어갑니다. 털썩 주저앉아 자기 연민에 빠지지 않습니다. 이것이 요점입니다. 빛의 자녀는 어둠 속에서도 걸어갑니다. 주님의 얼굴이 보이지 않아도, 주님이 계심을 믿고 계속 걸어갑니다.

더 좋은 설명이 있습니다. 참으로 행복해지고 싶고 축복받고 싶다면, 그리스도인의 참된 기쁨을 누리고 싶다면, 그 방법을 알려 드리겠습니다. "의에 주리고 목마른 자는 복[참된 행복]이 있나니"(마 5:6). 행복 자체를 구하지 마십시오. 감정 자체를 구하지 마십시오. 의를 구하십시오. 자신을 향해, 자신의 감정을 향해 이렇게 말하십시오. "난 감정을 걱정할 여유가 없다. 내 관심은 다른 데 있다. 물론 행복해지고 싶지만, 그보다는 더 의로워지고 싶고 거룩해지고 싶다. 주님처럼 되고 싶다. 주님이 사셨던 것처럼 나도 살고 싶고, 주님이 걸어가셨던 것처럼 나도 걸어가고 싶다." 요한은 첫 번째 서신에서 주님처럼 살아야 한다고 말합니다. 의와 거룩함을 전적인 목적으로 삼으십시오. 그러면 분명히 축복 받고 충만해지며 원하던 행복을 얻을 것입니다. 행복 자체를 구하면 절대 행복해지지 못합니다. 의를 구해야 행복해집니다. 행복 자체를 의식하거나 구하지 않아도 행복해집니다.

마지막으로, 이렇게 말씀드리고 싶습니다. 최고의 기쁨을 알고 싶습니까? 말할 수 없는 행복을 맛보고 싶습니까? 그 방법은 오직 한 가지입니다. 주 예수 그리스도를 구하십시오. 그를 구하십시오. 그를 바라보십시오. 감정이 가라앉을 때 주저앉아 자기 연민에 빠지거나 자기 기분을 북돋우려 하지 말고—이 문제의 간단한 핵심이 여기 있습니다—바로 그리스도께 나아가 그의 얼굴을 구하십시오. 장난감을 빼앗기거나 망가뜨려서 슬프고 불행한 어린아이가 부모에게 달려가듯이 달려가십시오. 침체에 빠졌을 때 해야 할 일이 바로 이것입니다. 그리스도께 나아가십시오. 주 예수 그리스도를 구하고 그를 만나면, 더 이상 행복이나 기쁨을 걱정할 필요가 없습니다. 그리스도가 우리의 화평이 되어 주시고 기쁨과 행복이 되어 주십니다. 그리스도는 생명입니다. 모든 것입니다. 감정을 우선시하고 중심에 두게 하려는 사탄의 선동과 유혹에 넘어가지 마십시오. 마땅히 중심에 계셔야 할 유일한 분, 영광의 주를 중심에 모시십시오. 그는 여러분을 사랑하여 십자가에 달리신 분이요, 여러분이 지은 죄의 수치와 형벌을 담당하신 분이요, 여러분을 위해 죽으신 분입니다. 그를 구하십시오. 그의 얼굴을 구하십시오. 그러면 이 모든 것을 더하실 것입니다.

9
포도원의 품꾼들

[왜냐하면] 천국은 마치 품꾼을 얻어 포도원에 들여보내려고 이른 아침에 나간 집주인과 같으니 그가 하루 한 데나리온씩 품꾼들과 약속하여 포도원에 들여보내고 또 제3시에 나가 보니 장터에 놀고 서 있는 사람들이 또 있는지라. 그들에게 이르되 "너희도 포도원에 들어가라. 내가 너희에게 상당하게 주리라" 하니 그들이 가고 제6시와 제9시에 또 나가 그와 같이 하고 제11시에도 나가 보니 서 있는 사람들이 또 있는지라. 이르되 "너희는 어찌하여 종일토록 놀고 여기 서 있느냐?" 이르되 "우리를 품꾼으로 쓰는 이가 없음이니이다." 이르되 "너희도 포도원에 들어가라" 하니라. 저물매 포도원 주인이 청지기에게 이르되 "품꾼들을 불러 나중 온 자로부터 시작하여 먼저 온 자까지 삯을 주라" 하니 제11시에 온 자들이 와서 한 데나리온씩을 받거늘 먼저 온 자들이 와서 더 받을 줄 알았더니 그들도 한 데나리온씩 받은지라. 받은 후 집주인을 원망하여 이르되 "나중 온 이 사람들은 한 시간밖에 일하지 아니하였거늘 그들을 종일 수고하며 더위를 견딘 우리와 같게 하였나이다." 주인이 그중의 한 사람에게 대답하여 이르되 "친구여, 내가 네게 잘못한 것이 없노라. 네가 나와 한 데나리온의 약속을 하지 아니하였느냐? 네 것이나 가지고 가라. 나중 온 이 사람에게 너와 같이 주는 것이 내 뜻이니라. 내 것을 가지고 내 뜻대로 할 것이 아니냐? 내가 선하므로 네가 악하게 보느냐?" 이와 같이 나중된 자로서 먼저되고 먼저된 자로서 나중되리라.

마태복음 20:1-16

영적 침체, 그리스도인의 삶에 찾아오는 불행함, 또는 비참한 그리스도인이라는 주제에 대한 일반적 고찰의 일환으로 이 비유에 담긴 특별한 가르침에 주의를 환기시키고자 합니다. 저는 우리가 전환점에 이르렀다고 생각합니다. 지금까지는 처음에 부딪치는 걸림돌들, 예비적인 어려움의 범주에 속하는 문제들—그리스도인의 삶을 처음 시작하는 신앙생활 초기에 진리를 분명히 알지 못해서 생기는 문제들—을 고찰했습니다.

이제 한 단계 더 나아갈 차례가 되었습니다. 그렇다고 예비적인 어려움들을 다 다루었거나 그 치료법을 전부 살펴본 것은 아닙니다. 우리를 넘어뜨리고 어려움에 빠뜨리며 불행하게 만드는 원인들 중에 비교적 더 중요한 것들을 선별하여 살펴보았을 뿐입니다. 이제부터는 예비 단계를 거친 후에 맞닥뜨리기 쉬운 어려움들의 유형 내지는 종류를 살펴보고자 합니다. 물론 이런 어려움들은 어느 시점에서나 발생할 수 있지만, 그럼에도 분명히 한 유형으로 묶을 만한 특징이 있습니다.

이 어려움들을 고찰하면서 다시 한 번 상기할 점이 있습니다. 성경은 그리스도인의 삶에서 위험이 배제된 영역이란 없다는 점을 아주 명백하게 밝힙니다. 믿고 회심하는 순간 모든 곤경에서 벗어나고 더 이상 문제가 생기지 않는다는 인상을 심어 주는 것만큼 신약성경의 가르침에 어긋나는 일은 없습니다. 안타깝지만 그 생각은 틀렸습니다. 우리 영혼의 대적이자 원수가 있기 때문에 그렇게 될 수가 없습니다. 싸워야 할 원수만 있는 것이 아니라 옛 본성도 우리 속에 그대로 남아 있습니다. 이 두 가지 때문에 문제와 어려움이 생길 수밖에 없습니다. 우리는 이에 대한 성경의 가르침을 이해함으로써 원수의 교묘한 속임수에 걸려들지 말아야 합니다. 원수는 주님을 따라다녔듯이 우리도 내내 따라다닙니다. 성경은 마귀가 광야에서 40일간 주님을 유혹하고 시험한 후에 "얼마 동안" 떠나 있었다고 말합니다. 영구히 떠나지 않았다는 것입니다. 실제로 그는 다시 돌아와 주님을 내내 따라다녔습니다. 마지막에 겟세마네에서 한 짓을 보십시오. 마귀는 복되신 주님이 십자가에 달려 돌아가시는 그 순간까지 공격을 그치지 않았습니다. 이것은 여러분을 침체시키려는 말이 아니라 현실을 알려 주려는 말입니다. 사람을 격려하려면 항상 현실부터 알려 주어야 합니다. 일종의 수면제를 주어 취하게 했다가 아무 준비 없이 어려움을 맞닥뜨리게 하는 것보다 더 나쁜 일, 더 크게 비난받을 일은 없습니다. 우리의 임무는 성경에 따라 어려움에 대비하는 것입니다. "미리 경계하는 것이 미리 무장하는 길"입니다. "그러므로 하나님의 전신갑주를 취하라"라고 가르치는 강력한 성경을 항상 앞에 놓고 보아야 합니다. 우리가 이 일련의 연구를 통해 하고자 하는 일은 하나님이 주신 든든한 갑주를 하나씩 챙겨 입는 것입니다.

그러므로 저는 올바로 출발하는 일이 가장 중요하고 긴요하지만, 그것만으로는 충분치 않다는 점을 강조하고 싶습니다. 그 후에도 계속 올바른 길로 가야 합니다. 그러지 않으면 금세 불행해집니다. 다시 말해서 이제껏 살펴본 사실들을 분명히 안다 해도—제시된 복음을 듣고 회심했다 해도, 올바로 출발하여 그리스도인의 삶을 살고 있다 해도, 초기의 어려움들에 대한 경고를 주의 깊게 들었다 해도—계속해서 올바른 길로 가지 않고 경로를 지키지 않으면 금세 문제에 봉착하게 되어 있습니다. 그 중대한 예가 요한복음 8:30 이후에 나옵니다. 어느 날 오후, 주님은 아버지와 자신의 관계에 대해 설교하셨습니다. 성경은 "이 말씀을 하시매 많은 사람이 믿더라"라고 말합니다. 그런데 주님은 그들에게 이렇게 말씀하셨습니다. "너희가 내 말에 거하면 참으로 내 제자가 되고 진리를 알지니 진리가 너희를 자유롭게 하리라." 그들은 올바로 출발한 것처럼 보였습니다. 그럼에도 참으로 자유로워지려면 계속 올바른 길로 가야 했습니다. 씨 뿌리는 자의 비유에 묘사된 자들도 마찬가지입니다. 그들은 큰 기쁨으로 진리를 받아들였지만, 그 기쁨은 오래가지 못했습니다. 다시 말해서 지속성이 중요한 것입니다. 이것은 아주 긴요한 원리로서, 저는 포도원 품꾼의 비유를 통해 이 원리를 살펴보고자 합니다.

이 비유를 살펴볼 때는 정확히 접근하고 제대로 이해하는 일이 아주 중요합니다. 감히 말하지만, 정확히 해석하지 못할 경우 이 비유는 아주 위험해집니다. 많은 이들이 "제11시"라는 한 가지 사실에만 주목합니다. 그래서 '이제 구원에 대해서는 염려할 필요가 없다. 제11시에 포도원에 갔지만 아침부터 일한 자들과 똑같은 삯을 받은 품꾼들처럼, 나도 마지막 순간에 믿으면 된다'라고 생각합니다. 그러나 그보다 더 치명적인 오류는 없습니다. 죽어 가는 강도에 대해 라일J. C. Ryle 주교가 했던 말이 맞습니다. "임종의 자리에서 구원받는 자는 거의 없습니다. 물론 십자가의 강도는 구원받았으니 아주 절망하면 안 되겠지만, 그 한 사람밖에 사례가 없는 만큼 자신도 그러리라고 가정하면 안 됩니다."

이 비유를 알레고리로 바꾸어, 구체적인 사실 하나하나를 영적인 진리와 결부시킬 위험도 있습니다. 실제로 그런 이들을 종종 보는데, 그들은 이것이 비유이며 비유는 일반적으로 한 가지 진리를 예시한다는 사실을 기억하지 못하는 탓에 그런 잘못을 범합니다. 예컨대 마태복음 13장에 나오는 하나님 나라의 비유들을 보면 알 수 있습니다. 한 비유가 하나님 나라를 다 보여주지 않습니다. 이 비유는 이 측면을, 다른 비유는 또 다른 측면을 보여줍니다. 비유마다 서로 보완해 가며 진리를 한 측면씩 전달합니다. 그러므로 알레고리를 대하듯이 비유에 나오는 사실 하나하나를 진리와 결부시키지 않도록 매우 주의해야 합니다.

이 비유도 다른 비유들처럼 하나의 중대한 진리를 전달합니다. 그것이 무엇일까요? 맨 처음에 나오는 "왜냐하면For"이라는 말에서 답을 찾을 수 있는 것이 확실합니다.* 성경 각 장을 나눈 이들이 여기에서 20장을 시작한 것은 유감스러운 일입니다. 20장은 19장 마지막에 나오는 이른바 젊은 부자 관원 이야기의 주제, 그가 근심하며 떠난 후 주님이 하신 말씀에 담긴 주제를 이어받고 있는 것이 분명하기 때문입니다. 베드로가 주님께 했던 말을 여러분도 기억할 것입니다. "우리가 모든 것을 버리고 주를 따랐사온대 그런즉 우리가 무엇을 얻으리이까?" 주님이 포도원 품꾼의 비유를 말씀하신 것은 바로 이 말 때문이었습니다. 베드로는 물었습니다. "주여, 주여, 우리는 모든 것을 버리고 주를 따랐습니다. 이렇게 모든 것을 포기한 우리에게 무엇을 주시겠습니까?" 그러자 주님은 대답하셨습니다. "내가 진실로 너희에게 이르노니 세상이

---

* 우리말 성경 개역개정판에는 이 말이 생략되어 있다.

새롭게 되어 인자가 자기 영광의 보좌에 앉을 때에 나를 따르는 너희도 열두 보좌에 앉아 이스라엘 열두 지파를 심판하리라. 또 내 이름을 위하여 집이나 형제나 자매나 부모나 자식이나 전토를 버린 자마다 여러 배를 받고 또 영생을 상속하리라. 그러나 먼저된 자로서 나중되고 나중된 자로서 먼저될 자가 많으니라. [왜냐하면] 천국은 마치 품꾼을 얻어 포도원에 들여보내려고 이른 아침에 나간 집주인과 같으니……." 다시 말해서 이 비유의 전적인 핵심은 베드로가 제기한 문제에 대답하시려는 데 있는 것입니다. 주님은 이 비유를 통해 베드로의 질문에 대답하셨습니다. 그의 질문에 아주 잘못된 부분, 틀린 부분이 있음을 분명히 감지하셨기에 이 비유를 통해 그를 꾸짖고 책망하며 심각하게 경고하셨습니다. "먼저된 자로서 나중되고 나중된 자로서 먼저될 자가 많으니라"라는 표현을 반복하신 것이 그 결정적인 증거라고 저는 생각합니다. 주님은 비유를 시작할 때에도 이 말씀을 하시고, 마칠 때에도 이 말씀을 하십니다.

우리는 그 원리에 집중해야 합니다. 그 원리가 무엇입니까? 교리가 무엇입니까? 그리스도인의 삶은 처음부터 끝까지 은혜로 이루어진다는 것입니다. 그것이 이 비유가 가르치는 메시지요 교리요 원리입니다. 이 점은 전에도 잠깐 살펴보았습니다. 그때 우리의 관심은 이 중대한 은혜의 원리로 인해 맨 나중 온 사람도 처음 온 사람과 똑같은 대우를 받는다는 사실에 있었습니다. 우리는 노년에 회심한 이들이 종종 경험하는 낙담의 문제를 다루었으며, 너무 늦은 구원이란 없다는 것과 구원은 젊은이들뿐 아니라 모든 사람을 위한 것임을 알았습니다. 늦게 회심한 사람은 많은 세월을 허송한 후에야 뒤늦게 구원받았다는 회한 때문에 마귀의 시험에 빠지곤 합니다. 그런 이들에게는 주님이 제11시에도 품꾼들을 불러 포도원으로 보내셨다는 사실이 큰 위로가 됩니다. 우리는 그 관점에서 이 비유를 살펴보았습니다. 그러나 오늘 설교의 강조점은 처음 온 품꾼들에게 있습니다. 이 비유의 일차적인 목적이 그들에게 있다는 것, 그들에게 아주 심각하고 엄중한 경고를 주려는 데 있다는 것은 의심할 여지 없이 분명한 사실입니다.

이들은 처음에 올바로 출발했지만, 나중에 문제에 봉착했습니다. 이런 경우가 얼마나 많은지 모릅니다! "너희가 달음질을 잘하더니 누가 너희를 막아 진리를 순종하지 못하게 하더냐?"라는 말씀에서도 볼 수 있듯이, 신약성경이 이 문제를 그토록 자주 다루는 이유가 여기 있습니다. 어떤 점에서 신약 서신서는 바로 이런 자들을 돕기 위해 기록되었다고 할 수 있습니다. 복음을 믿고 초대교회에 들어왔지만 침체한 그리스도인들이 있었습니다. 서신서는 그들을 돕기 위해 기록된 것입니다. 이것은 지금도 우리를 위협하는 문제이며 그리스도인의 삶을 살아가는 내내 우리를 쫓아오는 위험입니다. 올바로 출발하는 것만으로는 충분치 않습니다. 계속 올바른 길로 가야 합니다. 여러 가지 예를 살펴보겠습니다. 많은 이들이 빠지기 쉬운 위험은 속박의 상태로 되돌아가는 것입니다. 사교들이 사방에서 번성하는 오늘날, 이것은 아주 실제적인 위험이 되고 있습니다. 하나님의 자녀로서 영광스러운 자유를 맛본 이들도 때로 속박의 상태로 되돌아가 비참해지고 불행해집니다. 자, 이제 포도원 품꾼의 비유가 가르치는 바에 따라 이 문제를 살펴봅시다.

가장 먼저 문제의 원인을 분석해 보겠습니다. 아침 일찍 포도원에 왔던 자들이 왜 마지막에는 그렇게 초라한 모습이 되었을까요? 그들은 불만에 차서 원망하며 불평합니다. 그렇게 된 원인이 무엇입니까? 제가 제시하고 싶은 첫 번째 원리는 자기 자신과 자기 일을 대하는 태도가 분명히 잘못되었다는 것입니다. "그가 하루 한 데나리온씩 품꾼들과 약속하여 포도원에 들여보내고"라는 2절 말씀에서 "약속하여"라는 단어가 중요하다고 말하는 이들이 있는데, 저도 그 견해에 동의하는 편입니다. 실제로 성경은 처음 온 품꾼의 경우에만 이 단어를 쓰고 있습니다. 알다시피 그다음에 나오는 구절은 이것입니다. "제3시에 나가 보니 장터에 놀고 서 있는 사람들이 또 있는지라. 그들에게 이르되 너희도 포도원에 들어가라. 내가 너희에게 상당하게 주리라 하니." 주인은 그다음 품꾼들에게도 똑같이 말합니다. 약속에 대해서는 언급하지 않습니다. 다만 "너희도 포도원에 들어가라. 내가 너희에게 상당하게 주리라"라고만 할 뿐입니다. 그들은 아주 기쁘게 일하러 갔습니다. 이것을 보면 삯을 받고 원망한 처음 품꾼들만 계약을 요구했던 것 같습니다. 처음부터 그들의 태도에 잘못된 데가 있었다는 느낌이 듭니다. 그들은 흥정을 하고 요구를 하며 조건을 명시하려는 경향이 있었습니다. 제 짐작이 옳든 그르든 간에, 그들이 자신들이 하는 일과 행동을 크게 의식했던 것만큼은 분명한 사실입니다. 그들은 일하는 내내 자신들이 하는 일에서 눈을 떼지 않았습니다. 이것은 참으로 무서운 태도입니다! 그런데 우리 모두 이렇게 하지 않습니까? 복음 전하는 자가 직면하는 가장 큰 문제는 설교하는 내내 자신을 바라보고 주시하며 의식하는 것이라는 사실을 하나님은 아십니다. 봉사할 때도 이런 위험이 있고, 다른 모든 일을 할 때도 이런 위험이 있습니다. 육에 속한 사람은 당연히 이렇게 합니다. 내내 연기를 하며 자신을 주시합니다. 그런데 이런 성향이 그리스도인이 된 후에도 지속될 수 있습니다. 그런 자들은 자신이 하는 모든 일을 크게 의식합니다. 그들의 말을 들어 보면 내내 자신을 주시한다는 사실을 분명히 알 수 있습니다.

두 번째 요점을 살펴봅시다. 그것은 그들 스스로 자신들이 한 일을 평가했다는 것입니다. 자신들이 몇 시간 일했고 얼마나 일했는지 기록했을 뿐 아니라—"종일 수고하며 더위를 견딘 우리"—남들이 일한 내용과 분량까지 꼼꼼히 장부에 기재했습니다. 그 모든 것을 세세히 알아보고 꼼꼼히 기록하며 기재했습니다. 주님이 이들에 대해 첫 번째로 하신 말씀이 이것이었습니다. 잠시 멈추어 이 점을 깊이 생각해 봅시다. 주님은 이런 태도를 비판하셨습니다. 하나님 나라에서 이것은 치명적인 태도입니다. 주님은 베드로의 말에서도 이런 태도를 감지하셨습니다. "우리가 모든 것을 버리고 주를 따랐사온대 그런즉 우리가 무엇을 얻으리이까?" 주님은 이 말에 담긴 흥정과 요구의 기미를 감지하셨습니다. 앞으로 살펴보겠지만 이런 태도는 기본적으로 아주 잘못된 것이며, 하나님 나라와 성령의 나라에 전적으로 반하는 것입니다. 그럼에도 이런 잘못된 태도가 분명히 존재하며, 결국 그로 인해 처음 온 품꾼들처럼 문제에 봉착하게 됩니다. 주님이 큰 은혜를 베푸시는 순간에 이처럼 문제에 봉착하게 되는 것이야말로 딱하고 비극적인 일이 아닐 수 없습니다. 이 비유의 심각성은, 주인이 맨 나중 온 품꾼들에게도 처음 온 품꾼들과 똑같이 한 데나리온을 주는 은혜를 베풀었을 때 처음 온 품꾼들의 참모습과 무서운 속마음이 드러났다는 데 있습니다. 그 순간에 그들의 속마음이 드러나면서 문제에 봉착하게 되었습니다. 그들을 보십시오. 그들은 애초부터 잘못된 태도를 가지고 있었습니다. 은혜의 원리를 잊었기에 남들보다 많이 받을 것을 기대했고, 많이 받을 자격이 있다고 생각했습니다. 물론 그들의 논리는 완벽했고 일관성이 있었습니다. 그들 같은 원칙과 태도를 가지고 출발하면 논리적으로 이런 결론에 이르는 것이 당연합니다. 그래서 제가 이런 태도를 가지고 출발하면 필연적으로 비참해진다고 말하는 것입니다. 그들은 스스로 더 받을 자격이 있다고, 더 받는 것이 당연하다고 생각했습니다. 더 받길 기대했으며, 더 받지 못하자 분개했습니다.

성경이 세 번째로 알려 주는 사실은 그들이 원망하기 시작했다는 것입니다. 처음의 행복과 기쁨을 잃은 채 더 주지 않는다고 원망했습니다. 참으로 무섭지 않습니까? 그리스도인들도 주님이 묘사하신 이런 잘못—그 옛날 이스라엘 자손이나 여기 나오는 품꾼들처럼 자기 연민에 빠져 마땅히 누릴 권리를 누리지 못하고 박한 대접을 받는다고 원망하는 잘못—에 빠지는 것이 사실 아닙니까? 신약성경은 이 점을 크게 강조합니다. 사도 바울이 빌립보 교인들에게 했던 말을 여러분도 기억할 것입니다. 사도는 그들이 하늘의 "빛들"이라는 사실을 상기시키면서 "모든 일을 원망과 시비가 없이 하라"라고 권합니다. "이는 너희가 흠이 없고 순전하여 어그러지고 거스르는 세대 가운데서 하나님의 흠 없는 자녀로 세상에서 그들 가운데 빛들로 나타내며"(빌 2:14-16). 그리스도인이 그리스도 예수 안에서 기뻐하는 대신 비참하게 원망하는 것이 얼마나 큰 비극인지 모릅니다. 이것은 은혜로 모든 것을 받았다는 사실을 망각한 데서 나오는 결과입니다. 그리스도인의 삶을 처음부터 끝까지 관통하는 중대한 원리를 잊은 데서 나오는 결과입니다.

그뿐만이 아닙니다. 이런 태도는 또 다른 결과, 즉 남들을 무시할 뿐 아니라 질투하는 결과를 낳습니다. 이 비유에 나오는 품꾼들은 말합니다. "나중 온 이 사람들은 한 시간밖에 일하지 아니하였거늘 그들을 종일 수고하며 더위를 견딘 우리와 같게 하였나이다." 이것은 탕자의 비유에 나오는 형이 내세운 원리이기도 합니다. 신약성경 여러 곳에서 그 예를 볼 수 있습니다. 이런 성향이 나타나, 신실하게 증언하고 탁월하게 일해 온 그리스도인들을 공격합니다. 남들이 자기보다 더 많은 보상을 받았다는 생각을 교묘하게 심어 줌으로써 비참하게 만듭니다. 휴 레드우드Hugh Redwood가 자신의 타락에 대해 기록한 글을 읽은 이들은 그의 문제가 바로 여기 있었음을 알 것입니다. 그는 구세군 사관들의 인사이동이 있었을 때, 자신이 더 이상 총애받지 못한다는 생각이 들었다고 했습니다. 자기 대신 앞에 나와 총애받는 사람에게 불편한 마음이 생기면서 죄에 빠졌다는 것입니다. 그의 책 『그늘에 계신 하나님God in the Shadow』을 읽어 보면 자세히 알 수 있습니다. 본문과 동일한 상황이 벌어진 것입니다. 처음 온 품꾼들은 늦게 온 품꾼들을 무시했고, 그들이 일한 시간에 비해 많은 삯을 받은 것을 질투했습니다. 그것은 이기적이고 자기중심적인 태도였습니다.

무엇보다 심각하고 무서운 점은, 그들 속에 주인이 불공평하다는 생각이 들어왔다는 것입니다. 그들은 공정한 대우를 받지 못했다고 확신했습니다. 완전히 잘못된 생각이요 아무 근거 없는 생각임에도 그렇게 생각했습니다. 그리스도인들도 하나님이 불공평하다고 생각하고 싶은 유혹을 받습니다. 마귀가 다가와 속삭입니다. "네가 얼마나 많은 일을 했는지 좀 봐. 그런데 얻은 게 뭐지? 저자는 아무 일도 하지 않고도 저런 걸 얻었는데 말이야." 이것은 마귀의 말로서, 처음 온 품꾼들은 그 말에 귀를 기울였습니다. "나중 온 이 사람들은 한 시간밖에 일하지 아니하였거늘 그들을 종일 수고하며 더위를 견딘 우리와 같게 하였나이다.” 이 정신이 그들을 지배했습니다. 심각한 점은, 이런 상태에서 매우 조심하지 않으면 하나님이 불의하시다는 생각에 곧 사로잡힌다는 것입니다. 하나님이 나를 공평하게 대우하시지 않는다는 생각, 내 권리를 무시하신다는 생각, 마땅히 받을 몫을 주시지 않는다는 생각에 사로잡힙니다.

자아가 얼마나 비참하고 추하며 더러운지 모릅니다. 우리는 모두 어떤 모양 어떤 형태로든 이런 잘못을 범합니다. 마귀가 찾아와 속삭이는 말을 듣고, 하나님이 정말 우리를 공평하고 의롭게 대하시는지 의심하기 시작합니다. 이런 자아의 실상이 폭로되어야 합니다. 죄의 추함과 더러움이 들추어져야 합니다. 주님이 포도원 품꾼의 비유를 통해 이런 잘못된 정신을 다루신 것은 당연한 일입니다. 이것은 우리를 비참함과 불행함으로 몰아가는 영혼의 가장 큰 원수입니다. 온갖 이유로 이런 정신에 사로잡힐 수 있습니다. 이것은 어떤 말로도 변명할 수 없는, 완전히 잘못된 정신입니다.

그렇다면 이제 치료법을 찾아봅시다. 그 치료법이 무엇일까요? 하나님 나라를 지배하는 원리를 이해하는 것입니다. 그 원리가 너무나 분명한 것임에도, 구체적인 영역에서는 잊어버리기 쉽습니다. 주님은 여기에서 그 원리를 단번에 정리해 주십니다. 저는 그것을 다른 말로 바꾸어 설명하는 것일 뿐입니다. 하나님 나라는 여타의 나라들과 본질적으로 다릅니다. 이것이 그 원리입니다. 주님이 말씀하시는 요지는 “하나님 나라는 너희가 늘 알고 지내 온 나라들과 다르다. 아주 새롭고 다른 나라다”라는 것입니다. “누구든지 그리스도 안에 있으면 **새로운 피**

조물—새로운 피조물!—이라. 이전 것은 지나갔으니 보라, 새것이 되었도다"라는 이 사실을 가장 먼저 깨달아야 합니다(고후 5:17). 우리가 모든 면에서 완전히 다른 나라에 속해 있다는 이 원리만 안다면! 이 나라는 토대 자체가 다른 나라입니다. 옛 생활의 원리와 완전히 무관한 나라입니다. 앞으로 자세히 살펴보겠지만, 일단 이 새로운 원리를 강조하고 싶습니다. 매일 자신에게 말해 주십시오. "이제 나는 그리스도인이다. 하나님 나라에 속한 그리스도인이기 때문에 모든 사고를 달리해야 한다. 하나님 나라는 모든 것이 다른 나라다. 옛 생각과 옛 기분과 옛 개념을 끌어오면 안 된다." 우리는 구원을 죄 사함이라는 측면에만 국한해서 생각하려는 경향이 있는데, 구원의 원리는 그리스도인 삶 전체에 적용되는 것입니다.

자, 이 점을 염두에 두고 세부 사항을 살펴봅시다. 첫째로, 하나님 나라에서는 흥정과 권리라는 관점에서 생각하면 안 됩니다. 그것은 아주 치명적인 태도입니다. "나는 이런저런 것을 했으니 남들과 다른 보상을 받을 자격이 있다"라고 주장하는 것만큼 잘못된 태도는 없습니다. 그런 이들을 자주 보게 됩니다. 제가 아는 아주 훌륭하고 복음적인 그리스도인들 중에도 그렇게 생각하는 듯한 이들이 있습니다. '우리가 기도했으니 응답하셔야 한다. 철야하면서 부흥을 구했으니 당연히 부흥을 주셔야 한다'라는 것입니다. 저는 이것을 '자판기식' 기독교라고 부릅니다. 기계에 동전을 넣으면 초콜릿 바나 원하는 물건이 나오듯이 하나님의 응답도 자동적으로 와야 한다고 생각하는 것입니다. 기본적인 태도에서 하나도 다를 바가 없습니다. 과거에도 사람들이 철야하며 부흥을 구했을 때 부흥을 주셨으니, 우리도 철야 기도회를 하면 부흥을 주

서야 한다는 것입니다. 이것은 주님이 이 비유에서 가르치시는 원리를 전면 부인하는 태도임이 분명합니다. 기도든 다른 무엇이든, 내가 무언가를 했으니 받을 자격이 있다고 생각해서는 안 됩니다. 절대 안 됩니다. 물론 이 원리는 현실에서도 확인할 수 있습니다. 얼마나 많은 기도회가 열렸는지 생각해 보십시오. 그러나 부흥은 오지 않았습니다. 감히 말하지만, 그래서 저는 오히려 하나님께 감사를 드립니다. 우리 뜻대로 부흥을 일으킬 수 있다면 어떻게 되겠습니까? 우리는 부흥을 일으킬 수 없습니다. '내가 이런 일을 하면 저런 일이 일어나야 한다'는 식의 흥정하는 정신은 이제 청산해 버립시다. 여러분이 원할 때마다 부흥이 오거나 여러분이 무언가를 한 결과로 부흥이 오는 것이 아닙니다. 성령은 주님이십니다. 주권을 가지신 주님이십니다. 자신의 때에 자신의 방법대로 부흥을 주십니다. 다시 말해서 그 어떤 일에 대해서도 우리는 권리가 없다는 사실을 알아야 합니다. 어떤 이는 물을 것입니다. "하지만 바울은 고린도후서 5장에서 심판과 보상에 대해 말하지 않습니까?" 분명히 그렇습니다. 고린도전서 3장에서도 같은 말을 합니다. 주님도 누가복음 12장에서 많이 맞을 자들과 적게 맞을 자들이 있다고 하셨습니다. 자, 그렇다면 이것은 어떻게 설명해야 할까요? 그 대답은 보상도 은혜로 주어진다는 것입니다. 사실 주님은 우리에게 아무것도 주실 필요가 없습니다. 여러분이 받을 보상을 결정하고 예상할 수 있다고 여긴다면 완전히 오해한 것입니다. 그리스도인의 삶은 처음부터 끝까지 은혜로 이루어집니다. 흥정의 관점에서 생각하여 결과에 대해 원망하는 것은 주님을 믿지 않는 태도입니다. 주님이 자신을 불공평하고 불공정하게 대우하신다고 생각하지는 않는지 자신의 정신을 잘 지켜볼 필요가 있습니다.

그런 정신으로 출발하면 결국 은혜를 잃게 됩니다. 주님이 이 점을 가르치신 방식이 저는 마음에 듭니다. 하나님과 흥정하면 딱 흥정한 만큼만 받을 것이 거의 확실합니다. 처음 온 품꾼들은 하루에 한 데나리온을 달라고 했고, 주인은 "좋다. 한 데나리온을 주겠다"라고 했습니다. 그러나 다른 품꾼들에게는 "가서 일하면 상당하게 주겠다"라고 했고, 그들이 기대했던 것보다 많이 주었습니다. 맨 나중에 온 품꾼들까지 한 데나리온씩 주었습니다. 그들은 전혀 기대하지 않았다가 생각보다 훨씬 더 많은 삯을 받았습니다. 그러나 처음 온 품꾼들은 딱 한 데나리온만 받았습니다. 오, 그리스도인들이여, 하나님과 흥정하지 마십시오. 그러면 딱 흥정한 만큼만 받을 것입니다. 은혜에 맡겨야 생각보다 많이 받습니다. 주님은 바리새인들에 대해 "내가 진실로 너희에게 이르노니 그들은 자기 상을 이미 받았느니라"라고 하셨습니다(마 6:16). 그들은 사람들에게 자기 의를 보이려 했고, 실제로 자기 의를 보였습니다. 이것이 그들이 원한 바였고, 그들이 얻은 전부였습니다. 그 이상은 얻지 못했습니다.

자, 이제 그다음 원리를 살펴봅시다. 자신이 하는 일을 일일이 기록하거나 기재하지 마십시오. 회계장부 쓰기를 포기하십시오. 그리스도인의 소원은 오직 하나님을 영화롭게 하고 기쁘시게 하는 것입니다. 시계를 주시하지 말고, 하나님과 하나님의 일을 주시하십시오. 자신이 하는 일과 수고를 기록하지 말고, 하나님과 그의 영광과 사랑과 존귀와 그 나라의 확장을 주시하십시오. 오직 거기에만 관심을 두고 다른 데는 관심을 두지 마십시오. 자신이 얼마나 많은 시간을 일했으며 얼마나 많은 양을 일했는지에 관심을 두지 마십시오. 하나님과 그 은혜에 회계장부를 맡기십시오. 하나님이 친히 기재하시게 하십시오. 주님이 말씀하신 대로 하십시오. "오른손이 하는 것을 왼손이 모르게 하여"(마 6:3). 하나님 나라에서는 이렇게 일해야 합니다. 오른손이 하는 일을 왼손이 모르게 해야 합니다. "은밀한 중에 보시는 너의 아버지께서" 갚아 주실 것이기 때문입니다(마 6:4). 스스로 장부를 기재하느라 시간을 낭비할 필요가 없습니다. 하나님이 친히 기재해 주십니다. 그의 회계장부가 얼마나 놀라운 것인지 모릅니다. 감히 말하지만 하나님의 회계법만큼 낭만적인 것은 없습니다. 하나님의 나라에서는 늘 놀랄 준비를 하고 있어야 합니다. 언제 무슨 일이 일어날지 모릅니다. 나중된 자가 먼저됩니다. 우리의 물질주의적인 관점을 완전히 뒤집는 일이 일어납니다. 나중된 자가 먼저되고 먼저된 자가 나중됩니다. 모든 것이 전복됩니다. 은혜가 온 세상을 뒤집어 버립니다. 이 나라는 인간의 것이 아니라 하나님의 것입니다. 하나님의 나라입니다. 참으로 뛰어난 나라입니다.

개인적인 고백을 한 가지 하겠습니다. 저는 목회를 하면서 이 회계법을 종종 경험합니다. 하나님이 주일에 은혜를 주셔서 특별한 자유가 임할 때, 저는 어리석게도 "자, 다음 주를 기대해. 정말 굉장할 걸. 훨씬 더 많은 회중이 몰려들 거야"라는 마귀의 말에 귀를 기울입니다. 그런데 그다음 주 주일에 강단에서 보면 오히려 회중이 줄어 있습니다. 또는 강단에 혼자 선 듯한 느낌으로 무진 애를 쓰며 아주 무력한 상태에서 형편없는 설교를 할 때에도 마귀가 다가와 "다음 주엔 아무도 안 오겠네"라고 속삭입니다. 그런데 감사하게도 그다음 주에 더 많은 회중이 모인 것을 발견합니다. 이것이 하나님의 회계법입니다. 예측할 수가 없습니다. 연약한 상태로 강단에 섰는데 능력 있게 설교하는가 하면, 자신감에 넘쳐서 강단에 섰는데 바보처럼 설교하기도 합니다. 이것이 하나님의 회계법입니다. 하나님은 우리 자신보다 우리를 훨씬 더 잘 아십니다. 항상 우리를 놀라게 하십니다. 하나님이 어떻게 계산하실지 짐작할 수가 없습니다. 하나님의 회계법보다 낭만적인 것은 이 세상에 없습니다.

주님은 마태복음 25장의 세 번째 비유에서 이 점을 다시 말씀하십니다. 세상 마지막 날, 상을 기대했다가 아무것도 받지 못할 자들과 "내 아버지께 복받을 자들이여, 나아와 창세로부터 너희를 위하여 예비된 나라를 상속받으라"라는 말씀을 들을 자들에 대한 이야기를 여러분도 기억할 것입니다. 그때 그들은 물을 것입니다. "우리는 한 일이 아무것도 없는데요. 우리가 언제 주님이 헐벗으신 것이나 주리신 것을 보았으며, 목마르신 것을 보고 마시게 했습니까?" 그에 대한 주님의 대답은 이것입니다. "너희가 여기 내 형제 중에 지극히 작은 자 하나에게 한 것이 곧 내게 한 것이니라." 그때의 놀라움이 얼마나 크겠습니까! 그리스도인의 삶은 낭만으로 가득합니다. 우리의 원장原帳은 시효가 끝난 무용지물에 불과합니다. 이제 우리는 하나님 나라에 살고 있고, 하나님은 이런 방식으로 회계하십니다. 전부 은혜로 기재하십니다.

자, 이것은 마지막 원리로 이어집니다. 우리는 모든 것이 은혜로 이루어진다는 이 사실을 인정할 뿐 아니라 기뻐해야 합니다. 처음 온 품꾼들의 비극이 여기 있습니다. 그들은 한 시간밖에 일하지 않은 자들이 자신들처럼 한 데나리온을 받는 모습을 보고 기뻐하기는커녕 원망하고 불평했습니다. 주인의 처사가 불공평하다고, 자신들은 정당한 대우를 받지 못했다고 여겼습니다. 행복한 그리스도인의 삶을 사는 비결은 모든 것이 은혜로 이루어진다는 이 사실을 알고 기뻐하는 것입니다. 주님은 다른 곳에서 말씀하셨습니다. "이와 같이 너희도 명령받은 것을 다 행한 후에 이르기를 우리는 무익한 종이라. 우리가 하여야 할 일을 한 것뿐이라 할지니라"(눅 17:10). 이것이 주님의 관점이자 가르침이며 전적인 비결입니다. 주님도 그렇게 하시지 않았습니까? 사도 바울의 말을 들어 보면 알 수 있습니다. "각각 자기 일을 돌볼 뿐더러 또한 각각 다른 사람들의 일을 돌보아 나의 기쁨을 충만하게 하라. 너희 안에 이 마음을 품으라. 곧 그리스도 예수의 마음이니"(빌 2:4-5). 여러분은 이 말의 의미를 알 것입니다. 주님은 자기 자신을 바라보거나 자기 자신과 자기 유익을 생각하시지 않았습니다. 오히려 자신을 비우시고 영원한 영광의 휘장을 내려놓으셨습니다. 하나님과 동등한 지위를 고수하며 "무슨 일이 있어도 놓지 않겠다"라고 고집하시지 않았습니다. 절대 그러시지 않았습니다. 하나님과 동등한 지위를 버리시고 자신을 낮추시며 자신을 잊으셨습니다. 오직 하나님의 영광만 바라보며 모든 일을 감당하고 견디셨습니다. 아버지가 영광받으시는 일, 사람들이 아버지께 나아가는 일 외에 어떤 것도 중요하게 여기시지 않았습니다. 이것이 비결입니다. 시계도 쳐다보지 말고, 일한 양도 계산하지 말고, 장부도 기재하지 마십시오. 하나님의 영광과 하나님을 위해 일하도록 부름받은 이 특권, 그리스도인이 된 이 특권 외에 다른 것은 다 잊으십시오. 오직 하나님이 우리에게 주신 은혜, 어둠에서 빛으로 옮겨 주신 이 은혜만 기억하십시오.

처음도 은혜요 끝도 은혜입니다. 처음에 우리를 도와주었던 바로 그 은혜가 죽음의 자리에서도 위로와 도움과 힘을 줄 것입니다. 우리가 살아온 모습과 해온 일들이 힘을 주는 것이 아닙니다. 우리 주 예수 그리스도 안에 있는 하나님의 은혜가 힘을 줍니다. 그리스도인의 삶은 은혜로 시작해서 은혜로 지속되고 은혜로 마무리됩니다. 은혜! 이 놀라운 은혜! "내가 나된 것은 하나님의 은혜로 된 것이니……내가 한 것이 아니요 오직 나와 함께하신 하나님의 은혜로라"(고전 15:10).

10
너희 믿음이 어디 있느냐?

하루는 제자들과 함께 배에 오르사 그들에게 이르시되 "호수 저편으로 건너가자" 하시매 이에 떠나 행선할 때에 예수께서 잠이 드셨더니 마침 광풍이 호수로 내리치매 배에 물이 가득하게 되어 위태한지라. 제자들이 나아와 깨워 이르되 "주여, 주여, 우리가 죽겠나이다" 한대 예수께서 잠을 깨사 바람과 물결을 꾸짖으시니 이에 그쳐 잔잔하여지더라. 제자들에게 이르시되 "너희 믿음이 어디 있느냐?" 하시니 그들이 두려워하고 놀랍게 여겨 서로 말하되 "그가 누구이기에 바람과 물을 명하매 순종하는가!" 하더라.

누가복음 8:22-25

이번에는 우리 주와 구주 되신 예수 그리스도께서 제자들에게 던지신 질문에 특히 주의를 환기시키고 싶습니다. 주님은 물으셨습니다. "너희 믿음이 어디 있느냐?" 실제로 저는 영적 침체라는 주제에 대한 고찰의 일환으로, 이 사건 전체에 주의를 환기시키고자 합니다. 앞서 침체의 여러 원인을 살펴보았지만, 주님이 세상에 살면서 사역하시는 동안 일어난 이 특별한 사건이 보여주는 원인이 또 있습니다.

본문에서 다루는 것은 믿음의 본질에 대한 질문 및 문제입니다. 다시 말해서 믿음의 본질을 분명히 모르는 탓에 어려움에 빠져 불행해지는 그리스도인들이 많습니다. 이 말에 "글쎄요, 믿음의 본질을 모르면서 그리스도인이 될 수 있나요?"라고 묻는 이들이 있을 것입니다. 그 질문에 대한 대답은, 우리는 믿음의 은사를 받음으로 그리스도인이 된다는 것입니다. 성령을 통해 믿음의 은사를 받음으로 주 예수 그리스도를 믿고 구원받습니다. 그렇기 때문에 구원받았다고 해서 믿음의 본질을 충분히 이해했다고 볼 수는 없습니다. 믿음의 은사를 통해 진정으로 구원받고 참된 그리스도인이 된 이후에도 믿음이 과연 무엇인지 이해하지 못하는 탓에 영적인 생활에서 곤경에 빠지는 경우가 생깁니다. 하나님은 믿음을 은사로 주십니다. 그러나 그다음부터 우리가 해야 할 일들이 있습니다.

매우 인상적인 이 사건은 처음에 받은 믿음의 은사와 그 후에 이어지는 믿음의 삶 내지는 믿음의 길을 구분하는 일이 얼마나 중요한지 잘 보여줍니다. 그리스도인의 삶을 시작하게 하시는 분은 하나님이지만, 그 길을 걸어야 할 장본인은 우리입니다. 이제부터 다룰 주제는 "이는 우리가 믿음으로 행하고 보는 것으로 행하지 아니함이로라"라는 것입니다(고후 5:7).

이 주제를 본격적으로 다루기 전에 이 중대한 사건 자체에 대해 할 말이 있습니다. 이것은 여러 가지 면에서 아주 흥미롭고 중요한 사건입니다. 예컨대 우리는 이 사건에서 주님의 위격에 대한 여러 가지 사실들을 발견하게 되며, 주 예수 그리스도의 위격에 나타나는 외견상의 모순과 역설에 직면하게 됩니다. 그렇습니다. 주님은 지치고 피곤하셨습니다. 금세 잠이 들 정도로 피곤하셨습니다. 이른바 공관복음으로 불리는 마태복음, 마가복음, 누가복음이 공히 기록하고 있는 이 사건은 주 예수 그리스도의 위격을 이해하는 데 매우 중요한 역할을 합니다. 주님을 보십시오. 인간적 면모가 여실히 드러나고 있습니다. 얼마나 지치고 피곤하고 고단했던지 금세 잠이 드셨을 뿐 아니라 그렇게 광풍이 휘몰아치는데도 깨지 않고 계속 주무셨습니다. 그는 이처럼 약해질 수 있는 존재였습니다. 다른 인간들처럼 살과 몸을 가진 존재였습니다. 아, 그렇습니다. 하지만 잠시만 기다리십시오. 제자들은 주님을 찾아가 깨우며 말했습니다. "선생님이여, 우리가 죽게 된 것을 돌보지 아니하시나이까?"(막 4:38) 그러자 주님이 일어나 바람과 물결을 꾸짖으셨고, 그 즉시 바람이 그치며 바다가 잔잔해졌습니다. 다른 복음서 기자는 "아주 잔잔하여"졌다고 묘사합니다(막 4:39). 제자들이 그것을 보고 기이히 여기며 "그가 누구이기에 바람과 물을 명하매 순종하는가!"라고 말한 것도 놀랄 일이 아닙니다. 그는 인간이면서 또한 분명히 하나님이십니다. 광풍에 명령하실 수 있는 분, 바람을 잠잠케 하실 수 있는 분, 노한 바다를 잔잔케 하실 수 있는 분입니다. 자연과 피조 세계의 주인이요 우주의 주인입니다. 이것이 예수 그리스도의 신비요 경이입니다. 그는 하나님이시며 또한 인간입니다. 두 본성이 한 위격 안에 공존하고 있습니다. 섞이지 않는 두 본성이 동일한 인격 안에 공존하고 있습니다.

이것이 우리의 출발점입니다. 이 사실을 분명히 모르면서 계속 고찰해 나가는 것은 무의미한 일입니다. 주 예수 그리스도의 유일무이한 신성을 믿지 않는 사람은 다른 것은 몰라도 그리스도인은 될 수 없습니다. 우리는 단순히 선한 인물을 살펴보려는 것이 아닙니다. 인류 역사상 가장 위대한 스승에게 관심을 보이는 것이 아닙니다. 영원한 아들이신 성자 하나님이 실제로 이 세상에서 사셨다는 사실, 인간의 본성을 입고 우리 가운데 거하셨다는 사실 앞에 서 있는 것입니다. 인간으로서, 신인神人으로서 인간 가운데 거하셨다는 사실 앞에 서 있는 것입니다. 성육신과 동정녀 탄생의 신비와 경이 앞에 서 있는 것입니다. 그 모든 사실이 이 한 사건에 담겨 있습니다. 충만하고 놀라운 영광 가운데 빛나고 있습니다. 제자들은 "이 사람이 대체 누구인가?"라고 물었습니다. 그는 인간을 뛰어넘는 존재입니다. 이것이 대답입니다. 인간이면서 또한 하나님이십니다.

그러나 저는 이 사건의 특별한 목적이 이 사실을 가르치려는 데 있다고는 생각지 않습니다. 이것은 성경의 다른 책들도 계시하는 사실이요 복음서 전체에서 빛나고 있는 사실입니다. 각 사건들은 이 사실을 계시하는 동시에 대개의 경우 저마다 특별하고 특수한 메시지를 가르치고 있습니다. 그런데 오늘 이 사건이 가르치는 메시지는 제자들의 상태에 대한 교훈-믿음, 믿음의 본질, 믿음의 성격에 대한 교훈-인 것이 분명합니다. 여러분은 어떤지 모르겠지만, 저는 제자들에게 한없는 감사를 느낍니다. 그들이 저지른 모든 실수와 그들이 범한 모든 과실이 이렇게 기록되어 있는 것에 감사를 느낍니다. 저는 그들에게서 저 자신의 모습을 발견합니다. 하나님이 이렇게 성경을 주신 것, 단순히 복음만 주시는 데서 그치지 않은 것이 얼마나 감사한지 모릅니다. 성경 이야기에서 자신의 모습을 찾아볼 수 있다는 것은 참으로 놀라운 일입니다. 거룩한 영감으로 기록된 말씀, 진리를 전해 주는 말씀이 이처럼 인간의 모든 연약함 또한 그려 주고 보여주는 것이 얼마나 감사한 일인지 모릅니다.

주님은 제자들을 꾸짖으십니다. 믿음 없이 불안과 공포에 떠는 제자들을 꾸짖으십니다. 주님과 함께 배를 타고 가는데 광풍이 불었고, 그들은 곧 어려움에 빠졌습니다. 도저히 퍼낼 수 없을 정도로 물이 들어차 금세 가라앉을 지경이 되었습니다. 제자들은 할 수 있는 일을 다 했지만 소용이 없었습니다. 그런데 어이없게도 주님은 여전히 뱃고물에서 깊이 주무시고 계셨습니다. 그들은 주님을 깨우며 말했습니다. "선생님이여, 우리가 죽게 된 것을 돌보지 않으십니까? 그렇게 무심하셔도 되는 겁니까?" 그러자 주님이 일어나 바람과 물결을 꾸짖으셨습니다. 그리고 제자들도 꾸짖으셨습니다.

이 일을 주의 깊게 관찰하면서 주님이 대체 무엇을 꾸짖으셨는지 알아볼 필요가 있습니다. 주님은 먼저 왜 이런 상태가 되었느냐고 꾸짖으십니다. "너희 믿음이 어디 있느냐?"라고 질책하십니다. 마태는 "믿음이 작은 자들아!"라고 하셨다고 기록합니다. 다른 곳에서도 그러셨듯이 주님은 "그들이 믿지 않음을 이상히 여기셨"습니다(막 6:6). 주님이 배에 함께 계신데도 그렇게까지 동요하며 불안과 공포에 떠는 것을 꾸짖으셨습니다. 이것이 우리 자신에게 적용하고 서로에게 적용해야 할 첫 번째 중대한 교훈입니다. 그리스도인이 이런 상태에 빠지는 것은 큰 잘못입니다. 어떤 상황이 닥치든 마찬가지입니다. 그리스도인은 절대 동요해서는 안되며, 정신과 이성과 분별력을 잃어서도 안 됩니다. 이것이 첫 번째 교훈입니다. 이 점은 전에도 강조한 바 있습니다. 이것은 신약성경의 핵심적인 가르침입니다. 그리스도인은 절대 세상 사람들처럼 침체하거나 동요하거나 불안해하거나 정신을 잃거나 어쩔 줄 모르면 안 됩니다. 그것은 비그리스도인들이 곤경에 처했을 때 보이는 전형적인 반응입니다. 그렇기 때문에 잘못이라는 것입니다. 그리스도인은 비그리스도인과 구별된 자들입니다. 그들이 갖지 못한 것을 가진 자들입니다. 사도 바울은 빌립보서 4장에서 이상적인 그리스도인의 모습을 완벽하게 묘사하고 있습니다. "어떠한 형편에든지 나는 자족하기를 배웠노니……내게 능력 주시는 자 안에서 내가 모든 것을 할 수 있느니라"(11-13절). 이것이 그리스도인의 위치입니다. 그리스도인은 이런 위치에 있어야 합니다. 어떤 종류의 감정이든, 감정에 휘둘리면 안 됩니다. 절대 안 됩니다. 그리스도인이 감정에 휘둘리는 것은 어떤 경우에도 잘못입니다. 그리스도인은 항상 자신을 잘 통제해야 합니다. 이제부터 이 점을 설명해 보겠습니다. 제자들의 문제는 자신들을 통제하지 못한 데 있었습니다. 그래서 하나님의 아들이 배에 함께 타고 계신데도 비참해지고 불행해졌으며 불안해하고 동요했습니다. 이 점은 아무리 강조해도 지나치지 않습니다. 그리스도인은 어떤 상황에서도 자제력을 잃고 동요하거나 불안과 공포에 떨면 안 된다는 것을 간단한 명제로 제시하고 싶습니다. 이것이야말로 우리가 배워야 할 첫 번째 교훈인 것이 분명합니다. 제자들은 불안한 상황에 처해 있었습니다. 언제 물에 빠져 죽을지 몰랐습니다. 그러나 주님은 "어떤 경우에도 너희는 이런 상태에 빠지면 안 된다. 아무리 위험해도 내 제자들은 이런 상태에 빠지면 안 된다"라고 하십니다.

이것이 첫 번째 중대한 교훈입니다. 이제 두 번째 교훈을 말씀드리겠습니다. 이런 상태에 빠진다는 것은 주님을 믿고 신뢰하지 못한다는 뜻이라는 점에서 잘못입니다. 이것이 제자들의 문제이자 주님이 책망하신 이유였습니다. 이 때문에 주님은 제자들을 꾸짖으셨습니다. 요컨대 "내가 너희와 함께 있는데도 그렇게 두려우냐? 너희는 나를 신뢰하지 못하느냐?"라는 것입니다. 마가는 제자들이 "선생님이여, 우리가 죽게 된 것을 돌보지 아니하시나이까?"라고 말했다고 기록합니다. 저는 그들이 단순히 자신들과 자신들의 안전만 염려해서 이 말을 했다고는 생각지 않습니다. 그 정도로 자기중심적이지는 않았을 것입니다. 주님의 존재는 까맣게 잊은 채 오로지 **자신들만** 물에 빠져 죽을까 봐 염려하지는 않았을 것입니다. 주님과 자신들을 다 염려해서 "선생님이여, 우리가 죽게 된 것을 돌보지 아니하시나이까?"라고 했을 것입니다. 그럼에도 이 정도로 동요하고 불안해했다는 것은 주님을 믿고 신뢰하지 못했다는 뜻입니다. 주님이 자신들을 염려하시며 돌보신다는 사실을 믿지 못했다는 뜻입니다. 주님이 자신들을 돌보시지도 않고 무슨 조처를 취하실 수도 없는 것 같으니 자신들이 나서서 상황을 해결해야 한다고 생각했다는 뜻입니다. 그래서 이런 상태에 빠지는 일이 그토록 무서운 것입니다. 그런데 우리가 이 일의 무서움을 항상 인식하는지 모르겠습니다. 객관적으로 제자들을 보면 문제가 명확히 보입니다. 세상 사람들이 동요하고 흔들리며 어쩔 줄 모르고 긴장하는 우리를 보고 "저 사람은 자기 주님을 별로 믿지 못하는군. 결국 그리스도인도 나을 게 하나도 없네. 저 사람을 보니 기독교도 별게 아니야"라고 말하는 것은 당연한 일입니다. 전시에 우리는 예외적인 방식으로 이 시험을 거쳤습니다. 그러나 평화로운 요즘도 문제와 어려움에 반응하고 대처하는 모습을 통해, 우리가 정말 주님을 믿고 의지하는 사람들인지 아닌지 세상에 보여주고 있습니다. 저는 이 두 가지가 이 사건의 표면에 드러나는 중대한 교훈이라고 생각합니다. 어떤 상황에서도 절대 동요하거나 흔들리면 안 됩니다. 그것은 복되신 우리 주님과 하나님을 믿지 못하고 신뢰하지 못하며 의지하지 못한다는 뜻입니다.

이제 본문을 자세히 살펴보는 가운데 이 사건이 가르치는 일반적인 원리들과 중대한 교훈을 찾아봅시다. 믿음의 문제를 다루면서 첫 번째로 하고 싶은 말은 이른바 '믿음의 시련'에 대한 것입니다. 성경 전체가 이에 대해 가르치고 있습니다. 히브리서 11장을 보십시오. 11장은 어떤 의미에서 이 주제를 강해하는 중대한 본문이라고 할 수 있습니다. 11장에 나오는 인물들은 다 시험을 거쳤습니다. 그들은 하나님께 큰 약속을 받고 그 약속을 믿었습니다. 그런데 상황은 오히려 반대로 흘러가는 것 같았습니다. 모든 인물이 그랬습니다. 노아와 아브라함과 야곱이 겪은 시련을 보십시오. 특히 모세가 겪은 시련을 보십시오. 하나님은 우리에게 믿음의 은사를 주시지만, 그 믿음은 시험을 거치게 되어 있습니다. 베드로도 첫 번째 서신 1장에서 정확히 같은 말을 하고 있습니다. "잠깐 근심하게 되지 않을 수" 없는 상황이 생기는 데는 목적이 있다는 것입니다. "너희 믿음의 확실함[시련]은 불로 연단하여도 없어질 금보다 더 귀하여 예수 그리스도께서 나타나실 때에 칭찬과 영광과 존귀를 얻게 할 것이니라"(6-7절). 이것은 성경 전체의 주제이기도 합니다. 족장들의 역사와 구약 성도들의 이야기에도 나오고, 신약성경에도 계속 나옵니다. 특히 성경 마지막 책인 계시록이 다루는 주제가 바로 이것입니다.

이 점을 분명히 합시다. 믿음은 시험을 거치게 되어 있다는 이 사실을 알고 출발해야 합니다. 하나님은 광풍과 시련을 허락하십니다. 그리스도께 나아가기만 하면 평생 아무 걱정거리가 생기지 않는다는 전제하에 그리스도인의 삶을 살아가려 하거나 실제로 살아가는 사람은 무서운 오류에 빠져 있는 것입니다. 그것은 착각입니다. 진실이 아닙니다. 믿음은 시험을 거치게 되어 있습니다. 야고보는 "여러 가지 시험[시련]을 당하거든 온전히 기쁘게 여기라"라고까지 말합니다(약 1:2). 하나님은 광풍을 허락하시고 어려움을 허락하십니다. 바람이 불게 하시고 물결이 일게 하십니다. 모든 상황이 반대로 흘러가는 것 같을 수도 있고 실제로 위험에 처하게 될 수도 있습니다. 하나님은 그 백성을 "포학한 운명의 돌팔매와 화살"이* 없는 일종의 낙원으로 이끄시지 않는다는 사실부터 배우고 알아야 합니다. 그렇습니다. 우리도 남들과 똑같이

---

* 「햄릿」 3막 1장.

살아갑니다. 실제로 사도 바울은 여기에서도 더 나아가는 것 같습니다. 그는 빌립보 교인들에게 말합니다. "그리스도를 위하여 너희에게 은혜를 주신 것은 다만 그를 믿을 뿐 아니라 또한 그를 위하여 고난도 받게 하려 하심이라"(빌 1:29). 주님도 "세상에서는 너희가 환난을 당하나 담대하라. 내가 세상을 이기었노라"라고 하셨습니다(요 16:33). "담대하라." 그렇습니다. 담대하십시오. 환난이 있다는 사실을 기억하십시오. 전도여행을 떠난 바울과 바나바는 각 교회를 방문하여 "우리가 하나님의 나라에 들어가려면 많은 환난을 겪어야 할 것이라"라고 경고했습니다(행 14:22).

이와 관련하여 "미리 경계하는 것이 미리 무장하는 길"임을 알고 출발해야 합니다. 그리스도인의 삶을 마술처럼 생각하면 반드시 곤경에 빠지게 됩니다. 어려움이 닥칠 때 "왜 이런 일을 허락하셨나요?"라고 묻고 싶은 유혹을 받게 됩니다. 그러나 그런 질문은 절대 하지 말아야 합니다. 이 기본 진리를 아는 사람은 그런 질문을 하지 않습니다. 주님은 잠자러 가셨고, 광풍을 허용하셨습니다. 그리스도인이라도 절망적인 상황에 처할 수 있고, 목숨이 위태로운 지경에 빠질 수 있습니다. 사방의 모든 것이 대적하는 듯한 형편에 처할 수 있습니다. 그러나 이 그리스도인 시인의 말을 들어 보십시오.

> 모든 것이 우리를 대적하는 듯
> 절망으로 몰고 갈 때에도

그때에도 그는 절망하지 않고 이렇게 고백합니다.

한 문은 열려 있음을 아나이다.

한 귀는 우리 기도 듣고 계심을 아나이다.

— 오스월드 앨런Oswald Allen

그리스도인도 절망적인 상황에 처할 수 있습니다. "모든 것이 우리를 대적하는 듯 절망으로 몰고 갈 때에도." 그때를 미리 대비합시다. 그렇습니다. 단순히 대비하는 데서도 더 나아가야 합니다. 이런 상황에 처하면 주님이 한없이 무심해 보일 수 있습니다. 이 지점에서 믿음의 시련이 발생합니다. 바람과 물결이 심해지면서 제자들이 탄 배에 물이 들어찼습니다. 물론 그 상황 자체도 무서웠지만, 그보다 더 무서운 것은 주님의 무심함이었습니다. 잠만 주무시고 자신들을 돌보시지 않는 것 같았습니다. "선생님이여, 우리가 죽게 된 것을 돌보지 아니하시나이까?" 이럴 때 주님은 한없이 무심해 보입니다. 우리에게도, 주님 자신에게도, 주님의 대의나 나라에도 아무 관심이 없으신 것 같습니다. 제자들이 어떤 심정이었을지 상상해 보십시오. 그들은 주님을 따라 여기까지 왔습니다. 하나님 나라가 도래했다는 가르침을 듣고 친히 기적을 행하시는 현장을 보면서, 놀라운 일들이 일어날 것을 기대했습니다. 그런데 그 모든 기대가 파선과 익사로 무너질 판이 되었습니다. 주님의 무심함 때문에 파국을 맞게 된 것입니다! 이런 경험을 한 번도 해보지 못한 그리스도인은 아직 어린 것입니다. 이런 시련과 어려움이 어떤 것인지, 하나님이 전혀 돌보시지 않는 듯한 답답함이 어떤 것인지 우리 모두 알고 있지 않습니까? 하나님이 아무런 조처도 취하시지 않습니다. 많은 이들이 "나는 그리스도인인데 왜 비그리스도인한테 이렇게 고난을 당해야 할까요?"라고 묻습니다. "남들은 다 잘 풀리는데 왜 나만 이렇게 일이 꼬일까요?", "저 사람은 성공하는데 왜 나만 실패할까요? 하나님은 왜 이런 상황에서 아무런 조처도 취하시지 않을까요?"라고 묻습니다. 그리스도인들이 이런 질문을 던질 때가 얼마나 많은지 모릅니다. 오늘날 교회의 전체적인 상태에 대해서도 같은 질문을 던집니다. "왜 부흥을 주시지 않을까요? 왜 이성주의자들과 무신론자들이 우위를 점하게 하실까요? 왜 이런 상황에 개입하고 행동하심으로 하나님의 일을 부흥시키시지 않을까요?"라고 묻습니다. 배에 탄 제자들처럼 이런 질문을 던지고 싶을 때가 얼마나 많은지 모릅니다!

이처럼 하나님이 어려움을 허락하실 뿐 아니라 더없이 무심해 보일 때가 많다는 사실 때문에 제가 말한 믿음의 시련이 발생합니다. 이런 상황에 처할 때 우리의 믿음은 시험을 받고 시련을 겪습니다. 하나님은 이런 상황이 벌어지도록 허락하시며 용인하십니다. 그래서 야고보가 이런 상황이 닥칠 때 오히려 "기쁘게 여기라"라고 한 것입니다. 믿음의 시련은 성경의 중대한 주제입니다. 그러나 오늘날에는 이 주제를 다루는 경우가 거의 없지 않습니까? 17세기나 18세기로만 거슬러 올라가도 이 주제를 익히 다루었던 것을 알 수 있습니다. 여러 가지 면에서 이것이야말로 청교도들이 다룬 중심 주제였다고 저는 생각합니다. 18세기 복음주의 각성 운동에서 두드러지게 부각된 주제도 분명 이것이었습니다. 그들은 믿음의 시련과 그것을 극복하는 방법, 믿음의 길, 믿음의 삶이라는 주제를 지속적으로 다루었습니다.

이제 두 번째 질문을 던져 봅시다. 믿음의 본질, 믿음의 성격은 무엇일까요? 이 사건이 무엇보다 특별하게 전하는 메시지가 이것입니다. 저는 특히 누가복음의 기록이 이 메시지를 잘 보여준다고 생각합니다. 그래서 누가복음을 본문으로 삼고 주님의 질문-"너희 믿음이 어디 있느냐?"-을 강조하는 것입니다. 이 질문에 모든 문제의 열쇠가 있습니다. 여러분도 여기에 주목했을 것입니다. 주님이 이런 질문을 하셨다는 것은 제자들에게 이미 믿음이 있다는 사실을 잘 알고 계셨다는 뜻입니다. 주님은 물으십니다. "너희 믿음이 어디 있느냐? 너희는 분명히 믿음이 있지 않느냐? 그 믿음이 지금 어디 있느냐? 분명히 있어야 할 믿음이 어디로 갔느냐?" 이 질문은 믿음의 본질을 이해하는 열쇠를 제공합니다.

먼저 소극적인 차원에서 설명해 보겠습니다. 첫째로, 믿음은 단순한 감정이 아닌 것이 분명합니다. 어려운 상황이 닥치면 쉽게 변하는 감정은 믿음이 될 수 없습니다. 그리스도인은 상황이 나빠져도 낙담하면 안 됩니다. 성경은 오히려 "기뻐하라"라고 합니다. 행복은 감정이지만, 기쁨은 감정보다 훨씬 더 큰 것입니다. 믿음이 단순한 감정이라면, 상황이 악화되고 감정이 변하면서 사라져 버릴 것입니다. 그러나 믿음은 단순한 감정이 아니라 정신과 지성과 지각을 포함한 전인을 요구하는 것입니다. 이제부터 살펴보겠지만, 진리에 전인으로 반응하는 것입니다.

둘째 요점이 훨씬 더 중요합니다. 믿음은 저절로 작동하거나 마술처럼 작동하지 않습니다. 인생의 어느 시점에서든 이런 오해에 빠진 적이 다들 있으리라 생각합니다. 믿음이 저절로 작동한다고 생각하는 것입니다. 마치 난방 기구의 온도조절장치 비슷한 것으로 생각하는 경우가 많습니다. 일정한 온도만 맞추어 놓으면 자동적으로 조절장치가 작동해서 그 온도를 유지하리라 기대합니다. 온도가 지나치게 올라가도 조절장치가 작동하고, 온도가 지나치게 내려가도 조절장치가 작동합니다. 내가 따로 무슨 조처를 취하지 않아도 조절장치가 자동적으로 작동해서 원하는 온도를 유지해 줍니다. 믿음도 그렇게 저절로 작동한다고 생각하는 듯한 이들이 많습니다. 무슨 일이 생겨도 믿음이 저절로 작동해서 잘 해결해 주리라 기대하는 것입니다. 그러나 믿음은 그렇게 자동적으로, 마술적으로 작동하지 않습니다. 정말 그렇다면 아무도 어려움에 빠지지 않을 것입니다. 믿음이 저절로 작동해서 마음을 차분하게 가라앉혀 주고 평안하게 만들어 줄 것입니다. 그러나 믿음은 그렇게 작동하지 않습니다. 그것은 믿음에 대한 심각한 오해입니다.

그렇다면 믿음이란 무엇일까요? 적극적인 측면에서 살펴봅시다. 본문이 가르치는 원리는, 믿음은 행동이라는 것입니다. 실천해야 할 행동이라는 것입니다. 저절로 작동되지 않는다는 것입니다. 저와 여러분이 작동시켜야 한다는 것입니다. 믿음은 행동입니다.

좀 더 세분해서 살펴보겠습니다. 믿음은 저와 여러분이 작동시켜야 하는 것입니다. 주님이 제자들에게 하신 말씀이 바로 이것입니다. "너희 믿음이 어디 있느냐?"라는 것은 "왜 너희 믿음을 써서 이 상황에 적용하지 않느냐?"라는 뜻입니다. 보다시피 제자들은 믿음을 적용하지 않았기 때문에, 믿음을 작동시키지 않았기 때문에 불행해졌고 실망에 빠졌습니다. 그렇다면 어떻게 믿음을 적용해야 할까요? 믿음을 적용해야 한다는 말이 대체 무슨 뜻일까요? 다음과 같이 나누어 대답할 수 있습니다. 첫째는 어려운 상황이 닥쳤을 때 그 상황이 나를 통제하지 못하게 하는 것입니다. 이것은 소극적인 방법입니다. 제자들과 함께 배에 타신 주님은 주무시고 계셨고, 물결은 계속 높아지면서 미처 퍼내지 못할 만큼 빠르게 들어차고 있었습니다. 언제 배가 가라앉을지 알 수 없었습니다. 제자들의 문제는 그 상황에 통제당했다는 것입니다. 그들은 믿음을 적용해서 상황의 주도권을 잡았어야 했습니다. "아니, 우리는 공황상태에 빠지지 않겠다"라고 했어야 합니다. 그렇게 믿음을 적용했어야 합니다. 그러나 그러지 못했습니다. 오히려 상황에 통제당했습니다.

믿음은 공황상태에 빠지길 거부하는 것입니다. 이 정의가 마음에 듭니까? 영적인 정의라기보다는 세상적인 정의 같지 않습니까? 그러나 믿음의 핵심이 여기 있습니다. 무슨 일이 닥치든 공황상태에 빠지길 거부해야 합니다. 저는 브라우닝Robert Browning도 같은 개념을 가지고 있었다고 생각합니다. 그는 믿음을 이렇게 정의합니다. "나에게 믿음이란 미가엘이 뱀을 발로 밟듯이 불신앙을 영원히 침묵시키는 것일세."* 미가엘이 뱀을 밟고 있습니다. 아무 소리도 내지 못하도록 발로 짓누르고 있습니다. 믿음이란 이처럼 불신앙을 침묵시키는 것이며 굴복시키는 것입니다. 그런데 제자들은 그러지 못하고 오히려 상황에 매몰되어 공황상태에 빠져 버렸습니다. 믿음은 그렇게 되기를 거부하는 것입니다. "나는 이 상황에 통제당하지 않겠다. 오히려 내가 이 상황을 통제하겠다"라고 하는 것입니다. 내가 상황의 주도권을 잡는 것이고 나를 추스르며 통제하는 것입니다. 나를 방치하지 않고 주장하는 것입니다.

이것이 첫째로 해야 할 일입니다. 그러나 이것만으로는 안 됩니다. 이것만으로는 불충분합니다. 단순히 체념하는 데 그칠 수 있기 때문입니다. 이것은 믿음의 전부가 아닙니다. 첫걸음을 뗀 후에, 자신을 추스른 후에, 적극적으로 자신이 믿는 바와 아는 바를 상기해야 합니다. 어

---

* 브라우닝, 「블로그램 주교의 변명Bishop Blougram's Apology」

리석은 제자들은 이 일 또한 하지 못했습니다. 그들이 잠시 멈추어 서서 다음과 같이 말했다면 얼마나 좋았겠습니까? "그래서 어쨌단 말인가? 주님과 우리가 빠져 죽을 리가 있겠는가? 주님은 능치 못하실 일이 없는데? 우리는 주님이 기적을 행하시는 걸 봤다. 물로 포도주를 만드시고, 눈먼 자와 저는 자를 고치시며, 죽은 자까지 살려 내신 분이 이렇게 다 같이 빠져 죽도록 내버려 두실 리가 있겠는가? 절대 그럴 리 없다! 어떤 경우에도 주님은 우리를 사랑하시고 돌보신다. 우리 머리털까지도 세신다고 했잖는가!" 이것이 믿음의 추론 방식입니다. "그렇다. 나도 파도와 물결이 몰아치는 게 보인다. 하지만……"이라고 말하는 것입니다. "하지만"이라는 단서를 항상 붙이는 것입니다. 이것이 믿음입니다. 진리를 붙잡고, 자신이 사실이라고 믿는 바에 근거하여 추론하는 것입니다. 이것이 믿음을 적용하는 방법입니다. 제자들은 이렇게 하지 못해서 동요했고 공황상태에 빠졌습니다. 저와 여러분도 이렇게 하지 못하면 동요하며 공황상태에 빠질 것입니다. 어떤 상황이 닥쳐도 잠시 멈추어 서서 기다리십시오. "나도 상황이 어렵다는 것은 인정한다. 하지만……"이라고 말하십시오. "하지만" 어떻다는 것입니까? 하나님이 계신다는 것입니다! 주 예수 그리스도가 계신다는 것입니다! 또 무엇을 생각해야 합니까? 내가 구원받은 자라는 것을 생각해야 합니다! 믿음은 이렇게 하는 것입니다. "모든 것이 나를 대적하는 듯 절망으로 몰고 갈 때에도", 도대체 상황이 어떻게 돌아가는지 이해가 되지 않을 때에도, 구원받은 자라는 자신의 정체성을 기억하는 것입니다. 하나님이 나를 사랑해서 독생자를 세상에 보내 주셨음을 기억하고, 내가 아직 원수였을 때 날 위해 아들을 갈보리 십자가에서 죽게 하신 일을 기억하는 것입니다. 내가 아직 원수였을 때, 반역하는 외인이었을 때 그렇게 하셨다는 사실을 기억하는 것입니다. 하나님의 아들이 "나를 사랑하사 나를 위하여 자기 자신을 버리신 것"을 기억하는 것입니다(갈 2:20). 그의 피 값으로 내가 구원받아 하나님의 자녀가 되고 영원한 지복의 후사가 되었다는 사실을 기억하는 것입니다. 이 모든 사실을 기억하는 것입니다. 그렇습니다. 나는 "우리가 원수되었을 때에 그의 아들의 죽으심으로 말미암아 하나님과 화목하게 되었은즉 화목하게 된 자로서는 더욱 그의 살아나심으로 말미암아 구원을 받을 것"이라는 사실을 압니다(롬 5:10). 이것은 필연적인 논리입니다. 믿음은 이 논리에 따라 주장하는 것입니다. 성경이 말하는 바 "보배롭고 지극히 큰 약속"을 상기하는 것입니다(벧후 1:4). "지금까지 날 이끌어 주신 하나님이 이제 와서 저버리실 리가 없다. 그것은 불가능한 일이요 하나님의 성품에 어긋나는 일이다"라고 말하는 것입니다. 상황에 통제당하길 거부하며, 자신이 믿는 바와 아는 바를 상기하는 것입니다.

다음 단계로, 믿음은 이 모든 사실을 자신의 상황에 적용하는 것입니다. 제자들은 이 일 또한 하지 못했습니다. 그래서 주님은 "너희 믿음이 어디 있느냐?"라고 꾸짖으셨습니다. "너희에게는 믿음이 있다. 그런데 왜 적용하지 않느냐? 왜 너희가 아는 바를 이 상황과 문제에 적용하지 않느냐?"라고 꾸짖으셨습니다. 믿음을 적용하는 다음 단계가 바로 이것입니다. 지금 어떤 상황에 처했든지, 하나님과 자신의 관계에 대해 알고 있는 진리를 적용하십시오. 그러면 여러분에게 해로운 일은 절대 허용하시지 않는다는 사실을 너끈히 알게 될 것입니다. "하나님을 사랑하는 자 곧 그의 뜻대로 부르심을 입은 자들에게는 모든 것이 합력하여 선을" 이룬다는 사실을 알게 될 것입니다(롬 8:28). 여러분의 머리털 하나도 상치 않게 지키신다는 사실, 그 영원한 사랑으로 사랑해 주신다는 사실을 알게 될 것입니다. 이것은 여러분에게 일어나는 모든 일을 이해하게 된다는 말이 아닙니다. 그런 일들이 일어난 이유는 다 모를 수 있습니다. 그럼에도 하나님이 무심하시지 않다는 사실은 확실히 알게 됩니다. 우리에게 무심하시려야 무심하실 수가 없습니다. 우리를 위해 가장 큰일을 해주신 분이 다른 일들을 돌보아 주시지 않을 리가 없습니다. 구름에 가려 하나님의 얼굴이 보이지 않을 때에도 우리는 그가 계신 것을 압니다. "찌푸린 섭리 뒤에 웃는 얼굴 감추고 계시네."* 이 사실을 붙잡으십시오. 여러분은 하나님의 웃음을 볼 수 없다고 말합니다. 저도 세상 구름이 하나님의 얼굴을 가릴 때가 있음을 인정합니다. 그럼에도 그는 분명히 계시며, 궁극적으로 우리에게 해로운 일이 일어나지 않도록 막아 주십니다. 하나님이 허용하시지 않는 일은 일어나지 않습니다. 그러므로 무슨 일이든, 큰 실망이든 질병이든 비극적인 사건이든 궁극적으로 우리에게 유익하기 때문에 허용하신 것임을 확신할 수 있습니다. "무릇 징계가 당시에는 즐거워 보이지 않고 슬퍼 보이나 후에 그로 말미암아 연단받은 자들은 의와 평강의 열매를 맺느니라"(히 12:11).

믿음은 이렇게 작동합니다. 그 믿음을 써야 할 장본인은 저와 여러분입니다. 믿음은 저절로 작동하지 않습니다. 우리 자신이 적용해야 합니다. "그렇다. 내가 하나님에 대해 알고 있는 사실은 이것이다. 이 진리를 내 상황에 적용해 볼 때, 이 일은 내가 생각하듯이 그렇게 나쁜 것일 리가 없다. 틀림없이 다른 이유가 있을 것이다"라고 해야 합니다. 그

---

* 찬송가 80장. 우리 찬송가에는 이 부분이 포함되어 있지 않다.

러면 결국 그 일에 하나님의 은혜로운 목적이 있음을 알게 됩니다. 이렇게 믿음을 적용하는 사람은 기다립니다. 흔들리지 않습니다. 원수가 다가와 공격하고 배 안에 물이 들어차도 "괜찮아. 더 나빠져도 상관없어"라고 말합니다. 믿음에 굳게 서 있습니다. 자기 자신에게 "난 이 진리를 믿는다. 이 진리를 의지한다. 이 진리를 확신한다. 왜 내게 이런 일이 일어났는지는 몰라도 이 진리를 붙잡겠다!"라고 말합니다.

이제 마지막 요점이자 세 번째 원리를 말씀드리겠습니다. 그것은 약한 믿음, 작은 믿음도 소중하다는 것입니다. 지금까지 우리는 믿음의 시련과 본질을 살펴보았습니다. 이제 마지막으로, 가장 약하고 작은 믿음의 소중함에 대해 말씀드리고자 합니다. 제자들의 믿음은 빈약하고 보잘것없고 불완전했습니다. 그럼에도 마지막 순간에 옳은 일을 할 정도는 되었습니다. 그들은 주님께 나아갔습니다. 불안하고 괴롭고 무섭고 기진한 모습 그대로 주님께 나아갔습니다. 그래도 주님은 무언가 하실 수 있으리라 생각하며 그를 깨웠습니다. "선생님, 어떻게 좀 해주십시오" 하고 매달렸습니다. 아주 빈약하고 미약한 믿음이었지만, 감사하게도 그 또한 믿음이었습니다. "겨자씨만 한" 믿음도 우리를 주님께 나아가게 한다는 점에서 소중합니다. 실제로 주님께 나아가 보면 그 믿음이 얼마나 소중한지 알 수 있습니다. 물론 주님은 실망하실 것이고, 그 실망감을 감추시지 않을 것이며, 우리를 책망하실 것입니다. "왜 미루어 생각해 보지 않고 믿음을 적용하지 않았느냐? 왜 세상 사람들 앞에서 불안해하며 믿지 않는 자처럼 행동했느냐? 왜 마땅히 적용해야 할 믿음을 적용하지 않았느냐? 태풍과 광풍 가운데서도 장부답게 버티는 네 모습을 보았다면 정말 기뻤을 텐데, 오, 왜 그러지 않았느냐?" 하실 것입니다. 이렇게 실망감을 나타내시며 우리를 책망하실 것입니다. 그러나 그의 이름을 찬양하십시오. 그러면서도 그는 우리를 받아 주실 것입니다. 내치시지 않을 것입니다. 제자들을 내치시지 않고 받아 주신 것처럼 우리도 받아 주실 것입니다. 그렇습니다. 우리를 받아 주실 뿐 아니라 축복하시며 평안을 주실 것입니다. "바람과 물결을 꾸짖으시니 이에 그쳐 잔잔하여지더라." 제자들에게 믿음이 없었음에도 주님은 그들이 그토록 원하던 일을 해주셨습니다. 저와 여러분이 믿고 따르는 주님은 이렇게 은혜로우신 분입니다. 자주 우리에게 실망하시고 우리를 책망하시지만, 절대 모른 척하시지는 않습니다. 우리를 받아 주시고 축복하시며 평안을 주십니다. 제자들에게 해주신 일을 우리에게도 해주십니다. 주님은 평안만 주신 것이 아니라 자신이 어떤 분인지 더 잘 알려 주셨습니다. 제자들은 그의 엄청난 능력을 보고 크게 놀라며 기이히 여겼습니다. 이를테면 그 모든 축복 위에 주님을 더 알게 되는 축복까지 받은 것입니다.

지금 시련과 고난과 시험 중에 있다면, 여러분의 믿음을 입증하고 내보이고 나타냄으로써 주님의 크고 거룩한 이름에 영광을 돌릴 놀라운 기회로 삼으십시오. 혹시 그 일에 실패했다면, 그렇게 믿음을 적용할 만큼 굳세지 못하다면, 그래서 마귀와 지옥과 세상에 온통 둘러싸여 공격당하고 있다면, 그 즉시 주님께 달려가십시오. 그가 받아 주시고, 축복하시며, 구원하시고, 평안을 주실 것입니다. 믿음은 행동이라는 사실, 우리가 적용해야 하는 것이라는 사실을 늘 기억하십시오. "너희 믿음이 어디 있느냐?" 어려운 시험의 때, 시험의 자리에 처할 때마다 이 질문을 꼭 기억합시다.

11

바람을 보고

예수께서 즉시 제자들을 재촉하사 자기가 무리를 보내는 동안에 배를 타고 앞서 건너편으로 가게 하시고 무리를 보내신 후에 기도하러 따로 산에 올라가시니라. 저물매 거기 혼자 계시더니 배가 이미 육지에서 수 리나 떠나서 바람이 거스르므로 물결로 말미암아 고난을 당하더라. 밤 사경에 예수께서 바다 위로 걸어서 제자들에게 오시니 제자들이 그가 바다 위로 걸어오심을 보고 놀라 "유령이라!" 하며 무서워하여 소리 지르거늘 예수께서 즉시 이르시되 "안심하라. 나니 두려워하지 말라." 베드로가 대답하여 이르되 "주여, 만일 주님이시거든 나를 명하사 물 위로 오라 하소서" 하니 "오라" 하시니 베드로가 배에서 내려 물 위로 걸어서 예수께로 가되 바람을 보고 무서워 빠져 가는지라. 소리 질러 이르되 "주여, 나를 구원하소서" 하니 예수께서 즉시 손을 내밀어 그를 붙잡으시며 이르시되 "믿음이 작은 자여, 왜 의심하였느냐?" 하시고 배에 함께 오르매 바람이 그치는지라. 배에 있는 사람들이 예수께 절하며 이르되 "진실로 하나님의 아들이로소이다" 하더라.

마태복음 14:22-33

이번에 우리가 고찰할 사건은 지난번에 다룬 누가복음 8장의 사건과 공통점이 많습니다. 지난번 사건처럼 이번 사건의 주안점도 믿음의 본질과 성격 및 믿음을 바로 아는 일의 중요성에 주의를 집중시키려는 데 있습니다. 물론 이번에는 방식이 약간 다릅니다. 지난번에는 믿음은 행동으로서 우리 자신이 실제로 적용해야 한다는 사실을 모르는 데 주된 문제가 있었습니다. "너희 믿음이 어디 있느냐?" 제자들은 믿음이 있었지만, 그 믿음을 적용하지 못했습니다. 지금부터 설명하겠지만, 이번에는 그와 약간 다른 측면에서 믿음의 참된 성격을 고찰해 보려 합니다.

본격적인 고찰 자체도 중요하지만, 그 전에 주목해야 할 심히 긴요하고도 핵심적인 주제가 있습니다. 바다에서 광풍을 만났을 때처럼, 이번에도 가장 먼저 주목하게 되는 것은 복되신 주님의 위격―인격이라고 해도 좋습니다―입니다. 이 사건 또한 주님의 하나님되심과 유일무이한 신성을 확연하게 보여줍니다. 우리는 주님이 광풍 몰아치는 사나운 물 위를 걸어오시는 모습과 그의 종인 사도 또한 물 위를 걷게 해주시는 모습을 봅니다. 비바람을 장악하시고 통제하시는 모습을 봅니다. 이것이 출발점입니다. 주님에 대해 분명히 알지 못하면 믿음의 문제를 고찰할 수도, 믿음을 올바로 이해할 수도 없습니다. 지금 우리가 다루는 것은 온갖 종류의 믿음이 아니라 기독교의 믿음입니다. 이것을 다루기 전에 반드시 선행되어야 할 일이 바로 복되신 주님의 위격을 분명하게 아는 것입니다. 기독교 메시지는 주 예수 그리스도에 대한 고백, 즉 나사렛 예수야말로 하나님의 독생자요 영광의 주님이시라는 고백에서 출발합니다. 그런데 이 사건은 우주의 주인이요 비바람의 주관자로서 영광의 광채를 발하시는 그의 모습을 확연하게 보여줍니다. 주님이 친히 자신을 드러내시며 증명해 주십니다. 이것이 출발점입니다. 사복음서의 전적인 목적은 바로 이 주님을 보여주려는 데 있습니다. 믿음이라는 주제를 고찰하기 전에 반드시 필요한 일은, 어떤 모양 어떤 형태로든 주님이 누구신지 아는 일에 실패하는 것이야말로 모든 문제의 원인임을 입증하는 것입니다.

그뿐 아니라 이 사건을 기록한 특별한 목적은 베드로의 경험에 주의를 환기시키려는 데 있는 것이 분명합니다. 모든 복음서가 주님의 영광과 신성을 보여주지만, 각 사건마다 독특하게 보여주는 진리, 특별하게 부각시키는 진리가 따로 있습니다. 본문은 특히 이 사건이 사도 베드로에게 끼친 영향을 보여줍니다.

그의 출발은 아주 훌륭하고 좋았습니다. 그런데 다음 순간 곤경에 빠지더니, 결국 형편없는 결말을 맞고 말았습니다. 이것이 베드로에 대한 본문의 묘사입니다. 믿음이 넘치는 모습으로 시작했다가, 절박하게 소리 지르는 비참한 실패자의 모습으로 끝나 버린 것입니다. 그 추락의 속도가 얼마나 빠른지 모릅니다! 갑자기 광풍이 몰아치는 것은 갈릴리 바다의 주된 특징이었습니다. 잔잔하다가도 언제 사나운 광풍이 몰아칠지 알 수 없었습니다. 이번에도 그랬습니다. 베드로도 상황이 갑자기 돌변하는 것을 경험했습니다.

제가 이해한 바에 따르면, 그 당시의 정황을 면밀히 관찰할 필요가 있습니다. 광풍을 잔잔케 하신 지난번 기적과 이 사건 사이의 중대한 차이점에 주목해야 합니다. 지난번에는 광풍이 제자들을 낙담시키는 새로운 요소로 등장했지만—주님이 잠드신 후에 광풍이 몰아쳤습니다—베드로의 경우에는 그렇지 않았습니다. 광풍은 새롭게 나타났거나 새삼스럽게 등장한 요소가 아니었습니다. 주님이 제자들의 배에 다가오시기 전부터 이미 몰아치고 있었습니다. 성경은 배가 바다 한복판에서 물결에 휩싸이고 있을 때 주님은 홀로 산에서 기도하셨다고 말합니다. 이 점을 강조할 필요가 있습니다. 주님이 배에 다가오시기 전부터 광풍은 몰아치고 있었습니다. 이 사건은 주님이 갑자기 그들 앞에 나타나시면서 벌어진 것입니다. 베드로가 배에서 내린 후에 싸워야 할 새로운 요소가 등장한 것이 아니라는 점을 기억해야 합니다. 잔잔한 바다에 발을 디뎠는데 광풍이 몰아친 것이 아닙니다. 주님이 오시기 전부터 광풍은 몰아치고 있었습니다. 제가 이해한 바에 따르면, 이 점이 아주 중요합니다. 지난번처럼 새로운 요소가 등장한 것이 아닌데도 베드로는 곤경에 빠졌고 불행해졌으며 두려움과 절망에 사로잡혔습니다. 우리의 질문은 그 원인이 무엇이냐는 것입니다. 그 원인은 전적으로 베드로에게 있었습니다. 주님은 정확한 진단을 내려 주십니다. 작은 믿음이 문제라는 것입니다. "믿음이 작은 자여, 왜 의심하였느냐?" 믿음이 작으면 의심하게 되어 있습니다. 저는 이 사건에서 배울 수 있는 중요한 교훈들이 많다고 생각합니다. 그 교훈들만 믿고 이해해도 우리를 침체시키는 여러 가지 공격을 막아 낼 수 있습니다.

첫 번째로 베드로의 심리상태—기질이라고 해도 좋습니다—라고 표현할 수밖에 없는 부분에 주의를 환기시켜야겠습니다. 이미 여러 차례 강조했지만, 회심하고 구원받고 그리스도인이 되었다고 해서 기질까지 바뀌는 것은 아닙니다. 기질은 그대로 남아 있습니다. 회심했다고 딴 사람이 되는 것이 아닙니다. 여전히 똑같은 사람입니다. "이제 내가 사는 것이 아니요 오직 내 안에 그리스도께서 사시는 것"이라고 고백하며 "이제 내가 육체 가운데 사는 것은 나를 사랑하사 나를 위하여 자기 자신을 버리신 하나님의 아들을 믿는 믿음 안에서 사는 것"이라고 고백함에도, '나'는 동일한 모습으로 남아 있습니다. 여전히 똑같은 사람입니다. 그리스도인이 된 후에도 예전 모습을 그대로 가지고 있습니다. 자신의 기질과 성격을 그대로 가지고 있습니다. 그 결과 사람마다 자신만의 특별한 문제를 겪게 됩니다. 모든 그리스도인이 공히 겪는 기본적인 문제들이 있고 사람마다 겪는 특별한 문제들도 죄와 타락의 결과라는 일반적인 범주에 속한다는 점에서는 동일하지만, 문제들이 발생하는 방식은 사람에 따라 다릅니다. 이것은 우리 모두 익히 알고 있는 사실입니다. 교인이라고 다 똑같은 것이 아닙니다. 아무리 작은 모임의 구성원도 똑같지 않습니다. 각자 특별히 조심할 부분이 있습니다. 남들은 다 괜찮은데 나만 겪는 어려움이 있습니다. 아, 그렇습니다. 남들은 남들대로 조심할 부분이 따로 있습니다. 다혈질적인 사람도 자기 기질을 아주 조심해야 하지만, 에너지가 부족한 점액질적인 사람도 심리상태가 너무 가라앉은 나머지 마땅히 서야 할 때 서지 못하는 일이 없도록 조심해야 합니다. 다시 말해서 각자 특별하게 겪는 어려움이 있는데, 그 어려움은 대개 하나님이 주신 특정한 기질에서 비롯됩니다. 오늘 본문을 보면 여기에서도 더 나아가 강점과 장점일수록 더 조심해야 한다고 말할 수 있습니다. 결국은 자신의 장점 때문에 실패하기 쉽습니다.

저는 베드로가 바로 그랬다고 생각합니다. 에너지와 빠른 결단력, 역동적인 성격은 그의 중요한 특징이었습니다. 그는 열정적이고 충동적인 사람으로서, 그 때문에 계속 문제를 겪었습니다. 에너지 넘치는 성격 자체는 아주 좋은 것입니다. 역사상 가장 위대한 인물들의 전기를 읽어 보면—제가 제대로 이해했다면—넘치는 에너지로 그 위대성을 설명할 수 있는 이들, 지적인 능력이나 지혜보다는 순전한 에너지로 그 위대성을 설명할 수 있는 이들이 있습니다. 이 점에 주목하며 위인이라고 불리는 이들의 생애를 읽어 보십시오. 넘치는 에너지가 그들의 중요한 자질로서, 대개는 결단력이 함께 수반되는 것을 볼 수 있습니다. 그런데 베드로는 그 에너지 때문에 계속 문제를 겪었습니다. 이런 자질은 종종 그리스도인의 삶을 불안정하게 만들고 균형을 잃게 만듭니다. 이 사건이 그 완벽한 예입니다. 이 일이 처음 시작되었을 때, 주님을 알아본 베드로가 어떻게 했는지 보십시오. 자신이 탄 배가 광풍에 휘말려 있었는데도 "주여, 만일 주님이시거든 나를 명하사 물 위로 오라 하소서"라고 요청하며 실제로 물 위에 발을 내딛는 믿음을 보여주었습니다. 정말 굉장하지 않습니까! 그런데 잠시 후 어떻게 되는지 보십시오. 겁에 질려 소리를 지릅니다. 이것은 베드로에게 항상 나타났던 특징입니다. 주님이 장차 버림받고 죽을 것이라고 말씀하셨을 때, 그는 서슴없이 "모두 주를 버릴지라도 나는 결코 버리지 않겠나이다"라고 했습니다. 그런데 불과 얼마 되지 않아 주님을 모른다고 맹세하며 저주까지 했습니다! 제가 말한 베드로의 심리상태란 바로 이런 것입니다. 그는 불안정한 사람이었습니다. 산꼭대기까지 올라갔다가 나락으로 떨어지는 사람, 남들이 무력감을 느낄 정도로 큰 열정과 흥분에 사로잡혔다가 그리스도인의 삶 자체를 포기할 정도로 심히 낙담하는 사람이었습니다. 여러분도 이런 유형을 잘 알 것입니다.

이렇게 황홀경과 참담한 실패 사이를 오가는 이유와 원인이 대체 무엇일까요? 그 대답은 기질 때문이라는 것입니다. 이런 유형에 속한 자들의 문제는 생각하지 않고 행동하는 데 있습니다. 충분히 생각해 보고 믿는 것이 아닙니다. 매사에 잘 생각해 보거나 잘 살펴보지 못합니다. 베드로의 문제가 이것이었습니다. 복음서를 보면 베드로가 항상 앞장섰던 것을 알 수 있습니다. 요한복음 21장을 보십시오. 제자들은 고기를 잡으러 나갔지만 밤새도록 한 마리도 잡지 못했습니다. 그때 주님이 바닷가에 나타나셨습니다. 요한이 "주님이시라"라고 하자 베드로가 먼저 겉옷을 찾아 입고 바다로 뛰어들었습니다. 이처럼 그는 항상 앞장서는 사람이었습니다. 매사에 앞장서는 사람이었습니다. 이것이 그의 문제였습니다. 실제로 오순절 이후에도 이런 기질을 완벽하게 보여주는 사건이 있었습니다. 갈라디아서 2장을 보십시오. 그는 여전히 충동적으로 행동했고, 바울은 그가 오직 믿음으로 의롭다 하심을 얻는 문제를 제대로 이해했어야 함에도 그렇지 못한 것을 책망해야 했습니다. 이방인들이 기독교회 안에 들어오는 것을 맨 처음 인정했던 베드로는 어떤 변명도 할 수가 없었습니다. 고넬료 사건은 여러분도 알 것입니다. 사도행전 10장을 읽어 보면 베드로가 얼마나 높은 경지에 올랐는지 알 수 있습니다. 유대인으로서 이방인을 기독교회 안으로 이끈 것은 참으로 대단한 일이었습니다. 그런데 안디옥에서 태도를 바꾸어 버린 것입니다. 야고보가 보낸 유대인들 앞에서 가식적으로 행동한 그를 바울은 책망했습니다. 베드로의 문제가 무엇이었습니까? 그 문제는 오래된 것으로서, 차후의 결과를 생각하지 않고 행동하는 것이었습니다. 이런 유형의 사람들에게 어김없이 나타나는 문제가 바로 이것입니다. 에너지와 결단성, 충동성 때문에 끝까지 생각하거나 이해하거나 파악해 보지 않은 채 직관적으로 행동하는 것입니다. 그 결과, 영적인 삶이 심하게 요동칩니다. 이 또한 영적 침체의 아주 흔한 원인입니다. 우리가 이 문제를 다루는 이유가 여기 있습니다.

이것은 두 번째 요점으로 이어집니다. 저는 이 사건이 의심에 대해 가르치는 바를 강조하고 싶습니다. "믿음이 작은 자여, 왜 의심하였느냐?" 이것은 중요한 가르침입니다. 하나님이 이것을 가르쳐 주시는 것에 감사드리십시오. 우리가 첫째로 배울 점은, 스스로 의심을 자초할 때가 있다는 것입니다. 베드로의 문제가 이것이었다는 데 이의를 제기할 사람은 없습니다. 베드로 자신이 바람을 보고 의심을 자초했습니다. 누가 개입할 필요도 없이 스스로 어려움을 자초했습니다. 주님이 "베드로, 조심해라! 그것이 얼마나 엄청난 짓인지 모르겠느냐?"라고 하신 것이 아닙니다. 그렇습니다. 아무도 뭐라고 하지 않았습니다. 베드로 자신이 바람을 보고 의심을 자초했습니다. 이 점을 매우 조심해야 합니다. 우리 스스로 침체를 자초할 때가 많습니다. 손대면 안 될 것에 손댔다가 의심에 빠집니다. 이것은 몇 가지 유형의 문학 및 한계를 넘어서는 논증에 감히 끼어드는 어리석은 자들에게 해당되는 말입니다. 이 점이 얼마나 중요한지 모릅니다. 그 방면의 지식이 거의 없거나 전혀 없으면서도 과학적인 논증에 끼어드는 어리석은 자들이 있습니다. 충분히 모르는 상태에서 그런 논증에 뛰어들면 안 되는데도 뛰어듭니다. 그러다가 믿음이 흔들린 자들을 저도 알고 있습니다. 다시 말해서 자신이 다룰 능력도 없는 과학적인 쟁점에 덤벼들 것이 아니라 자신이 알고 있는 진리에 굳게 서야 합니다. 스스로 의심을 자초하지 않도록 항상 조심해야 합니다.

제가 하나님께 감사드리는 둘째 가르침은 의심과 믿음이 공존할 수 있다는 것입니다. 저는 목회생활을 하면서 이 원리를 이해하지 못한 탓에 심히 불행해진 이들을 많이 보았습니다. 그리스도인이 되면 다시는 의심의 공격을 받지 않는다고 생각하는 이들이 있습니다. 그렇지 않습니다. 베드로는 믿음이 있었습니다. 주님은 "믿음이 작은 자여"라고 하셨지, "베드로야, 이렇게 의심하는 것을 보니 너는 믿음이 없구나"라고 하시지 않았습니다. 무지하게도 많은 이들이 이런 생각을 하고 이런 말을 하는데, 아주 큰 오해입니다. 믿음이 있어도 의심에 빠질 수 있습니다. 성경뿐 아니라 계속되는 교회 역사에도 그 예가 나옵니다. 오해를 무릅쓰고 말씀드리지만, 그리스도인으로 살면서 단 한 번도 의심해 보지 않은 사람은 기초부터 다시 점검해 보면서 자신이 거짓 평안을 누리고 있는 것은 아닌지, 이른바 '건방진 믿음'에 안주하고 있는 것은 아닌지 확인해 보는 편이 좋습니다. 이 땅에 살았던 가장 위대한 성도들의 생애를 읽어 보면 그들 역시 의심의 공격을 받았던 것을 알 수 있습니다. 여기 나오는 주님의 말씀은 이 점을 최종적으로 확증해 주는 것이 분명합니다. 의심과 믿음은 공존할 수 있습니다. 의심하면서도 믿음을 가질 수 있습니다. 약한 믿음을 가질 수 있습니다.

표현을 달리하여 다음 원리를 말씀드리겠습니다. 의심의 지배를 거듭 받는다는 것은 우리의 믿음이 약하다는 표시입니다. 베드로가 그랬습니다. 믿음이 사라진 것은 아니었지만 미약했기에 의심에 지배당했고 압도되었으며 흔들렸습니다. 아마 그렇게 공포와 불안에 사로잡힌 순간에도 교리를 물어보았다면 어김없이 정통적인 대답을 했을 것입니다. 의심의 지배를 받고 있는 순간에도 주님의 위격에 대해 물어보았다면 확신컨대 올바른 대답을 했을 것입니다. 이처럼 그는 여전히 믿음이 있었습니다. 그러나 여기 나오는 주님의 가르침을 볼 때, 의심의 지배를 받는다는 것은 믿음이 약하다는 표시입니다. 의심이 지배하도록 허용하면 안 됩니다. 의심의 공격을 받는다고 반드시 지배받는 것은 아닙니다. 의심이 지배하도록 허용하면 안 됩니다.

어떻게 해야 허용하지 않을까요? 의심의 해독제는 큰 믿음입니다. 믿음이 작아서 의심의 지배를 받는 것이므로 큰 믿음, 강한 믿음이라는 해독제가 필요합니다. 이 사건이 무엇보다 강조하는 바가 이것입니다. 큰 믿음의 특징이 무엇입니까? 첫 번째는 주 예수 그리스도와 그의 능력을 알고, 변함없이 신뢰하며 의지하는 것입니다. 이미 살펴보았듯이 베드로는 이 점에서 잘 출발했습니다. 참된 믿음의 핵심이 여기 있습니다. 그는 다른 제자들과 함께 배에 타고 있었고, 사방에서 광풍이 몰아치고 있었습니다. 사나운 바다 물결에 배가 요동쳤고 상황은 점점 더 절망적이 되었습니다. 그때 갑자기 나타나신 주님을 보고 제자들은 수군거렸습니다. "저기 누가 물 위를 걸어오는 거지? 절대 그럴 리가 없는데. 아마 유령이나 귀신일 거야." 그들은 겁에 질려 소리를 질렀고, 주님은 즉시 "나니 두려워하지 말라"라고 안심시켜 주셨습니다. 그때, 베드로가 참된 믿음의 핵심을 놀랍게 보여주었습니다. 주님의 말씀을 듣고 "주여, 만일 주님이시거든 나를 명하사 물 위로 오라 하소서"라고 구한 것입니다. 이것은 참된 믿음의 표시로서, 여러분도 베드로가 한 말의 의미를 알 것입니다. 요컨대 "당신이 정말 주님이시라면, 좋습니다. 당신께는 능치 못할 일이 없음을 알고 있으니 저에게 배에서 내려 이 사나운 바다 위로 발을 디디라고 명령해 주십시오. 물 위를 걸어가게 해주십시오"라고 구한 것입니다. 그는 주님을 믿었고, 주님의 권세와 위격과 능력을 믿었습니다. 단순히 이론적으로만 믿었던 것이 아닙니다. 실제로 그 믿음을 사용했습니다! 성경은 말합니다. "베드로가 배에서 내려 물 위로 걸어서 예수께로 가되." 믿음의 핵심이 여기 있습니다. "주여, 만일 주님이시거든……." 믿음은 이렇게 말합니다. "정말 주님이시라면 이 일도 하실 수 있음을 압니다. 저에게 명령해 주십시오." 베드로는 그렇게 했습니다. 이 또한 우리가 항상 굳게 붙잡아야 할 중대한 원리입니다. 기독 신앙은 주님을 아는 데서 시작하고 아는 데서 끝납니다. 감정이나 의지를 행사하는 데서 시작하는 것이 아니라 주님을 아는 데서, 이 복되신 분을 아는 데서 시작합니다. 이 지식에 기초하지 않은 감정은 아무 가치가 없습니다. 기독교는 곧 그리스도입니다. 기독 신앙은 그리스도에 대한 사실들을 믿고 그를 아는 것입니다. 성육신과 동정녀 탄생을 알고, 그가 오신 이유를 알며, 그가 오셔서 하신 일을 알고, 그의 대속 사역을 아는 것입니다. "내가 의인을 부르러 온 것이 아니요 죄인을 불러 회개시키러 왔노라"라고 말씀하셨음을 아는 것이며, "건강한 자에게는 의사가 쓸데없고 병든 자에게라야 쓸 데 있나니"라고 말씀하셨음을 아는 것입니다(눅 5:31-32). "친히 나무에 달려 그 몸으로 우리 죄를 담당하셨으니 이는 우리로 죄에 대하여 죽고 의에 대하여 살게 하려 하심이라. 그가 채찍에 맞음으로 너희는 나음을 얻었나니"라는 사실을 아는 것입니다(벧전 2:24).

영적 침체에 빠져 저를 찾아오는 이들을 만날 때마다 거의 어김없이 발견하는 사실은, 이런 진리를 마땅히 알아야 할 만큼 알지 못한다는 것입니다. 그들은 말합니다. "저는 비참한 죄인입니다. 목사님은 제가 어떤 사람인지, 무슨 짓을 했는지 모를 겁니다." 왜 이런 말을 할까요? "내가 의인을 부르러 온 것이 아니요 죄인을 불러 회개시키러 왔노라"라는 말씀을 이해하지 못했기 때문입니다. 그들 스스로 정죄하는 바로 그 일이 주님께 나아갈 자격을 주며, 그가 받아 주실 것을 확신할 자격을 준다는 사실을 모릅니다. 이런 진리들을 배우지 못하고 믿지 못하는 탓에 믿음이 그토록 약한 것입니다. 믿음이 강하다는 것은 이런 진리들을 안다는 뜻입니다. 저는 계속 이런 진리들을 말하거나 글로 써야 할 상황에 처하곤 합니다. 한번은 일면식도 없는 사람에게 긴 편지를 써야 했습니다. 그 불쌍한 사람은 비참한 속박에 매여 있었습니다. 그 이유가 무엇이었을까요? 그리스도가 세리와 죄인의 친구라는 것, 세리와 죄인을 위해 죽으려고 오신 분이라는 것을 몰랐기 때문입니다. 그는 이 복되신 분이 누구신지 명확히 몰랐고, 무슨 일을 하셨는지도 명확히 몰랐습니다. 그의 믿음은 연약했고, 그로 인해 의심이 생겨났습니다. 이처럼 진리를 제대로 이해하지 못하는 탓에 내내 비참하고 불행하게 지내는 이들이 많습니다. 진리만 이해하면 그러한 자기 정죄 자체가 회개의 증거이자 궁극적인 해방으로 나아가는 길임을 발견할 텐데 말입니다.

다시 말해서 영적 침체의 중대한 해독제는 성경의 교리, 기독교의 교리를 아는 것입니다. 집회에 참석해서 감정을 만들어 내려고 애쓸 것이 아니라 신앙의 원리를 알아야 합니다. 교리를 이해하고 알아야 합니다. 이것이 성경적인 방법이요 그리스도가 쓰신 방법이자 사도들이 쓴 방법입니다. 침체의 해결책은 그리스도를 아는 것, 말씀을 통해 그를 아는 것입니다. 이 일을 위해 애써야 합니다. 어려워도 말씀을 공부해야 하고 말씀에 집중해야 합니다. 제가 볼 때 이 시대의 비극은 행복을 얻기 위해 집회에 너무 의존한다는 것입니다. 이것은 교회의 오래된 문제로서, 이로 인해 많은 이들이 비참하게 살고 있습니다. 그들은 진리를 아는 지식이 없습니다. 여러분도 알겠지만, 주님이 갑작스럽게 자신을 믿은 유대인들에게 하신 말씀도 이것이었습니다. "너희가 내 말에 거하면 참으로 내 제자가 되고 진리를 알지니 진리가 너희를 자유롭게 하리라"(요 8:31-32). 진리를 알아야 의심과 두려움에서, 침체에서, 우리를 우울하게 만드는 모든 것에서 자유로워집니다. 진리―그리스도에 대한 진리, 그의 위격과 사역과 직무와 현재의 모습에 대한 진리―가 자유를 줍니다.

서둘러 두 번째 측면을 살펴봅시다. 베드로처럼 첫 번째 측면에서 잘 출발했다면, 두 번째 측면도 잘 기억해야 합니다. 베드로는 그러지 못했습니다. 큰 믿음의 두 번째 특징은 이미 해결한 문제를 다시 생각하지 않는 것입니다. "아, 하지만 다시 생각하는 건 좋은 일이잖아요"라고 반박할 수 있습니다. 그러나 기독 신앙에서 그렇게 하는 것은 미련한 짓입니다. 의심은 아주 어리석은 것으로서, 그 어리석음과 터무니없음을 아는 것이 유익합니다. 다음에 시험을 받을 때에는 이 사람 베드로처럼 바람을 보면 안 된다는 점을 기억합시다. 왜 안 될까요? 바람은 배에서 내리기 전에 이미 해결한 문제이기 때문입니다! 주님이 배에 오시기 전부터 광풍이 불고 있었다는 중요한 사실을 제가 강조한 이유를 이제 알 것입니다. 베드로가 배에서 내린 후에야 잔잔하던 바다에 광풍이 몰아쳤다면 문제는 완전히 달라졌을 것이며, 베드로도 변명할 말이 있었을 것입니다. 그러나 "만일 주님이시거든 나를 명하사 물 위로 오라 하소서"라고 말했을 때 그 문제는 이미 해결했습니다. 그 전부터 그는 파도와 씨름하고 있었고, 배가 요동치는 것을 알고 있었습니다. 그러므로 주님께 이런 말을 했다는 것은 "바다의 상태가 어떻든 저는 상관치 않습니다"라고 고백한 것과 같습니다. 그 문제는 이미 극복했고 해결했기에 배에서 내려 물 위를 걸은 것입니다. 바람은 새삼스럽게 등장한 문제가 아니었습니다. 상황은 하나도 달라지지 않았습니다. 베드로는 새로운 문제에 봉착한 것이 아니었습니다. 이미 사납게 파도치고 있던 물 위를 주 예수 그리스도가 걷게 해주셨습니다. 자, 그런데 왜 다시 바람을 보았을까요? 다시 바람을 볼 만한 무슨 이유가 있었을까요? 전혀 없었습니다. 그것은 터무니없고 어리석은 행동이었습니다.

이것이 약한 믿음의 문제점입니다. 이미 답을 얻고 해결한 문제로 되돌아가는 것입니다. 지금 주 예수 그리스도를 믿고 있다면, 어떤 모양 어떤 형태로든 어려움을 맞닥뜨려 처리한 것이 분명합니다. 그러지 않았다면 그리스도를 믿지 못했을 것입니다. 그런데 왜 예전의 문제로 되돌아갑니까? 그것은 완전히 어리석은 짓입니다. 불신앙일 뿐 아니라 잘못된 행위요 잘못된 행동입니다. 배에서 내리기 전에 이미 맞닥뜨려 처리한 문제를 왜 다시 쳐다봅니까? 반복하지만, 이 소극적인 측면이 매우 중요합니다. 주님을 믿었다면 이제 문을 닫아걸고 과거를 쳐다보지 말아야 합니다. 이미 처리한 문제로 되돌아가지 마십시오. 침체에 대해 설교하면서 이 말을 얼마나 많이 했습니까! 되돌아가는 데서 문제가 발생하는 경우가 참으로 많습니다. 베드로는 바람을 보지 말았어야 합니다. 여기에는 변명의 여지가 없습니다. 새삼스럽게 고려해야 할 요소가 발생한 것이 아니기 때문입니다. 믿음의 핵심은 이미 해결한 문제를 다시 생각하지 않는 것입니다. 그러지 마십시오. 과거의 문제에 다시 휘말리지 마십시오. "난 이미 처리했다!"라고 선언하십시오.

이것은 그다음 원리로 이어집니다. 큰 믿음의 세 번째 특징은 지속적으로 주님을 쳐다보고 바라보는 것입니다. 두세 가지로 나누어 설명해 보겠습니다. 첫째로, 믿음은 "주님이 시작하셨으니 주님이 능히 지속시키실 것이다. 일이 이렇게 시작될 수 있었던 것은 기적이었다. 그리고 주님은 이 기적을 지속시키실 수 있다. 주님은 시작하신 일을 능히 지속시키시는 분이다"라고 말하는 것입니다. 바울도 "너희 안에서 착한 일을 시작하신 이가 그리스도 예수의 날까지 이루실 줄을 우리는 확신하노라"라고 했습니다(빌 1:6). 그렇습니다. 탑레이디는 말합니다.

그의 선함으로 시작하신 일
그의 능한 팔로 이루시리.

이것은 반박할 수 없는 논리입니다.

둘째로, 주님을 바라보고 주님을 분명히 아는 사람은 의심하고 싶어도 의심할 수가 없습니다. 주님 외에는 소망을 찾을 곳이 없습니다. 믿어 온 햇수와 상관없이 걸음을 내디딜 때마다 주님을 의지합니다. 주님 없이는 아무것도 하지 못합니다. 의심을 이기려면, 그 의심이 아닌 주님을 계속 바라보아야 합니다. 주님을 바라보는 것이 해결책입니다.

주님과 그의 영광을 알아 갈수록 의심하는 것이 오히려 우스워집니다. 주님을 계속 바라보십시오. 첫 믿음에만 기대어 살아갈 수는 없습니다. 베드로는 그러려고 했던 것 같습니다. 큰 믿음으로 출발했지만, 그 믿음으로 계속 나아가기보다는 첫 믿음에 기대려 했습니다. 그러나 첫 믿음에만 기대어 살아갈 수는 없습니다. 회심했던 당시의 믿음에 기대어 살지 마십시오. 얼마 나아가기도 전에 주저앉을 것입니다. 최고로 좋았던 경험에만 기대어 살아갈 수는 없습니다. 날마다 계속해서 주님을 바라보아야 합니다. 우리는 믿음으로 행하는 자들이요, 주 예수 그리스도를 믿는 믿음으로 사는 자들입니다. 주님은 회심하는 날 밤에만 필요한 분이 아니라 마지막 죽음의 자리에 누울 때까지 필요한 분입니다. 매순간 필요한 분입니다. 성경은 그 예로 가득합니다. 이스라엘 자손이 안식일만 제외하고 날마다 만나를 모아야 했던 것은 완벽한 예입니다. 이것이 주님의 방법입니다. 주님은 한 달 치 양식을 한꺼번에 주시지 않습니다. 매일 새롭게 공급해 주십니다. 그러므로 주님과 함께 하루를 시작하십시오. 계속 접촉을 유지하십시오. 베드로의 치명적인 잘못이 여기 있었습니다. 주님에게서 눈길을 돌려 버린 것입니다. 주님을 계속 바라보아야 사나운 파도 위를 계속 걸어갈 수 있습니다.

마지막으로 위로의 말씀을 드릴까요? 그 또한 이 사건에 담겨 있습니다. 주님은 결코 여러분이 물에 빠지도록 내버려 두시지 않습니다. 베드로는 공포와 겁에 질려 소리 질렀습니다. "주여, 나를 구원하소서!" 그러자 예수께서 즉시 손을 내밀어 그를 잡으시며 말씀하셨습니다. "믿음이 작은 자여, 왜 의심하였느냐?" 그리고 함께 배에 오르자 즉시 바람이 그쳤습니다. 이 위로를 주시는 하나님께 감사드리십시오. 그는 여러분이 물에 빠지도록 내버려 두시지 않습니다. 여러분은 그의 백성이기 때문입니다. 그를 실망시킬 때도 있을 것이고, 영영 쓰러질 것 같은 때도 있을 것입니다. 그러나 절대 쓰러지지 않습니다. "그들을 내 손에서 빼앗을 자가 없느니라"(요 10:28). 바울도 말합니다. "내가 확신하노니 사망이나 생명이나 천사들이나 권세자들이나 현재 일이나 장래 일이나 능력이나 높음이나 깊음이나 다른 어떤 피조물이라도 우리를 우리 주 그리스도 예수 안에 있는 하나님의 사랑에서 끊을 수 없으리라"(롬 8:38-39). 아무것도 끊을 수 없습니다. 길을 잃었다고 생각하는 그 순간에도 하나님의 손이 여전히 여러분을 붙잡을 것입니다. 오직 그만 바라보십시오. 존 뉴턴^{John Newton}처럼 말하십시오.

> 예전 사랑 생각할 때
> 나 고난에 빠지도록
> 버려 두시지 않을 것을 아네.
> 향기로운 에벤에셀 돌아볼 때
> 나 헤쳐 나가도록
> 기쁘신 뜻대로 도우실 것을 확신하네.

절박할 때 소리 지르십시오. 두렵다고 하나님과 거래하려 들지 말고 소리 지르십시오. 그가 들으시고 잡아 주실 것입니다.

이것이 끝이 아닙니다. 꼭 해야 할 말이 있습니다. 어떤 의미에서 이 사건의 중대한 교훈은 우리가 넘어지지 않도록 지켜 주실 능력이 주님께 있다는 것입니다. 주님을 계속 바라보는 자는 이렇게 소리 지를 필요가 없습니다. 주님을 믿는 자는 실족하지 않고 똑바로 나아갑니다. 베드로도 주님을 바라보았다면 물 위를 계속 걸었을 것이며 이런 괴로움을 겪지 않았을 것입니다. 주님은 그만큼 크신 분입니다. 온 우주의 주관자입니다. 주님 자신이 물 위를 걸으실 수 있을 뿐 아니라 베드로도 물 위를 걷게 하실 수 있는 분입니다. 주님께는 능치 못할 일이 없습니다. "하나님으로서는 다 하실 수 있느니라"(마 19:26). 그는 하나님이십니다. 믿음은 이런 주님을 바라보며 찰스 웨슬리처럼 고백하는 것입니다.

> 믿음, 강한 믿음은 약속을 보고
> 약속만 바라네.
> 불가능을 비웃으며
> "약속대로 되리라" 외치네.

이것이 믿음입니다. "믿음, 강한 믿음은 약속(그리스도 안에 있는 약속)을 보고 약속만" 바랍니다. 다른 것은 보지 않습니다. 불가능―거친 바람―을 비웃으며 "약속대로 되리라" 외칩니다. "능히 너희를 보호하사 거침이 없게 하시고 너희로 그 영광 앞에 흠이 없이 기쁨으로 서게 하실 이 곧 우리 구주 홀로 하나이신 하나님께 우리 주 예수 그리스도로 말미암아 영광과 위엄과 권력과 권세가 영원 전부터 이제와 영원토록 있을지어다, 아멘"(유 24-25절).

12
종의 영

너희는 다시 무서워하는 종의 영을 받지 아니하고 양자의 영을 받았으므로 우리가 아빠 아버지라고 부르짖느니라. 성령이 친히 우리의 영과 더불어 우리가 하나님의 자녀인 것을 증언하시나니 자녀이면 또한 상속자 곧 하나님의 상속자요 그리스도와 함께한 상속자니 우리가 그와 함께 영광을 받기 위하여 고난도 함께 받아야 할 것이니라.

로마서 8:15-17

성경에 기록된 말씀 중에 이보다 위대한 것은 없습니다. 15-17절은 8장처럼 위대한 장에서도 유난히 돋보일 만큼 진리를 아주 독특하게 표현하고 있습니다. 이것은 성경 전 영역과 범위를 통틀어 가장 훌륭한 본문 중 하나로서, 사도가 왜 이런 말을 했는지 정확히 아는 일이 무엇보다 중요합니다. 이렇게 엄청난 구절일수록 그 말 자체나 거기에서 받는 전체적인 느낌에 만족해 버릴 위험이 있습니다. 그 구절을 굉장히 좋아하면서도 올바른 의미를 모르는 탓에 정작 그 가르침은 내 것으로 삼지 못하는 것입니다.

이 위대한 진술을 보십시오. 바울은 왜 이 말을 했을까요? 이 말을 한 목적과 이유가 무엇일까요? 그 답이 15절에 나옵니다. 사도는 말합니다. "[왜냐하면] 너희는 다시 무서워하는 종의 영을 받지 아니하고." 다시 말해서 이것은 바로 직전에 한 말에 이어서 나온 말입니다. 사도는 로마의 그리스도인들을 낙담의 영-낙심의 영, 또는 침체의 영-에서 구해 주려는 아주 명백한 목적을 가지고 이 말을 했습니다. 그들은 실제로 이 문제를 겪고 있었을 것입니다. 또는 장차 겪게 될 것을 염려해서 침체 및 종의 영, 패배의 영, 낙담의 영-앞서 살펴보았듯이 그리스도인의 삶을 항상 위협하는 것들-에 대한 해결책을 제시하려 했을 수도 있습니다. 아무 맥락 없이 이 굉장한 말을 툭 내던지거나 이 놀라운 진리를 불쑥 내뱉은 것이 아닙니다. 사도는 아주 실제적인 문제를 다루면서 의도적으로 이 말을 했습니다. 위대한 사도의 글을 읽어 보면 거의 항상 그랬다는 것을 알 수 있습니다. 신약 서신서는 교리와 신학으로 가득 차 있지만, 그렇다고 신학 교과서 모음집처럼 여기는 것은 큰 잘못입니다. 그렇지 않습니다. 이것이야말로 서신서의 놀라운 점으로서, 이 점에 유념하는 일이 중요합니다. 사도는 항상 실제적인 목적을 고려하고 목회적인 요소를 최우선으로 여기면서 이런 교리를 가르치고 이런 발언을 했습니다. 사람들이 믿고 받아들인 기독 신앙을 실제로 누리고 그대로 살도록 도우려 했다는 점에서 그의 편지들은 일차적으로 목회 서신이라고 할 수 있습니다.

그렇기 때문에 사도가 정확히 어떤 맥락에서 이 말을 했는지 알아보는 일이 아주 중요합니다. 여기 나오는 낙담의 원인이 무엇입니까? 이것은 그리스도인의 삶을 실제로 살아가는 일과 관련된 문제입니다. 또는 죄를 처리하는 일과 관련된 문제라고 해도 좋습니다. 바울은 이 강력한 서신 6장 도입부부터 이 문제를 다루어 왔고, 오늘 본문에서도 같은 문제를 다루고 있습니다. 이 편지의 수신인은 회심하고 주 예수 그리스도를 믿는 자들로서, 자신들을 심히 반대하는 적대적인 세상 속에서 새로운 삶을 살아야 하는 문제에 봉착해 있었습니다. 그뿐 아니라 자신들의 본성 안에 있는 죄의 요소들과도 씨름해야 했습니다. 그들의 삶은 싸움이요 전투였습니다. 그들은 안팎의 죄와 싸우면서 주 예수 그리스도를 따르려 했고, 그가 세상에서 사셨던 모습대로 살고자 했습니다. 바로 이 문제 때문에 낙담하고 침체할 때가 아주 많습니다. 우리는 마귀가 우리를 낙담시키려고 교묘하게 사용하는 다양한 방법들을 많이 살펴보았는데, 이 또한 마귀가 아주 흔히 사용하는 방법입니다. 특히 기독 신앙을 아주 진지하게 받아들이는 양심적인 사람들, "회심했으니 이제 문제없다"라고 말하는 것이 아니라 "나는 이 크고 영광스러운 삶을 제대로 살아 내야 한다"라고 말하는 사람들에게 이 방법을 사용합니다. 이번에는 그런 사람들이 받는 유혹을 살펴보려 합니다.

이 문제의 핵심이 어디 있을까요? 그리스도인의 삶에 대한 진리를 모르는 데 있으며, 그리스도인에게 가능한 일이 무엇인지 모르는 데 있습니다. 결국 교리를 모르는 데 있는 것입니다. 또는 믿음의 영역에서 실패한 탓이라고도 할 수 있습니다. 우리는 믿음에 대한 여러 가지 사실들을 살펴보았습니다. 예컨대 믿음은 행동이라는 점을 살펴보았습니다. 많은 이들이 이 점을 잊고 곤경에 빠집니다. 믿음을 적용해야 한다는 사실을 몰라서 곤경에 빠지는 것입니다. 또한 믿음을 꾸준히 적용해야 한다는 것, 좋은 출발에 만족하지 말고 계속 나아가야 한다는 것, 한순간도 방심하면 안 된다는 것을 몰라서 곤경에 빠지는 경우도 살펴보았습니다. 이번에는 믿음을 내 것으로 삼아야 한다는 사실을 몰라서 어려움을 겪는 경우를 살펴보려 합니다. 진리가 앞에 있어도 내 것으로 삼지 못하면 소용이 없습니다. 죄의 가장 두드러진 결과가 바로 이것입니다. 이 점은 모두 알고 있을 것입니다. 이미 여러 번 읽어 익숙한 성경 구절이 갑자기 살아나면서 전과 다르게 다가올 때가 있지 않습니까? 필시 이런 경험을 많이 했을 것입니다. 성경을 읽고 명목상으로 동의하면서도, 정작 그 진리가 말하는 내용은 내 것으로 삼지 못하는 경우가 얼마나 많은지 모릅니다!

우리가 다루는 문제의 핵심이 여기 있다고 저는 믿습니다. 이런 경우에 바울이 말한 바 "종의 영"에 매이기 쉽습니다. "너희는 다시 무서워하는 종의 영을 받지 아니하고." "종의 영"이 무엇입니까? 속박의 영, 노예의 정신, 노예의 태도입니다. 대개는 그리스도인의 삶과 생활을 새로운 율법, 더 높은 차원의 율법으로 바꾸려다가 종의 영에 매이게 됩니다. 저는 지금 율법─십계명이나 도덕법─과 자신의 관계를 분명히 모르는 자들, 율법을 구원의 한 방편으로 여기는 자들을 염두에 두고 있습니다. 물론 그리스도가 율법에서 자신들을 구해 주셨다는 것, 오직 그리스도만 그렇게 해주실 수 있다는 것은 분명히 압니다. 자신들의 노력으로 율법을 충족시킬 수 없다는 것, 그리스도가 율법의 저주에서 자신들을 구속해 주셨다는 것 또한 분명히 압니다. 자신들이 이미 의롭다 하심을 얻었다는 것을 아주 분명히 압니다. 그런데 그리스도인의 삶을 적극적으로 생각하기 시작하면서 아주 미묘한 방식으로─거의 무의식적으로─그 삶을 새로운 율법으로 바꾸어 버리고, 그 결과 종의 영, 노예의 영에 매이는 것입니다. 그들은 그리스도인의 삶을 자신들이 수행하고 전념해야 할 중대한 과업으로 여깁니다. 산상설교를 읽고 그것이야말로 자신들이 바라던 삶이요 그리스도인이 살아야 할 삶의 모습이라고 생각합니다. 복음서에 기록된 주님의 다른 가르침에서도 그 삶을 찾아냅니다. 서신서에 나오는 사도들의 구체적인 명령을 읽으면서 "이것이야말로 그리스도인들이 살아야 할 삶이다"라고 말합니다. 그것을 매일의 삶과 생활에서 수행하고 실천해야 할 과업으로 삼습니다. 다시 말해서 거룩한 삶 자체가 중대한 과업이 되어 버리는 것입니다. 그들은 그 과업을 수행하기 위해 계획을 세우고 삶을 체계화하며 이런저런 수련법을 끌어들입니다. 이런 태도를 대표적으로 보여주는 것이 로마 가톨릭과 그 가르침이며, 수도원 사상입니다. 이것은 그리스도인의 삶을 과업으로 여기는 중대한 예입니다. 그들에게 기독교의 진리를 말하면 이렇게 대답합니다. "그리스도인의 삶은 분명 고상하고 고귀한 것입니다. 그런 삶을 제대로 살려면 시간을 다 바쳐야지요." 더 나아가 "사업을 하고 직장에 다니면서 그리스도인의 삶을 살 수는 없습니다. 아니, 세상에 살면서 그 삶을 살 수는 없지요. 세상에서 분리되고 벗어나야 합니다"라고 말합니다. 그리고 그 말대로 실천합니다. 거룩한 삶은 시간을 다 바쳐야 하는 일이라는 생각, 거룩한 삶과 영적인 생활을 함양하려면 시간을 다 바치고 전적으로 헌신하며 그 삶을 위한 규칙 등을 정해 놓아야 한다는 생각이 그렇게 극단적인 형태로 표출되는 것입니다.

그러나 사도 바울에 따르면 그것은 종의 영에 지나지 않습니다. 로마 가톨릭이나 그 밖에 '가톨릭'을 자처하는 이들만 그런 것은 아니라는 점을 굳이 밝히지 않아도 알 것입니다. 복음주의적인 그리스도인들도 그런 태도를 보일 수 있고, 흔히 그런 태도를 보이곤 합니다. 우리는 쉽게 새로운 율법을 부과합니다. 물론 그것을 율법이라고 부르지는 않습니다. 그것이 율법 아래로 되돌아가는 행동임을 안다면 감히 그러지 않을 것입니다. 모르기 때문에 그러는 것입니다. 신약 서신서에 자주 나오는 언급들을 통해 이 점을 입증할 수 있습니다. 골로새서에 나오는 바울의 논증을 읽어 보십시오. 이 문제를 다루는 부분이 나옵니다. 2장 끝부분을 보십시오. "그러므로 먹고 마시는 것과 절기나 초하루나 안식일을 이유로 누구든지 너희를 비판하지 못하게 하라. 이것들은 장래 일의 그림자이나 몸은 그리스도의 것이니라. 아무도 꾸며 낸 겸손과 천사 숭배를 이유로 너희를 정죄하지 못하게 하라. 그가 그 본 것에 의지하여 그 육신의 생각을 따라 헛되이 과장하고 머리를 붙들지 아니하는지라. 너희가 세상의 초등학문에서 그리스도와 함께 죽었거든 어찌하여 세상 사는 것과 같이 규례에 순종하느냐? (곧 붙잡지도 말고 맛보지도 말고 만지지도 말라 하는 것이니 이 모든 것은 한때 쓰이고는 없어지리라.) 사람의 명령과 가르침을 따르느냐? 이런 것들은 자의적 숭배와 겸손과 몸을 괴롭게 하는 데는 지혜 있는 모양이나 오직 육체 따르는 것을 금하는 데는 조금도 유익이 없느니라"(16-23절). 이것을 보면 초대교회에 무슨 일이 있었는지 짐작할 수 있습니다. 일종의 수도원 사상이 아주 은밀하게 들어왔습니다. 형태는 그때와 다르지만, 그런 성향과 유혹은 지금도 여전히 있습니다. 바울은 디모데에게 편지할 때에도 같은 문제를 경고해야 했습니다. 디모데전서 4장을 보십시오. "그러나 성령이 밝히 말씀하시기를 후일에 어떤 사람들이 믿음에서 떠나 미혹하는 영과 귀신의 가르침을 따르리라 하셨으니 자기 양심이 화인을 맞아서 외식함으로 거짓말하는 자들이라. 혼인을 금하고 어떤 음식물은 먹지 말라고 할 터이나 음식물은 하나님이 지으신 바니 믿는 자들과 진리를 아는 자들이 감사함으로 받을 것이니라. 하나님께서 지으신 모든 것이 선하매 감사함으로 받으면 버릴 것이 없나니"(1-4절). 이런 일은 요즘도 흔히 일어나고 있는 것이 분명합니다. 고기를 먹지 않았던 아주 복음주의적인 여성의 사례가 생생히 기억납니다. 그 여성은 그리스도인이 고기를 먹지 않음으로써 동물 살해가 사랑의 정신에 위배되는 행위임을 분명히 입증할 수 있다고 믿었습니다. 스스로 율법을 부과한 것입니다. 무슨 목적으로 그렇게 했을까요? 그리스도인의 삶을 제대로 살기 위해서라는 것이 그의 생각이었습니다. 그는 기독 신앙을 매우 진지하게 받아들이는 복음적인 그리스도인으로서 자신이 믿음으로 의롭다 하심을 받았다는 사실을 아주 분명히 알고 있었음에도, 무의식중에 그리스도인의 삶과 생활을 새로운 율법으로 바꾸어 자신에게 부과했습니다. 제가 방금 인용한 구절, 혼인을 금하고 고기를 금하는 미혹의 영에 대해 경고하는 구절만 보아도 사도가 말하는 "무서워하는 종의 영"이 무엇을 의미하는지 충분히 알 수 있는데 말입니다.

오늘날 영국에서 일어나는 일들, 그리스도인들에게 새로운 율법을 부과하는 성향을 고려하면서 본문을 해석해 봅시다. 후에 다시 이 문제를 자세히 다루길 바라지만, 지금은 원리만 살펴보겠습니다. "종의 영"에는 항상 두려워하는 마음이 따라오게 되어 있습니다. 바울은 디모데에게 "하나님이 우리에게 주신 것은 두려워하는 마음이 아니요"라고 했습니다(딤후 1:7). 본문에서도 "너희는 다시 무서워하는 종의 영을 받지 아니하고"라고 합니다.

자, 그렇다면 종의 영은 어떤 점에서 두려워하는 마음을 만들어 낼까요? 첫째로, 종의 영은 하나님께 잘못된 두려움을 느끼게 합니다. 물론 마땅히 느껴야 할 두려움도 있습니다. 그런 두려움을 무시하고 간과하는 것은 위험한 일입니다. 반면에, 잘못된 두려움은 비겁한 두려움이자 "형벌"이 따르는 두려움입니다(요일 4:18). 제가 볼 때 종의 영을 가진 자들은 쉽게 잘못된 두려움을 키웁니다. 그들은 하나님을 우리 잘못과 흠을 찾기 위해 계속 감시하다가 결국은 벌을 주고야 마는 감독관처럼 생각합니다. 또는 저 멀리 있는 엄격한 입법자처럼 생각합니다. 이미 언급했듯이 가톨릭은 이런 성향을 보이는 것이 분명합니다. 종의 영에 매인 자들은 항상 이런 성향을 보입니다. 하나님을 저 멀리 있는 위대한 입법자로만 생각하는 것입니다.

하나님만 두려워하는 것이 아닙니다. 거룩한 삶이라는 과업의 중대성도 두려워합니다. 스스로 과업의 중대성을 가늠해 보고 두려워하기 시작합니다. 세상에서 분리되지 않고 계속 사업을 하거나 직업을 가진 채로는 그 삶을 살 수 없다고 생각하는 이유가 여기 있습니다. 그들에게 그리스도인의 삶은 일종의 두려움과 공포의 대상이며 무서움의 대상입니다. 이것이 그리스도인의 삶을 대하는 그들의 태도입니다. 그 과업의 엄청남에 두려움을 느끼면서 자신의 약한 모습 때문에 고민하고, 자신이 과연 그런 삶을 살 수 있을까 하는 의문으로 고민합니다.

두려워하는 마음이 나타나는 또 다른 형태는 마귀의 능력을 잘못된 방식으로 무서워하는 것입니다. 여기에도 단서를 붙여야겠습니다. 마귀에게 마땅히 느껴야 할 두려움이 있습니다. 유다서와 베드로후서에 그 예가 나옵니다. 경솔하고 무지한 자들은 마귀에 대해 함부로 농담을 하는데, 마귀와 그의 능력을 몰라서 그런 것입니다. 그렇다고 마귀를 비겁하게 두려워하면 안 됩니다. 마귀의 능력을 알고 비겁하게 두려워하는 자들이 있습니다. 그들은 영적인 마음을 지닌 자들로서―가장 훌륭한 자들이 이 시험에 빠집니다―자신들을 대적하는 마귀의 능력이 얼마나 강한지 알기에 두려움을 느낍니다.

그들은 자기 속에 있는 죄도 똑같이 두려워합니다. 항상 자기를 비판하며 자기 마음의 흑암과 어둠을 고백합니다. 물론 자기 죄성과 마음의 흑암을 모르는 그리스도인은 신앙의 어린아이에 불과합니다. 이에 대해 전혀 모르는 사람이 있다면, 저는 그가 과연 기독 신앙 안에 있는 자인지 의심해 볼 것입니다. 성경에 따르면 자기 속에 거하는 죄를 모르는 사람은 아주 어린 초보자든지 중생치 못한 자인 것이 분명합니다. 잘못된 두려움을 갖는 것과 단순히 "즐거움을 비웃으며 고된 나날을 살아가는" 것은 다릅니다. 오늘날에는 그렇게 사는 사람을 찾아보기가 어렵습니다. 아, 현대의 그리스도인들은 너무 건강합니다. 너무 건강하고 밝은 것이 오히려 문제입니다. 19세기와 18세기, 17세기로 거슬러 올라가면 오늘날과 다른 성향을 보게 됩니다. 애통하는 모습, 즐거워하기는커녕 항상 애통하는 모습을 보게 됩니다. 기뻐하는 것은 무언가 잘못된 것이라고 주장하는 자들까지 있을 정도였습니다. 그 또한 자기 속에 있는 죄의 힘을 너무 예민하게 느낀 나머지 두려워하는 마음에 사로잡힌 예입니다.

다시 말해서 이런 유형의 그리스도인들이 느끼는 두려움—종의 영에서 나온 두려움—은 결국 자기 자신에 대한 두려움이자 실패에 대한 두려움이라고 요약할 수 있습니다. 그들은 말합니다. "나는 그리스도인의 삶에 입문했다. 맞다. 하지만 문제는 내가 과연 그 삶을 살 수 있느냐 하는 것이다. 그리스도인의 삶은 지극히 경이롭고 훌륭하고 고상한 것이다. 내가 어떻게 그런 삶을 살 수 있으며, 그런 수준에 이를 수 있겠는가?" 이처럼 자신의 연약함과 그리스도인의 삶이라는 과업의 중대성과 마귀의 능력을 인식하는 탓에, 종의 영에 매여 압박감을 느끼고 고민하고 염려하며 두려움에 사로잡히는 자들이 있습니다.

사도는 그런 자들에게 말합니다. "너희는 다시 무서워하는 종의 영을 받지 아니하고." 마치 "너희는 종의 영과 두려워하는 마음에 매여 있던 과거의 삶에서 벗어났다. 그런데 왜 그 자리로 돌아가려 하느냐?"라고 질책하는 것 같습니다. 그렇다면 이 상태에서 벗어나는 길은 무엇일까요? 사도는 이 빼어난 진술에서 그 해결책의 윤곽을 알려 주고 있습니다. 사도가 제시하는 해결책이 무엇입니까? 성령과 그의 내주하심에 대한 교리를 깨닫는 것입니다.

이것이 사도의 메시지입니다. 그에 따르면 이 메시지는 두 가지입니다. 첫 번째는 자기를 부인하며 자기 십자가를 지고 주 예수 그리스도를 따라야 하는 막중하고도 영광스러운 과업 앞에서, 주님이 세상에서 그 길을 가셨듯이 나 또한 갈 수 있음을 알라는 것입니다. 내가 거듭났다는 사실, 하나님이 사랑하시는 아들의 형상대로 지음받았다는 사실을 깨달을 때 떠오르는 질문은 "그런데 나 같은 사람이 그런 삶을 살 수 있을까? 그런 소망을 품을 수 있을까?" 하는 것입니다. 그 질문에 대한 대답이 바로 성령과 그의 내주하심에 대한 교리입니다. 사도는 로마서 8:13에서 육신대로 살지 않는 방법을 알려 줍니다. "너희가 육신대로 살면 반드시 죽을 것이로되 영으로써 몸의 행실을 죽이면 살리니." 15절에서도 같은 내용을 가르칩니다. "너희는 다시 무서워하는 종의 영을 받지 아니하고." 요컨대 "이 삶은 너희 힘으로 사는 것이 아님을 알아야 한다.―사도는 로마 교인들에게 이 말을 하고 있습니다―너희는 너희 혼자, 너희 힘으로 이 엄청난 그리스도인의 삶을 살아야 하는 것처럼 착각하고 있다. 죄 사함 받은 것을 알고 그 모든 죄를 도말하시며 씻어 주신 하나님께 감사하면서도, 하나님이 해주신 일은 그것이 전부인 것처럼, 이제부터는 너희 힘으로 그리스도인의 삶을 살아가야 하는 것처럼 착각하고 있다. 그러면 그 삶을 살 가망이 완전히 사라져 버리기 때문에 무서워하는 종의 영에 사로잡힐 수밖에 없다. 이것은 너희 스스로 옛 율법보다 훨씬 더 지키기 어려운 새 율법을 부과한다는 뜻이다. 그러나 너희는 그런 위치에 있지 않다. 성령이 너희 안에 거하시기 때문이다."

실제로 사도가 8장에서 계속 다루어 온 문제가 바로 이것입니다. 예컨대 3절을 보십시오. "율법이 육신으로 말미암아 연약하여 할 수 없는 그것을 하나님은 하시나니 곧 죄로 말미암아 자기 아들을 죄 있는 육신의 모양으로 보내어 육신에 죄를 정하사." 여기에서 "율법이 육신으로 말미암아 연약하여 할 수 없는 그것"이란 무엇일까요? 율법은 사람을 구원할 수 없으며 그리스도인의 삶을 살게 할 수 없다는 것입니다. 율법이 이처럼 연약한 것은 바로 내 육신이 연약하기 때문입니다. "율법이 육신으로 말미암아 연약하여 할 수 없는 그것을 하나님은 하시나니." 율법은 육신이 없으니 율법의 육신이 연약하다는 뜻은 아닌 것이 분명합니다. 이 말은 인간 스스로 제시된 율법을 지켜야 한다는 뜻입니다. 즉, 율법이 연약한 것이 아니라 인간이 연약한 것입니다. 율법은 연약하지 않습니다. 그 율법을 지켜야 할 인간이 연약합니다. 한 연로한 설교자가 이 점을 아주 잘 설명하는 것을 들은 적이 있습니다. 그는 손잡이가 자꾸 제껴지는 삽을 들고 정원을 파는 사람의 예를 들었습니다. 그러면서 삽 자체에는 아무 문제가 없음을 지적했습니다. 삽 자체는 괜찮았지만 손잡이가 너무 약했다는 것입니다. 철로 된 날카로운 삽날은 튼튼했습니다. 문제는 나무로 된 약한 손잡이였습니다. 이것은 그림입니다. 자기 힘으로 지켜야 하는 새 율법을 부과함으로써 그리스도인의 삶을 살려 드는 것이나 손잡이가 약한 삽으로 땅을 파려 드는 것이나 소용없기는 매한가지 아닙니까? 그러면 안 됩니다. 우리는 성령을 모시고 있는 자들입니다. "너희가 육신에 있지 아니하고 영에 있나니"(롬 8:9).

사도가 5-14절에서 이 문제를 어떻게 다루는지 보십시오. 그리스도인은 성령이 안에 거하신다는 점에서 육에 속한 사람과 본질적으로 다릅니다. 과거의 경험과 상관없이 그리스도의 영이 없는 사람은 그리스도인이 아닙니다. "너희가 육신에 있지 아니하고 영에 있나니 누구든지 그리스도의 영이 없으면 그리스도의 사람이 아니라"(9절).

사도는 15절에서도 같은 주장을 합니다. "너희는 종의 영에 매일 필요가 없다"라는 것입니다. 왜 매일 필요가 없을까요? 우리 안에 계신 성령이 힘과 능력을 주시기 때문입니다. 이것은 바울이 항상 반복하는 메시지입니다. 빌립보서 2:13도 보십시오. "너희 안에서 행하시는 이는 하나님이시니 자기의 기쁘신 뜻을 위하여 너희에게 소원을 두고 행하게 하시나니." 그는 "너희 구원을 이루라"라고 합니다. 어떻게 이루어야 합니까? "두렵고 떨림으로" 이루어야 합니다(12절). 오늘날 우리는 너무 건강합니다. 사도는 "두렵고 떨림으로 너희 구원을 이루라"라고 하는데, 사람들은 회심할 때나 그 후에나 두려워하지 않습니다. 떨리는 마음이 무엇인지 잘 모릅니다. "두렵고 떨림으로 너희 구원을 이루라. 너희 안에서 행하시는 이는 하나님이시니 자기의 기쁘신 뜻을 위하여 너희에게 소원을 두고 행하게 하시나니." 이 일을 하시는 분이 바로 성령입니다. 종의 영, 두려워하는 거짓 영에서 벗어나는 길이 여기 있습니다. 하나님의 영이 우리 안에 계심을 알아야 합니다. 그를 바라보고, 그의 도움을 구하며, 그를 의지해야 합니다. 그렇다고 수동적으로 가만히 있으면 된다는 말이 아닙니다. 성령이 능력 주실 것을 믿고 싸우라는 것입니다. 성령이 일하시지 않으면 노력하려는 마음 자체가 생기지 않습니다. 성령이 우리 안에서 행하시고, 우리가 그것을 행동으로 옮기는 것입니다. 이 사실을 알아야 그리스도인의 삶이라는 과업을 수행하는 일이 가능해집니다. 바울은 갈라디아서 4장의 병행구절에서 "하나님이 그 아들의 영을 우리 마음 가운데 보내"셨다고 말합니다(6절). 독생자의 영을 우리 마음 가운데 보내셨다는 것입니다. 하나님의 아들이 이 땅에 계실 때 그 안에 거하셨던 성령이 우리 그리스도인들 안에도 똑같이 거하신다는 것을 알고 있습니까? 아버지가 그 성령을 우리에게 주십니다. 아들 안에 거하셨던 성령을 우리에게 주십니다. 아들을 능하게 하셨던 성령이 우리도 능하게 하십니다. 이것이 바울의 주장입니다.

서둘러 두 번째 원리를 살펴보겠습니다. 성령은 우리 안에 거하시며 하나님과 우리의 관계를 상기시키십니다. "너희는 다시 무서워하는 종의 영을 받지 아니하고 양자의 영을 받았으므로 우리가 아빠 아버지라고 부르짖느니라." 성령은 우리가 하나님의 아들이라는 사실, 그것도 다 자란 아들이라는 사실을 상기시키십니다. 우리는 더 이상 어린애가 아닙니다. 이 말 자체가 우리가 다 자라서 성년이 된 아들임을 보여 줍니다. 이 사실을 분명히 알아야 "다시 무서워하는 종의 영"을 떨쳐 낼 수 있습니다. 경외감과 경건한 두려움까지 떨쳐 내라는 말이 아닙니다 (히 12:28 참조). 종의 영에서 나오는 두려움을 떨쳐 내라는 것입니다.

어떻게 그럴 수 있을까요? 자, 그리스도인의 삶을 사는 목적이 단순히 어떤 기준에 도달하려는 것이 아니라 아버지이신 하나님을 기쁘시게 하려는 것임을 깨달음으로써 그럴 수 있습니다. "양자의 영을 받았으므로 우리가 아빠 아버지라고 부르짖느니라." 종은 하나님을 "아빠"라고 부르지 못합니다. 종의 영에 매인 자는 하나님을 아버지로 생각하지 못합니다. 그가 아버지이심을 모르고 오직 자신을 정죄하는 심판자로만 생각합니다. 그러나 그 생각은 틀렸습니다. 그리스도인은 하나님이 아버지이심을 믿음으로 받아들이는 법을 배워야 합니다. 그리스도는 "우리 아버지여"라고 기도하라고 가르치셨습니다. 영원하시고 영존하시는 하나님이 우리 아버지가 되셨습니다. 이 사실을 깨닫는 순간, 모든 것이 변화됩니다. 하나님은 우리 아버지로서 항상 우리를 돌보시며 영원한 사랑으로 사랑하시는 분입니다. 우리 죄를 사하시기 위해 독생자를 세상에 보내시고 십자가에 내주실 정도로 사랑하시는 분입니다. 이것이 하나님과 우리의 관계입니다. 이 관계를 깨닫는 순간, 모든 것이 변화됩니다. 그때부터 우리의 소원은 단순히 율법을 지키는 것이 아니라 아버지를 기쁘시게 하는 것이 됩니다. 자연히 그렇게 됩니다. 이처럼 자식으로서 느끼는 사랑과 경외감과 두려움은 과거에 종으로서 느꼈던 두려움과 완전히 다른 것입니다. 자식으로서 느끼는 두려움은 아버지를 기쁘시게 하려는 열망에서 나옵니다. 이 사실을 깨닫는 순간, 종의 영에서 벗어나게 됩니다. 그리스도인의 삶은 더 이상 규칙과 규범의 문제가 아니라 하나님이 날 위해 행하신 모든 일에 감사를 표현하려는 열망의 소산이 됩니다.

이것이 전부가 아닙니다. "성령이 친히 우리의 영과 더불어 우리가 하나님의 자녀인 것을 증언하시나니 자녀이면 또한 상속자 곧 하나님의 상속자요 그리스도와 함께한 상속자니." 이 논증, 이 논리의 필연성이 보일 것입니다. 하나님의 자녀는 반드시 주 예수 그리스도와 관계를 맺게 되어 있습니다. 그리스도는 "많은 형제 중에서 맏아들"이시요(롬 8:29), 우리 또한 하나님의 자녀이자 상속자입니다. 요한복음 17:23에 나오는 놀라운 사실에 주목한 적이 있습니까? 주님이 아버지께 어떻게 기도하시는지 들어 보십시오. "곧 내가 그들 안에 있고 아버지께서 내 안에 계시어 그들로 온전함을 이루어 하나가 되게 하려 함은 아버지께서 나를 보내신 것과 또 나를 사랑하심같이 그들도 사랑하신 것을 세상으로 알게 하려 함이로소이다." 하나님 아버지가 독생자이신 주님을 사랑하심같이 우리도 사랑하신다는 것입니다. 성령이 일하시면 이 사실, 우리가 하나님의 아들이요 자녀가 되었다는 사실을 깨닫기 시작합니다. 이 새로운 존엄성, 새로운 위치, 새로운 지위, 영광스러운 신분을 얻은 존재임을 깨닫기 시작합니다. 다시 대제사장의 기도로 돌아가, 주님 자신이 아버지를 영화롭게 하셨듯이 우리도 세상에서 주님께 영광을 돌린다고 말씀하시는 것을 보십시오(10절). 여러분은 이에 대해 알고 있습니까? 이것이 그리스도인의 삶이요, 그리스도인이 사는 이유입니다. 자신이 하나님께 속한 자요 하나님을 영화롭게 해야 할 자임을 알아야 합니다. 이 관점에서 그리스도인의 삶을 바라보아야 합니다. 이것은 참으로 놀라운 신분입니다. 성령이 내 안에 계시면서 이 삶을 살 수 있게 해주십니다. 내 시각을 바꾸심으로써 무서워하는 종의 영에서 벗어나게 해주십니다.

이 사실을 알아야 합니다. 성령이 내 안에 거하심을 알아야 합니다. 고린도전서 6장에 나오는 바울의 주장을 들어 보십시오. "너희 몸은 너희가 하나님께로부터 받은 바 너희 가운데 계신 성령의 전인 줄을 알지 못하느냐?"(19절) 이 사실을 아는 것이 육신의 죄를 이기는 방법입니다. 저는 계속 이 부분을 점검해야 할 상황에 처하곤 합니다. 사람들이 자신들의 문제나 어려움을 가져와서 "이 문제로 계속 기도해 왔습니다"라고 할 때, 저는 이 질문을 던집니다. "자신의 몸이 성령의 전이라는 사실을 알고 있나요?" 이것이 해결책입니다. 오해의 여지를 무릅쓰고 다시 말씀드리지만, 그런 이들은 어떤 의미에서 기도는 줄이고 생각을 더 많이 할 필요가 있습니다. 자신의 몸이 "성령의 전"이라는 것부터 상기해야 합니다. 항상 기도해야 하지만, 생각도 해야 합니다. 기도가 단순한 도피책이 되거나 절망과 좌절의 어둠 속에서 때때로 외치는 비명에 가까운 것이 될 수 있기 때문입니다. 기도는 지적인 것이어야 합니다. 오직 자신의 몸이 성령의 전이라는 사실을 아는 자들에게 응답이 오고 능력이 임합니다.

마지막으로, 성령은 우리의 운명을 상기시키십니다. "자녀이면 또한 상속자 곧 하나님의 상속자요 그리스도와 함께한 상속자니." 이 관점에서 그리스도인의 삶을 바라보아야 합니다. 이것은 바울이 계속 사용하는 논리로서, 로마서 8장 마지막 두 절과 같은 영광스러운 진술로 마무리되는 경우가 많습니다. 그리스도인은 자신의 운명을 분명히 확신하는 자들입니다. "사망이나 생명이나 천사들이나 권세자들이나 현재 일이나 장래 일이나 능력이나 높음이나 깊음이나 다른 어떤 피조물이라도 우리를 우리 주 그리스도 예수 안에 있는 하나님의 사랑에서 끊을 수 없으리라"라는 것을 한 치의 의심 없이 받아들이는 자들입니다. 그리스도인의 삶은 어떤 기준을 지키는 삶이나 자기 힘으로 무언가를 하고자 헛되이 애쓰는 삶이 아닙니다. 장차 우리가 이를 자리를 위해 준비하는 삶입니다. 하나님의 자녀는 천국과 영광으로 나아가게 되어 있다는 사실, 안팎의 어떤 장애물도 그 계획의 성취를 막을 수 없다는 사실을 알아야 종의 영과 무서워하는 마음에서 벗어날 수 있습니다. 그리스도인의 삶은 바로 이것을 준비하는 삶입니다. "세상을 이기는 승리는 이것이니 우리의 믿음이니라"(요일 5:4). 무엇을 믿는 믿음입니까? 나의 궁극적인 운명을 믿는 믿음입니다. 요한일서 3:2이 이 점을 어떻게 표현하는지 보십시오. "사랑하는 자들아, 우리가 지금은 하나님의 자녀라. 장래에 어떻게 될지는 아직 나타나지 아니하였으나 그가 나타나시면 우리가 그와 같을 줄을 아는 것은 그의 참모습 그대로 볼 것이기 때문이니." 이 사실을 아는 자는 어떻게 할까요? 그다음 절을 보십시오. "주를 향하여 이 소망을 가진 자마다 그의 깨끗하심과 같이 자기를 깨끗하게 하느니라." 우리가 하나님의 상속자요 그리스도와 함께한 상속자라는 사실, 우리의 운명이 이처럼 확실하고 안전하다는 사실, 그 운명을 막을 것이 하나도 없다는 사실을 아는 일보다 더 거룩한 삶을 살게 하는 힘은 없습니다. 이런 사실을 아는 자는 주님의 깨끗하심과 같이 자기를 깨끗하게 하며 시간을 허비하지 않습니다. 이것이 이 세 구절에 나오는 사도의 논리이자 아주 실제적인 논리입니다. 이 사실을 아는 것이 그리스도인의 삶을 살 수 있는 비결입니다! 그리스도인의 삶을 율법으로 바꾸지 마십시오. 여러분 자신이 성령을 받은 자들임을 기억하십시오. 그리고 나서 그리스도인의 삶이라는 이 주제를 살펴보십시오. 아버지가 여러분을 지켜보고 계십니다. 돌보고 계십니다. 그렇습니다. 성경의 표현대로라면, 여러분은 하나님의 것이기에 질투하고 계십니다. 여러분은 그리스도의 것입니다. 그리스도의 형제입니다. 성령이 여러분의 몸 안에 거하고 계십니다. 여러분은 영광으로 나아갈 운명을 가진 사람입니다. 자, 그러면 어떻게 해야겠습니까? 이러한 자신의 운명에 대해 깊이 생각하는 자는 말할 것입니다.

내 영혼아, 구원을 이루라.

죄와 두려움과 염려를 이기고
어느 곳에서나 기쁨을 찾으라.
아직 할 일이 있고 견딜 일이 있다.
어떤 성령이 네 안에 계신지 생각하라.
어떤 아버지가 널 향해 웃고 계시는지,
어떤 그리스도가 널 얻기 위해 죽으셨는지 생각하라.
하늘의 자녀여, 그래도 한탄하겠는가?
─헨리 프랜시스 라이트Henry Francis Lyte

종의 영과 무서워하는 마음에 매이는 것은 큰 잘못입니다. "하늘의 자녀여, 그래도 한탄하겠는가?" 절대 한탄하지 마십시오! "어떤 성령이 네 안에 계신지 생각하라. 어떤 아버지가 널 향해 웃고 계시는지, 어떤 그리스도가 널 얻기 위해 죽으셨는지 생각하라. 하늘의 자녀여, 그래도 한탄하겠는가?" 이 찬송은 로마서 8:15-17에 대한 훌륭한 강해입니다. 이 찬송을 붙잡고 내 것으로 삼아 실천하십시오. 지금 내 감정이 어떻든 신경 쓰지 마십시오. 나에 대한 성경의 진리는 이처럼 영광스러운 것입니다. 지금 그리스도 안에 있다면 "죄와 두려움과 염려"를 이겨 내십시오. 구원을 이루십시오. 이기고 승리하십시오.

13
거짓 가르침

너희의 복이 지금 어디 있느냐? 내가 너희에게 증언하노니 너희가 할 수만 있었더라면 너희의 눈이라도 빼어 나에게 주었으리라.

갈라디아서 4:15

그리스도인의 영적 침체 또는 불행한 삶의 또 다른 원인을 함께 고찰하기 위해 바울이 갈라디아 교인들에게 던진 질문에 주의를 환기시키고 싶습니다. 실제로 갈라디아서 전체가 이 한 가지 문제를 다루고 있습니다. 갈라디아 교인들은 사도 바울에게 복음을 들었습니다. 그들은 전형적인 이방의 이교도들이었습니다. 하나님 밖에 있던 자들이었으며, 하나님과 그 아들과 기독교의 큰 구원에 대해 아무것도 모르던 자들이었습니다. 그런데 사도 바울이 찾아와 전하는 복음 메시지를 듣고 큰 기쁨으로 받아들였습니다. 바울은 처음 자신을 만나 복음을 들었을 때 그들이 얼마나 기뻐했는지 아주 구체적으로 서술하고 있습니다. 갈라디아에 머물 당시, 그는 몸 상태가 좋지 않았던 것이 분명합니다. 도움이 된다면 눈이라도 빼 주었을 것이라는 표현을 볼 때, 눈의 질병으로 고생했던 것이 거의 확실합니다. 이렇게 눈에 심한 염증이 있었다면 보기에도 역겹고 거슬렸을 것입니다. 사도의 외모에는 매력적인 데가 없었습니다. 그는 고린도에 머물 때에도 자신이 약했노라고 말합니다(고전 2:3). 오늘날의 표현대로라면 위풍당당하지 못했다는 것입니다. 그렇지 않아도 아주 평범한 외모에 눈병까지 생겼으니 보기에 더 흉했을 것입니다. 그러나 사도가 상기시키듯이, 갈라디아 교인들은 전혀 개의치 않았습니다. 사도는 "너희를 시험하는 것이 내 육체에 있으되 이것을 너회가 업신여기지" 않았을 뿐 아니라 "하나님의 천사와 같이 또는 그리스도 예수와 같이 영접"했다고, 그 정도로 이 놀라운 구원을 기뻐했다고 말합니다. 그런데 이제는 그렇지 못하다는 것입니다. 불행해져 버렸다는 것입니다. 사도는 "너희의 복이 지금 어디 있느냐?"라고 묻지 않을 수 없었습니다. 그들은 스스로 불행해졌고 사도를 거의 등지다시피 했습니다. 사도가 "나의 자녀들아, 너희 속에 그리스도의 형상을 이루기까지 다시 너희를 위하여 해산하는 수고를 하노니"라고 말할 정도로 침체해 있었습니다.

예전의 복이 어디로 갔느냐는 것은 아주 인상적인 질문입니다. 실제로 그는 편지 앞부분에서 다른 표현을 통해 이 점을 지적한 바 있습니다. "그리스도의 은혜로 너희를 부르신 이를 이같이 속히 떠나 다른 복음을 따르는 것을 내가 이상하게 여기노라"(1:6). 사도는 3:1에서도 묻습니다. "어리석도다, 갈라디아 사람들아, 예수 그리스도께서 십자가에 못 박히신 것이 너희 눈앞에 밝히 보이거늘 누가 너희를 꾀더냐?" 다른 증거를 더 찾아보지 않아도, 새롭게 발견한 구원을 그토록 기뻐하며 행복해하던 갈라디아의 그리스도인들이 영적으로 불행해지고 침체한 것을 분명히 알 수 있습니다.

이제 우리가 던질 질문은 이것입니다. 그들이 이렇게 된 이유가 무엇일까요? 대체 무슨 일이 있었던 것일까요? 아주 간단하게 한마디로 대답할 수 있습니다. 전적으로 거짓 가르침 때문이었던 것입니다. 이것이 갈라디아 교회의 문제였습니다. 거짓 가르침을 받아들인 데서 모든 문제가 생겨났습니다. 이것은 신약성경이 아주 빈번히 다루는 주제입니다. 이 주제를 다루지 않는 서신을 찾아보기가 힘들 정도입니다. 사도 바울을 뒤따라 다니며, 여러 가지로 그의 메시지를 모방한 내용에 자신들의 가르침을 덧붙여 전하는 교사들 때문에 신생 교회들은 큰 어려움을 겪었습니다. 그 결과 교회도 혼란에 빠지고, 많은 그리스도인들도 불행해지고 침체했습니다. 물론 그것은 마귀가 한 짓이었습니다. 사도는 주저 없이 그렇게 말하며, 마귀가 "광명의 천사로" 가장할 수 있음을 상기시킵니다(고후 11:14). 마귀는 그리스도인을 공격하고 마음에 거짓 사상을 불어넣음으로써 잠시라도 기독교의 증언을 훼방하고 기쁨을 빼앗으려 듭니다. 신약 정경이 확정된 이후 교회 역사는 그 사례들로 가득합니다. 이런 일은 처음에도 있었고, 그 후에도 거의 내내 있었습니다. 어떤 의미에서 교회 역사는 수많은 이단들이 출현한 역사요 교회가 그들과 싸워 성령의 능력으로 구원받아 온 역사라고 할 수 있습니다.

이것은 아주 중대한 주제임이 분명합니다. 그러나 지금은 간단히 소개하고 언급하는 것으로 만족하겠습니다. 거짓 가르침은 여러 가지 다양한 형태로 나타나지만, 크게 보면 두 가지로 분류할 수 있습니다. 첫 번째는 진리와 기독 신앙의 기본 원리 및 교리를 노골적으로 부인하는 것입니다. 이런 형태로 나타날 때가 있다는 점을 확실히 알아 둡시다. 말로는 그리스도인이라고 하면서 실제로는 기독교 메시지를 부인할 수 있습니다. 말로는 그리스도인을 자처하면서 실제로는 주 예수 그리스도의 신성을 부인하며 그 밖에 신앙의 기본적이고 근본적인 교리들을 부인하는 가르침들이 전에도 있었고 지금도 있습니다.

그러나 거짓 가르침이 항상 그런 형태로만 나타나는 것은 아닙니다. 또 다른 형태가 있는데, 저는 여기에 주의를 집중시키고 싶습니다. 어떤 의미에서 이것은 첫 번째 형태보다 훨씬 더 위험합니다. 갈라디아 교회를 위협한 거짓 가르침이 여기 해당됩니다. 이 거짓 가르침은 신앙을 부인하고 신앙의 기본 요소들을 부정하는 것이 아니라 이미 믿고 있는 내용에 무언가를 덧붙이는 것입니다. 요컨대 "맞다. 우리도 복음을 믿고 바울의 설교에 동의한다. 복음은 전적으로 옳고 바울의 말도 다 옳다. 하지만 그가 충분히 다루지 못한 부분이 있다. 절대적인 필수 요소를 한 가지 빠뜨린 것이다. 그것이 바로 할례다. 참된 그리스도인이 되고 싶다면 지금 너희가 믿는 바를 굳게 붙잡을 뿐 아니라 할례도 받아야 한다"라는 것입니다. 이것이 갈라디아에 들어온 거짓 가르침의 핵심이었습니다.

그런 가르침이 어떻게 유입되었는지 알아보기는 어렵지 않습니다. 처음에 그리스도인이 된 자들은 유대인이었습니다. 복음서와 사도행전을 읽어 보면 전후사정을 알 수 있습니다. 공정하게 이야기해 봅시다. 그들의 상황은 아주 쉽게 이해할 수 있습니다. 그들은 하나님이 자신들에게 옛 신앙을 주셨고 그 신앙이 참되다는 것을 알았습니다. 그런데 그 전통적인 옛 가르침에 비추어 새 가르침을 이해하기가 어려웠습니다. 그들은 하나님이 아브라함에게 할례를 명하셨다는 것과 이후에도 그 명령이 유효했다는 것을 알았습니다. 그런데 새 가르침은 할례가 더 이상 필요 없다고 했습니다. 유대인과 이방인의 옛 구분이 없어졌으며, 할례는 다른 모든 의식법과 함께 그 역할을 다했으므로 이제는 할례를 받을 의무가 없다고 했습니다. 많은 유대인들이 이에 불만을 느꼈습니다. 교회가 할례 없이 이방인들을 받아들이는 데 불만을 느꼈습니다. 교회 초기부터 이 점이 장애물이 되었습니다(사도 베드로에게도 이 점이 장애물이었다는 사실, 하나님이 하늘의 환상을 보여주신 후에야 고넬료와 다른 이방인들을 교회에 받아들일 마음이 생겼다는 사실을 기억할 것입니다). 그들은 이방인이 어떻게 유대인이 되지 않고서 곧장 그리스도인이 될 수 있는지 이해하지 못했습니다. 기독교가 옛 신앙의 논리적 결과물인 것은 알았지만, 어떻게 할례도 없이 교회에 들어올 수 있는지는 이해하지 못했습니다. 그래서 갈라디아에 있는 이방인 그리스도인들을 찾아가 진정한 그리스도인이 되려면 할례를 받고 율법 아래 들어가야 한다고 가르친 것입니다.

사도가 갈라디아서에서 다루는 주제가 이것입니다. 이 편지를 아무 감흥 없이 무덤덤하게 읽기란 불가능합니다. 사도는 격정적으로 쓰고 있습니다. 이 문제가 얼마나 걱정되었던지 늘 쓰던 서두의 인사말조차 짧게 건너뛰어 버립니다. 편지를 시작하자마자 이 주제를 꺼내면서 바로 질문을 던집니다. 사도가 이렇게 격한 감정을 느끼는 이유, 이렇게 격앙된 이유가 무엇입니까? 그리스도인으로서 갈라디아 교인들의 입지와 신분 자체가 위태롭다고 생각했기 때문입니다. 이 진리를 제대로 깨닫지 못하는 한 그리스도인으로서 그들의 신분 자체가 위태롭다고 생각했기 때문입니다. 그래서 다른 어떤 편지보다 격하게 쓰고 있습니다. 그의 말을 들어 보십시오. "그러나 우리나 혹은 하늘로부터 온 천사라도 우리가 너희에게 전한 복음 외에 다른 복음을 전하면 저주를 받을지어다. 우리가 전에 말하였거니와 내가 지금 다시 말하노니 만일 누구든지 너희가 받은 것 외에 다른 복음을 전하면 저주를 받을지어다." 이보다 더 격한 표현은 없습니다. 그는 거듭 말합니다. "우리가 전에 말하였거니와 내가 지금 다시 말하노니 만일 누구든지 너희가 받은 것 외에 다른 복음을 전하면 저주를 받을지어다"(1:8-9). 사도는 이렇게 단언함으로써 "서로 아는 바가 달라도 상관없다. 어쨌든 다 같은 그리스도인이니까"라는 말 자체를 꺼내지 못하게 만듭니다. 그렇습니다. 이 점에서만큼은 관용을 베풀지 않는 것이 분명합니다. 사도 자신이 제시하며 가르치고 있듯이, 이것은 그리스도인의 신분 자체가 걸린 문제이기 때문입니다.

제가 이 문제에 주의를 환기시키는 것은 갈라디아 교회 역사에 유독 관심이 있기 때문이 아니라 이 문제가 우리와 관련이 있기 때문입니다. 신약성경의 영광이 여기 있습니다. 신약성경은 학문적인 책이 아니라 다른 어떤 책보다 현대적인 책입니다. 신약성경에 나오는 문제와 이단들은 모양과 형태를 달리하여 현대 교회에 그대로 반복되고 있습니다. 지금 우리는 단순히 영적 침체에 대해 학문적 토론을 벌이는 것이 아닙니다. 우리 자신과 서로에 대해 이야기하는 것입니다. 제가 이 문제에 주의를 환기시키는 것은 우리가 여전히 이 문제를 겪고 있기 때문이며, 갈라디아에 있었던 이단이 현재적인 형태로 지금도 여전히 존재하기 때문입니다. 이 문제를 겪고 있는 그리스도인들이 많습니다. 처음 진리를 접할 때는 놀라움을 금치 못합니다. "기독교가 이런 건지 미처 몰랐다"라며 감탄합니다. 기쁨으로 받아들이고 큰 축복을 경험합니다. 그런데 뒤이어 다른 가르침을 듣게 됩니다. 책이나 누군가의 설교나 친구의 말을 통해 다른 가르침을 소개받습니다. 그 가르침은 아주 영적으로 보일 뿐 아니라 믿기만 하면 특별한 축복을 준다고 약속하기 때문에 매력을 느끼고 덥석 받아들입니다. 그러면서 혼란에 빠지고 불행해지기 시작합니다. 실제로 그 가르침을 택하지 않고 받아들이지 않더라도, 마음이 흔들리고 제대로 대처하지 못하는 탓에 혼란에 빠지고 불행해집니다.

이런 가르침에 어떤 것들이 있는지 일일이 언급하지 않아도 잘 알리라 생각합니다. 그러나 자세히 다루지는 못해도 실례를 들기 위해 몇 가지는 언급해 보겠습니다. 여호와의 증인이나 제7일 안식교 같은 명백한 이단 외에도, 성경이 가르치지 않는 내용에 순종하고 따를 것을 고집하는 로마 가톨릭에서 이런 가르침을 찾아볼 수 있습니다. 성인 침례를 구원의 필수 요소로 내세우는 자들에게서도 이런 가르침을 찾아볼 수 있고, 방언을 해야만 성령을 받은 것이라고 주장하는 자들에게서도 이런 가르침을 찾아볼 수 있으며, 신유와 관련하여 그리스도인은 병에 걸리면 안 된다고 주장하는 자들에게서도 이런 가르침을 찾아볼 수 있습니다. 이것은 몇 가지 예에 불과합니다. 다른 예들도 많이 있습니다. 이것이 단순히 이론적인 문제가 아닌 아주 실제적인 문제임을 보여 드리기 위해 몇 가지 예만 들었을 뿐입니다. 우리는 모두 거짓 가르침에 직면해 있습니다. 이제부터 설명하겠지만, 이런 가르침에는 우리가 지금 다루는 이단의 특징이 공히 나타납니다.

저는 사도가 이런 위험으로부터 자신을 지키며 "그리스도께서 우리를 자유롭게 하려고" 주신 자유를 붙잡고 "굳건하게 서서 다시는 종의 멍에를 메지" 않기 위해 계속 명심해야 할 중대한 원리를 단번에 제시해 주었다고 생각합니다. 사도가 이렇게까지 격하게 표현한 것은 갈라디아 교인들을 사랑했기 때문입니다. 그가 쓴 표현대로 자식을 위하는 아비의 심정으로 이렇게 말한 것입니다. 규칙을 따지거나 편협하거나 관용이 없거나 자기중심적이어서 이렇게 말한 것이 아닙니다. 정반대로, 그들의 영적인 삶과 행복이 유일한 관심이었기에 이렇게 말한 것입니다. 사도는 "나의 자녀들아"라고 부릅니다. 어미의 심정으로 "너희 속에 그리스도의 형상을 이루기까지 다시 너희를 위하여 해산하는 수고를" 마다치 않습니다. 저도 그 심정으로 이 주제에 주의를 환기시키고 싶습니다. 하나님이 아시지만, 사실 저는 이 주제를 다루고 싶지 않습니다. 이 시대는 이런 말을 듣기 싫어하기 때문입니다. 이 시대의 경향은 "그런 게 뭐가 중요해?"라는 것입니다. 교회 밖에 있는 자들이나 안에 있는 자들이나 마찬가지입니다. 그럼에도 제가 부득불 이 주제를 다루는 것은, 현대인들의 견해가 어떻든 말씀의 참된 가르침을 설명하는 것이 저를 기독교 사역으로 부르신 하나님을 배반치 않는 길이라고 생각하기 때문입니다.

그렇다면 이런 거짓 가르침에는 어떻게 대처해야 할까요? 사도가 첫 번째로 제시하는 시금석은 권위의 문제입니다. 이것부터 확인해야 합니다. 이런 혼란과 문제가 발생했을 때 감정이나 체험을 기준으로 판단하면 안 되며, 단순히 결과만 보고 판단해도 안 됩니다. 거짓 가르침을 듣고서도 아주 행복해질 수 있습니다. 이 점을 분명히 합시다. 체험과 결과라는 기준으로만 판단하면 세상과 교회가 알고 있는 모든 사교와 이단을 정당화할 수 있습니다. 그렇다면 어떤 권위를 확인해야 합니까? 사도가 1장에서 분명히 알려 줍니다. 실제로 그가 1, 2장에서 다루는 것이 바로 이 권위의 문제입니다. 이것은 사도 자신의 신분과도 관련된 문제이기에 자기 이야기를 많이 하고 있습니다. 그는 자신이 전한 복음 외에 다른 복음을 전하는 자들을 반대합니다. "우리나 혹은 하늘로부터 온 천사라도 우리가 너희에게 전한 복음 외에 다른 복음을 전하면 저주를 받을지어다." 왜 그럴까요? 이 두 가지를 분별하는 시금석이 무엇일까요? 바로 이것입니다. "형제들아, 내가 너희에게 알게 하노니 내가 전한 복음은 사람의 뜻을 따라 된 것이 아니니라. 이는 내가 사람에게서 받은 것도 아니요 배운 것도 아니요 오직 예수 그리스도의 계시로 말미암은 것이라." 그는 연이어 자신이 사역을 시작하게 된 과정을 이야기합니다. "내가 이전에 유대교에 있을 때에 행한 일을 너희가 들었거니와 하나님의 교회를 심히 박해하여 멸하고 내가 내 동족 중 여러 연갑자보다 유대교를 지나치게 믿어 내 조상의 전통에 대하여 더욱 열심이 있었으나……." 이렇게 살던 그를 주 예수 그리스도가 다메섹 길에서 만나 사역자로 세워 주셨습니다. 그는 어머니 태에 있을 때부터 이 일을 위해 자신을 택정하셨음을 알았습니다. 주 예수 그리스도가 친히 그에게 이 일을 맡기셨고 메시지를 주셨습니다. 아, 그렇습니다. 그러나 그가 이것만 알았던 것은 아닙니다. 이처럼 특별한 방식으로 사역을 시작한 탓에 고린도 교인들에게 자신을 "만삭되지 못하여 난 자"라고 표현하기는 했지만(고전 15:8), 자신이 받은 복음만큼은 주님이 육신으로 계실 때 함께했던 다른 사도들이 받은 복음과 똑같다는 것을 알았습니다. 예루살렘에 올라가 다른 사도들과 이야기를 나누면서 그 사실을 확인했습니다. 그들과 달리 개인적으로 직접적인 계시를 통해 복음을 받았음에도, 그 내용은 똑같다는 것을 확인했습니다.

이것이 권위의 근거입니다. 사도는 이 권위를 근거로 호소하고 논증합니다. 복음은 사람마다 견해를 달리할 수 있는 것이 아니라고 말합니다. 자신도 단순히 자기 생각을 전하는 것이 아니라고 주장합니다. 다른 사도들처럼 주님께 받은 복음, 똑같은 복음을 전한다고 말합니다. 이 사도성이 진리의 시금석입니다. 어떤 가르침이든 사도들의 메시지에 부합되는지 확인해야 합니다. 이것이 진리를 분별하는 시금석이요 기준입니다. 신약성경은 자신이 선포하고 가르치는 복음이 주 예수 그리스도의 권위에서 나온 것이라고 주장합니다. 주님이 사도들에게 친히 복음을 주셨고, 사도들은 그 복음을 전했으며, 그에 근거하여 신약성경의 복음이 기록되었습니다. 오직 이것이 유일한 기준입니다. 지금도 이것이 유일한 기준입니다.

신약성경 외에 다른 기준은 없습니다. 모든 관점을 신약성경의 빛으로 가져와 그 빛으로 비추어 보아야 합니다. 그럴 때 거짓 가르침은 항상 둘 중에 한 가지 잘못을 범한다는 것을 알게 됩니다. 첫째는 사도들의 메시지에 못 미치게 가르치는 것입니다. 사도들의 메시지, 모든 사도가 동의하고 설교한 적극적인 진리가 있다는 사실을 분명히 알아야 합니다. 명백한 메시지가 있다는 사실을 알아야 합니다. 그런데 거짓 가르침은 그 메시지에 못 미치게 몇 가지를 빼놓고 가르칩니다. 이런 가르침들이 오늘날 많은 그리스도인들을 오도하고 있습니다. 아예 잘못된 내용을 가르치면 바로 알아챌 수 있지만, 사도들의 메시지에 못 미치게 몇 가지를 빼놓고 가르치면 알아채기 어렵습니다. 예컨대 주 예수 그리스도의 위격에 대한 바른 가르침에 못 미치게 가르칠 수 있습니다. 성육신을 부인할 수도 있고, 한 인격 안에 두 본성이 공존한다는 교리를 부인할 수도 있습니다. 동정녀 탄생을 부인할 수도 있고, 주님이 행하신 기적을 부인할 수도 있으며, 말 그대로 몸의 부활을 부인할 수도 있습니다. 아무리 기독교를 자처해도, 그런 것은 진리에 못 미치는 거짓 가르침입니다. 또 어떤 점에서는 그리스도의 사역을 부인할 수도 있습니다. "하나님이 죄를 알지도 못하신 이를 우리를 대신하여 죄로 삼으신 것은 우리로 하여금 그 안에서 하나님의 의가 되게 하려 하심이라"라는 말씀을 부인할 수도 있습니다(고후 5:21). 그리스도의 죽음을 단순히 놀라운 사랑의 발현으로 볼 수도 있고, 하나님이 나무에 달린 그리스도의 몸 안에서 우리 죄를 벌하셨다는 사실을 부인할 수도 있습니다. 사도들은 그리스도가 우리 죄를 위해 죽으셨다고 말합니다. 그러므로 이 사실을 전하지 않는 가르침은 사도들의 진리에 못 미치는 것입니다. 중생도 마찬가지입니다. 중생의 교리를 가르치지 않고 중생의 절대적인 필요성을 강조하지 않는 자들이 많습니다. 신약성경이 강조하는 행동과 행위의 측면을 강조하지 않는 자들도 있습니다. 그리스도인을 자처하면서도 '그리스도를 믿으면 안전하기 때문에 무슨 짓을 해도 상관없다'라고 추론하는 자들도 있습니다. 그것은 반율법주의의 무서운 오류입니다. 신약성경은 행함의 중요성을 가르치며 "행함이 없는 믿음은 죽은 것"이라고 말합니다(약 2:26). 이 중에 한 가지라도 빼놓는 가르침은 사도들의 메시지에 못 미치는 거짓 가르침입니다.

이미 살펴보았듯이 둘째 위험은 정반대로 진리에 다른 내용을 덧붙이는 것입니다. 사도들의 메시지가 옳다고 인정하면서도 다른 요소가 더 있어야 한다고 가르치는 것입니다. 지금 우리가 다루는 위험이 바로 이것입니다. 모든 가르침은 감정이나 체험이나 결과나 다른 이들의 말이나 행동이 아닌 신약성경의 가르침에 따라 검증해야 한다는 첫 번째 원리를 다시 한 번 기억할 필요가 있습니다. 사도성-신약성경의 가르침-이 시금석입니다.

두 번째 아주 좋은 시금석이 있습니다. 어떤 가르침이든 그 안에 함축된 의미를 신중하게 살펴보십시오. 사도가 갈라디아서 2장에서 하는 일이 바로 그것입니다. 갈라디아에 들어온 새로운 가르침은 그리스도를 부인하는 것처럼 보이지 않았습니다. 그러나 사도는 가장 중대한 부분에서 그리스도를 부인한다는 점을 아주 명확하게 보여줍니다. 그는 사도 베드로가 안디옥에 왔을 때에도 이 점을 지적했습니다. 베드로는 고넬료와 관련된 이상을 통해 이 진리를 아주 분명히 깨달았음에도 불구하고, 유대인들의 영향을 받아 이방인이 아닌 유대인하고만 식사할 수 있는 것처럼 행동했습니다. 바울은 그것이 믿음을 부인하는 행동임을 명확히 지적하며 면전에서 그를 책망했습니다. 물론 베드로도 일부러 그러려던 것은 아니었습니다. 오직 믿음으로 그리스도께 구원받는다는 진리 자체를 부인하려던 것은 아니었습니다. 그러나 이 사건을 통해 그의 실제 입장을 분명히 드러낸 셈이 되었고, 그 행동으로 그리스도를 믿는 믿음에 무언가 덧붙여야 한다고 선포한 결과가 되었습니다. 이처럼 자신의 말과 행동이 초래할 수 있는 결과를 항상 살펴보아야 합니다. 제 말의 의미를 설명하기 위해 한 가지 예를 들겠습니다. 이와 관련하여 어떤 그리스도인 여성과 토론한 적이 있는데, 그는 이 점을 이해하기 힘들어했습니다. 불신자라도 아주 선한 삶을 사는데 왜 그리스도인이 아니냐는 것입니다. "목사님이 왜 그들을 그리스도인이 아니라고 하는지 모르겠네요. 그들의 삶을 좀 보세요." 훌륭한 그리스도인이었던 그 여성은 실제로 이 문제 때문에 고민하고 있었습니다. 저는 말했습니다. "잠깐만요. 지금 그 말이 무슨 뜻인지 모르겠습니까? 본인이 무슨 말을 하고 있는지 모르겠습니까? 그렇게 선하고 뛰어나고 고상한 사람들에게는 하나님의 아들이신 주 예수 그리스도가 필요치 않다는 것입니다. 굳이 그리스도가 하늘에서 내려오실 필요가 없다는 것이며, 십자가 죽음 없이도 그들 자신의 행함과 선한 삶으로 하나님과 화목케 될 수 있다는 것입니다. 그것이 사실상 믿음을 부인하는 말임을 모르겠습니까? 그리스도와 그의 죽음이 필요치 않다고 주장하는 것임을 모르겠습니까?" 그 여성은 자기 말에 함축된 의미를 살펴봄으로써 이 점을 깨달았습니다. 액면 그대로 보지 말고, 실제 함축된 의미를 살펴보십시오.

제가 볼 때 세 번째 시금석은 그 가르침이 무엇을 덧붙이는지 살펴보는 것입니다. 갈라디아서에 나오듯이 이러한 이단의 첫째 특징은 항상 성경의 계시에 무언가를 덧붙이는 것입니다. 바울은 "할례를 전하는 가르침은 기독교 메시지가 아니다"라고 말합니다. "할례를 전하는 자들은 그리스도께 메시지를 받은 것이 아니다. 그리스도는 내게 메시지를 주실 때 모든 사람이 할례를 받아야 한다고 말씀하시지 않았다. 그것은 그리스도의 계시와 동떨어진 가르침이요 사도들의 메시지에 다른 내용을 덧붙이는 가르침이다." 이것이 우리가 다루는 유형의 이단에 늘 나타나는 특징임을 여러분도 알 것입니다. 예컨대 로마 가톨릭의 주장을 보십시오. 로마 가톨릭은 처음 사도들처럼 오늘날 자신들도 영감을 받는다고 주장하는데, 그것은 성경적 근거가 없는 주장입니다. 단지 자신들이 그렇게 말하는 것일 뿐입니다. 그들은 사도 시대 이후에도 교회가 계속 계시를 받아 왔다고 주장합니다. 아주 공공연히 그렇게 주장합니다. 우회적으로 교묘하게 주장하는 것이 아닙니다. 그것은 교회가 하나님의 말씀과 동일한 권위를 가지고 있다고 생각한다는 뜻입니다. 교황이 '권위로 ex cathedra' 선포한 말은 신약성경의 서신서들처럼 영감을 받은 것이라고 주장하며, 계시에 교황의 말을 덧붙입니다. 로마 가톨릭만 그런 것이 아닙니다. 비슷한 주장을 하는 이들이 또 있습니다.

이런 가르침을 받아들이기 전에 그 기원부터 조사해야 합니다. 그러면 거의 어김없이 누군가 '이상'을 본 자가 있다는 것, 그 대부분은 여

자라는 것을 알게 됩니다. 역사를 읽어 보십시오. 거짓 가르침의 근거가 한 여자의 권위에 있음을 발견할 것입니다. 사도는 "여자가 가르치는 것"을 허락지 않는다고 말합니다(딤전 2:12). 그러나 그들은 개의치 않습니다. 그뿐만이 아닙니다. 그 여자는 이상을 보고 특별한 계시를 받습니다. 그들은 "아, 물론 성경에는 나오지 않지요. 하나님이 이분에게 직접 계시해 주셨으니까요"라고 말합니다. 이처럼 계시에 다른 내용을 덧붙입니다. 더 자세한 내용, 더 발전시킨 내용을 덧붙입니다. 자신들의 창시자가 예수 그리스도의 사도들처럼 영감을 받았다고 주장하며, 거기에서 권위의 근거를 찾습니다. 이 시금석을 그런 운동들에 적용해 보면 제 말이 사실임을 확인할 것입니다. 기독교회 안에도 그런 성경관을 가진 자들이 많다는 사실을 기억하십시오. 그들은 말합니다. "아, 그래요. 사도들은 영감을 받았지요. 하지만 지금도 사람들은 영감을 받습니다. 우리는 영감을 부인하지 않아요. 다만 다른 계시를 덧붙일 수도 있다는 것이지요. 1세기에 진리가 다 계시된 게 아니에요. 20세기에도 더 큰 지식과 학문을 통해 특별한 내용들이 계시되고 있습니다." 그러면서 그 내용을 계시에 덧붙입니다. 이것은 그들이 성경으로 충분치 않다고 생각한다는 뜻이며, 현대의 학문에서 발견한 내용을 덧붙여야 한다고 생각한다는 뜻입니다. 이처럼 현대의 정신과 시각을 덧붙이도록 허용하는 것은 사실상 추가적인 계시가 있다고 주장하는 태도나 다름없습니다.

이런 유형의 거짓 가르침에 어김없이 나타나는 둘째 특징은 각 가르침마다 특별하게 강조하며 크게 중시하는 한 가지가 항상 있다는 것입니다. 갈라디아 교인들의 경우에는 할례가 그것이었습니다. 할례든 다른 무엇이든 그 한 가지가 특별한 가르침으로 연결되며, 사교 운동 전체의 원동력이 됩니다. 그들은 얼마든지 참된 신자로 살라고 말합니다. 다만 한 가지―제7일이나 침례나 방언이나 신유 등―만 더하라는 것입니다. 그 한 가지가 꼭 필요하다는 것입니다. 그 한 가지가 중요하다는 것입니다. 그 한 가지를 항상 우위에 두고 중심에 둡니다. 그 한 가지를 강조함으로써 그리스도보다 그것을 더 의식하게 만듭니다. 할례든 무엇이든 그 한 가지 없이는 사교 운동을 설명할 수 없습니다.

셋째로, 모든 거짓 가르침은 그리스도께 무언가를 덧붙입니다. 로마 가톨릭은 말합니다. "물론 우리는 그리스도를 믿는다. 그러나 그에 더하여 교회도 믿고, 동정녀 마리아도 믿고, 성인들도 믿고, 사제들도 믿는다." 교리적인 믿음과 정통 신앙이라는 관점에서만 본다면 저는 개신교에 속한 많은 이들보다 로마 가톨릭 신자들과 더 가까운 편입니다. 그러나 가톨릭이 이런 것들을 필수 요소로 덧붙인다는 점에서 저는 그들과 결별하게 되며, 결별하는 것이 마땅합니다. 그들은 그리스도께 교회를 덧붙이고 동정녀 마리아를 덧붙이며 사제를 덧붙이고 성인을 덧붙입니다. 그리스도 한분만으로 만족하지 못합니다. 그를 유일무이한 영광을 지닌 분으로 중심에 모시지 않습니다. 가톨릭만 그런 것이 아닙니다. 특별한 체험을 덧붙이는 이들도 있고, 사도의 표현대로 "날"을 덧붙이는 이들도 있으며(갈 4:10), 특별한 의식이나 성례를 덧붙이는 이들도 있습니다. 그들은 항상 그리스도께 덧붙여서 무언가를 하려 듭니다. 그 무언가를 필수 요소로 덧붙여야 한다고 생각합니다.

넷째로, 잘못된 교리는 어떤 모양 어떤 형태로든 항상 믿음만으로는 안 된다는 결론을 내립니다. 사도는 5:6에서 이 점을 명확히 밝히고 있습니다. "그리스도 예수 안에서는 할례나 무할례나 효력이 없으되 사랑으로써 역사하는 믿음뿐이니라." 거짓 가르침은 항상 우리 스스로 무언가를 해야 한다고 말합니다. 무언가를 더 해야 한다고, 우리 스스로 무슨 행동을 하거나 무슨 일이 일어나게 해야 한다고 말합니다. 믿음만으로는 안 된다는 것입니다. 믿음만으로는 설 수 없으며 의롭다 하심을 받을 수 없다는 것입니다. 무언가를 해야만, 특별한 무언가를 더 해야만 구원을 크게 체험할 수 있다는 것입니다. 바울에 따르면, 이런 말을 한다는 것 자체가 "은혜에서 떨어진 자"라는 뜻입니다(갈 5:4).

마지막이자 네 번째로 지적할 시금석이 있습니다. 저는 이 마지막 시금석을 주신 하나님께 감사를 드립니다. 그만큼 이 시금석은 제게 도움이 됩니다. 거짓 가르침을 믿는 자는 어김없이 그리스도인들의 과거 경험을 부인합니다. "너희의 복이 지금 어디 있느냐?" 바울이 이 말을 한 의미를 여러분도 알 것입니다. 요컨대 "어리석은 갈라디아 사람들아, 그러나 사랑하는 갈라디아 사람들아, 내가 처음 갈라디아에 갔을 때 너희가 경험한 일들이 그렇게 소용없고 쓸데없는 것이었느냐? 너희의 복이 지금 어디 있느냐? 오, 어리석은 자들아, 누가 너희를 꾀더냐? 율법의 행위를 따르다가 저주 아래 있게 된 자들이 많다는 것을 알지 않느냐? 너희가 성령을 받았다는 것을 알지 않느냐? 돌아오너라. 너희가 성령을 받았다는 사실을 기억하거라. 그것이 율법의 행위 때문이었느냐? 당연히 아니다. 지금 너희가 과거의 경험을 부인하고 있음을 모르겠느냐?"라는 것입니다.

거짓 가르침들은 전부 이런 오류를 범합니다. 사도가 베드로 사건을 이야기하며 지적하는 점이 바로 이것입니다. 그는 베드로가 과거의 삶과 경험을 번복했다고 말합니다. 아브라함에 대한 사도의 논증이 의미하는 바도 이것입니다. 아브라함이 복을 받은 것은 할례를 받은 후가 아니라 전이었습니다. 그렇기 때문에 할례가 꼭 필요하다고 할 수 없는 것입니다. 아브라함은 할례를 받기 전에 이미 큰 복을 받았습니다. 할례가 꼭 필요하다고 말하는 것은 이 경험을 부인하는 태도입니다. 이 논증이 필요할 때가 얼마나 많은지 모릅니다! 거짓 가르침은 교묘하고 매력적이어서 그 한 가지가 꼭 필요하고 옳은 것처럼 느끼게 만듭니다. 예컨대 웨슬리나 휘필드George Whitefield 같은 이들을 생각해 봅시다. 하나님이 경이롭고 놀랍고 강력한 방식으로 성령을 충만히 부어 주신 것이 분명한 사람들, 탁월한 성도들, 위대한 종들을 생각해 봅시다. 그들은 제7일이 아닌 첫날을 지켰다는 것, 특별한 방식의 세례를 받지 않았다는 것, 방언을 하지 않았다는 것, 신유 집회를 열지 않았다는 것을 알 수 있습니다. 이런 이들이 지식이 없고 통찰이 없고 지각이 없어서 그랬을까요? 새로운 거짓 가르침들이 시대를 막론하여 가장 위대했던 그리스도인들의 경험을 크게 부인하고 있음을 모르겠습니까? 그들은 사실상 자신들만 진리를 전한다고 말하는 것이며, 지난 1,900년간 교회가 무지와 어둠에 갇혀 있었다고 말하는 것입니다. 그것은 말도 안 되는 주장입니다. "너희의 복이 지금 어디 있느냐?"라는 질문으로 그런 가르침들을 검증해야 한다는 점을 반드시 알아야 합니다.

이제 최종적인 시금석을 말씀드리고 설교를 마치겠습니다. 그 시금석은 바로 이것입니다. 지금까지 말한 모든 검증을 마쳤다면, 이제 여러분은 저와 함께 갈라디아서 6:17에 나오는 사도의 말을 따라 할 준비가 된 것입니다. "이후로는 누구든지 나를 괴롭게 하지 말라. 내가 내 몸에 예수의 흔적을 지니고 있노라." 이 말이 무슨 뜻일까요? 사도가 알려 줍니다. "그러나 내게는 우리 주 예수 그리스도의 십자가 외에 결코 자랑할 것이 없으니 그리스도로 말미암아 세상이 나를 대하여 십자가에 못 박히고 내가 또한 세상을 대하여 그러하니라"(14절). 더 이상 할례에 대해 말하지 말라는 것입니다. 자신은 아무 관심 없다는 것입니다. 제7일을 지키는 일이나 다른 종파에 대해, 온전한 그리스도인이 되기 위해 절대적으로 필요하다고 주장하는 일들에 대해 말하지 말라는 것입니다. 자신은 전혀 필요 없다는 것입니다. "결코 자랑할 것이 없으니." 사도는 "우리 주 예수 그리스도" 외에 그 무엇도, 그 누구도, 그 어떤 특별한 가르침도 자랑하지 않겠다고 합니다. "그리스도로 말미암아 세상이 나를 대하여 십자가에 못 박히고 내가 또한 세상을 대하여" 못 박혔기에, 그리스도 한분만으로 충분하다고 말합니다.

분명히 밝히지만, 저 또한 아무것도 자랑하지 않겠습니다. 정통 신앙도 숭배하면 덫이 될 수 있기에 자랑하지 않겠습니다. 오직 이 큰일을 행하신 복되신 주님만 자랑하겠습니다. 저는 주님과 함께 죽었고 주님과 함께 장사되었습니다. 주님과 함께 죄에 대하여는 죽고 하나님께 대하여는 살아났습니다. 주님과 함께 부활했고 주님과 함께 하늘에 앉아 있습니다. 그로 말미암아, 오직 그로 말미암아 세상이 저를 대하여 십자가에 못 박혔고 저는 세상을 대하여 못 박혔습니다. 그러므로 그분 외에 저의 중심을 차지하려는 것, 그분 위에 덧붙여지려 하는 것은 무엇이든 거부하겠습니다. 예수 그리스도에 대한 사도들의 명쾌하고 단순하며 영광스러운 메시지를 깨달은 자는 절대 무언가를 덧붙이지 않습니다. 충만하신 그리스도, 오직 그분만 즐거워합시다.

14
선을 행하다가 낙심하는 경우

우리가 선을 행하되 낙심하지 말지니 포기하지 아니하면 때가 이르매 거두리라.
갈라디아서 6:9

성경은 세상에서 살아가는 하나님의 백성들을 돕기 위해 기록된 책입니다. 교회에 발생한 구체적인 상황들을 다루고자 기록된 신약 서신서는 특히 더 그렇습니다. 서신서의 메시지를 이해하려면 서신서 기자들이 서재에 앉아 논문을 쓴 것이 아님을 알아야 합니다. 그와 반대로 사도 바울은 순회 전도자로서 대개는 교인들에게 발생한 구체적인 문제 때문에, 그 문제의 원인과 극복할 방법을 알려 주기 위해 편지를 썼습니다. 이처럼 사도가 있을 수 있는 원인들을 다루어 준 덕분에, 오늘날 영적 침체의 원인 중에 서신서에 나오지 않는 것은 하나도 없다고 확신할 수 있습니다. 영적 침체의 폐단은 예나 지금이나 똑같습니다. 전혀 변함이 없습니다. 겉모습은 다르고 나타나는 양상은 다양해도 원인은 전부 마귀에게 있으며, 마귀의 궁극적인 목표는 항상 동일합니다.

오늘 본문에서 우리는 또 다른 영적 침체의 원인을 발견하게 되는데, 이것을 보면 우리가 이미 여러 차례 강조했던 사실, 즉 우리 대적은 무서울 정도로 교묘하다는 사실을 즉시 떠올리게 됩니다. 우리는 마귀가 거짓 가르침으로 그리스도인들을 유혹하여 비참하게 만드는 양상을 살펴보았습니다. 아주 영리한 방법으로 중심에 두면 안 될 것들을 중심에 두게 만들거나 여러 가지 신앙이 뒤섞인 새로운 신앙을 제공한다는 것을 알았습니다. 그런데 이번에는 상황이 사뭇 다릅니다. 여기에서 사도가 염려하는 것은 이단과 오류에 빠져 헤매게 될 위험이나 특정 사교를 참된 신앙으로 믿고 받아들일 위험이 아닙니다. 이번 관심사는 그것이 아닙니다. 마귀는 그보다 훨씬 더 교묘한 짓, 겉보기에는 아무 문제가 없는 짓을 합니다. 계속 바른 방향으로 가도록 내버려 두되, 지치고 피곤하게 만드는 것입니다. 이것은 바른 길에 서 있고 바른 길로 가고 있는 자들이 빠지는 영적 침체의 사례입니다. 그들은 바른 방향으로 가고 있습니다. 문제는 고개를 떨구고 손을 늘어뜨린 채 맥없이 가고 있다는 것입니다. 이것은 그리스도인이 세상에 살면서 보여주어야 할 원래 모습과 정반대되는 모습이요 광경입니다.

이렇게 지치는 문제를 살펴보기에 가장 좋은 방법은 먼저 일반적인 관점에서 살펴보는 것입니다. 이것은 중년기에 찾아오는 위험이라고 할 수 있습니다. 그리스도인의 삶뿐 아니라 일반적인 인생을 보아도 그렇습니다. 이것은 중년기에 겪는 문제입니다. 모든 사람이 겪는 문제, 우리 모두 나이가 들면서 조만간 겪게 되는 문제입니다. 오늘날 사람들은 청년기에 큰 관심을 보이며 노년기에 상당한 관심을 쏟지만, 저는 중년기야말로 인생의 가장 힘든 시기라고 확신해 마지않습니다. 청년기나 노년기에는 그래도 보상이 될 만한 좋은 점들이 있는 데 비해, 중년기에는 하나도 찾아보기 어려운 것 같습니다. 우리 모두 그 시기를 맞이합니다. 나이가 들면서 탄력과 활력을 잃습니다. 힘이 점점 빠지고 느려지는 것을 느낍니다. 직접 경험하지 못한 사람도 들어서 익히 알 것입니다. 일이나 직업의 영역에서도 그렇지 않습니까? 많은 사람이 이 문제를 겪습니다. 중년이 되었다는 것은 발전하고 개발해서 일정 수준에 도달하는 단계를 이미 지났다는 뜻입니다. 여러 가지 이유로 더 이상 발전이 불가능해집니다. 그저 기존 수준을 유지할 뿐입니다. 그런데 아무 자극제 없이 기존 수준을 유지하기가 어렵습니다. 사업하는 이들이 자주 이 문제를 겪습니다. 사업을 일구는 일보다 유지하는 일이 훨씬 더 어렵습니다. 사업을 처음 일굴 때는 어떤 의미에서 모든 상황이 자기편인 것 같았는데, 일정 수준에 도달한 후에는 자극제들이 사라지면서 현상 유지마저 아주 힘들어집니다. 순전히 육신적인 삶의 관점에서만 보아도, 일이나 직업이나 다른 여러 가지 소명의 영역만 살펴보아도, 거의 무궁무진한 예를 찾아볼 수 있습니다. 특정 분야에서 크게 성공한 이들의 전기를 읽어 보면 최고의 수준에 도달했을 때, 안정기에 접어들었을 때가 인생에서 가장 힘든 시기였다고 한결같이 고백하는 것을 알 수 있습니다.

신앙의 삶, 영적인 삶에서도 마찬가지입니다. 첫 경험, 모든 것이 새롭고 놀랍고 경이롭고 분명한 첫 경험에 뒤이어 찾아오는 단계가 있습니다. 첫 단계를 거칠 때는 계속 새로운 것을 발견하며, 그 발견이 결코 끝나지 않을 것처럼 느껴집니다. 그런데 문득 그 단계가 끝났다는 사실을 깨닫는 순간이 옵니다. 그리스도인의 삶에 익숙해지는 것입니다. 이미 익숙해졌고 다 알고 있기 때문에 처음처럼 놀랍지가 않습니다. 처음에 활력을 주던 새로운 발견의 떨림이 사라져 버린 것 같습니다. 아무 일도 일어나지 않는 것 같습니다. 변화도, 진보도, 발전도 없는 것 같습니다. 이것은 개인이나 일터나 교회나 모임이나 국가나 사회에 다 해당되는 말입니다. 해외 선교 사역에서도 이런 현상이 주된 문제가 된다는 말을 들었는데, 정말 그러리라고 생각합니다. 해외에서 일해 본 선교사들은 제 말이 무슨 뜻인지 정확히 알 것입니다. 전에 한 번도 해보지 못했던 일들을 새롭게 해보는 신선함과 떨림과 흥분이 가라앉고, 그것이 일상이 되어 날마다 반복될 때 이런 현상이 나타나기 쉽습니다. 이 시련이 닥치면, 더 이상 처음의 추동력—처음 믿었던 초기 단계 때 모든 것을 헤쳐 나가게 해주는 것 같았던 추동력—으로 헤쳐 나갈 수가 없습니다.

사도가 여기에서 다루는 상태가 바로 이것입니다. 설상가상으로 남들이 일으킨 문제나 어려움까지 자기 문제에 가중될 수 있습니다. 남들이 가지각색으로 하지 말아야 할 짓을 하고 잘못을 저지를 수 있습니다. 이런 시험과 어려움과 문제들이 한꺼번에 일어나는 위기 상황이 닥치면 선을 행하던 사람도 낙심하게 됩니다. 이처럼 발전과 진보가 다 끝나 버린 것처럼 느껴질 때, 일이 잘되고 있는지, 진척되는지 퇴보하는지조차 알기 힘든 일종의 침체기에 빠질 때가 자주 있습니다. 마치 모든 것이 정지된 것 같고, 아무 일도 일어나지 않는 것 같습니다. 갈라디아의 그리스도인들도 그랬던 것이 분명합니다. 5장을 분석해 보면 알 수 있습니다. 거짓 가르침과 이단 등의 문제가 확실히 그 상태에 영향을 끼쳤습니다.

따라서 우리가 지금 다루는 대상은 일에 질린 사람들이 아니라 일에 지친 사람들이라고 할 수 있습니다. "우리가 선을 행하되 낙심하지 말지니." 바로 이것입니다. 이에 대해 무슨 말을 해야 하며, 어떻게 대처 해야 할까요? 이 중대한 침체의 문제와 관련하여 가장 먼저 하고 싶은 말은, 이럴 때야말로 소극적인 대처가 중요하다는 것입니다. 이렇게 지칠 때마다 적극적으로 무언가를 하기 전에 소극적으로 금해야 할 일들, 절대적으로 중요한 일들이 있습니다. 첫 번째는 이것입니다. 지친다는 생각이 들 때 사방에서 들려오는 말―다른 사람들뿐 아니라 자기 속에서 들려오는 말, 여기저기에서 들려오는 말―에 귀를 기울이지 마십시오. 포기하라거나 단념하라거나 그만두라는 말에 귀를 기울이지 마십시오. 지칠 때 찾아오는 큰 유혹이 이것입니다. 여러분은 말합니다. "정말 피곤하고 지친다. 이 일은 내게 너무 과중해." 그럴 때 필요한 것이 이 소극적인 명령입니다. 그 말을 듣지 마십시오. 아주 낮은 차원에서 '하지 말아야 할 일들'을 출발점으로 삼아야 하는데, 그중에서도 가장 낮은 차원이 바로 이것입니다. "무슨 일이 있어도 계속하겠다"라고 자신에게 말하십시오. 포기하거나 단념하지 마십시오.

그러나 가장 큰 유혹은 이것이 아닙니다. 가장 큰 유혹이 무엇인지, 두 번째 소극적인 명령의 형태로 말씀드리겠습니다. 체념한 상태로 일을 계속하지 마십시오. 물론 체념하고 "그만두겠다"라고 말하는 이들도 있지만, 대다수는 그러지 않습니다. 이 부분에서 많은 이들이 쉽게 빠지는 위험은 체념하고 낙심하고 절망한 상태로 계속하는 것입니다. 아무 소망 없이 힘겹게 계속하는 것입니다. 더 구체적으로 표현하자면 "그래. 난 누렸던 걸 잃었고 되찾지 못할 게 분명하다. 그래도 이 일은 계속하겠다. 충성심과 순전한 의무감으로라도 계속하겠다. 한때 느꼈던 즐거움은 사라졌고 영영 돌아오지 않을 것이 확실하다. 이젠 견디는 일만 남은 거다. 그래도 난 이 운명을 받아들이겠다. 떠나지 않겠다. 도망가지 않겠다. 절망적인 심정으로 맥없이 가야겠지만, 예전처럼 소망을 품고 가지는 못하겠지만, 그래도 최선을 다해 이 길을 가겠다"라고 하는 것입니다. 이것은 체념의 정신입니다. 어려움을 참고 견디는 스토아주의라고도 할 수 있습니다.

이것은 가장 심각한 위험입니다. 이 또한 영적인 차원뿐 아니라—물론 우리의 큰 관심은 여기 있지만—삶의 모든 차원에 도사리고 있는 위험입니다. 자기 전문 분야에서도 어느 정도 이런 태도로 살아갈 수 있습니다. 사실상 '내 황금기는 지나갔고 전성기는 흘러갔다. 그런 시기는 다시 오지 않겠지만 그래도 난 이 일을 계속하겠다'라고 생각하는 것입니다. 물론 이런 태도가 훌륭해 보일 수도 있고 영웅적으로 보일 수도 있습니다. 그러나 보다시피 저는 소극적인 측면으로 제시하는 바입니다. 더 나아가 마귀의 유혹이라고까지 말하고 싶습니다. 하나님의 백성을 절망시킬 수만 있으면 마귀는 만족합니다. 제가 볼 때 오늘날 기독교회가 당면한 가장 큰 위험이 바로 이것입니다. 형식적인 태도와 의무감으로 일하는 것입니다. 계속 가기는 갑니다. 맞습니다. 그러나 그리스도인답게 가는 것이 아니라 잔뜩 지친 상태로 터벅터벅 갑니다.

이것은 세 번째이자 마지막 소극적 측면으로 연결됩니다. 여러분은 이 또한 매우 위험하다는 사실을 인정할 것입니다. 세 번째 위험은 이렇게 지치고 피곤할 때 인위적인 자극제에 의존하는 것입니다. 여러분도 이런 유혹을 받아 보았을 것입니다. 자기 전문 분야나 사업에서 일가를 이루었다가 지친 사람들이 이 때문에 몰락하는 경우가 많습니다. 그런 이들은 예전의 활력과 활기가 사라진 것을 인식하며, 말 그대로 전성기 때의 성취감을 느끼지 못합니다. 그래서 어쩔 줄 모르고 방황하는데, 누군가 일종의 강장제가 필요하다고 말합니다. 그럴 때 술에 의존하게 될 위험이 있습니다. 계속 버틸 힘을 얻기 위해 술에 조금씩 입을 대다가 주정뱅이로 인생을 마감하는 이들이 많습니다. 이런 식으로 마약이나 다른 자극제에 빠져듭니다.

이것은 영적인 영역에도 적용해야 할 아주 중요하고 긴요한 측면입니다. 저는 교회 안에서 이런 식으로 영적 피로를 처리하는 이들을 보곤 합니다. 그들은 일종의 흥분을 조장하거나 새로운 방법을 채택합니다. 분발하고 일어나야 한다고 말하면서 새 프로그램을 가동합니다. 교회 건물 밖에 가끔 광고가 걸리지 않습니까? 늘 새 소식을 알리며 사람들을 새롭게 끌어들일 만한 것을 찾는 교회들이 있지 않습니까? 그런 교회들은 인위적인 자극제에 의존해서 사는 것이 분명합니다. 그래서 그 모든 시도를 하는 것입니다. 목사나 다른 교회 책임자가 말합니다. "우리는 틀에 갇혀 죽어 가고 있습니다. 그러니 어떻게 해야겠습니까? 자, 이런 것도 해보고 저런 것도 해봅시다. 그러면 사람들에게 활동하고 일할 거리를 제공할 수 있을 것이고 새로운 흥미도 유발할 수 있을 겁니다." 영적인 삶과 교회의 삶에서 이런 생각을 하는 것은 육적인 차원에서 흥분을 불러일으키거나 힘을 내기 위해 술이나 마약에 의존하는 태도와 다를 바가 없습니다. 이것은 심히 교묘한 유혹이자 아주 교묘한 위험인 것이 분명합니다. 겉으로는 매우 그럴듯해 보이고 꼭 필요해 보이지만, 과학적으로는 사실상 자신을 더 고갈시키는 결과를 낳습니다. 술이나 마약에 의존할수록 자연스럽게 솟아나는 에너지는 점점 고갈되고, 그렇게 에너지가 고갈될수록 더 많은 술과 마약을 찾게 됩니다. 이런 악순환이 계속됩니다. 영적인 영역에서도 마찬가지입니다.

이것이 가장 중요한 세 가지 소극적인 측면입니다. 이제 적극적인 측면을 살펴봅시다. 우리는 앞서 말한 위험한 함정들을 조심해야 합니다. 그런데 그렇게 조심하는 것 외에는 달리 할 일이 없을까요? 선을 행하다가 낙심할 때 할 수 있는 일이 무엇일까요? 우선 필요한 것은 자기 점검입니다. 무엇보다 먼저 자기를 점검해 보아야 합니다. 우울하게 계속 갈 수밖에 없다고 체념하지 마십시오. 다른 자극제도 찾지 마십시오. 가만히 앉아 "자, 내가 왜 지쳤을까? 그 원인이 대체 뭘까?"라고 자문해 보십시오. 이것은 당연히 던져야 할 질문입니다. 진단도 하기 전에 치료부터 하면 안 됩니다. 원인도 알기 전에 약부터 먹으면 안 됩니다. 원인을 알기 전에 성급히 치료하는 것은 위험한 짓입니다. 진단부터 해야 합니다. 그러니까 자신이 왜 지쳤는지, 왜 이런 상태에 빠졌는지 자문해 보라는 것입니다.

여러 가지 대답이 나올 수 있습니다. 단순히 육체적인 과로 때문에 지친 것일 수 있습니다. 일에 질린 것이 아니라 지친 것일 수 있습니다. 일을 너무 많이 하고—육적인 영역에서든 영적인 영역에서든 마찬가지입니다—에너지와 체력을 너무 많이 썼기 때문에 지친 것일 수 있습니다. 계속 너무 열심히 일하거나 긴장한 상태로 일하면 힘들어지는 것이 당연합니다. 물론 이것이 문제의 원인일 때는 의학적인 치료를 받으면 됩니다. 구약성경에 눈에 띄는 예가 나옵니다. 갈멜 산에서 과도한 힘을 쏟은 엘리야가 영적 침체의 공격을 받아 로뎀 나무 밑에서 자기 연민에 빠졌던 일을 기억할 것입니다. 실제로 그에게 필요한 것은 잠과 음식이었습니다. 하나님은 두 가지를 다 주셨습니다! 영적인 도움을 주시기 전에 음식과 휴식부터 주신 것입니다.

과로가 원인이 아닌 경우를 생각해 봅시다. 다른 원인이 있을 수 있습니다. 우리는 육신의 에너지로 그리스도인의 삶을 살거나 그리스도인의 일을 할 때가 아주 많습니다. 성령의 힘이 아닌 자기 힘으로 할 때가 많은 것입니다. 이렇게 육신적이고 인간적인 에너지로만, 신체적인 에너지로만 일해 왔을 수 있습니다. 스스로 하나님의 일을 하고자 애써 왔을 수 있습니다. 물론 그럴 때 나타나는 유일한 결과는 영적인 일의 높은 수준에 짓눌려 결국은 찌그러지는 것입니다. 그러므로 자신이 일해 온 방식에 잘못이 없는지 점검해 보아야 합니다. 설교도 육신의 에너지로 할 수 있습니다. 그러면 얼마 가지 않아 영적 고갈과 침체를 겪게 됩니다.

훨씬 더 중요한 문제, 영적인 문제가 있습니다. 자신이 일해 온 이유와 진정한 동기가 무엇인지 자문해 보아야 합니다. 적극적으로 즐겁게 해오던 일이 갑자기 짐으로 다가올 때가 있습니다. 그럴 때 이 질문을 던져 보아야 합니다. 그동안 이 일을 해온 진정한 이유가 무엇입니까? 이것은 무서운 질문입니다. 이런 질문을 처음 던져 볼 수도 있습니다. 지금까지는 당연히 이 일을 해야 한다고 생각했고 자기 동기가 순수하다고 생각했습니다. 그런데 그렇지 않다는 것을 발견할 수 있습니다. 어떤 이들은 짜릿한 흥분이 좋아서 일합니다. 이것은 의문의 여지 없는 사실입니다. 어느 정도 흥분이 느껴지는 게 좋아서 기독교 사역에 적극적으로 참여하는 이들을 저도 보았습니다. 늘 무언가를 해야만 만족하는 이들이 있습니다. 그러나 자신이 활동을 통해 짜릿한 흥분을 추구한다는 사실을 늘 자각하는 것은 아닙니다. 그런 이들은 분명 고갈되고 지치게 되어 있습니다. 가장 큰 원수인 자아가 어김없이 끼어들게 되어 있습니다. 그들이 이제까지 일해 온 것은 사실상 자아를 만족시키기 위한 것이었습니다. 자아를 기쁘게 하기 위한 것이었으며, 자기 자신에게 "넌 정말 대단한 사람이야. 참 많은 일을 했지"라고 말하기 위한 것이었습니다. 자아는 우리 자신이 중요하다고 말합니다. 이처럼 자신이 해온 일이 사실상 하나님의 영광을 위한 것이 아니라 자신의 영광을 위한 것이었음을 발견할 때, 기꺼이 그 사실을 인정해야 합니다. 물론 자신은 칭찬을 원치 않는다고, "하나님께 영광을 돌리길" 원한다고 말할 수 있습니다. 그러면서도 성과를 내고 싶어 하며 그 성과가 신문 등에 실리기를 바랍니다. 자아가 끼어드는 것입니다. 자아는 무서운 주인입니다. 어떤 모양 어떤 형태로든 자아를 만족시키고 기쁘게 하기 위해 일하는 결과는 항상 피곤해지고 지치는 것입니다. 자신이 일하는 동기를 자문해 보는 일이 얼마나 중요한지 모릅니다!

마지막으로 아주 중요한 질문이 있습니다. 혹시 일이 내 삶의 버팀목이었던 것은 아닙니까? 하나님의 일이라기보다는 내 삶의 원동력이었던 것은 아닙니까? 제 말이 무슨 뜻인지 이해할 이들이 많으리라 믿습니다. 영적인 삶에 도사리고 있는 가장 큰 위험 한 가지가 바로 자기 활동에 기대어 살아가는 것입니다. 다시 말해서 활동이 본연의 자리에서 이탈하여 삶의 버팀목 역할을 하는 것입니다. 제가 목격한바, 그런 이들의 가장 큰 비극은 자신이 활동에서 나오는 힘과 기운에 기대어 오랫동안 살아왔다는 사실을 깨닫지 못한다는 것입니다. 그러나 실제로는 활동이 그들의 버팀목 역할을 하고 있습니다. 그래서 병이 들거나 나이가 들어 늘 하던 일을 못하게 되면 침체에 빠집니다. 이제껏 죽 활동에 기대어 살아왔기 때문에 시간을 어떻게 보내야 할지 몰라 쩔쩔맵니다. 저는 이런 성향이 현대 문명에 분명히 나타나고 있다고 생각합니다. 이것이야말로 오늘날 신경증을 일으키는 가장 큰 원인 중 하나인 것이 확실합니다. 불행히도 세상은 점점 미쳐 가고 있습니다. 엄청난 속도로 돌진하는 삶의 힘에 기대어 살아가고 있습니다. 자신이 일을 통제하는 것이 아니라 일이 자신을 통제합니다. 그러면 결국 고갈되고 침체하게 되어 있습니다.

이것이 자기 점검의 긴요한 과정을 이루는 주된 요소들입니다. 저는 이 원리를 강조하고 싶습니다. 인생의 어떤 영역에서든 지쳐 있다면, 그 자리에 멈추어 서서 이렇게 자문해 보기를 권합니다. "내가 왜 이렇게 지쳤을까? 어쩌다 이런 상태가 되었을까?" 삶을 대하는 태도, 특히 일을 대하는 태도를 점검해 보십시오. 그리스도인의 삶에 대해 어떻게 생각하는지 확인해 보십시오. 여러분은 왜 그 일을 시작했습니까? 그 일을 시작한 동기가 무엇입니까? 멈추어 서서 이 질문을 던져 보십시오.

적극적으로 설명해 보겠습니다. 사도의 가르침에 따르면, 이 상태를 치료하기 위해 인정해야 할 몇 가지 중대한 원리가 있습니다. 첫 번째는 인생이 그러하듯이 그리스도인의 삶에도 단계가 있다는 것입니다. 신약성경은 그리스도 안에 있는 어린아이들에 대해, 그리고 성장에 대해 이야기합니다. 요한도 첫 번째 서신에서 아이들과 청년들과 아비들에게 각각 따로 권면하고 있습니다. 이처럼 그리스도인의 삶에 단계가 있다는 것은 명백한 사실이자 성경적인 사실입니다. 그리스도인의 삶이라고 다 똑같은 것이 아닙니다. 시작이 있고, 중간이 있으며, 끝이 있습니다. 단계에 따라 여러 가지 변화가 일어납니다. 아마도 가장 변화가 심한 것은 감정일 것입니다. 처음에는 누구나 최고의 감정을 기대하며, 대개 그런 감정을 경험합니다. 그런데 그 감정이 사라지면서 지치는 이들이 아주 많습니다. 그들은 이것이 성장과 함께 나타나는 변화임을 알지 못합니다. 자신들의 전적인 잘못으로 예전 같은 감정을 느끼지 못한다고 오해합니다. 그러나 영적으로 성장하고 발전하면 변화가 일어날 수밖에 없습니다. 그 모든 변화 때문에 경험도 명백히 달라지는 것입니다. 예를 들어 설명해 보겠습니다. 한번은 네 살쯤 되는 여자아이가 엄마와 함께 집에서 나서는 것을 보았는데, 그 아이가 집에서 나오는 모습이 제 눈길을 사로잡았습니다. 아이는 걷지 않고 뛰어나왔습니다. 어린양처럼 팔짝팔짝 뛰면서, 깡총깡총 뛰면서 나왔습니다. 그런데 엄마는 조용히 걸어 나왔습니다. 그렇습니다. 영적인 삶에도 이런 차이가 있다는 사실을 잊으면 안 됩니다. 아이는 에너지가 넘칩니다. 그 에너지를 조절하는 법을 아직 배우지 못했습니다. 실제로 엄마는 아이보다 에너지가 많지만, 조용히 걸어 나오는 탓에 얼핏 보면 에너지가 없는 것 같습니다. 그러나 실상은 다르다는 것을 우리는 알고 있습니다. 아이의 에너지가 많아 보여도 사실은 어른의 에너지가 훨씬 더 많다는 것을 알고 있습니다. 이처럼 속도를 늦추는 경험을 오해하는 탓에 무언가 긴요한 것을 잃어버렸다고 여기며, 그 때문에 지치고 침체하는 이들이 아주 많습니다. 그리스도인의 삶에 단계가 있다는 사실을 인정합시다. 발전 단계가 있다는 사실을 인정합시다. 때로는 이것만 알아도 문제가 해결됩니다.

두 번째 원리를 살펴봅시다. "선을 행하되 낙심하지 말지니." 우리는 선을 행하는 사람들이라는 점을 기억하십시오. 이 점을 잊기 쉽습니다. 우리는 "아, 매일 그날이 그날이지요"라고 말합니다. 이것이 삶을 대하는 우리의 태도입니다. 그런 태도를 가지고 있기 때문에 지치는 것입니다. 거듭 상기시키는 바, 바울은 이렇게 말합니다. "너희는 그리스도인의 삶을 살고 있는데, 그 삶은 선을 행하는 삶이다. 그 삶을 지루한 과업으로 여기는 자는 하나님을 모욕하는 것이다." 그리스도인의 삶이 무엇입니까? 이 질문이 아주 중요합니다. 우리는 "남들이 하는 몇 가지 행동을 하지 않는 것"이라고 대답할 때가 너무 많습니다. 그리스도인의 삶이란 곧고 좁은 길을 걷는 것이라고, 어떤 일은 거부하고 어떤 일은 참여하는 것이라고 생각합니다. 교회에 출석하는 것이라고 생각합니다. 자신이 엄청난 과업을 수행하며 힘겨운 삶을 살고 있다고 생각합니다! 이런 태도로 그리스도인의 삶을 대할 때가 너무 많지 않습니까? 그러나 그에 대한 대답은 "아니, 우리는 선을 행하는 삶을 산다"라는 것입니다. 그리스도인의 삶에서 어느 한 측면이라도 단순한 과업이나 의무로 여기는 사람, 자신을 채찍질하고 이를 악물어 가며 수행하고자 애쓰는 사람은 하나님을 모욕하는 자요 기독교의 핵심을 망각한 자라고 저는 말하고 싶습니다. 그리스도인의 삶은 과업이 아닙니다. 삶이라고 부를 가치가 있는 유일한 삶입니다. 의롭고 거룩하며 순결하고 선한 삶입니다. 하나님의 아들이 친히 사신 삶입니다. 하나님을 닮아 가는 삶, 그의 거룩하심을 닮아 가는 삶입니다. 그래서 우리가 이 삶을 사는 것입니다. 엄청난 노력으로 과업을 수행하겠다고 결심했기에 이 삶을 사는 것이 아닙니다. 절대 아닙니다. 이것이 위대하고 선한 삶이라는 사실, 선을 행하는 삶이라는 사실을 알기에 이 삶을 사는 것입니다. 여러분은 어떻게 이 삶—지금 자신이 원망하며 불평하고 있는 삶, 힘들고 어렵다고 느끼는 삶—을 살게 되었습니까? 저는 이 질문을 강조하고 싶습니다. 여러분은 어떻게 이 삶을 살게 되었습니까? 어떻게 넓은 길을 떠나 좁은 길로 오게 되었습니까? 무엇이 그 변화를 가져왔습니까? 이 질문을 던져 보아야 합니다. 이 질문에 대한 대답은 오직 하나, 하나님의 독생자가 우리를 구원하시려고 하늘을 떠나 이 땅에 오셨기 때문이라는 것입니다. 영원한 영광의 표지를 버리고 자신을 낮추어 갓난아이로 태어나 말구유에 누우셨기 때문이라는 것입니다. 그는 33년간 세상의 삶을 견디셨습니다. 침 뱉음을 당하시고 욕을 들으셨습니다. 가시관을 쓰고 십자가에 못 박혀 내가 받아야 할 죄의 형벌을 대신 받으셨습니다. 그래서 내가 이 삶을 살게 된 것입니다. 한순간이라도 내가 걷고 있는 이 길의 위대함과 경이로움과 고상함에 의문을 품는 것은 주님의 얼굴에 침을 뱉는 짓이나 다름없습니다. 그런 의문은 품지도 마십시오! "선을 행하되 낙심하지 말지니." 여러분, 어떤 모양 어떤 형태로든 그리스도인의 삶이 억울하게 느껴지거나 피곤한 과업 내지 의무로 느껴진다면, 처음으로 되돌아가 자신이 어떤 좁은 문을 통과하여 이 삶을 살게 되었는지 생각해 보기 바랍니다. 세상의 악과 죄를 보고, 여러분을 기다리고 있던 지옥을 보십시오. 그리고 시선을 돌려 인간이 참여할 수 있는 가장 영광스러운 전투에 자신이 참여하고 있다는 것, 세상에서 가장 고상한 길 위에 자신이 서 있다는 것을 기억하십시오.

더 나아가 봅시다. 그다음 원리는, 이 땅의 삶은 예비과정에 불과하다는 것입니다. "우리가 선을 행하되 낙심하지 말지니 포기하지 아니하면 때가 이르매 거두리라." 지치고 피곤할 때, 그리스도인의 삶이 과중하게 느껴질 때가 있지 않습니까? 그럴 때 돌이켜 자신의 삶을 바라보십시오. 영원한 세계의 맥락에서 바라보십시오. 멈추어 서서 그 모든 삶에 무슨 의미가 있는지 자문해 보십시오. 이 땅의 삶은 예비학교에 불과합니다. 영원한 세계에 들어가기 위한 대기실에 불과합니다. 우리가 세상에서 하는 모든 일은 영원한 세계에서 할 일을 미리 하는 것에 지나지 않습니다. 세상에서 누리는 가장 큰 기쁨 또한 장차 누릴 영원한 기쁨의 첫 열매를 미리 맛보는 것에 지나지 않습니다. 이 점을 상기하는 일이 참으로 중요합니다. 단순히 기계적인 삶을 반복하면 침체하게 되어 있습니다. "또 하루를 살아야겠네" 하는 사람도 있고 "주일이 왔으니 또 두 번 설교해야겠네" 하는 설교자도 있습니다. 정말 무서운 말입니다. 기계적인 삶을 반복하면 그 정도로 침체할 수 있습니다. 그 해결책은 자신의 삶을 큰 맥락에서 바라보며 "나는 지금 영원한 세계를 향해 나아가고 있다. 현재의 삶은 예비학교에 불과하다"라고 말하는 것입니다. 이런 태도가 얼마나 큰 차이를 만들어 내는지 모릅니다. 바울은 거둘 때가 분명히 있으니 계속 선을 행하라고 말합니다. "우리가 선을 행하되 낙심하지 말지니 포기하지 아니하면 때가 이르매 거두리라." 반드시 거둔다는 이 진리를 아는 자는 기진하지 않습니다.

"우리는 세상에 너무 빠져 있네."* 이것이 문제입니다. 자기 문제에 너무 빠져 있습니다. 앞을 내다보아야 합니다. 저 멀리 어슴푸레 빛나고 있는 영원한 영광을 내다보고 고대해야 합니다. "하나님이 자기를 사랑하는 자들을 위하여 예비하신 모든 것은 눈으로 보지 못하고 귀로 듣지 못하고 사람의 마음으로 생각하지도 못하였다"(고전 2:9). "위의 것을 생각하고 땅의 것을 생각하지 말라"(골 3:2). 자신이 지금 얼마나 영광스러운 곳을 향해 나아가고 있는지 머리와 가슴으로 깨닫기 바랍니다. 이것이 해독제요 치료제입니다. 거둘 때가 확실히, 분명하게 옵니다. 바울은 고린도 교인들에게 말합니다. "그러므로 내 사랑하는 형제들아, 견실하며 흔들리지 말고 항상 주의 일에 더욱 힘쓰는 자들이 되

---

* 워즈워스, 「우리는 세상에 너무 빠져 있네The World Is Too Much with Us」

라. 이는 너희 수고가 주 안에서 헛되지 않은 줄 앎이라"(고전 15:58). 지금 여러분의 감정이 어떻든지 맡은 바 임무를 다하십시오. 하던 일을 계속하십시오. 하나님이 더 큰 수확을 주실 것이며, 필요할 때마다 은혜로운 자비의 비를 내려 주실 것입니다. 풍성히 거둘 때가 반드시 올 것입니다. 그날을 고대하십시오. "때가 이르매 거두리라."

무엇보다 우리가 어떤 주인을 위해 일하고 있는지 생각합시다. 그 주인 자신이 얼마나 견디시고 참으셨는지 기억합시다. 히브리서 12장의 강력한 주장을 들어 보십시오. "아직 피 흘리기까지는 대항하지 아니하고"(4절). 주님은 피 흘리기까지 대항하셨습니다. 이 땅에 내려와 모든 것을 견디셨습니다. 참으로 인내하셨습니다. 자신을 오해하는 평범하고 옹졸한 사람들과 대부분의 시간을 보내며 단조롭게 살면서도 불평하지 않고 그 길을 계속 가셨습니다. 어떻게 그러실 수 있었을까요? "그는 그 앞에 있는 기쁨을 위하여 십자가를 참으사 부끄러움을 개의치 아니하시더니"(2절). 이것이 주님의 비결입니다. 그는 앞에 있는 기쁨을 보셨습니다. 대관식 날이 오고 있음을 아셨고, 자신이 거둘 수확을 보셨습니다. 그랬기에 현재의 모든 어려움을 개의치 않고 헤쳐 나가실 수 있었습니다. 저와 여러분은 주님을 닮는 특권을 가진 자들입니다. "누구든지 나를 따라오려거든 자기를 부인하고 자기 십자가를 지고 —바로 이것입니다—나를 따를 것이니라"(마 16:24). 이 특권에는 주님의 이름을 위해 고난받는 영예도 포함되어 있습니다. 바울은 골로새 교인들에게 아주 특별한 말을 합니다. 그리스도의 남은 고난을 자기 육체에 채우는 특권을 누리고 있다는 것입니다(골 1:24). 같은 특권을 가진 그리스도인으로서 고난에 대해 아무것도 모르면 되겠습니까? 자, 복되신 주님을 기억하고 그를 바라보십시오. 이렇게 지쳐 버린 것을 용서해 달라고 구하십시오. 이 관점에서 다시 자신의 삶을 돌아보십시오. 분명히 새로운 소망과 힘과 능력으로 채워질 것입니다. 굳이 인위적인 자극제 등을 찾을 필요가 없을 것입니다. 자신이 받은 모든 특권과 기쁨으로 인해 다시 가슴이 떨려 올 것입니다. 그동안 원망하고 불평했던 자신이 미워질 것입니다. 마침내 주님이 "잘하였도다, 착하고 충성된 종아……네 주인의 즐거움에 참여할지어다"라고 말씀하실 때까지, "내 아버지께 복받을 자들이여, 나아와 창세로부터 너희를 위하여 예비된 나라를 상속받으라"라고 하실 때까지 더욱 영광스럽게 전진할 것입니다(마 25:21, 34).

15
훈련

그러므로 너희가 더욱 힘써 너희 믿음에 덕을, 덕에 지식을, 지식에 절제를, 절제에 인내를, 인내에 경건을, 경건에 형제 우애를, 형제 우애에 사랑을 더하라.

베드로후서 1:5-7

사도 베드로는 두 번째 서신 첫 장에서 영적 침체의 또 다른 원인을 다룹니다. 실제로 그가 편지를 쓴 목적이 이것이었습니다. 낙심한 자들, 스스로 믿고 받아들인 신앙마저 의심하는 것처럼 보일 정도로 낙심한 자들을 격려하기 위해 이 편지를 쓴 것입니다. 영적 침체에 빠질 때 발생할 수 있는 아주 실제적인 위험이 바로 이것입니다. 침체의 상태가 계속되고 지속되면 어김없이 의심과 회의가 들면서 구원받기 전의 옛 생활로 돌아가 버리기 쉽습니다.

다행스럽게도 사도는 본문에서 이 상태를 아주 완벽하게 설명해 주고 있습니다. 그는 이 편지를 받는 자들에 대한 여러 가지 사실들을 간접적으로 알려 줍니다. 예를 들면 다음과 같은 식입니다. 사도는 5-7절까지 권면한 후 8절에서 말합니다. "이런 것이 너희에게 있어 흡족한즉—이런 것이 있으면 지금 같은 상태가 되지 않는다는 것입니다. 그렇다면 지금 상태는 어떻다는 것입니까?—너희로 우리 주 예수 그리스도를 알기에 게으르지[빈약하지] 않고 열매 없는 자가 되지 않게 하려니와." 이것을 보면 그들이 빈약하고 열매가 없었다는 사실을 알 수 있습니다. 그뿐 아니라 "멀리 보지 못하고 그의 옛 죄가 깨끗하게 된 것을 잊었"다고 말하며, 더 나아가 자신의 권면대로 하면 "너희 부르심과 택하심을 굳게" 하고 "실족하지" 않으리라고 말하는 것을 볼 때, 그들이 실족했다는 사실도 알 수 있습니다. 당시에 그들은 "이런 것"을 확실히 갖추지 못했던 것이 분명합니다.

물론 그들이 그리스도인이었다는 것은 의심할 여지 없는 사실입니다. 이 점을 거듭 지적할 필요가 있습니다. 그리스도인에 대해 비성경적이고 잘못된 개념을 가진 탓에, 베드로가 여기에서 묘사하는 특징을 가진 사람은 사실상 그리스도인이 아니라고 주장하는 자들이 있기 때문입니다. 그들은 분명 그리스도인이었습니다. 그리스도인은 항상 최상의 상태를 유지해야 한다는 개념, 그렇지 않으면 그리스도인이 아니라는 잘못된 개념을 고수하는 이들이 많습니다. 그러나 그것은 완전히 비성경적인 개념입니다. 이 편지를 받는 자들은 분명 그리스도인이었습니다. 그러나 불행했습니다. 아주 확실하게 무력했고, 삶에 아무 성과도 없는 듯 보였으며, 남들에게도 유익을 끼치지 못했습니다. 자기 자신과 관련해서도 생산적이지 못했고, 믿음에서 나오는 넘치는 기쁨과 확신을 누리지 못했습니다. 그들은 빈약했고 열매가 없었습니다. 이것이 그들에 대한 사도의 묘사입니다. 남을 돕는 일에 무력했을 뿐 아니라 지식과 지각 또한 없었습니다. 주님을 아는 지식이 자라지 못했습니다. 엄청난 지식과 지각을 얻을 수 있었음에도 얻지 못했습니다. 그 측면에서 어떤 발전이나 성장이나 열매도 없었습니다. 명백하고 분명한 그리스도인이었음에도 그 증거가 거의 나타나지 않았던 것 같습니다. 회심의 의미도 이해하지 못했던 것 같고, "옛 죄가 깨끗하게 된 것"도 잊었던 것 같습니다. 그들은 마치 이런 일을 경험하지 못한 사람들처럼 살았습니다. 이런 현상은 항상 필연적으로 같이 나타나게 되어 있습니다. 진리를 이해하는 측면에서 열매가 없고 지각이 없을 때, 대개는 본인이 거룩한 삶을 사는 데도 실패하고 남들에게 유익하고 가치 있는 삶을 사는 데도 실패합니다.

이것이 이 편지를 받는 자들에 대한 사도의 묘사입니다. 아, 물론 우리도 이런 유형을 익히 알고 있습니다. 그리스도인이 아니라고 할 수는 없지만 그 증거가 삶에 거의 나타나지 않습니다. "얕은 물에 갇혀 비참하게" 사는 것처럼 보입니다. 주님이 말씀하신 그리스도인의 모습이 나타나지 않습니다. 주님은 그리스도인이 성령을 받을 때 "그 배에서 생수의 강이 흘러나"온다고 하셨습니다(요 7:38). 그렇습니다. 이런 사람들이 보여주는 것은 빈약하고 메마른 모습, 성령의 열매가 전혀 없는 모습입니다. 남들에게 줄 만한 것이 하나도 없습니다. 본인의 삶 자체가 허약합니다. 전혀 성장하거나 발전하는 것 같지 않습니다. 삶 전체가 심히 무력해 보입니다. 의기소침하고 불행하며 의심으로 흔들립니다. "속에 있는 소망에 관한 이유"를 밝히지 못합니다(벧전 3:15). 말로는 믿는다고 하지만, 신앙의 토대가 늘 쉽게 흔들립니다. 사도가 다루는 상태, 우리가 지금 고찰하려는 상태가 바로 이것입니다.

가장 먼저 찾아보아야 할 것은 그 원인입니다. 사람들은 왜 이런 상태에 빠지는 것일까요? 이런 묘사가 들어맞는 그리스도인들이 있습니다. 그들은 왜 그렇게 된 것일까요? 왜 열매를 맺는 다른 그리스도인들, 유익하고 생기 넘치는 삶을 살며 남들에게 생명을 주는 삶을 사는 다른 그리스도인들처럼 되지 못한 것일까요? 그 차이가 무엇일까요? 우리가 살펴볼 질문이 바로 이것입니다. 사도가 본문에서 아주 명백하게 밝히는 원인은 오직 한 가지, 훈련하지 못했기 때문이라는 것입니다. 이것이 진정한 문제입니다. 순전히 훈련하지 못하고 삶의 질서를 잡지 못했기 때문인 것입니다. 이 또한 다행스럽게도, 사도는 일반적인 진술을 하는 데서 그치지 않습니다. 신약성경 기자들은 절대 일반론만 말하지 않습니다. 항상 세세한 부분까지 설명하면서 문제를 한 가지씩 짚어 줍니다. 다행히 사도도 여기에서 그렇게 하고 있습니다.

이들은 왜 훈련하지 못했을까요? 왜 나태하고 태만하게 살았을까요? 첫 번째 원인은 잘못된 신앙관에 있었던 것으로 보입니다. 5절 서두를 보면 알 수 있습니다. "그러므로―바로 이런 이유 때문에―너희가 더욱 힘써 너희 믿음에……." 사도는 자신이 연이어 열거하는 요소들을 믿음에 더하고 갖추라고 말합니다. 이것을 보면 확실히 그들이 잘못된 신앙관을 가졌음을 알 수 있습니다. 이것은 아주 흔한 잘못입니다. 그들은 신앙에 대해 마술적인 생각을 가지고 있었던 것 같습니다. 다시 말해서 신앙만 있으면 모든 것이 잘 풀린다고, 신앙이 자동적으로 삶에 작동한다고, 그러니까 그리스도인은 진리를 믿기만 하면 된다고 생각했던 것입니다. 신앙만 받아들이면 나머지는 저절로 해결된다는 것입니다. 이 한 단계만 거치면, 믿겠다는 결단만 하면―다른 표현을 써도 좋습니다―전부 해결된다는 것입니다. 저는 이것을 거의 마술적인 신앙관, 또는 자동적인 신앙관이라고 부릅니다. 물론 다른 표현도 가능합니다. 신비주의적 신앙관이라고 해야 할 때도 아주 많습니다. 이것이야말로 많은 이들이 훈련하지 못하는 원인임이 확실합니다. 제가 말하는 신비주의적 신앙관이란 믿음을 전부로 생각하는 관점입니다. 소극적으로 말하자면, 그런 사람은 사도가 말하는 덕과 지식과 절제와 인내와 경건과 형제 우애와 사랑을 믿음에 더해야 한다는 사실을 깨닫지 못합니다. 그들의 공식은 한 가지뿐입니다. 항상 '주님만 바라보면' 된다는 것입니다. 다른 일은 할 필요가 없다는 것입니다. 오히려 다른 일을 하는 것은 '행위로 구원을 얻는' 자리로 돌아가는 태도라는 것입니다. 그리스도인의 삶에 문제가 생길 때 그들은 말합니다. "오직 주님만 바라보고 주님 안에 거하세요."

이것은 아주 흔한 오류입니다. 이런 관점을 고수하는 설교자들에게서 그 흥미로운 형태를 볼 수 있습니다. 그들은 구체적인 내용을 크게 강조하는 성경 본문을 설명할 때 어려움을 겪습니다. 그들의 관점에서는 그런 구체적인 내용에 관심을 가질 필요가 없습니다. "주님 안에 거하고 주님만 바라보면" 되기 때문입니다. 그 외에 다른 일은 할 필요가 없습니다. 이것이 우리가 다루는 영적 침체와 태만을 양산하는 큰 원인입니다. 그런 이들은 불행한 나날을 보내게 되어 있습니다. 그들은 "오직 주님 안에 거하라"는 권면, "주님만 바라보라"는 권면을 따르려고 애를 쓰고, 한동안은 평안하게 잘 지냅니다. 그런데 어떤 식으로든 상황이 나빠지고 자신이 주님 안에 거하지 못하는 것 같으면 다시 불행한 상태가 됩니다. 이런 일이 계속 반복됩니다. 자기가 아는 이 자리만 지키려고 애쓰다가 평생을 다 보냅니다. 이것은 아주 중요한 문제임이 분명합니다. 우리의 신앙관이 과연 신약성경에 기초한 것인지, 사도가 믿음에 이런 요소들을 더하고 보충하라고 말하는 이유를 참으로 알고 있는지 확인해 볼 필요가 있습니다.

사람들이 훈련하지 못하는 두 번째 일반적인 원인은 순전한 게으름과 나태와 태만에 있습니다. 사도의 표현을 빌리자면 힘쓰지 않는 데 있는 것입니다. 그는 말합니다. "그러므로 너희가 더욱 힘써……." 이 점을 몹시 강조하고 싶었던 사도는 10절에서도 같은 말을 반복합니다.

이 점은 모두 잘 알고 있으리라 생각합니다. 우리 모두를 괴롭히는 일반적인 나태와 게으름이 있습니다. 이것은 분명 사탄에게서 오는 것입니다. 영적인 생활에는 세상의 소명이나 직업이나 전문 분야나 사업이나 쾌락이나 어쩌다 관심을 갖게 된 영역에 느끼는 만큼의 열심과 열정도 느끼지 못한다는 것, 그만한 에너지를 쏟지 못한다는 것을 알고 있지 않습니까? 다른 일은 문제없이 잘하다가도 기도할 때만 되면 피로와 피곤이 몰려오는 것을 알고 있지 않습니까? 성경만 읽으려 들면 갑자기 피곤하고 졸린 것이 이상하지 않습니까? 우리는 그것이 순전히 신체적인 현상이라고, 자신도 어쩔 수 없는 일이라고 확신합니다. 그러나 무엇보다 분명한 사실은, 방금 전까지만 해도 그토록 정신이 맑고 힘이 넘치던 사람이 영적인 일에만 전념하려 들면 바로 나태해지고 게을러진다는 것입니다.

미루는 습관에 대해서도 생각해 봅시다. 우리는 성경을 읽고 공부하고 싶어 하며, 주석을 읽고 싶어 합니다. 그런데 당장 하고 싶어 하지는 않습니다. 이런 일은 최상의 상태에서 해야 한다고, 그러니까 그런 상태가 될 때까지 미루는 게 좋겠다고, 나중에 더 좋은 기회가 올 것이라고 생각합니다. 시간을 내지 않고 기회를 흘려보냅니다. 우리 모두 그런 적이 많지 않습니까! 시간이 나도 이상하게 전념하지 못합니다. 이처럼 우리 대부분의 삶이 심각할 정도로 훈련되어 있지 못하며 질서가 잡혀 있지 못하고 정돈되어 있지 못하다는 것은 반박할 여지 없는 사실입니다. 지금처럼 그리스도인으로 살기가 힘들었던 적은 아마 없을 것입니다. 주변 세상과 생활 체계 자체가 그리스도인의 삶을 거의 불가능하게 만들고 있습니다. 삶의 질서를 잡고 관리하기가 무엇보다 어렵습니다. 외적인 요소들이 우리를 강제하기 때문이 아닙니다. 떠내려갈 수 있는 위험을 우리 자신이 깨닫지 못하고 저항하지 않기 때문에 무의식중에 실패하는 것입니다. 우리의 주의를 분산시키는 것들이 아주 많습니다. 아침에는 조간신문을 보고(많은 사람이 하나도 아닌 두 신문을 봅니다), 몇 시간 후에는 석간신문이나 잡지를 봅니다. 이런 것들이 삶에 불쑥불쑥 끼어듭니다. 물론 신문을 꼭 살 필요는 없습니다. 그냥 신문이 앞에 있고 남들도 다 사니까 사는 것입니다. 문 앞까지 배달도 해줍니다. 이처럼 내 앞에 와서 미처 깨닫지 못하는 사이에 시간을 잡아먹는 것들이 있습니다. 라디오나 텔레비전, 해야 할 일이나 참석해야 할 모임, 이런저런 사건이나 여러 가지 문제들을 일일이 나열하느라 시간을 낭비할 필요는 없을 것입니다. 분명한 사실은 우리 모두 자신의 삶을 위해, 자신의 삶을 차지하고 주관하기 위해, 자신의 삶을 살기 위해 싸워야 한다는 것입니다. 오늘날 "제가 뭘 하는지 모르겠어요. 원하는 만큼 성경을 읽고 묵상할 시간이 없는 것 같아요"라는 말보다 자주 듣는 말이 없다는 데 모든 목회자가 동의할 것입니다.

그런 말에 대한 간단한 대답은, 순전히 훈련이 부족하기 때문에, 삶의 질서를 잡지 못했기 때문에 그렇다는 것입니다. 환경을 탓해 봐야 소용없습니다. 결국 다시 돌아오는 결론은 이것입니다. 구구하게 따질 필요가 없습니다. 시간은 누구에게나 있습니다! 다른 일을 할 시간이 있으면 영적인 일도 할 시간이 있는 것입니다. 성공의 전적인 비결은 시간을 떼어 다른 일이 아닌 영혼의 문제에 할애하기로 확실히 정해 놓는 것입니다. 바로 이것, 순전히 훈련하지 못하고 삶의 질서를 잡지 못하는 것, 마음 깊은 곳에서 알고 있는 바에 따라 삶을 다스리고 통제하지 못하는 것이 두 번째 원인입니다.

그렇다면 이제 치료법을 찾아봅시다. 이에 대해 사도가 처방하는 치료법이 무엇입니까? 문제의 원인을 뒤집는 것입니다. 첫 번째로, 그는 "더욱 힘써"야 한다는 점을 강조합니다. 다른 성경은 "모든 노력을 기울이라"라고 번역해 놓았습니다. 그렇습니다. "그러므로", 이런 이유 때문에, 이런 점들을 생각할 때 모든 노력을 기울여야 합니다. 우리는 보배롭고 지극히 큰 약속을 받은 자들이기에, 생명과 경건에 속한 모든 것을 받은 자들이기에, 정욕으로 세상에서 썩어질 것을 피한 자들이기에, 모든 노력을 기울여야 하며 더욱 힘써야 합니다. 표준개역성경RSV이 번역한 10절 말씀처럼 전보다 더 열심을 내서 이렇게 해야 합니다.* 이처럼 훈련하고 더욱 힘쓰는 것이 이 문제의 치료법입니다.

이 점을 설명하기에 가장 좋은 방법은 역사를 찾아보는 것입니다. 교회의 삶을 아름답게 장식하고 있는 성도들의 생애를 읽어 보십시오. 훈련과 질서가 삶의 가장 큰 특징이었음을 즉시 발견할 것입니다. 뛰어난 하나님의 사람들에게 항상 나타났던 보편적인 특징이 바로 이것입니다. 헨리 마틴이나 데이비드 브레이너드David Brainerd, 조나단 에드워즈Jonathan Edwards, 웨슬리 형제, 휘필드에 대해 읽어 보십시오. 그들의 일기를 읽어 보십시오. 소속 교단과 상관없이 모두가 자기 삶을 훈련했으며 훈련의 필요성을 강조했다는 것을 알 수 있습니다. 이처럼 훈련은 완전히 성경적인 일이요 절대적으로 필요한 일인 것이 분명합니다. "하나님께 나아가는 자는 반드시 그가 계신 것"을 믿어야 한다고 히브리서

---

*   "Therefore, brethren, be the more zealous to confirm your call and election."

기자는 말합니다(히 11:6). 그렇습니다. 또한 "그가 자기를 [부지런히] 찾는 자들에게 상 주시는 이심을 믿어야" 합니다. 하나님을 찾되 부지런히 찾아야 합니다. "지금 행위로 의롭다 하심을 얻는다고 가르치는 겁니까?"라고 물을 수 있습니다. 마귀가 얼마나 교묘하게 일하는지 보십시오! "로마 가톨릭 이단과 그런 유형의 헌신으로 돌아가 버린 것 아닙니까?"라는 의문을 불러일으킬 수 있습니다. 그러나 그에 대한 대답은, 성령의 감동하심을 받은 사도 베드로, 모든 성경이 성령의 감동하심으로 기록되었다는 점을 일깨우고자 특별히 힘썼던 사도 베드로 자신이 믿음에 이런 여러 가지 요소들을 "더하라"고 했다는 것입니다. 더욱 힘써 더하라고 했다는 것입니다. 사도 자신이 더 적극적으로 열심을 내라고 했다는 것입니다. 이것은 반박의 여지 없는 사실입니다. 행위로 의롭다 하심을 얻는다는 주장의 오류는 영혼의 훈련을 통해 구원받을 수 있다고 믿는 데 있습니다. 이처럼 행위를 의지하는 태도와 반대되는 태도는 아무것도 하지 않는 것이 아니라, 모든 것을 하되 어떤 것도 의지하지 않는 것입니다. 행위 자체가 잘못된 것이 아닙니다. 행위를 믿고 의지하는 태도가 잘못된 것입니다. 이것이 얼마나 교묘한 위험인지 모릅니다. 제가 볼 때 오늘날 개신교, 특히 복음주의 진영이 빠지기 쉬운 주된 위험이 바로 이것입니다. 행위로 의롭다 하심을 얻는다고 믿는 오류에 걸려들지 않기 위해 행위는 중요치 않고 믿음만 중요하다고 주장합니다. 믿는 사람은 무슨 행동을 해도 상관이 없다는 것입니다. 굳이 삶을 훈련할 필요가 없다는 것입니다. 그런 생각은 하지도 말아야 합니다! 행위를 그릇 의지하는 태도와 반대되는 태도는 태만하게 아무것도 하지 않고 아무 훈련도 하지 않는 것이 아니라 부지런히 더욱 힘쓰는 것, 열심을 내는 것, 믿음에 다른 요소들을 더하는 것입니다. 동시에 자신의 행동만으로는 충분치 않다는 점, 하나님이 부지런히 자신을 찾는 자들에게 확실하게 주시는 상을 받아야 한다는 점 또한 항상 기억해야 합니다. 과거에 성도들이 가졌던 지식을 조금이라도 얻을 수 있다면 무엇이라도 내놓겠다고 말하는 이들이 아주 많습니다. "그런 기쁨을 누릴 수만 있다면 온 세상이라도 내놓을 텐데, 왜 내겐 그런 뜨거운 마음이 없을까요?" 그 대답은 사실상 찾지 않기 때문이라는 것입니다. 성도들의 삶을 보십시오. 그들이 성경을 읽고 기도하는 일에 바친 시간, 다른 여러 가지 형태로 자신을 점검하는 일에 바친 시간, 영적인 훈련에 바친 시간을 보십시오. 그들은 영적인 삶을 배양하며 훈련해야 한다고 믿었습니다. 그리고 실제로 그렇게 했기 때문에 하나님이 은혜롭게 자신을 나타내 주신 것이며, 마음이 뜨거워지는 강력한 체험을 상으로 주신 것입니다.

이렇게 해서 훈련과 질서의 전적인 필요성을 첫 번째로 살펴보았습니다. 저는 이 문제를 구체적으로 다루고 싶습니다. 시간을 바치는 일, 일상생활의 질서를 잡는 일의 중요성에 동의한다면 무슨 대가를 치르더라도 고수해야 할 몇 가지가 있습니다. 다시 말해서 성경이 일간신문보다 중요하다고 진심으로 믿는다면 성경부터 읽어야 합니다. 다른 일은 못해도 성경은 꼭 읽어야 합니다. 기도 시간을 확보해야 하며, 묵상 시간을 지켜야 합니다. 다른 것은 못해도 이런 일은 꼭 해야 합니다. 이것이 시작이요, 삶의 질서를 일부 회복시키는 예입니다. 자신을 다스리지 못하는 탓에 실패하고 비참해지는 이들이 허다합니다. 스스로 행동하지 않으면 회복은 없습니다. 남이 대신 해주지 못합니다. 자신이 구체적으로 이런 일을 하지 않으면, 장담컨대 침체의 상태에서 벗어날 수 없습니다. 더욱 힘쓰십시오. 모든 노력을 기울이십시오. 더 열심을 내십시오. 무슨 일이 있어도 그렇게 하십시오.

두 번째 원리는 믿음에 다른 요소들을 보충해야 한다는 것입니다. 흠정역은 "더하라"라고 하고 다른 번역본들은 "보충하라", 또는 "갖추라"라고 합니다. 권위자들에 따르면 "갖추라"라는 그리스어는 연극 공연과 관련된 용어로서, 오케스트라나 코러스를 동원한다는 의미가 있습니다. 오케스트라나 코러스를 공연에 갖춤으로써 완성도를 높이는 것입니다. 오케스트라나 코러스는 공연을 잘 마무리해서 완벽하게 만드는 역할을 합니다. 이 말에 담긴 의미가 바로 이것입니다. 더하라, 갖추라, 보충하라, 완성하라, 일그러진 데 없는 믿음을 만들라는 것입니다.

그렇다면 무엇을 더해야 할까요? 사도는 그 목록을 제시합니다. 여기 주목해야 합니다. 사도가 먼저 꼽는 것은 이것입니다. "너희 믿음에 덕을……." 이 말이 무슨 뜻일까요? 이 또한 흠정역으로 번역되면서 의미가 변한 단어입니다. 여기에서 "덕"은 우리가 보통 사용하는 의미의 덕이 아닙니다. 그런 의미라면 이 목록에 나오는 모든 항목이 덕에 해당될 것입니다. 여기에서 "덕"은 에너지, 도덕적 에너지를 가리킵니다. 능력과 활력을 가리킵니다. 이 점이 아주 중요합니다. 사도가 훈련되지 못한 그리스도인의 삶, 맥없이 늘어진 삶을 다루면서 가장 먼저 하는 일이 바로 이 점을 상기시키는 것입니다. "너희는 믿음을 가지고 있다. 진리를 믿는 믿음을 가지고 있다. 이것은 의심할 여지 없는 사실이다. 너희는 우리와 동일하게 보배로운 믿음을 받았다." 자, 그런데 무엇이 더 필요하다는 것입니까? 믿음을 가질 뿐 아니라 이런 맥없는 상태에서 벗어나야 한다는 것입니다. 다시 말해서 믿음에 도덕적인 힘을 더하라는 것입니다. 자신을 추스르라는 것입니다. 그렇게 발을 질질 끌면서 걷지 말라는 것입니다. 활기차게, 그리스도인답게 걸으라는 것입니다. 믿음에 힘과 능력을 더하라는 것입니다. 금방이라도 정신을 잃고 쓰러지며 실패할 것 같은 인상을 주는 맥없는 그리스도인이 되지 말라는 것입니다. 사도는 기운을 내라고, 믿음에 장부다운 힘―덕―을 갖추라고 말합니다.

오늘날 이 권면이 얼마나 필요한지 모릅니다. 전형적인 보통 그리스도인과 역시 전형적인 보통 세상 사람을 나란히 놓고 비교해 보십시오. 그리스도인은 영적인 일과 하나님 나라에 관심이 있다고, 하나님과 그리스도를 아는 일에 관심이 있다고 말합니다. 이것이 그의 주장입니다. 자신은 믿음이 있다는 것입니다. 믿는 자는 이런 데 관심을 갖는다는 것입니다. 그런데 이런저런 운동 경기나 스포츠 세계의 소식들에 관심 있는 세상 사람과 비교해 보십시오. 차이가 바로 보일 것입니다. 운동 경기를 좋아하는 사람은 항상 기운이 넘칩니다. 그들의 신명과 에너지를 보십시오. 반대로, 그리스도인은 얼마나 힘이 없고 쭈뼛거리는지 모릅니다. 믿음에 덕을 더하지 못해서 그런 것입니다. 그리스도인을 자처하며 진리를 믿는다고 하지만, 그 믿음에 덕을 '갖추지' 못해서 그런 것입니다.

"너희 믿음에 덕을 덕에 지식을……." 여기에서 "지식"은 단순히 교리를 아는 지식을 가리키지 않습니다. 그리스도인은 어느 정도 그 지식을 가지고 있습니다. 그 지식이 없었다면 아예 믿지 못했을 것입니다. 여기에 나오는 "지식"은 일종의 통찰력, 지각, 깨우침을 의미합니다. 그리스도를 믿는 즉시 모든 것을 알게 되거나 온전히 이해하게 되는 것이 아닙니다. 믿는 것은 시작에 불과합니다. 신약 서신서는 지각을 키울 것을 계속해서 호소하며 권면합니다. 바울도 우리의 사랑이 총명으로 자라야 한다고 했습니다(빌 1:9 참조). 사도 베드로가 말하는 바도 그것입니다. 단순히 믿는 데서 그치지 말라는 것입니다. 이 편지를 받는 자들은 이미 그리스도인이었습니다. 그러나 그리스도인의 삶에 대해 더 알아야 했습니다. 사방에 도사리고 있는 교묘한 위험을 알아야 했고, 사탄의 책략을 파악해야 했습니다. 그들에게는 지각이 필요했습니다. 이런 지식을 믿음에 더하라는 것입니다. 통찰과 이해와 깨우침을 얻기 위해 힘쓰라는 것입니다. 성경과 성경을 다루는 책, 믿음의 교리를 다루는 책들을 부지런히 읽는 일이 얼마나 필요한지 모릅니다. 이 일에 전념하지 않으면 믿음을 제대로 이해할 수 없습니다. 그 과정이 때로 힘들더라도 언제든 상황에 적용할 수 있는 지식을 더하기 위해 확실히 훈련해야 합니다. 열심히 공부하지 않고 숙달할 수 있는 과목은 없습니다. 어떤 명석한 사람이 전혀 공부하지 않고서도 시험에서 일등을 했다는 말은 순전한 신화에 불과합니다. 그런 일은 일어날 수 없습니다. 그것은 거짓말입니다. 지식이 없으면—전념하지 않고 지식을 얻을 수는 없습니다—절대 참된 이해와 지식에 이를 수 없습니다. 훈련과 적용이 필요합니다. 실제로 믿음에 지식을 갖추는 것은 아주 힘든 일입니다.

그다음은 "절제"입니다. 이것은 자제력을 의미하지만, 일반적으로 자기 삶을 통제하는 것만 의미하지는 않습니다. "절제"는 그보다 훨씬 더 구체적이고 특별한 것입니다. 삶의 측면 하나하나를 다 통제하는 것입니다. 먹고 마시는 일도 여기 포함될 수 있습니다. 이 분야의 권위자들은 지나치게 먹고 마시는 탓에 몸이 건강치 못한 이들이 많다는 점을 늘 지적합니다. 이것은 의심할 여지 없는 사실입니다. 이런 경향은 현대 세계로 올수록 더 심해지고 있으며, 우리 그리스도인들에게도 밀려 들어와 마음을 빼앗고 있습니다. 단순히 절제나 자제력이 부족한 탓에 수시로 권태와 무기력에 빠지는 이들이 있습니다. 그들은 식욕과 성욕과 정욕과 욕망을 통제하지 못합니다. 지나치게 먹고, 지나치게 마시고, 지나치게 잡니다. 이에 대해 알고 싶다면 성도들의 생애와 일기를 읽어 보십시오. 그들이 어떻게 시간을 썼고, 어떻게 삶을 통제했는지 보십시오. 정욕에 빠질까 봐 얼마나 두려워했는지 보십시오. 그들은 무슨 일이 있어도 그것을 피해야 함을 분명히 알았습니다.

"인내"는 참을성 있게 견디는 것, 낙심되는 모든 상황을 헤치고 계속 나아가는 것을 의미합니다. 이것은 여러분 스스로 해야 하는 일입니다. 여러분 스스로 믿음에 인내를 더해야 합니다. 수동적으로 "주님만 바라보면" 안 됩니다. 여러분 스스로 인내심을 발휘해야 합니다. 하루하루 꾸준히 인내하며 앞으로 나아가야 합니다.

여기 나오는 "경건"은 하나님과 자신의 관계를 지키는 일에 관심과 주의를 기울이는 태도를 가리키는 것이 분명합니다. 그리고 마지막 두 항목은 동료 인간들을 대하는 태도와 관련되어 있습니다. "형제 우애"는 동료 그리스도인들과 우리의 관계에 해당되는 말이고, "사랑"은 믿지 않는 자들에 대한 태도를 가리키는 말입니다. 이 모든 항목을 하나하나 주시해야 합니다.

사도는 이처럼 여러 단계와 과정을 설명한 다음, 자신의 말대로 힘쓸 수 있도록 격려합니다. 어떻게 격려합니까? 첫째로, 우리가 어떤 존재인지 상기시킴으로 격려합니다. 우리가 "신성한 성품에 참여하는 자"임을 알려 줍니다. 제가 지금 어려운 교리를 전한다는 생각이 든다면, 그리스도인의 삶을 힘든 과업으로 전락시킨다는 생각이 든다면, 그래서 주저되거나 의심된다면, 몇 가지 질문을 드리겠습니다. 여러분은 자신이 그리스도인으로서 어떤 존재인지 알고 있습니까? 자신이 "신의 성품에 참여하는 자"임을 알고 있습니까? 하나님의 아들이 여러분을 구원하시고 세상과 세상의 정욕에서 해방하시기 위해 하늘에서 땅으로 내려오셨다는 것, 갈보리 십자가에 달리셨다는 것을 알고 있습니까? "너희가 정욕 때문에 세상에서 썩어질 것을 피하여 신성한 성품에 참여하는 자가 되게 하려 하셨느니라." 정욕은 부패의 원인입니다. 여러분은 그런 상태에 머물고 싶습니까? 거기에서 벗어나고 싶지 않습니까? 바로 그 일을 위해 그리스도가 죽으셨다는 사실, 그리하여 마침내 우리가 벗어나게 되었다는 사실을 알아야 한다고 사도는 말합니다. 그러니까 더욱 힘쓰라는 것입니다. "너희 옛 죄가 깨끗해진 것을 잊으면 되겠느냐? 너희가 그리스도와 함께 죽었고, 따라서 율법과 죄에 대해 죽었다는 것을 잊으면 되겠느냐?"라는 것입니다. 바울은 "죄에 대하여 죽은 우리가 어찌 그 가운데 더 살리요?"라고 합니다(롬 6:2). 베드로의 주장도 그것입니다. 이 사실을 알아야 합니다. 이 사실을 아는 것이 믿음의 싸움을 싸우는 데 얼마나 큰 격려가 되는지 모릅니다.

그렇다고 이 사실만 아는 데서 그치면 안 됩니다. 사도는 믿음에 이런 요소들을 더할 때 큰 기쁨과 행복을 누린다는 사실도 알아야 한다고 말합니다. "그러므로 형제들아, 더욱 힘써 너희 부르심과 택하심을 굳게 하라." 믿음에 이런 요소들을 더하면 부르심과 택하심을 굳게 할 수 있다는 것입니다. 그러면 행복해진다는 것입니다. "하나님의 말씀은 '누구든지 믿는 자는……'이라고 하는데, 나는 믿으니까……"라고 추론하는 것만으로는 충분치 못합니다. 물론 그 추론 자체는 맞지만, 거기에만 만족하면 안 됩니다. 마땅히 그렇게 추론해야 하고 그 추론이 우리 확신의 일부를 이루는 것 또한 맞지만, 우리 확신이 단순히 그런 추론에만 기대고 있다고 생각하는 것은 심각한 잘못입니다. 부르심과 택하심을 굳게 하고 싶다면 사도가 열거하는 요소들을 더하기 위해 더욱 힘써야 합니다. 그럴 때 큰 기쁨과 평강과 행복이 찾아옵니다. 우리의 위치를 알게 되며, 우리를 기다리는 영광의 첫 열매를 거두게 됩니다.

"너희가 이것을 행한즉 언제든지 실족하지 아니하리라." 실족하는 것보다 더 낙심되는 일은 없습니다. 실족하면 비참하고 불행해지며 침체에 빠져 매사에 심한 절망감을 느끼기 쉽습니다. 우리는 실족하지 않기 위해 힘써야 합니다. 그런데 이것을 행하면 절대 실족하지 않는다는 것입니다. 아무것도 하지 않고 가만히 있어야 실족하지 않는 것이 아닙니다. 오히려 이것을 행해야 실족하지 않는다고 사도는 말합니다. 더욱 힘써 이것을 행하십시오. 그래야 실족하지 않습니다.

마지막으로—정말 영광스럽게도—사도는 말합니다. "이같이 하면 우리 주 곧 구주 예수 그리스도의 영원한 나라에 들어감을 넉넉히 너희에게 주시리라." 이것은 구원에 대한 말이 아닙니다. 그들은 이미 구원받았습니다. 이것은 최종적인 영광에 대한 말입니다. "주시리라"라는 단어에 주목하십시오. 사도는 영광에 들어감을 주신다고 말합니다. 이것은 앞서 "더하라"라고 번역된 단어와 같은 단어입니다. 여러분이 이런 요소들을 믿음에 '더하면', 넉넉히 들어감을 여러분에게 '주신다는'

것입니다. 이 일은 상호적으로 이루어집니다. 다시 말해서 "너희가 이것을 행하면, 너희 삶을 훈련하면, 너희 삶의 질서를 잡으면, 이와 같이 여러 가지 요소들로 믿음을 갖추어 나가면, 지금도 절대 실족하지 않을 뿐 아니라 확신에서 나오는 큰 기쁨과 행복을 누릴 것이며 이생을 떠나 다음 세상으로 항해하는 마지막 때에도 천국의 영광스러운 미풍이 너희 배를 한껏 밀어 줄 것이다. 돛이 찢어지거나 배가 멈칫거리는 일 없이 영원한 나라에 들어갈 것이다. 영원한 나라에 들어감을 넉넉히 너희에게 주실 것이다"라는 것입니다. 여러분은 테니슨Alfred, Lord Tennyson처럼 말할 필요가 없을 것입니다.

나 바다로 나갈 때
모래톱에 탄식 소리 없기를.*

우리에게 죽음은 미지의 바다로 나가는 일이 아니라, 이생의 폭풍우가 그치고 하나님 앞에서 영원한 쉼과 영광을 누릴 천국에 영광스럽게 들어가는 일입니다.

그리스도인임에도 불행하고 침체해 있다면 훈련이 부족한 탓일 가능성이 큽니다. 그러니 이제 일어나 행동합시다. 더욱 힘씁시다. 이런 요소들을 믿음에 보충합시다. 두려워하지 맙시다. 생각을 명료하게 하고, 행동으로 옮깁시다. 힘과 활력과 지식과 절제와 인내와 경건과 형제 우애와 사랑을 믿음에 보충합시다. 그리스도인의 삶을 누립시다. 남

---

* 「모래톱을 건너며Crossing the Bar」

들에게 유익과 도움을 주는 존재가 됩시다. 은혜와 지식에서 자라 감으로써 우리를 아는 모든 사람이 우리처럼 보배로운 믿음을 갖도록 이끌어 주는 존재가 됩시다. 보배롭고 심히 큰 약속, 절대 우리를 실망시키지 않는 약속의 축복을 함께 경험하도록 이끌어 주는 존재가 됩시다.

16
시련

그러므로 너희가 이제 여러 가지 시험으로 말미암아 잠깐 근심하게 되지 않을 수 없으나 오히려 크게 기뻐하는도다. 너희 믿음의 확실함은 불로 연단하여도 없어질 금보다 더 귀하여 예수 그리스도께서 나타나실 때에 칭찬과 영광과 존귀를 얻게 할 것이니라.

베드로전서 1:6-7

지금까지 그리스도인들이 영적 침체를 겪는 여러 가지 원인들을 살펴보았습니다. 이번에는 사도 베드로가 본문에서 다루는 특별한 이유를 살펴보려 합니다. 침체의 상태를 다루는 것이야말로 그가 이 편지를 쓴 유일한 이유였던 것이 분명합니다. 그는 몇 가지 사실을 상기시킨 후에 곧장 이 주제로 뛰어듭니다. 우리가 받은 큰 구원을 이야기하면서 이 문제를 다루기 시작합니다. "우리 주 예수 그리스도의 아버지 하나님을 찬송하리로다. 그의 많으신 긍휼대로 예수 그리스도를 죽은 자 가운데서 부활하게 하심으로 말미암아 우리를 거듭나게 하사 산 소망이 있게 하시며 썩지 않고 더럽지 않고 쇠하지 아니하는 유업을 잇게 하시나니……"라고 말한 다음, "그러므로 너희가 이제 여러 가지 시험으로 말미암아 잠깐 근심하게 되지 않을 수 없으나 오히려 크게 기뻐하는도다"라고 말합니다. 이것이 이 편지를 받는 자들에 대한 묘사입니다. 그들은 복된 소망을 품고 "크게 기뻐"하면서도 "여러 가지 시험으로 말미암아" 근심했습니다. 다른 여러 말들처럼 이 말 또한 아주 모순되게 들립니다. 사도는 그들이 크게 기뻐하는 동시에 근심한다고 말합니다. 그러나 이미 여러 차례 확인했듯이 이 말은 전혀 모순되지 않습니다. 역설적이기는 해도 모순되지는 않습니다. 실제로 신약성경이 묘사하는 그리스도인의 모습에는 항상 이 두 가지 상태가 공존합니다. 사도의 편지를 받는 그리스도인들 또한 "크게 기뻐"하면서도 "근심"했습니다.

논의를 더 진전시키기 전에 이 점을 아주 분명히 알아 두어야 합니다. 기독교를 피상적으로 이해하는 탓에 이런 일이 절대 일어날 수 없다고 여기는 자들이 있습니다. 그리스도인의 삶을 아무 문제가 없는 삶으로, "나 종일 행복하도다"라고[*] 노래하는 삶으로 여기는 자들이 있습니다. 그들은 베드로의 이런 묘사를 전혀 받아들이지 못합니다. 오히려 "근심"하는 그리스도인들의 정체성을 의심합니다. 일단 믿기로 결단하고 회심한 그리스도인에게는 더 이상 어려움이 생기지 않는다고, 인생의 바다에 잔물결 하나 일지 않는다고 가르칩니다. 아무 문제 없이 모든 것이 완벽해진다고 가르칩니다. 그러나 그에 대한 간단한 대답은 "신약성경에 나오는 기독교는 그렇지 않다"라는 것입니다. 사도들은 항상 이런 관점을 내세웁니다. 현대 심리학 또한 마찬가지입니다. 성경이 정직하게 기록되었다는 것보다 감사한 일은 없습니다. 성경은 우리 자신과 세상의 삶에 대해 있는 그대로의 진실을 알려 줍니다.

이처럼 성경이 그리스도인에게 두 가지 모습이 나타난다고 전제한다는 사실을 알고 논의를 시작해야 합니다. 이제 "근심^{heaviness}"이라는 말의 의미부터 확실하게 알아봅시다. 근심한다는 것은 몹시 슬퍼하고 걱정한다는 뜻입니다. 어려움을 겪는 데서 더 나아가 그로 인해 몹시 슬퍼한다는 뜻입니다. 그로 인해 걱정하고 실제로 불행해진다는 뜻입니다. 그래서 베드로가 크게 기뻐하면서도 근심하는 두 가지 특징이 동시에 나타나는 모습으로 묘사한 것입니다. 성경에는 그 예가 많이 나옵니

---

[*] 찬송가 138장 후렴 다시 옮김.

다. 그중에서도 완벽한 한 가지 예로, 사도 바울이 고린도후서 4장에서 자신의 모습을 묘사하는 데 사용한 일련의 역설적 표현에 주목하기 바랍니다. "우리가 사방으로 욱여쌈을 당하여도 싸이지 아니하며 답답한 일을 당하여도 낙심하지 아니하며 박해를 받아도 버린 바 되지 아니하며 거꾸러뜨림을 당하여도 망하지 아니하고 우리가 항상 예수의 죽음을 몸에 짊어짐은……"(8-10절). 얼핏 보면 양립할 수 없는 표현들처럼 보이지만, 그렇지 않습니다. 이것은 그리스도인의 삶에 나타나는 역설의 일면에 불과합니다. 이 두 가지를 동시에 경험하는 것이야말로 그리스도인의 놀라운 특징입니다. "그렇다면 무엇이 문제란 말입니까?"라고 묻는 이가 있을 것입니다. 우리가 그 두 가지 사이에서 균형을 유지하지 못하고 근심과 슬픔에 압도당하여 낙담하기 쉬운 것이 문제입니다. 일시적으로 마음이 상하는 데서 그치는 것이 아니라, 실제로 그 기분을 떨쳐 내지 못하고 지배당하는 것, 그래서 주변 사람들에게 "크게 기뻐"하는 모습보다는 "근심"하는 모습을 더 크게 보여주는 것이 문제입니다.

그리스도인이라고 주변 일에 초연한 것이 아닙니다. 제가 정말 말하고 싶은 점, 우리가 깨닫고 기억해야 할 점이 이것입니다. 이 점을 강조할 필요가 있습니다. 그리스도인의 삶에 대해 잘못된 개념과 생각을 가진 자들, 즉 그리스도인이 되면 부자연스럽게 살아야 하는 것처럼 여기는 자들이 있기 때문입니다. 그리스도인도 근심하며 슬퍼합니다. 어떤 의미에서 저는 "여하한 경우에도 슬퍼하지 않는 것은 신앙의 덕목이 아니다"라고 기꺼이 주장하는 바입니다. 그것은 부자연스러운 태도이자 신약성경의 가르침에서 벗어나는 태도입니다. 기독교보다는 사교가 만들어 내는 심리상태에 가까우며, 스토아주의의 색채가 더 강합니다. 성경을 읽으면서 인간적으로 연약했던 하나님의 성도들을 관찰하는 것보다 교훈이 되고 격려가 되는 일은 없습니다. 그들은 근심과 슬픔이 무엇인지 알았고, 외로움과 실망이 무엇인지 알았습니다. 성경에서 그 예를 얼마든지 찾아볼 수 있습니다. 누구보다 바울의 삶이 그러했습니다. 그는 근심하며 슬퍼했고, 그 사실을 감추지 않았습니다. 복되신 주님과 교통하며 엄청난 경험을 했던 놀라운 믿음의 소유자였음에도 불구하고 아주 인간적인 면모를 보여주었습니다. 그렇습니다. 이 두 가지가 동시에 나타날 수 있습니다. 그리스도인이 되었다고 자연스러운 감정을 느끼지 않는 것이 아닙니다. 물론 그리스도인은 감정을 극복해 내는 힘이 있습니다. 자연스러운 감정을 느끼면서도 그것을 극복해 내는 것이야말로 그리스도인의 삶이 지닌 영광입니다. 그러나 감정 자체를 아예 느끼지 않는 것은 아닙니다. 그 차이를 아는 것이 중요합니다.

이 점을 전제해 놓고, 그리스도인이 이처럼 근심하며 슬퍼하는 상태에 빠지는 이유를 살펴봅시다. 물론 그 대답은 "여러 가지 시험" 때문이라는 것입니다. "시험"이라고 번역된 단어의 실제 의미는 '시련'입니다. 이들은 여러 가지 시련 때문에 근심하며 슬퍼했습니다. "여러 가지"라고 번역된 그리스어는 흥미로운 단어입니다. 이것은 사도 베드로가 즐겨 사용한 말로서, 나중에 하나님의 은혜를 묘사할 때에도 이 말을 쓰고 있습니다. 그 의미는 스펙트럼에 여러 색깔이 나타나듯이 '다채롭다'는 것입니다. 시인 셸리Percy Bysshe Shelly도 같은 개념을 가지고 있었습니다.

생명이 다채로운 유리 돔처럼

영원한 세계의 흰 빛을 물들인다.*

　이것이 "여러 가지"라는 말에 담긴 의미입니다. 사도는 그들이 이런 여러 가지 시련 때문에 걱정하고 있다고 말합니다. 시련은 여러 가지 다른 방법과 색깔로, 여러 가지 다른 모습과 형태로 찾아옵니다. 그 종류가 얼마나 다양한지 모릅니다.

　그렇다면 그런 시련 중에 어떤 것들이 있을까요? 사도는 자신이 생각하는 시련이 무엇인지 아주 명확하게 밝힙니다. 이 편지를 받는 자들 중에는 박해받는 이들이 많았습니다. 사도는 베드로전서 2장에서 말합니다. "사랑하는 자들아, 거류민과 나그네 같은 너희를 권하노니 영혼을 거슬러 싸우는 육체의 정욕을 제어하라. 너희가 이방인 중에서 행실을 선하게 가져 너희를 악행한다고 비방하는 자들로 하여금 너희 선한 일을 보고 오시는 날에 하나님께 영광을 돌리게 하려 함이라"(11-12절). 그리스도인은 그리스도인이라는 단순한 이유로 세상에서 박해를 받습니다. 새사람이 되었다는 이유로, 거듭났다는 이유로 오해를 면치 못합니다. 우리는 세상의 나그네입니다. 낯선 땅에 살고 있는 거류민과 같습니다. 우리는 세상 사람들과 다른 삶을 삽니다. 사상도 다르고 관습도 다릅니다. 우리를 지켜보는 사람들은 그 차이를 알아채고 싫어하며, 아주 노골적으로 혐오감을 드러냅니다. 초기 그리스도인들은 이런 박해와 시련을 당했습니다.

---

* 「아도나이스: 존 키츠의 죽음을 기리는 비가 Adonais: An Elegy on the Death of John Keats」

성경에는 이런 시련에 대한 설명이 많이 나옵니다. 하나님의 성도들은 항상 이런 시련을 당했습니다. 사도 바울도 디모데에게 "무릇 그리스도 예수 안에서 경건하게 살고자 하는 자는 박해를 받으리라"라고 했습니다(딤후 3:12). 성경에 따르면, 우리의 삶과 생활이 주 예수 그리스도께 가까워질수록 세상에서는 어려움을 당하기 쉽습니다. 주님을 보십시오. 그는 악을 행하시지 않았고 거짓말도 하시지 않았습니다. 오히려 사람들을 고쳐 주셨고, 선을 행하셨으며, 복음을 전하셨습니다. 그런데도 어떤 반대와 시련을 당하셨는지 보십시오. 그 이유가 무엇입니까? 주님이 바로 그런 분이었기 때문입니다. 그 거룩한 삶이 자신들을 정죄하기 때문에 세상은 마음으로부터 그리스도를 미워하며 그리스도인들을 미워합니다. 그 거룩한 삶이 자신들을 불편하게 만들기 때문에 그 삶 자체를 싫어합니다. 이 편지를 받는 그리스도인들이 악한 자에게 당하는 시련을 알았던 사도는 4장에서 훨씬 더 구체적으로 이야기합니다. "너희가 음란과 정욕과 술 취함과 방탕과 향락과 무법한 우상 숭배를 하여 이방인의 뜻을 따라 행한 것은 지나간 때로 족하도다. 이러므로 너희가 그들과 함께 그런 극한 방탕에 달음질하지 아니하는 것을 그들이 이상히 여겨 비방하나"(3-4절). 그들이 과거의 삶을 버리고 그리스도인의 삶을 사는 것에 세상은 분개했습니다. 이처럼 그들이 그리스도인이 되면서 바로 세상과 갈등이 시작되었습니다. 전에는 우호적이었던 사람들이 그들을 무시하며 비난하기 시작했고, 더 악하게는 남들 앞에서 그들을 헐뜯기 시작했습니다.

이것이 슬픔의 한 가지 원인이었습니다. 이 때문에 그들은 근심했습니다. 어느 시대에나 그리스도인은 이런 일을 겪어야 했습니다. 남들의 오해보다 괴로운 것은 없습니다. 가까운 이들, 사랑하는 이들이 오해할 때는 더더욱 그렇습니다. 가족 중에 혼자만 믿을 경우 얼마나 괴로운지 모릅니다. 그리스도인이 되면 이런 시련을 겪습니다. 어떤 모양 어떤 형태로든 이런 시련을 겪어 본 적이 없는 사람은 기독 신앙에 근본적인 문제가 있는 것입니다. 사도 바울도 이런 시련을 계속 겪었습니다. 그가 "데마는……나를 버리고"라고 했던 말을 기억할 것입니다(딤후 4:10). 바울에게도 그 시련은 가벼운 것이 아니었습니다. 그 때문에 그는 근심했습니다. 그는 철저히 혼자 재판을 받아야 했습니다. 의지할 만하다고 믿었던 이들이 홀연히 떠나고 혼자 남았습니다. "나와 함께한 자가 하나도 없고"(딤후 4:16). 이런 시련은 그리스도인을 아주 슬프게 만듭니다. 성도들의 생애만 살펴보아도 이런 시련이 끊이지 않았음을 알 수 있습니다. 존 웨슬리의 일기를 읽어 보십시오. 자주 오해를 받고 슬퍼했던 것을 알 수 있습니다. 스펄전도 저 유명한 '다운그레이드Down grade' 논쟁과 관련하여 이 시련을 크게 겪었습니다. 그가 친구로 여겼던 이들, 그가 자비自費로 세운 대학에서 교육받은 이들이 홀연히 그를 버리고 떠났습니다. 그 당시 기록을 읽어 보면 스펄전이 얼마나 크게 상처받고 슬퍼했는지 알 수 있습니다. 의지할 수 있다고 믿었던 이들의 갑작스러운 배신 때문에 그는 근심했습니다. 최근에 저는 조지 휘필드의 일기에서도 이와 관련된 구절을 보았습니다. 여느 때보다 특히 더 주님과 가까이 지내며 기쁨을 누리던 시기에, 그는 이상하게도 이럴 때 심각한 시련이 닥치기 쉽다는 사실을 자신에게 상기시킵니다. 확실하다는 것입니다. "나는 또 그런 시련을 겪으리라"라는 것입니다. 휘필드는 그 사실을 알았고, 실제로 그런 시련을 겪었습니다. 이것은 하나님의 사람들이 죄의 세상에서 살아갈 때 피할 수 없는 거의 절대적인 법칙입니다.

이 편지를 받는 그리스도인들도 여러 가지 시련을 겪고 있었습니다. 우리를 쉽게 걱정시키는 세상의 모든 일, 우리의 마음과 정신과 가장 예민하고 섬세한 부분을 건드리는 일, 우리를 쉽게 낙담시키는 일들이 다 여기에 포함됩니다. 그렇다면 사도는 어떻게 이 문제를 해결할까요? 그 방법이 아주 흥미롭습니다. 그리스도인의 삶을 이루는 이 두 측면의 균형을 유지하기 위해 해야 할 일이 바로 이것입니다. 슬픔을 주는 시련 속에서도 계속 기뻐하려면, 사도가 가르치는 방법대로 접근하고 대처해야 합니다.

그 방법이 무엇입니까? 첫 번째로 그가 제시하는 중대한 원리는 시련이 닥친 이유를 찾아보라는 것입니다. 이것이 가장 먼저 해야 할 일입니다. 우리 자신에게, 그리고 서로에게 이 사실을 일깨워 주어야 할 때가 얼마나 많은지 모릅니다. 저는 질문할 줄 아는 것이야말로 그리스도인이 익혀야 할 삶의 기술이라는 생각을 가끔 합니다. 그저 끙끙거리고 불평하고 원망하면서 닥쳐온 시련을 참고 견디기만 할 위험이 있습니다. 그러지 말고 왜 이런 일이 일어났는지 가능한 한 찾아보아야 합니다. 그 이유를 알기 위해 애써야 합니다. 이와 관련하여 사도가 사용한 표현을 살펴봅시다. "그러므로 너희가 이제 여러 가지 시험으로 말미암아 잠깐 [필요하다면]* 근심하게 되지 않을 수 없으나 오히려 크게 기뻐하는도다." "필요하다면!" 아, 이 말에 비밀이 있습니다. 사도가 이 말을 덧붙인 의도가 무엇일까요? 그의 의도는 확실합니다. 이것은 조건

---

* 흠정역에 나오는 구절로서 우리말 성경에는 번역되어 있지 않다.

절로서, "잠깐 이런 시련이 필요하다고 판명된다면"이라고도 번역할 수 있습니다. "이런 시련이 필요하다고 판명된다면" 주신다는 것입니다. 이것은 세상의 속성 때문에 시련을 겪을 수밖에 없다는 일반적인 의미에서 하는 말이 아닙니다. 그보다 훨씬 더 강력한 말입니다. "세상의 속성 때문에 시련을 겪을 수밖에 없지만 복된 소망이 있기에 크게 기뻐한다"라는 말이 아닙니다. 물론 그 말도 맞습니다. 전적으로 맞습니다. 그러나 사도는 단순히 그 말만 하는 것이 아닙니다. 이것은 더 적극적인 진술입니다. "너희가 지금 슬픔을 견디는 것은 이런 시련이 너희에게 필요함을 알기 때문이다"라는 것입니다. 우리가 기억해야 할 원리가 이것입니다. 시련에는 명백한 목적이 있습니다. 시련은 우연히 오는 것이 아니며, 단순히 삶의 구조 때문에 오는 것 또한 아닙니다. 물론 삶의 구조도 영향을 주지만, 그것이 주된 이유는 아닙니다. 사도는 우리의 유익을 위해, 우리가 세상에 살면서 받아야 할 훈련의 일부로, 더 분명히 말하자면 하나님이 주시기 때문에 시련이 온다고 말합니다.

이것이야말로 사도가 가르치는 교리이자 신약성경 전체가 가르치는 교리이며, 모든 시대 성도들이 고수했던 교리임이 확실합니다. 다시 말해서 우리는 이 관점으로 그리스도인의 삶을 바라보아야 합니다. 우리는 하늘 아버지가 지켜보시는 가운데 세상을 걸어가는 자들입니다. 이것은 기본 교리로서, 그리스도인은 이처럼 자신이 하나님과 특별한 관계를 맺고 있는 존재임을 기억해야 합니다. 우리는 비그리스도인들과 다릅니다. 우리의 모든 삶에는 아주 분명한 계획과 목적이 있습니다. 하나님이 우리를 지켜보고 계십니다. 그가 우리를 입양해서 가족으로 삼아 주셨습니다. 무엇을 위해 그렇게 하셨습니까? 우리를 온전케

하기 위해 그렇게 하셨습니다. 이것이 하나님의 목적입니다. "그 아들의 형상을 [점점 더] 본받게 하기 위하여 미리 정하셨으니"(롬 8:29). 하나님은 지금 이 일을 하고 계십니다. 성경은 주 예수 그리스도가 많은 아들들을 하나님께 이끌고 나아가 "볼지어다. 나와 및 하나님께서 내게 주신 자녀라"라고 말씀하신다고 이야기합니다(히 2:13). 기본적으로 자신이 이런 존재임을 모르고 출발하는 그리스도인은 길을 잃게 되어 있으며, 시련이 닥칠 때 오해하게 되어 있습니다.

이처럼 하나님이 시련을 허락하신다는 것은 가장 낮은 차원의 교리입니다. 저는 여기에서 더 나아가 때로는 우리의 유익을 위해 시련이 생기도록 명령하신다고 주장하는 바입니다. 우리를 징계하시려고 시련을 주실 때가 있습니다. 우리의 게으름과 실패를 징계하시려고 시련을 주실 때가 있습니다. 우리는 지난번에 훈련에 실패하는 경우를 살펴보았습니다. 베드로는 그리스도인들에게 자신을 훈련하라고, 믿음에 다른 특질들을 더하라고, 믿음을 갖추라고, 최소한의 믿음에 만족하지 말고 온전한 믿음을 추구하라고 권면합니다. 그런데 그 권면에 주의하지 않고 계속 게으르고 태만하게 지낼 수 있습니다. 자, 제가 신약성경의 교리를 이해한 바에 따르면 그럴 때 시련이 닥치는 것은 놀랄 일이 아닙니다. 그럴 때 징계받는 것은 놀랄 일이 아닙니다. 히브리서 12장은 강하게 말합니다. "주께서 그 사랑하시는 자를 징계하시고"(6절). 한 번도 징계받지 않은 사람이 있다면, 과연 그리스도인이 맞는지 의심해 보아야 합니다. 믿은 이후 한 번도 어려움을 겪지 않은 사람은 심리학적인 경험을 한 것이지 영적인 경험을 한 것이 아닙니다. 처음에 밝혔듯이, 기독교는 현실적이기에 우리가 성경의 권면과 호소에 주의하지 않을 때 하나님이 우리의 유익을 위해 징계하신다고 가르칩니다. 이처럼 징계의 일환으로 여러 가지 시련을 당할 수 있습니다. 모든 시련이 징계는 아니지만, 징계의 일환으로 시련을 당할 수 있습니다.

때로는 어떤 일을 준비시키시기 위해 시련을 주시기도 합니다. 이것은 성경의 법칙이요, 오랜 교회 역사와 성도들을 통해 확증된 법칙입니다. 특별히 중대한 임무를 맡기고자 하실 때, 그 사람을 시험하십니다. 누구의 전기든 상관없으니 하나님이 크게 사용하신 인물의 생애를 읽어 보십시오. 그의 인생에 혹독한 시험과 시련의 시간이 있음을 발견할 것입니다. 마치 믿고 확신할 수 없으면 쓰지 않겠다고 하시는 것 같습니다. 이처럼 중대한 임무를 맡기시기 전에 시련을 주실 수 있습니다. 요셉과 그가 겪은 일을 보십시오. 그보다 더 암울한 삶이 없습니다. 모든 사람이 그를 대적하는 것 같았습니다. 친형들조차 그를 질투해서 없애 버리려 했습니다. 애굽으로 끌려간 후에도 계속 사람들에게 배척당했습니다. 아무 잘못도 하지 않았는데, 자기 모습대로 살았을 뿐인데 어려움을 겪었습니다. 그러나 그 모든 상황을 통해 하나님은 장차 중대한 직책을 감당할 수 있도록 그를 준비시키셨습니다. 성경에 나오는 위대한 인물들이 다 그랬습니다. 다윗이 겪은 고난을 보십시오. 어떤 인물의 삶을 보아도 시련과 어려움으로 가득했던 것을 알 수 있습니다. 사도 바울도 예외가 아닙니다. 고린도후서 11-12장에 나오는 고난과 시련의 목록을 보십시오. 하나님은 항상 이렇게 준비시키십니다.

성경의 가르침과 성도들의 삶을 보면, 때로 더 큰 시련에 대비하도록 시련을 주시기도 하는 것 같습니다. 작은 시련을 통해 큰 시련을 대비케 하시는 것입니다. 저는 여기에서 영광스럽게 빛나는 하나님의 사랑을 봅니다. 우리 삶에 찾아오는 큰 시련들이 있습니다. 아무 일 없이 평탄하게 살다가 갑자기 그런 시련에 맞닥뜨리면 정말 무서울 것입니다. 그래서 때로 그 온유하심과 사랑으로 작은 시련들을 주심으로써 큰 시련을 대비케 하십니다. "필요하다면." 하나님은 우리에게 필요하다고 판단하실 때, 아버지로서 우리를 바라보시며 지금 바로 필요하다고 판단하실 때, 시련을 주십니다. 하나님은 우리에게 가장 좋은 것, 가장 필요한 것이 무엇인지 보시고 아신다는 이 중대한 원리에서부터 출발해야 합니다. 우리는 몰라도 하나님은 아십니다. 하늘에 계신 아버지로서 우리의 필요를 보시며, 우리의 유익을 위해 적절한 시련을 처방하십니다.

이제 두 번째 원리를 살펴봅시다. 그것은 믿음의 귀중함을 생각하라는 것입니다. 베드로는 7절에서 시련-여러 가지 시험-이 생기는 것은 "너희 믿음의 확실함은 불로 연단하여도 없어질 금보다 더 귀하여 예수 그리스도께서 나타나실 때에 칭찬과 영광과 존귀를 얻게" 하기 위해서라고 말합니다. 이것-귀한 믿음-이 얼마나 중요한지 모릅니다. 사도는 이것을 금에 비교합니다. 요컨대 "금을 보아라. 금이 아무리 귀해도 믿음만큼 귀하지는 않다"는 것입니다. 그가 어떻게 이 점을 입증합니까? 금은 결국 없어진다는 점을 지적함으로써 입증합니다. 금은 잠시 있다가 없어집니다. 무척 귀하고 좋은 것이지만 영구하지는 않습니다. 그러나 믿음은 영원합니다. 금은 사라져도 믿음은 사라지지 않습니다. 믿음은 영구하고 영원한 것입니다. 사도는 "너희가 무엇으로 사는 존재인지 안다면 그리스도인의 삶이 왜 이렇게 힘든지 이해할 것이다.

너희는 믿음의 자리에 있으면서도 정작 그 믿음이 얼마나 경이롭고 놀라운 것인지 모르고 있다"라고 말합니다. "우리는 믿음으로 행하는 자들이다. 우리의 삶 자체가 믿음으로 이루어진다. 너희가 알듯이 믿음은 하나님 보시기에 아주 귀하고 경이롭고 놀라운 것이다. 하나님은 그 믿음이 완전히 순수해지길 원하신다. 금은 불로 정련한다. 도가니에 넣어 뜨거운 열을 가함으로 다른 금속과 불순물을 제거한다. 그렇게 다른 것들을 태우고 금만 남긴다. 없어질 금을 얻기 위해 그렇게 연단한다면 믿음은 얼마나 더 연단해야겠느냐?" 이것이 사도의 논리입니다. 믿음은 사람과 하나님을 연결하는 특별한 원리입니다. 사람을 지옥에서 천국으로 옮겨 놓는 특별한 원리입니다. 지금 이 세상과 장차 올 세상을 연결하는 특별한 원리입니다. 허물과 죄로 죽은 사람을 그리스도 예수 안에 있는 새사람, 새로운 피조물로 살려 내는 신비하고도 놀라운 원리입니다. 믿음이 그토록 귀한 이유가 여기 있습니다. 그렇기 때문에 하나님은 우리의 믿음이 철저히 온전해지길 바라십니다. 이것이 사도의 논리입니다. 이러한 믿음의 성격 때문에 우리가 여러 가지 시험을 당하는 것입니다.

약간 다른 형태로 설명해 보겠습니다. 알다시피 우리 믿음은 온전해져야 합니다. 믿음에는 정도의 차이가 있는 것이 분명합니다. 믿음에는 질의 차이가 있습니다. 믿음은 다면적인 것입니다. 처음에는 우리가 믿음이라고 부르는 것 안에 다른 요소들이 많이 섞여 있습니다. 우리도 모르는 육신의 요소들이 많이 섞여 있습니다. 그런데 이런 원리들을 배우기 시작하고 과정을 밟아 나가면서 하나님이 주시는 시험 기간을 거치게 됩니다. 하나님은 믿음의 본질에 속하지 않은 것들을 제거하시기 위해 불로 태우듯이 시련으로 시험하십니다. 우리는 우리 믿음이 온전한 줄 알았고, 무엇과도 맞서 싸울 수 있을 줄 알았습니다. 그런데 갑자기 닥친 시련을 이기지 못하고 넘어집니다. 왜 그럴까요? 자, 이것은 우리 믿음에 신뢰의 요소가 부족하다는 표시입니다. 하나님은 우리를 시험하심으로써 신뢰가 자라게 하십니다. 우리는 시련을 겪으면서 신뢰하는 법을 배웁니다. 하나님이 미소를 지으실 때는 자연히 신뢰하지만, 구름이 하늘을 캄캄하게 가릴 때는 하나님이 과연 나를 사랑하시는지, 그리스도인의 삶이 과연 내가 생각했던 그런 것인지 의심하게 됩니다. 아, 우리의 믿음에는 신뢰의 요소가 부족합니다. 그래서 하나님이 삶 속에서 우리를 심하게 다루심으로써 빛이 없는 어둠 속에서도 신뢰하게 하시는 것이며, 확신을 가지고 다음과 같이 고백하도록 이끄시는 것입니다.

> 모든 것이 우리를 대적하는 듯
> 절망으로 몰고 갈 때에도
> 한 문은 열려 있음을 아나이다.
> 한 귀는 우리 기도 듣고 계심을 아나이다.

이것이 참된 신앙이요, 진정한 신뢰입니다. 아브라함 같은 사람을 보십시오. 하나님은 아무것도 "바랄 수 없"을 만큼 그를 심하게 다루셨습니다(롬 4:18). 그러나 그는 도저히 신뢰할 수 없는 상황 속에서도 전적으로 하나님을 신뢰했습니다. 우리 믿음에도 이 요소가 자라나야 합니다. 처음부터 그 정도로 신뢰할 수는 없습니다. 계속 시련을 겪으면서 "찌푸린 섭리 뒤에 숨어 있는 아버지의 얼굴"을* 찾아야 합니다. 그러다가 마침내 "그렇습니다. 이제 알겠습니다. 제 눈에 보이지 않아도 해가 저 위에서 빛나고 있음을 알겠습니다. 하나님이 구름 뒤에서 날 보고 계심을 알겠습니다"라고 고백하게 되는 것입니다. 이처럼 신뢰는 시련을 통해 자랍니다.

인내와 오래 참음의 요소, 낙심을 뚫고 계속 앞으로 나아가는 능력의 요소도 마찬가지입니다. 인내야말로 그리스도인이 겪을 수 있는 시험 중에 가장 큰 시험입니다. 우리는 천성적으로 참지 못합니다. 그리스도인의 삶을 시작한 초기에는 모든 일이 즉시 이루어지길 기대하며, 그렇지 못할 때 아이처럼 토라져서 초조해하고 원망하며 불평합니다. 인내와 오래 참음이 부족한 것입니다. 상황이 좋든 나쁘든 계속 앞으로 나아가는 것은 신약성경이 무엇보다 강조하는 자질입니다. "하나님은 내게 가장 좋은 것이 무엇인지 아신다. 나는 그 하나님을 신뢰한다", "설사 그가 나를 죽이실지라도 나는 그를 신뢰한다"라고 고백할 수 있어야 합니다. 이것이 오래 참는 것이며 계속 앞으로 나아가는 것입니다. 우리 믿음에 갖추어야 할 다른 요소들 또한 자라서 온전해지려면 이런 시험과 검증의 과정을 거쳐야 합니다.

이제 마지막 일반적 원리를 제시해 보겠습니다. 우리 믿음의 진정성이 드러나려면 반드시 시련이 필요하다고 베드로는 말합니다. 그가 실제로 사용한 표현은 "너희 믿음의 확실함"입니다. 여기에서 "확실함"이란 '증명서'를 의미합니다. 사도는 한 물건을 시험하고, 그 시험을 마

---

* 찬송가 80장. 우리 찬송가에는 이 부분이 없다.

친 후 확인서를 주는 장면을 염두에 두고 있습니다. 예를 들면 "이 반지는 18금 정품임을 증명함"이라는 문서를 주는 것입니다. "확실함"이라는 말의 의미가 이것입니다. 여기에서 사도의 관심은 과정 자체에 있지 않습니다. "확실함"은 믿음의 진정성을 선포하는 증명서입니다. 이로써 믿음의 성격이 입증되었음을 확인하는 것입니다. 우리에게 시련이 닥치는 이유가 여기 있습니다.

이것은 아주 분명한 사실입니다. 우리는 시련을 견딤으로써 믿음을 증명합니다. 주님이 씨 뿌리는 자의 비유에서 가시덤불에 떨어진 씨를 어떻게 묘사하셨는지 기억할 것입니다. 풍성한 열매를 기대했는데, 말씀을 막는 것들 때문에 그 기대가 무너졌습니다. 주님은 이것을 시련이 찾아와 말씀을 누르고 막는 바람에 열매를 맺지 못하는 경우로 해석하십니다. 처음은 아주 훌륭했지만 마지막은 그렇지 못했다는 것입니다. 시련을 통해 참된 믿음, 진정한 믿음이 아니라 겉만 그럴듯한 믿음이라는 점이 입증되었다는 것입니다. 인내와 오래 참음, 어떤 상황 속에서도 계속 꾸준히 나아가는 것만큼 믿음의 진정성을 증명해 주는 요소는 없습니다. 이것이 주님의 가르침이요 신약성경 전체의 가르침입니다.

주변 사람들이 다 떨어져 나가는데도 바위처럼 굳게 서 있는 것은 위대한 성도들의 삶에 나타나는 가장 놀라운 특징입니다. 순교자들과 위대한 신앙고백자들의 영광스러운 이야기가 보여주는 모습이 바로 이것입니다. 시련을 당하면서도 결과에 개의치 않고 자신들이 아는 하나님의 진리 위에 굳게 서 있습니다. 믿음의 영광스러운 빛을 발하며 계속 앞으로 나아갑니다. "시련이 와야 너희 믿음의 진정성이 만인 앞에 명백히 드러난다"라고 베드로는 말합니다. 시련이 닥칠 때 떨어져 나가는 그리스도인은 추천서가 없는 것입니다. 출발은 잘했지만 계속 나아가지 못하는 사람은 믿음을 부끄럽게 만드는 것입니다. 겉만 그럴듯한 그리스도인과 진정한 그리스도인의 차이점은 이를테면 "반짝인다고 다 금은 아니다"라는 시험을 통과하느냐 아니냐 하는 데 있습니다. 금인지 아닌지 어떻게 입증합니까? 재료를 도가니에 넣고 불을 때 보면 됩니다. 찌꺼기는 타고 금은 남습니다. 전보다 더 순수한 금이 남습니다. 이처럼 우리 믿음의 진정성을 드러내기 위해 시련이 찾아옵니다. 가장 중요한 점은 결국 이것입니다.

우리에게 격려가 되는 베드로의 말에 대해 한마디만 더 하겠습니다. 저는 이 점을 꼭 상기시키고 싶습니다. 우리의 위로가 무엇입니까? 첫 번째는 시련이 오지만 "잠깐"이라는 것입니다. "그러므로 너희가 이제 여러 가지 시험으로 말미암아 잠깐 근심하게 되지 않을 수 없으나 오히려 크게 기뻐하는도다." 제가 그리스도인은 내내 시련을 당한다고 가르치는 것처럼 오해하지 마십시오. 그렇지 않습니다. 우리를 찾아오는 시련은 하나님이 합당하게 여기시는 동안만 지속됩니다. 우리에게 유익하지 않은 시험과 검증은 주시지 않습니다. 그리고 시험의 가르침에 반응하면 다시 거두어 가십니다. 영원히 시련을 당하게 두시지 않습니다. 휘필드의 말처럼 시련을 주시기도 하고 거두어 가시기도 합니다. 하나님은 시련을 주셔야 할 시기와 방법을 정확히 아십니다. 그러므로 우리는 사도 바울처럼 확신할 수 있습니다. "사람이 감당할 시험밖에는 너희가 당한 것이 없나니 오직 하나님은 미쁘사 너희가 감당하지 못할 시험당함을 허락하지 아니하시고 시험당할 즈음에 또한 피할 길을 내사 너희로 능히 감당하게 하시느니라"(고전 10:13). 하나님은 여러분을 사랑하시는 아버지십니다. 여러분이 견딜 수 있고 감당할 수 있는 한도를 아십니다. 그 한도에 넘치는 시련은 절대 주시지 않습니다. 적절한 시련의 분량을 아시고 그만큼만 주십니다. 그리고 여러분이 반응하면 다시 거두어 가십니다. 시련을 주시되 "잠깐"만 주십니다. 낙담과 압박감에 짓눌릴 때 이 말을 떠올릴 수 있겠습니까? 사방이 온통 어둡고 캄캄해 보입니까? 기도해도 예전의 자유가 느껴지지 않습니까? 예전의 믿음이 거의 사라져 버린 것 같습니까? 걱정하지 마십시오. 여러분은 여러분을 사랑하시는 아버지의 손안에 있습니다. 그를 신뢰하며 계속 나아가십시오. "저는 아버지의 손안에 있는 것으로 만족합니다. 오직 아버지 뜻대로 하는 것이 제 뜻입니다"라고 고백하며 계속 나아가십시오.

두 번째 위로는 이것입니다. 근심에 눌릴 때 "오히려 크게 기뻐하는 도다"라는 이 말씀을 상기하십시오. 저와 여러분이 해야 할 일이 바로 이것입니다. 문제는 이런 시련이 닥칠 때 그 시련과 구름 자체만 보기 쉽다는 것입니다. 베드로전서 1:3로 돌아가십시오. 앞이 전혀 보이지 않을 때, 성경을 펴서 3절을 읽으십시오. "우리 주 예수 그리스도의 아버지 하나님을 찬송하리로다.—'이 말씀이 언제나 사실임을 압니다'라고 아뢰십시오—그의 많으신 긍휼대로 예수 그리스도를 죽은 자 가운데서 부활하게 하심으로 말미암아 우리를 거듭나게 하사……썩지 않고 더럽지 않고 쇠하지 아니하는 유업을 잇게 하시나니……너희는 말세에 나타내기로 예비하신 구원을 얻기 위하여 믿음으로 말미암아 하나님의 능력으로 보호하심을 받았느니라." 이 말을 상기하며 고백하십시오. "그렇습니다. 어려운 일들이 생기고 있고, 시련이 잇따라 닥치고 있습니다. 사방에서 몰아치고 있습니다. 그러나 주저앉아 '아이!' 한탄만 하지 않겠습니다. 벌떡 일어나 '나는 하나님이 선하심을 안다. 그리스도가 날 위해 죽으셨음을 안다. 내가 하나님께 속한 백성이라는 것, 내 유업이 하늘에 있다는 것을 안다. 눈에 보이지 않아도 하늘에 있다는 것, 하나님이 지키고 계신다는 것, 아무도 그의 강한 손에서 빼앗지 못한다는 것을 안다'라고 말하겠습니다." 자기 자신에게도 이렇게 말하십시오. 필요해서 잠깐 시련을 겪을 때, 여러분이 크게 기뻐하는 이 사실들을 자기 자신에게 상기시키십시오.

그러고 나서 이 최종적인 진술을 생각하십시오. "너희 믿음의 확실함은 불로 연단하여도 없어질 금보다 더 귀하여 예수 그리스도께서 나타나실 때에 칭찬과 영광과 존귀를 얻게 할 것이니라." 정확한 시기는 모르지만, 그날이 오고 있습니다. 나는 그날—예수 그리스도의 날—이 오고 있다는 것과 내가 그 자리에 있게 될 것을 압니다. 이 세상에 살면서 겪는 모든 시련에 하나님의 궁극적인 목적이 있음을 압니다. 그 "큰 날"이 올 때까지 시련은 계속될 것입니다. 바울이 고린도전서 3장에서 설교자들—자기 자신과 아볼로 및 다른 설교자들—에 대해 한 말을 기억할 것입니다. 사도는 설교자들이 터 위에 집을 짓고 있다고 말합니다. 풀과 나무와 짚으로 짓는 이들도 있고, 튼튼한 재료로 아주 신중하게 짓는 이들도 있습니다. 바울은 "그날이 공적을 밝히리니"라고 말합니다. 모든 사람의 공적은 시험을 거칠 것입니다. 불의 시험을 거칠 것입니다. 그때 한 줌 연기로 사라져 버릴 것들이 많습니다. "그날이 공적을 밝히리니." "그날"이 오면 누가 튼튼하게 지었고, 누가 조잡한 재료로 급히 지었는지 드러날 것입니다. 바울은 "좋다. 너희에게나 누구에게나 판단받는 것이 내게는 매우 작은 일이다. 나도 나를 판단하지 않는다"

라고 말합니다. 그러면서 하나님께 판단을 맡깁니다. 예수 그리스도가 나타나시는 날이 오면 모든 일이 드러난다는 것을 그는 알았습니다(고전 4:1-5 참조).

베드로는 우리도 그날을 고대한다고 말합니다. "그 큰 날이 오면 너희 믿음의 진정성이 드러날 것이고, 칭찬과 영광과 존귀를 받게 될 것이다. 너희의 작은 믿음, 그토록 작게 여기던 믿음이 크게 돋보이게 될 것이다. 시험을 통과한 그 믿음으로 칭찬과 영광과 존귀를 받게 될 것이다." 누가 칭찬과 영광과 존귀를 받게 될까요? 첫째는 주님이십니다. 이에 관한 구절은 이미 인용했습니다. 주 예수 그리스도는 말씀하십니다. "볼지어다. 나와 및 하나님께서 내게 주신 자녀라." 그 큰 날에 주님이 자리에서 일어나, 자신이 부르신 그리스도인들을 흡족하게 바라보실 것입니다. 그들은 큰 환난을 이겨 냈고, 시험을 통과했으며, 요동치 않았습니다. 주님은 그들을 바라보시며 자랑스러워하실 것입니다. 그 큰 날이 오면, 이처럼 주님이 먼저 영광과 칭찬과 존귀를 받으실 것입니다.

그리고 우리도 존귀와 영광과 칭찬을 받을 것입니다. 주님의 영광에 참여할 것이며, "잘하였도다. 착하고 충성된 종아, 네 주인의 즐거움에 참여할지어다"라는 칭찬을 들을 것입니다. 주님의 영광으로 옷 입을 것이며, 그와 함께 영원토록 즐거워할 것입니다. 믿음이 크고 진실할수록 그 영광도 클 것입니다. "이는 우리가 다 반드시 그리스도의 심판대 앞에 나타나게 되어 각각 선악 간에 그 몸으로 행한 것을 따라 받으려 함이라"(고후 5:10). 상을 주시기 위한 심판이 있습니다. 우리 믿음에 따라, 어떻게 시험을 통과했느냐에 따라 상을 주실 것입니다.

지금 여러 가지 시험과 시련으로 근심할 수 있으며, 그 때문에 눈물

흘릴 수 있습니다. 괜찮습니다. 그날이 오면 "보좌 가운데에 계신 어린 양이……생명수 샘으로 인도하시고 하나님께서 그들의 눈에서 모든 눈물을 씻어 주실 것"입니다(계 7:17). 그와 함께 영원히 영광 가운데 살게 될 것입니다.

이것이 우리 그리스도인이 시련에 대처하는 방법입니다. 우리가 하나님의 손안에 있는 것을 감사드립시다. 이것은 우리의 구원 방법이 아니라 하나님의 구원 방법입니다. 그분께 복종합시다. 그분의 손안에 있는 것으로 만족하며 이렇게 아룁시다. "주께서 원하시면 시련을 주십시오. 우리의 유일한 관심사는 주께서 기쁘게 바라보시는 자가 되는 것입니다."

17
징계

또 아들들에게 권하는 것같이 너희에게 권면하신 말씀도 잊었도다. 일렀으되 "내 아들아, 주의 징계하심을 경히 여기지 말며 그에게 꾸지람을 받을 때에 낙심하지 말라. 주께서 그 사랑하시는 자를 징계하시고 그가 받아들이시는 아들마다 채찍질하심이라" 하였으니 너희가 참음은 징계를 받기 위함이라. 하나님이 아들과 같이 너희를 대우하시나니 어찌 아버지가 징계하지 않는 아들이 있으리요? 징계는 다 받는 것이거늘 너희에게 없으면 사생자요 친아들이 아니니라. 또 우리 육신의 아버지가 우리를 징계하여도 공경하였거든 하물며 모든 영의 아버지께 더욱 복종하며 살려 하지 않겠느냐? 그들은 잠시 자기의 뜻대로 우리를 징계하였거니와 오직 하나님은 우리의 유익을 위하여 그의 거룩하심에 참여하게 하시느니라. 무릇 징계가 당시에는 즐거워 보이지 않고 슬퍼 보이나 후에 그로 말미암아 연단받은 자들은 의와 평강의 열매를 맺느니라.

히브리서 12:5-11

영적 침체를 빈번히 일으키는 또 한 가지 원인은, 하나님이 우리를 성화시키는 과정에서 여러 가지 방법들을 사용하신다는 사실을 모르는 데 있습니다. 하나님은 "영원한 사랑으로" 우리를 사랑하시는 아버지십니다(렘 31:3). 우리를 성화시키시는 것이 그의 큰 목적입니다. "하나님의 뜻은 이것이니 너희의 거룩함이라"(살전 4:3). "우리로 사랑 안에서 그 앞에 거룩하고 흠이 없게 하시려고"(엡 1:4). 하나님의 일차적인 큰 관심은 우리의 행복이 아닌 거룩함에 있습니다. 하나님은 그 큰 사랑으로 우리를 거룩하게 만들고자 작정하셨고, 그 목적을 위해 여러 가지 다양한 방법들을 사용하십니다.

이 점을 깨닫지 못하면 자주 넘어지게 되며, 때로 죄와 어리석음에 빠져 하나님이 우리를 심하게 다루시는 이유를 완전히 오해하게 됩니다. 어리석은 자녀처럼 하늘 아버지가 우리를 무정하게 대하신다고 여기고, 자신에게 연민과 동정을 느끼며, 하나님께 가혹한 대우를 받는다고 생각하게 됩니다. 그러면 당연히 침체할 수밖에 없습니다. 자신에 대한 하나님의 영광스러운 목적을 모르는 탓에 침체하는 것입니다.

히브리서 12장은 이 문제를 비범하고도 완벽하게 다룹니다. 12장의 주제는 하나님이 때로 자녀들을 징계하시고 특히 그 의미를 깨우치심으로써 더 거룩하게 만드신다는 것입니다. 제가 주의를 환기시키고 싶은 주제가 이것입니다. 다른 어떤 주제보다 이 주제를 살펴볼 때 '성화는 하나님이 하시는 일'임을 분명히 알게 됩니다. 히브리서 기자는 "너희가 지금 겪는 어려움을 보아라. 왜 이런 어려움이 너희에게 생겼겠느냐?"라고 묻습니다. 그 대답은 하나님의 자녀이기 때문이라는 것입니다. 그는 하나님이 자녀들의 유익을 위해 어려움을 주신다고 말합니다. "주께서 그 사랑하시는 자를 징계하시고 그가 받아들이시는 아들마다 채찍질하심이라." 보다시피, 히브리서 기자는 이렇게 말하는 데 그치지 않고 소극적인 표현도 활용합니다. "너희가 참음은 징계를 받기 위함이라. 하나님이 아들과 같이 너희를 대우하시나니 어찌 아버지가 징계하지 않는 아들이 있으리요? 징계는 다 받는 것이거늘 너희에게 없으면 사생자요 친아들이 아니니라." 징계받지 않는 자는 참된 자녀도 아니고 아들도 아니라는 것입니다. 이것은 아주 의미심장한 말입니다. 원리의 형태로 설명해 보겠습니다. 히브리서 기자가 실제로 하는 말은, 구원은 처음부터 끝까지 하나님이 하시는 일이라는 것입니다. 그 방법도 하나님이 마련하신다는 것입니다. 그는 시작하신 일을 반드시 이루신다는 것입니다. "너희 안에서 착한 일을 시작하신 이가 그리스도 예수의 날까지 이루실 줄을 우리는 확신하노라"(빌 1:6). 하나님은 시작하신 일을 중도에 그만두시거나 포기하시는 법이 없습니다. 자신의 백성 안에서 시작하신 일을 반드시 이루십니다. 하나님의 궁극적인 목표와 목적은 영광 가운데 영원토록 그들과 함께하시는 것입니다. 이 사실에 비추어 볼 때 세상에서 일어나는 많은 일들을 이해할 수 있고 설명할 수 있습니다. 이 사실만큼 명백한 또 한 가지 사실은 히브리서 기자의 주장대로 하나님이 친히 우리를 그 자리로 이끌어 가신다는 것, 아무도 그 일을 막을 수 없다는 것입니다.

이를 위해 하나님이 사용하시는 방법들이 있습니다. 한 가지는 성경의 중대한 교리와 원리를 통해 가르치시는 것입니다. 하나님은 우리에게 말씀을 주셨습니다. 우리가 온전해지고 영광에 들어갈 준비를 할 수 있도록, 성령으로 사람들을 감동시켜 성경을 기록하게 하셨습니다. 그런데 그 뜻을 거스르고 말씀이 적극적으로 제시하는 교훈을 배우지 않을 때, 하나님은 아버지로서 그 큰 목적과 목표를 이루시기 위해 다른 방법들을 사용하십니다. 그 한 가지가 바로 징계입니다. 이 땅에서도 부모다운 부모는—우리는 히브리서 기자 같은 주장을 거의 할 수 없는 무기력한 시대에 살고 있습니다—자녀를 징계합니다. 자녀의 유익을 위해 징계합니다. 적극적인 가르침을 받고도 제대로 행동하지 않는 자녀는 벌을 주고 훈육해야 합니다. 괴롭지만 이 과정이 필요합니다. 좋은 부모는 징계를 소홀히 하지 않습니다. 히브리서 기자는 하나님이 그런 부모와 같다고, 아니 그보다 한없이 더 좋은 부모라고 말합니다. 그러므로 우리가 말씀의 적극적인 교훈과 가르침에 순종하지 않을 때 어려운 일이 생기는 것은 놀랄 일이 아닙니다. 그럴 때 좀 힘든 일이 생긴다고 해서 놀라면 안 됩니다. 하나님은 우리를 성화시키는 과정의 일환으로서 의도적으로 이런 일을 주신다고 히브리서 기자는 말합니다. 그가 얼마나 강하게 말하는지 여러분도 알아챘을 것입니다. 징계를 받은 적이 있는지 점검하고 찾아보라는 것입니다. 그가 분명히 밝히듯이, 징계를 받은 적이 없는 사람은 하나님의 자녀로 보기가 매우 어렵기 때문입니다. 그런 사람은 자녀가 아닌 사생자입니다. 하나님께 속하지 않은 자입니다. 하나님은 "사랑하시는 자를 징계"하십니다. 그러므로 그리스도인이라고 고백하면서도 징계에 대해 아무것도 모르는 사람은 어떤 의미에서 큰 불만을 느껴야 마땅합니다. 그것은 두려운 일입니다. 또한 징계의 과정에 있는 사람은 화를 낼 것이 아니라 오히려 자녀의 증거를 주시는 것에 대해, 자신을 자녀로 대해 주시는 것에 대해 감사를 드려야 합니다. 하나님 아버지는 우리를 그분께 합당한 자녀로 만들기 위해, 그분의 모습을 닮은 자녀로 만들기 위해 징벌하시고 징계하십니다.

이처럼 하나님의 자녀는 살면서 계속 징계를 경험합니다. 성경은 도처에서 이에 대해 가르치고 있습니다. 인용할 수 있는 사례와 실례가 한없이 많습니다. 시편 73편의 중대한 메시지도 이것이고, 욥기의 중대한 메시지도 이것입니다. 사도 바울은 로마서 5장에서 이 문제를 다루며 환난 중에 즐거워하라고 말합니다. 로마서 8장의 논증에서도 이 문제를 다루고, 고린도전서 11장의 성찬식 이야기에서도 이 문제를 다룹니다. 고린도 교인들 중에 그렇게 아프고 병든 자가 많은 것은 그리스도인답게 살지 못한 탓이라고 지적합니다. "그러므로 너희 중에 약한 자와 병든 자가 많고―심지어 죽은 자들까지 있었습니다―잠자는 자도 적지 아니하니"(30절). 고린도후서 1장도 읽어 보십시오. 사도는 자신이 겪은 어려움을 이야기하면서, 그것을 통해 자기 자신이 아닌 살아 계신 하나님만 의지하는 법을 배웠다고 말합니다. 징계와 관련된 또 한 가지 중대한 대표적 진술이 고린도후서 12장에 나옵니다. 바울은 자신에게 "육체의 가시"를 주신 일을 언급하며, 그와 관련하여 자신이 추론하고 논증한 내용을 이야기합니다. 자신이 지나치게 자만해지지 않고 올바른 영적 상태에 머물게 하려고 가시를 주셨다는 것입니다. 하나님은 그의 육체에 가시를 주셨고, 세 번이나 없애 달라고 기도하며 요청했음에도 들어주시지 않았습니다. 그리고 사도는 마침내 교훈을 배웠습니다. 이처럼 육체의 가시는 그를 더 거룩하게 만들었습니다. 야고보서 1장도 보십시오. "내 형제들아, 너희가 여러 가지 시험을 당하거든 온전히 기쁘게 여기라……"(2절). 징계는 기뻐해야 할 일입니다. 부활하신 주님은 요한계시록 3:19에서 친히 이 모든 내용을 요약해 주셨습니다. "무릇 내가 사랑하는 자를 책망하여 징계하노니."

이처럼 성경 처음부터 끝까지 이 중대한 교리가 계속 나옵니다. 사실상 구약 시대에 하나님이 이스라엘 자손을 다루신 역사 자체가 이 교리에 대한 긴 주석이라고 할 수 있습니다. 하나님이 그 모든 일을 하신 것은 그들이 하나님의 백성이었기 때문입니다. "내가 땅의 모든 족속 가운데 너희만을 알았나니 그러므로 내가 너희 모든 죄악을 너희에게 보응하리라"(암 3:2). 그들이 하나님의 백성이었기 때문에 하나님은 그 모든 죄악을 보응하셨습니다.

이제 우리가 명백히 맞닥뜨리게 되는 질문은 이것입니다. 그렇다면 징계란 무엇일까요? 징계의 의미가 무엇일까요? 교육^{training}입니다. 이것이 이 말에 담긴 기본적인 의미입니다. 자녀는 징계를 통해 교육받습니다. 징계는 자녀를 교육하는 방식입니다. 징계와 징벌을 혼동하기 쉽습니다. 징계에는 바로잡는 일뿐 아니라 가르침이 포함됩니다. 책망이나 상당한 징벌이 포함될 수 있지만, 핵심 목표는 자녀를 교육하고 발전시켜 성숙하게 만드는 것입니다. 자, 이것이 징계의 의미라면, 이제 하나님이 징계에 사용하시는 방법들을 잠시 살펴봅시다.

하나님은 어떻게 자녀를 징계하실까요? 아주 크게 말하자면 상황을 통해, 온갖 종류의 다양한 상황을 통해 징계하십니다. 그리스도인의 삶에서 가장 중요한 일은 우리에게 일어나는 모든 일에 의미가 있다는 —우리가 알아채기만 한다면—사실을 깨닫는 것입니다. 우연히 일어나는 일은 없습니다. "너희 아버지께서 허락하지 아니하시면" 참새 한 마리도 땅에 떨어지지 않는다고 주님은 말씀하셨습니다(마 10:29). 참새가 그 정도라면, 우리는 얼마나 더하겠습니까? 아버지의 허락 없이는 어떤 일도 일어날 수 없습니다. 계속 우리에게 영향을 끼치는 상황—유쾌한 상황이든 불쾌한 상황이든—이 벌어지는 것은 우리의 성화를 위해서입니다. 그렇기 때문에 모든 상황을 늘 관찰하면서 교훈을 주시길 기다려야 하며, 질문을 찾고 질문을 던져야 합니다.

구체적으로 설명해 보겠습니다. 성경은 하나님이 재정적 손실과 경제적 지위의 추락, 물건이나 재산이나 돈을 잃는 상황을 자주 사용하신다고 아주 분명하게 가르칩니다. 하나님은 이 방법을 자주 사용하십니다. 구약성경에서도 그 사례를 볼 수 있고, 이후 교회 역사에서도 하나님의 사람들이 자주 이런 일을 겪었던 것을 볼 수 있습니다. 하나님은 일시적인 물질의 손해를 통해 다른 식으로는 배울 수 없는 교훈을 가르치십니다.

건강의 문제도 보십시오. 이미 상기시켰듯이, 고린도전서 11장이 그 예입니다. 사도는 하나님이 고린도 교인들을 가르치시고 교육하시기 위해 병들고 아프게 하셨다는 점을 아주 분명하게 지적합니다. "사람이 자기를 살피고 그 후에야 이 떡을 먹고 이 잔을 마실지니 주의 몸을 분별하지 못하고 먹고 마시는 자는 자기의 죄를 먹고 마시는 것이니라. 그러므로 너희 중에 약한 자와 병든 자가 많고 잠자는 자도 적지 아니하니"(28-30절). 하나님은 이 방법도 자주 사용하십니다. 그러나 "병들거나 약해지는 것은 절대 하나님의 뜻이 아니다"라고 주장하는 것은 성경을 부인하는 태도입니다. 이런 함정에 빠져 "그러면 모든 병이 하나님의 징벌이란 말입니까?"라고 묻는 이가 없길 바랍니다. 당연히 그렇지 않습니다. 다만 하나님이 자녀를 징계하시기 위해 이 방법을 사용하실 때도 있다는 것입니다. 사도가 "그러므로" 약하고 병든 자가 많다고 말하는 것으로 볼 때, 그것은 분명 하나님이 하신 일이었습니다. 그들의 유익을 위해 하나님이 병을 허락하시고 아프게 하신 것입니다. 우리 몸의 건강보다 중요한 것은 하나님의 뜻입니다. 하나님은 말씀의 적극적인 가르침에 순종하지 않고 복종하지 않는 자녀를 반드시 다루십니다. 생각할 수 있도록 병을 주시기도 하고 따로 격리시키시기도 합니다. 저 위대한 토머스 찰머스Thomas Chalmers 박사가 늘 했던 말을 상기시키고 싶습니다. 그는 병으로 거의 열두 달 동안이나 병실에 갇혀 있는 바람에 하나님께 굴복하고 복음을 참으로 깨달았습니다. 병실에 들어가기 전에는 명석한 '과학'과 '지성'의 전도사였지만, 나온 후에는 복음의 전도자가 되었습니다. 그는 병을 통해 자신을 찾아오신 하나님께 감사드렸습니다. 고린도후서 1:9에도 비슷한 이야기가 나옵니다. 바울은 자신이 "사형선고"를 받은 줄 알았다고 말합니다. 12장에도 육체의 가시에 관한 대표적인 진술이 나옵니다. 하나님은 사도가 "내가 약한 그때에 강함이라"라고 고백할 수 있도록, 하나님의 더 큰 영광을 위해 자신의 건강보다 약함을 기뻐할 수 있도록 가시를 남겨 두셨습니다. 그 가시는 분명 하나님이 허락하신 것이었습니다. 아마도 그 특별한 방법으로 자신의 종을 징계하시고 교육하시기 위해 일부러 가시를 만드셨을 것입니다.

마찬가지로 하나님은 박해도 허락하십니다. 히브리 그리스도인들은 박해를 받았습니다. 그래서 몹시 불행했습니다. 사람들은 그리스도인이라는 이유로 그들의 집을 허물고 물건을 빼앗았습니다. 그들은 물었습니다. "우리가 왜 이런 대접을 받아야 합니까? 복음을 믿으면 모든 것이 잘될 줄 알았더니, 우리는 문제만 잔뜩 생기고 믿지 않는 자들이 오히려 형통하고 잘되는 것 같네요. 대체 왜 그런 겁니까?" 12장은 이 질문에 대한 답변입니다.

징계의 교리는 여기에서 더 나아가 때로 죽음까지 사용하신다고 말합니다. "너희 중에 약한 자와 병든 자가 많고 잠자는 자도 적지 아니하니." 이것은 아무도 이해할 수 없는 신비입니다. 그러나 성경은 분명히 이렇게 가르칩니다. 저는 이 모든 일에 의미가 있음을 알아야 한다고 말하고 싶습니다. 상황을 통해, 이 세상의 삶과 직장에서 겪는 일을 통해, 시험에 합격하거나 떨어지는 일을 통해, 건강하거나 병드는 일을 통해, 이 모든 일을 통해 하나님은 우리에 대한 목적을 이루어 나가십니다. 하나님의 자녀에게 일어나는 모든 일에는 의미가 있습니다. 자기 자신을 점검하며 그 메시지를 찾는 법을 배워야 합니다. 그러면서 성화가 이루어집니다.

하나님이 우리를 징계하시는 방법이 또 있는데, 이것은 별도의 범주로 다룰 필요가 있습니다. 하나님은 때로 자신의 모습을 감추시고 얼굴을 숨기십니다. 욥기의 중대한 주제가 바로 이것입니다. 호세아 5-6장에서도 같은 주제를 찾아볼 수 있습니다. 하나님은 "그들이 그 죄를 뉘우치고 내 얼굴을 구하기까지 내가 내 곳으로 돌아가리라"라고 말씀하십니다. 자기 백성을 회개의 자리로 이끄시기 위해 뒤로 물러나 모

징계 337

습을 감추시며 그 얼굴과 축복을 숨기시는 것입니다. 이 또한 성화의 일부입니다.

그리스도인으로 살다 보면 감정과 정서의 기복을 종종 경험하게 됩니다. 이 문제가 자주 하나님의 백성을 괴롭히고 당황케 합니다. 이에 대해서는 우리도 어느 정도 알고 있습니다. 이런저런 이유로 이제껏 누렸던 것들을 갑자기 잃고, 욥처럼 "내가 어찌하면 하나님을 발견하고 그의 처소에 나아가랴!" 외치게 됩니다(욥 23:3). 무엇을 잘못했는지 모르겠는데, 하나님이 모습을 감추시고 자신을 버리신 것처럼 느껴집니다. 이렇게 성령이 우리를 버려두실 때가 가끔 있습니다. 이 또한 징계의 일환이요, 하나님의 원대한 목적과 목표를 이루기 위해 자녀들을 교육하시고 준비시키시는 위대한 과정의 일환입니다.

이것은 그다음 질문으로 연결됩니다. 하나님은 대체 왜 징계하시는 것일까요? 징계가 무엇이며 그 방법이 무엇인지는 이미 살펴보았습니다. 이제 우리가 던져야 할 중대한 질문은 왜 징계하시느냐는 것입니다. 오늘 본문이 풍성히 대답해 줍니다. 히브리서 12:5-15은 사실상 이 질문에 대한 긴 답변이라고 할 수 있습니다. 하나님이 우리를 징계하시는 것은 사랑하시기 때문입니다. "주께서 그 사랑하시는 자를 징계하시고 그가 받아들이시는 아들마다 채찍질하심이라." 이것이 근본적인 대답입니다. 하나님의 사랑 때문인 것입니다. 우리를 사랑하시기 때문에 "자비를 위해 잔인해지실" 때가 있습니다. 징계는 전적으로 우리의 유익을 위한 것입니다. 이 사실을 굳게 붙잡아야 합니다. 하나님은 항상 우리의 유익을 위해 징계하십니다. 7절을 보십시오. 흠정역은 이렇게 번역하고 있습니다. "너희가 징계를 참음은 하나님이 아들로 대우해 주심이라." 그러나 이 부분은 개역성경을 비롯한 다른 성경의 번역이 확실히 더 낫습니다. 즉, "너희가 징계를 참음은"이라고 번역하기보다는 "너희가 참음은 징계를 위함이라"라고 번역해야 하는 것입니다.* 우리가 참아야 하는 이유가 무엇입니까? 이것이 우리의 질문입니다. 히브리 그리스도인들이 던진 질문도 이것이었습니다. 그리스도인이 왜 참아야 하느냐는 것입니다. 그 대답은 그리스도인이기 때문에 참아야 한다는 것입니다. 징계를 잘 받기 위해 참아야 한다는 것입니다. 다시 말해서 성장과 교육과 발전을 위해 참아야 한다는 것입니다. "지금 너희는 징계의 일환으로 주어진 일들을 참고 있다. 징계가 무엇이냐? 교육받는 것이다." 이 사실, 이 모든 고통과 참음과 슬픔은 우리에 대한 하나님의 큰 목적을 이루기 위한 것이라는 사실, 즉 우리의 준비와 교육을 위한 것이라는 사실을 굳게 붙잡아야 합니다. 히브리서 기자는 10절에서 거듭 말합니다. 여러분도 알아챘겠지만 그는 이 말을 계속 반복하고 있습니다. "그들-육신의 부모-은 잠시 자기의 뜻대로 우리를 징계하였거니와 오직 하나님은 우리의 유익을 위하여 그의 거룩하심에 참여하게 하시느니라." 히브리서 기자는 아주 명쾌하게 말합니다. 하나님의 거룩하심에 참여하게 하시려고, 우리의 성화를 위해 징계하신다고 아주 분명하게 가르칩니다. 이 모든 일이 "우리의 유익"을 위한 것이라고, 그 유익은 바로 성화라고 말합니다. 하나님은 우리를 징계하시고 말씀으로 그 의미를 설명하심으로써, 진리를 통해 우리를 성화시키십니다.

이것이 하나님이 마음에 품고 계신 일반적인 목적이라면, 이제 징

---

* 우리말 성경 개역개정판은 후자로 번역했다.

계의 구체적인 이유를 살펴봅시다. 그 한 가지는 우리 안에 있는 잘못, 우리 모두 안에 있는 잘못을 바로잡으시기 위해서라는 것입니다. 그리스도인으로 살면서 경계해야 할 위험이 있습니다. 그리스도인이 된다고 바로 완전해지는 것이 아닙니다. 안타깝게도 주 예수 그리스도를 믿는 즉시 완전무결한 상태가 되는 것이 아닙니다. 실제로 이 땅에 사는 동안에는 완전해질 수 없습니다. 불완전한 부분이 남아 있고, "옛사람"이 남아 있습니다. 그렇기 때문에 늘 특별하게 다루어야 할 문제들이 발생합니다. 성경은 하나님이 어떻게 징계를 통해 그 문제들을 다루시는지 아주 분명하게 알려 주고 있습니다. 그 문제들이 무엇일까요? 한 가지는 위험하고 잘못된 의미의 영적 교만, 또는 영적 자만입니다. 굳이 따로 설명할 필요가 없을 만큼 이 점을 완벽하게 가르쳐 주는 대표적인 진술을 찾아보겠습니다. 사도 바울은 고린도후서 12장에서 말합니다. "내가 이런 사람을 아노니 그가 몸 안에 있었는지 몸 밖에 있었는지 나는 모르거니와 하나님은 아시느니라. 그가 낙원으로 이끌려 가서 말로 표현할 수 없는 말을 들었으니 사람이 가히 이르지 못할 말이로다. 내가 이런 사람을 위하여 자랑하겠으나 나를 위하여는 약한 것들 외에 자랑하지 아니하리라. 내가 만일 자랑하고자 하여도 어리석은 자가 되지 아니할 것은 내가 참말을 함이라. 그러나 누가 나를 보는 바와 내게 듣는 바에 지나치게 생각할까 두려워하여 그만두노라. — 이제 나오는 말을 잘 들어 보십시오 — 여러 계시를 받은 것이 지극히 크므로 너무 자만하지 않게 하시려고 내 육체에 가시 곧 사탄의 사자를 주셨으니 이는 나를 쳐서 너무 자만하지 않게 하려 하심이라"(3-7절). 이것은 완벽한 설명입니다. 사도는 아주 희귀하고 예외적이며 비상한 체험을 했습니다. 삼층천에 올라가 놀라운 일을 보고 듣고 느꼈습니다. 그래서 영적으로 자만하며 교만해질 위험이 있었습니다. 그는 이 위험에서 자신을 보호하시기 위해 하나님이 의도적으로 육체의 가시를 주셨다고 말합니다. 영적 교만은 무섭고도 집요한 위험입니다. 하나님의 자비와 사랑으로 비상한 체험을 할 때, 마귀가 그것을 이용하여 오히려 해를 끼칠 위험이 있습니다. 그렇기 때문에 비상한 체험을 하고서도 바르고 안전한 자리를 지키려면 종종 이런 징계가 필요합니다.

또 다른 위험은 자기 확신입니다. 하나님이 은사를 주실 때 자기 자신과 그 은사 자체를 의지하게 될 위험, 어떤 의미에서 하나님을 찾지 않게 될 위험이 있습니다. 교만과 자기 확신은 끊임없이 찾아오는 위험입니다. 육신의 죄가 아닌 영적인 위험이기에 훨씬 더 위험하고 교묘합니다.

세상과 세상의 시각 및 세상의 방식에 마음을 빼앗길 위험도 늘 있습니다. 성경은 이 또한 아주 교묘한 위험이라고 지적합니다. 일부러 작정하고 세상으로 돌아가는 것이 아닙니다. 거의 무의식중에 돌아갑니다. 세상과 세상의 매력적인 것들은 늘 그 자리를 지키면서 거의 눈치채지 못하게 사람을 끌어들입니다. 이처럼 세상에 있는 것들을 사랑하지 않으려면 징계가 필요합니다.

또 다른 위험은 안주하는 것입니다. 그리스도인의 삶에서 이미 도달한 위치에 만족하며 자부심과 자기만족에 빠지는 것입니다. 이렇게 만족하는 사람은 스스로 모더니스트가 아니라고 자부합니다. 오늘날 다수가 믿는 것을 믿지 않는다고 말합니다. 자신은 정통 신자라고, 자신이 아는 바 명백한 잘못은 범하지 않는다고 말합니다. 자신의 믿음은 완벽하고, 자신의 삶 또한 책망받을 것이 없다고 믿습니다. 자부심을 느끼며 자기만족에 빠집니다. 안주합니다. 그래서 자라지 못합니다. 10년 전이나 지금이나 달라진 바가 없습니다. 더 이상 하나님을 친밀히 알지 못합니다. 한 걸음도 더 나가지 못합니다. "구주 예수 그리스도의 은혜와 그를 아는 지식에서 자라"지 못합니다(벧후 3:18). 그러면서도 자기만족에 빠집니다. 이것을 요약하면, 하나님을 잊고 찾지 않으며 그와 교제하기를 구하지 않는 무서운 위험이라고 할 수 있습니다. 하나님을 직접 아는 지식 및 하나님과 자신의 관계를 기준으로 자신을 바라보는 것이 아니라 경험을 기준으로 자신을 바라보는 끔찍한 위험이라고도 할 수 있습니다. 해를 거듭할수록 하나님을 더 잘 알게 되고 더 사랑하게 된다고 고백할 수 있어야 합니다. 좋아하는 사람은 알아 갈수록 더 닮게 되어 있고 사랑하게 되어 있습니다. 그것을 무한히 더 확대해서 하나님과 우리의 관계에 적용할 수 있습니다. 우리는 하나님을 더 잘 알아 가고 있습니까? 실제로 그를 더 추구하고 있습니까? 이처럼 자기 자신과 자기 경험에 관심을 빼앗겨 하나님을 잊을 위험이 있다는 것을 하나님은 아십니다. 그래서 한없는 사랑으로 우리를 징계하심으로써 그 위험을 깨닫고 다시 돌아오게 하시며, 우리를 계속 에워싸고 위협하는 무서운 위험에 빠지지 않도록 지켜 주시는 것입니다. 경험에 비추어 설명해 보겠습니다. 여러분은 상황이 나쁠 때에도 하나님께 감사할 수 있습니까? 이것은 우리의 신앙고백을 검증하기에 아주 좋은 시금석입니다. 여러분은 이런 일들—껄끄러운 일들, 그 순간에 큰 슬픔을 주는 일들—이 일어나는 이유를 알고 있습니까? 나중에 그 일들을 돌아보며 시편 기자처럼 "고난당한 것이 내게 유익이라"라고 말할 수 있습니

까?(시 119:71)

저는 하나님이 이 특별한 이유들 때문에 우리를 징계하신다고 말하는 바입니다. 적극적으로 설명해 보겠습니다. 성화된다는 것은 적극적인 자질들이 드러난다는 뜻입니다. 팔복과 산상설교의 실례가 되는 삶을 산다는 뜻이며, 성령의 열매—사랑, 희락, 화평 등—를 맺는다는 뜻입니다. 이것이 성화의 의미입니다. 하나님은 우리를 성화시키심으로써 점점 더 그 상태에 가까워지게 만드십니다. 그런데 성경의 적극적인 가르침만으로는 충분치 않은 것이 분명합니다. 징계가 필요합니다. 하나님의 말씀은 "예수를 바라보라"라고 권면합니다. 보다시피 히브리서 기자가 12장에서 징계의 문제를 다루기 전에 한 일이 바로 이것입니다. 그는 권면합니다. "인내로써 우리 앞에 당한 경주를 하며 믿음의 주요 또 온전하게 하시는 이인 예수를 바라보자." 항상 예수를 바라본다면 다른 대책이 굳이 필요 없습니다. 항상 예수께 시선을 고정하고 그를 닮고자 애쓰기만 한다면 문제될 것이 하나도 없습니다. 그런데 그렇게 하지 못하기 때문에 징계가 필요한 것입니다. 징계가 있어야 우리 안에 믿음의 자질들이 생겨납니다. 그 자질들은 다음과 같은 것들입니다.

겸손은 여러 가지 면에서 최고의 자질입니다. 가장 값진 보배이자 성령의 열매가 맺히고 있다는 가장 영광스러운 표시입니다. 주님의 가장 큰 특징도 이것이었습니다. 그는 마음이 온유하고 겸손했습니다. "상한 갈대를 꺾지 아니하며 꺼져 가는 심지를 끄지" 않았습니다(마 12:20). 겸손은 우리의 최종 목표입니다. 겸손에 이르려면 우리 모두 낮아져야 한다는 것을 하나님은 아십니다. 이 부분에서 실패가 아주 유익할 수 있습니다. 늘 성공을 거두면서 겸손하기란 매우 어렵습니다. 그래서 하나님이 때로 실패를 주심으로 우리를 낮추시고 겸손한 상태에 머물게 하시는 것입니다.

그다음은 하늘의 마음입니다. 그리스도인은 하늘의 마음을 가져야 합니다. 땅이 아닌 하늘에 큰 관심을 쏟아야 합니다. 그런데 하늘의 마음으로 "위의 것을 생각하고 땅의 것을 생각하지" 않기가 얼마나 힘든지 모릅니다(골 3:2). 이 마음을 주시기 위해 우리를 징계하셔야 할 때가 참으로 많습니다. 우리가 너무 세상에 매달리기 때문에 우리를 붙잡고 있는 것들이 얼마나 허약하며 한순간에 무너지기 쉬운지 보여주셔야 합니다. 그래야 우리가 세상의 나그네에 불과하다는 사실을 불현듯 깨닫고 하늘과 영원한 세계를 생각하게 됩니다.

온유! 남들을 온유하게 대하면서 인간관계를 맺기가―남들을 사랑하고 공감하기가―얼마나 어렵습니까! 어떤 의미에서 같은 일을 겪기 전까지는 공감하기가 거의 불가능하다고도 할 수 있습니다. 저는 목회자로 일하면서 자신이 겪은 일이 아니면 공감해 줄 수 없다는 것, 그 사람이나 그의 문제를 이해해 줄 수 없다는 것을 아주 잘 알게 되었습니다. 하나님은 때로 우리를 심하게 다루심으로써 인내의 필요성을 일깨워 주십니다. 요컨대 "내가 너를 참아 주는 것을 알지 않느냐? 너도 가서 다른 이들을 참아 주어라"라고 말씀하십니다.

이것이 징계가 분명히 필요한 몇 가지 이유입니다. 하나님은 우리를 사랑하시기에, 우리를 자녀 삼으셨기에, 우리가 마침내 이 놀랍고 경이로운 "의와 평강의 열매"를 맺기를 원하시기에 징계하십니다.

지금까지 원론적인 측면에서 징계에 대해 살펴보았습니다. 다음에는 본문이 징계에 대한 가르침을 어떻게 적용하는지, 또 우리는 어떻게 그것을 적용해야 하는지 살펴보겠습니다. 여기에서 중대한 원리는 우리가 하나님의 자녀이기에 징계하신다는 것입니다. 그러므로 징계에 대해 아는 바가 없다면, 다시 처음으로 돌아가 자신을 점검하면서 그리스도인이 맞는지 확인해 보라고 권할 수밖에 없습니다. 하나님은 "그 사랑하시는 자를 징계하시고 그가 받아들이시는 아들마다 채찍질"하시기 때문입니다. 우리의 구원과 완전함을 책임지시는 하나님, 시작하신 일을 반드시 이루시는 하나님, 우리를 사랑하시기에 자발적으로 교훈을 배우지 않을 때 징계를 통해서라도 사랑하시는 아들의 형상을 닮게 만드시는 하나님을 찬양하십시오.

18
하나님의 체육관에서

또 아들들에게 권하는 것같이 너희에게 권면하신 말씀도 잊었도다. 일렀으되 "내 아들아, 주의 징계하심을 경히 여기지 말며 그에게 꾸지람을 받을 때에 낙심하지 말라. 주께서 그 사랑하시는 자를 징계하시고 그가 받아들이시는 아들마다 채찍질하심이라" 하였으니 너희가 참음은 징계를 받기 위함이라. 하나님이 아들과 같이 너희를 대우하시나니 어찌 아버지가 징계하지 않는 아들이 있으리요? 징계는 다 받는 것이거늘 너희에게 없으면 사생자요 친아들이 아니니라. 또 우리 육신의 아버지가 우리를 징계하여도 공경하였거든 하물며 모든 영의 아버지께 더욱 복종하며 살려 하지 않겠느냐? 그들은 잠시 자기의 뜻대로 우리를 징계하였거니와 오직 하나님은 우리의 유익을 위하여 그의 거룩하심에 참여하게 하시느니라. 무릇 징계가 당시에는 즐거워 보이지 않고 슬퍼 보이나 후에 그로 말미암아 연단받은 자들은 의와 평강의 열매를 맺느니라. 그러므로 피곤한 손과 연약한 무릎을 일으켜 세우고 너희 발을 위하여 곧은길을 만들어 저는 다리로 하여금 어그러지지 않고 고침을 받게 하라. 모든 사람과 더불어 화평함과 거룩함을 따르라. 이것이 없이는 아무도 주를 보지 못하리라. 너희는 하나님의 은혜에 이르지 못하는 자가 없도록 하고 또 쓴 뿌리가 나서 괴롭게 하여 많은 사람이 이로 말미암아 더럽게 되지 않게 하며.

히브리서 12:5-15

이제 하나님이 우리의 성화를 이루시고 촉진하시되 부분적으로는 우리에게 행하시는 여러 가지 일들을 통해 그렇게 하신다는 성경의 가르침을 좀 더 구체적으로 살펴보겠습니다. 하나님은 성경을 통해 적극적인 교훈을 주실 뿐 아니라 징계를 통해서도 우리를 다루십니다. 하나님의 백성임에도 가르침에 반응하지 않을 때, 하나님의 백성이기에 징계를 통해 다루십니다. 우리는 이 교리의 윤곽을 보여주는 구절들, 이 교리를 아주 분명하게 가르쳐 주는 구절들을 여러 군데 찾아보았습니다. 그중에서도 히브리서 12장, 특히 5-15절보다 더 좋은 본문이 없다는 데 대부분 동의하리라 생각합니다. 사실 히브리서 전체가 이 중대한 교리, 즉 '징계는 하나님이 그 백성에게 가지고 계신 목적을 보여준다'는 교리에 대한 긴 설명이라고 할 수 있습니다. 우리는 이 주제를 전체적으로 고찰하면서, 하나님이 확실히 징계라는 특정 수단을 사용하신다는 사실을 알았습니다. 실제로 이 본문의 주된 주장은 징계야말로 자녀의 증거라는 것입니다. 한 치의 과장 없이 말하지만, 징계를 받은 적이 없는 사람은 자신이 정말 하나님의 자녀인지 아주 심각하게 의심해 보아야 합니다. 우리는 하나님이 징계하시는 이유도 살펴보았습니다. 그 결론은 우리를 항상 위협하는 유혹에서 보호하시기 위해서라는 것이었습니다. 이 땅에 사는 동안 우리를 에워싸는 위험들이 있는데, 거기에서 보호하시기 위해 징계하시는 것입니다. 교만과 자기만족과 거만에 빠질 위험도 있고, 무의식중에 떠내려가 세속적인 사람이 될 위험도 있습니다. 이처럼 세상에서 살아가는 내내 그리스도인들을 위협하는 무서운 위험들이 있습니다. 또한 적극적인 측면에서는 우리 안에 성령의 열매가 잘 자라게 하고자 징계하신다는 것도 알았습니다. 징계만큼 사람을 겸손하게 만드는 것은 없습니다. 겸손해지고 온유해지며 낮아지기 위해서는 징계가 필요합니다. 하나님 아버지가 그 무한한 은혜와 자비로 우리를 훈육하시는 것은 "그 사랑하시는 자를 징계하시고 그가 받아들이시는 아들마다 채찍질"하시기 때문입니다. 이것이 성경의 교리요 가르침입니다.

　이처럼 원리를 이미 제시했음에도 본문을 좀 더 살펴볼 필요가 있습니다. 원리만 알면 되는 것이 아닙니다. 원리만 아는 것으로는 충분치 않습니다. 제가 이해한 바에 따르면, 히브리서 12장의 주장과 논증은 다음과 같습니다. 징계는―하나님의 징계라도―저절로 효과를 내지 않습니다. 징계를 받는다고 꼭 유익을 얻는 것이 아닙니다. 히브리서 기자의 주장은, 징계가 주는 가르침을 이해하며 적절하고 올바르게 적용해야 유익을 얻는다는 것입니다. 이것은 아주 중요한 사실임이 분명합니다. "완전히 수동적인 자세로 기다리면 거의 저절로 성화가 이루어진다"는 것은 히브리서 기자의 주장과 논점의 핵심 자체를 부인하는 주장입니다. 징계는 저절로 효과를 내지 않습니다. 징계는 그렇게 기계적인 것이 아닙니다. 징계의 유익도 결국 "말씀으로" 옵니다. 주님이 요한복음 17장에서 말씀하셨듯이 성화의 과정은 전부 "진리로" 이루어집니다(17절). 모든 단계, 모든 측면에서 진리를 적용함으로 이루어집니다.

징계의 문제에서는 더더욱 그렇습니다.

이제 히브리서 기자의 주장을 본문의 전개에 따라 살펴보겠습니다. 징계에 대한 잘못된 태도, 잘못된 반응이 있습니다. 징계가 여러 가지 형태로 올 수 있다는 점은 이미 살펴보았습니다. 상황을 통해 올 수도 있고, 사업이나 직업의 영역에서 재정적인 손실을 입을 수도 있습니다. 낙담되는 일이나 걱정스럽고 당황스러운 일이 생길 수도 있고, 개인적으로 실망되는 일—친구의 배신이나 평생소원이 무산되는 일—이 생길 수도 있습니다. 병에 걸릴 수도 있습니다. 그렇다고 이런 일들이 항상 하나님께로부터 오는 것은 아니라는 점을 거듭 밝히며 강조해야겠습니다. 저는 지금 그 말을 하는 것이 아닙니다. 성경은 사람이 겪는 모든 어려움이 하나님께로부터 온다고 가르치지 않습니다. 하나님이 질병을 주실 수도 있다고, 다른 여러 환경들을 사용하시듯이 질병으로 징계하실 수도 있다고 가르칩니다. 이 점을 분명히 합시다. 하나님이 이런 일들을 사용하실 수 있습니다. 그러나 하나님의 자녀가 아닌 이들도 분명히 이런 일들을 겪습니다. 그러므로 달갑지 않은 일이라고 무조건 하나님의 징계로 보면 안 됩니다.

이러한 시련과 환난과 징계에 대한 잘못된 반응이 있습니다. 그것이 무엇일까요? 히브리서 기자는 세 가지를 언급합니다. 첫 번째는 징계를 무시할 위험입니다. 그 내용이 5절에 나옵니다. "내 아들아, 주의 징계하심을 경히 여기지 말며." 징계를 대하는 첫 번째 잘못된 태도가 바로 이것입니다. 안이하게 생각하며 개의치 않는 것, 가볍게 떨쳐 버리고 심각하게 여기지 않는 것입니다. 이를테면 대담한 척 하면서 영향을 받지 않는 것입니다. 그렇습니다. 징계가 와도 거의 아무 생각 없이 지나쳐 버립니다. 그 일을 곰곰이 따져 보고 살펴보며 영향을 받으려 하기보다는 있는 힘껏 떨쳐 내고 털어 내며 이를테면 웃어넘기려 합니다. 요즘 시련과 환난을 대하는 가장 흔한 태도가 이것인 만큼, 제가 굳이 강조하지 않아도 잘 알리라 생각합니다. 우리는 참된 감정을 두려워하는 시대, 아주 감상적인 시대에 살고 있습니다. 감상과 감정은 완전히 다른 것입니다. 냉담함이 삶에 들어와 버렸습니다. 신경과 감정을 늘 '강철처럼' 단단히 하고, 감정을 다해 반응하는 것을 구태의연한 태도로 취급합니다. 세상은 무정해졌습니다. 오늘날 인생행로 자체가 이 점을 아주 명확하게 보여줍니다. 사람들이 감정적으로 좀 예민하기만 해도-약간의 감수성만 갖추어도-오늘날 삶을 부끄럽게 만드는 많은 일들이 벌어지지 않을 것입니다. 그러나 우리는 마음을 강철처럼 단단히 하고 대담한 척합니다. 그 결과, 아무리 상황이 악화되고 하나님이 징계하셔도 개의치 않습니다. 가볍게 여기고 신경 쓰지 않습니다. 의도적으로 무시하며 동요치 않습니다. 성경은 이런 태도에 대해 아주 분명하고 엄중하게 경고합니다. 이처럼 냉담하게 삶을 대하는 태도만큼 영혼에 위험한 것이 없습니다. 그런데 이런 태도를 오늘날 흔히 볼 수 있습니다. 그래서 배우자나 가족에 대한 애착이 그토록 약한 것이며, 사람들이 쉽게 책임을 저버리고 성역을 짓밟는 것입니다. 세상은 감정을 내보이지 않는 이런 태도를 의도적으로 부추기며 참된 신사와 진정한 숙녀의 표지로 여깁니다. 마치 철갑을 두른 것 같습니다. 어떤 감정도 드러내지 않습니다. 진정한 감수성을 찾아볼 수가 없습니다. 이런 태도가 그리스도인의 삶에도 들어와 주님의 징계조차 무시하게 만듭니다. 주님의 징계를 떨쳐 내고 무시하며 개의치 않게 만듭니다.

징계에 대한 두 번째 잘못된 반응도 5절에 나옵니다. "그에게 꾸지람을 받을 때에 낙심하지 말라." 이 또한 구약성경 잠언을 인용한 것으로, 징계를 받고 낙담하며 낙심할 위험, 포기하고 주저앉을 위험, 절망할 위험을 지적하고 있습니다. 이 또한 우리에게 익숙한 경험입니다. 이런 일이 생길 때 우리는 "정말 못 참겠다"라고 합니다. 마음이 무너지고 짓눌립니다. 포기하고 주저앉습니다. 쓰러지고 낙심합니다. 왜 이런 일이 생겼는지, 하나님이 과연 공평하신지 묻고 싶어 합니다. 원망하고 불평하며 억울해합니다. 히브리 그리스도인들도 그랬습니다. 그들은 물었습니다. "그리스도인이 되면 놀라운 삶이 시작될 줄 알았는데, 우리 상황을 좀 보십시오. 왜 이런 일이 생기는 겁니까? 정말 이래도 되는 겁니까? 기독 신앙이 참된 것 맞습니까?" 그들은 옛 종교로 회귀하기 시작했습니다. 그래서 히브리서 기자가 이 서신을 쓴 것입니다. 시련에 낙심한 자들을 세워 주기 위해 쓴 것입니다. 주님의 시험을 받고 낙심하는 자들에게 그는 낙심하지 말라고 합니다. "그에게 꾸지람을 받을 때에 낙심하지 말라." 주님이 징계하실 때 절망감에 사로잡혀 "그래도 이건 너무 지나치다. 난 더 이상 못 참겠다. '비둘기같이 날개가 있다면' 어디로라도 훨훨 도망치고 싶다!"라고 말하기 쉽습니다(시 55:6). 우리도 그 심정을 잘 압니다. 우리도 주님의 징계를 받을 때 히브리서 기자의 가르침을 따르기보다는 이렇게 반응할 때가 아주 많습니다. 너무 쉽게 포기하며 "아니, 난 못 참겠다. 이건 너무 지나치다. 왜 내가 이런 대접을 받아야 하나?"라고 말할 때가 많습니다. 우리만 그런 것이 아닙니다. 시편을 읽어 보십시오. 시편 기자들도 자주 이런 시기를 거쳤음을 알 수 있습니다. 이것은 하나님이 아버지로서 우리를 다루시고 책망하시며 징계하시는 일에 아주 잘못되고 그릇되게 반응하는 태도입니다.

세 번째 잘못된 반응은 15절에 나옵니다. "쓴 뿌리가 나서 괴롭게 하여 많은 사람이 이로 말미암아 더럽게 되지 않게 하며." 아, 이 말의 의미 또한 우리는 잘 알고 있습니다. 삶의 시련과 어려움과 징계를 당할 때 쓴 마음으로 반응하는 이들이 있습니다. 인생에서 이보다 더 안타까운 경우를 저는 알지 못합니다. 하나님의 사역자로서 제 삶과 일과 경험을 돌아볼 때, 시련과 어려움을 겪다가 삶에 쓴 뿌리가 생기는 자들을 보는 것보다 안타까운 경우는 확실히 없었습니다. 그렇게 친절하고 상냥해 보이던 사람들이 불행을 겪고 쓴 마음이 생기는 모습, 아무도― 그들을 돕고 싶어 하며 도우려 애쓰는 이들조차―다가가기 힘든 자기중심적인 자들로 변하는 모습을 저는 보았습니다. 그들은 자기 문제에 빠져 온 세상을 적대시합니다. 그러면 아무도 도울 수가 없습니다. 영혼에 들어간 쓴 마음이 얼굴과 겉모습에까지 나타납니다. 완전히 딴사람이 된 것 같습니다. 이처럼 시련에 반응하는 태도를 통해 자신의 실상을 무심코 드러낼 때가 많습니다. 이처럼 징계는 우리를 검증하는 역할을 합니다. 가장 깊은 곳까지 검증하여 우리가 정말 하나님의 자녀인지 아닌지 드러냅니다. 하나님의 자녀가 아닌 자들은 불행이 닥칠 때 대개 쓴 마음을 품습니다. 물론 하나님의 자녀들도 일시적으로 쓴 마음을 품을 때가 있습니다. 그래서 징계와 어려움을 당할 때 그렇게 반응하지 말라는 경고, 쓴 뿌리가 나지 않도록 조심하라는 경고가 필요한 것입니다.

이 세 가지 중 한 가지 태도로 반응하면, 어떤 징계도 도움이 되지 못합니다. 하나님의 징계조차 유익이 되지 못합니다. 가볍게 떨쳐 내거나 낙심하거나 쓴 마음을 품으면, 아무리 징계를 받아도 소용이 없습니다. 하나님이 보내신 징계, 하나님이 친히 부과하신 징계조차 아무 유익이 되지 못합니다.

히브리서 기자가 올바른 태도로 징계를 받으라고 권하는 이유가 여기 있습니다. 그렇다면 올바른 태도란 무엇일까요? 적극적으로 살펴봅시다. 히브리서 기자의 첫 번째 권면은 어린아이처럼 반응하지 말고 아들답게 반응하라는 것입니다. 이 점이 중요합니다. 불행히도 흠정역의 번역은 잘못되었습니다. "또 자녀들에게 권하는 것같이 너희에게 말씀하신 권면도 잊었도다." 이 구절은 "또 아들들에게 권하는 것같이 너희에게 권면하신 말씀도 잊었도다"라고 번역해야 합니다.* 아들도 자녀이므로 "자녀"라고 번역해도 아무 문제 없다고 주장할 수 있지만, 히브리서 기자가 실제로 사용한 단어는 "아들"입니다. 실제로 이후에 나오는 단어는 다 "아들"로 번역되어 있습니다. 그 차이가 중요합니다. 히브리서 기자가 실제로 말하는 바는 "또 어른—아들—에게 권하는 것같이 너희에게 권면하신 말씀도 잊었도다"라는 것입니다. 너희는 더 이상 어린아이나 아기가 아니라는 것입니다. 유아가 아니라는 것입니다. 아기나 유아는 징계를 제대로 이해하지 못합니다. 어릴 때는 항상 징계를 가혹하게 여깁니다. 부모가 공정치 못해서 부당하게 징계한다고 생각합니다. 이것이 어린아이의 반응입니다. 우리 중에도 영적인 어린아이가 있습니다. 히브리서 기자는 "너희는 더 이상 어린아이가 아니라는 점을 기억해라. 너희는 성인이다. 다 자란 아들이다. 어른이다"라고 말합니다. "마음을 굳게 다잡아라. 어린아이처럼 굴지 마라"라고 권면합

---

* 우리말 성경 개역개정판은 후자로 번역했다.

니다. 여러분도 성경이 얼마나 훌륭한 분별력을 가지고 접근하는지 알아챘을 것입니다. "너희는 성인이다. 자, 그러니 정신을 잃지 마라. 훌쩍거리면서 울지 마라. 어린아이처럼 굴면서 토라지지 마라. 너희는 성인이라고 하면서도 행동은 아기처럼 하고 있다"라는 것입니다.

그렇다면 성인은 어떻게 할까요? 히브리서 기자는 5절에서 여러 가지 권면을 합니다. 일단 책망의 형태로 소극적인 권면부터 합니다. "또 아들들에게 권하는 것같이 너희에게 권면하신 말씀도 잊었도다." 징계에 대한 올바른 반응은 권면의 말씀을 기억하는 것임이 분명합니다. 히브리서 기자가 말하는 요지는 이것입니다. "그렇다. 히브리 그리스도인들아, 그리고 같은 형편에 있는 모든 자들아, 너희는 변명할 여지 없이 함정에 빠져 버렸다. 이방인으로서 그리스도인이 되었다면 변명할 말이 있었겠지만, 너희는 변명할 말이 없다. 너희에게는 구약성경이 있지 않느냐? 잠언만 읽고 진심으로 살펴보며 적용했어도 이렇게 반응하지 않았을 것이다. '권면하신 말씀'을 기억해라." 이 말을 우리에게 적용하면, 세상에 살면서 시험을 당할 때 절대 그 일 자체만 보면 안 된다는 뜻으로 이해할 수 있습니다. 그리스도인은 모든 일을 성경의 맥락 안에 놓고 생각해야 합니다. "권면하신 말씀"을 기억해야 합니다. 어떤 의미에서 이것이야말로 그리스도인과 비그리스도인을 가르는 중대한 차이점이라고 할 수 있습니다. 삶에 문제가 생길 때 비그리스도인들이 의지하는 것이 무엇입니까? 아무 도움도 되지 않는 세상의 지혜, 세상의 대처 방식뿐입니다. 그러나 우리 그리스도인은 완전히 다릅니다. 우리에게는 성경이 있습니다. 우리는 어떤 상황이 닥치든 성경의 맥락 안에 놓고 생각해야 합니다. 세상처럼 대처하면 안 됩니다. "성경은 이런 일에 대해 뭐라고 하는가?"를 물어야 합니다. "권면하신 말씀"을 기억해야 합니다. 그 말씀을 가져와서 적용해야 합니다. 모든 일을 성경의 맥락 안에 놓고 생각해야 합니다. 그런데 우리는 얼마나 어리석은지 모릅니다. 그리스도인답게 행동하지 못하고 세상처럼 행동할 때가 너무 많습니다. 우리는 성인이라는 사실, 하나님의 말씀을 가진 아들이라는 사실을 기억합시다. 무슨 일이든 말씀의 맥락 안에 놓고 생각합시다.

그다음으로 할 일이 무엇입니까? 히브리서 기자가 5절에서 말하는 다음 단계는 말씀의 논리적 주장을 듣고 따르는 것입니다. "또 자녀들에게 권하는 것같이 너희에게 말씀하신 권면도 잊었도다." 여기에서 "말씀하신"은 틀린 단어가 아니지만, 원래 의미를 충분히 살리는 단어 또한 아닙니다. 이 구절은 "또 아들들에게 권하는 것같이 너희를 설득하는 권면도 잊었도다"라고 번역하는 것이 좋습니다. 이 또한 저를 매료시키고 흥분시키는 단어입니다. 여러분도 알다시피 하나님의 말씀은 일반적인 위로만 하는 것이 아니라 항상 논리적인 주장을 합니다. 성경을 감상적으로 읽는 것만큼 제가 싫어하고 혐오하는 일은 없습니다. 순전히 감상적으로만 성경을 읽는 이들이 많습니다. 그들은 곤경에 빠져 어찌할 바를 모를 때 "시편을 읽어야지. 시편을 읽으면 마음이 진정되니까. '여호와는 나의 목자시니 내가 부족함이 없으리로다……'" 하는 식으로 대처합니다. 세상 사람들이 마약을 찾듯이 일종의 주문처럼 시편을 찾는 것입니다. 그러나 성경은 그런 식으로 읽으면 안 됩니다. 성경은 "너희를 설득하는 권면"이요 "너희와 논쟁하는 권면"입니다. 그 논리를 따라가야 합니다. 지성을 동원해서 읽어야 합니다. 성경은 우리의 모든 지성을 동원해도 부족한 책입니다. 단순히 일반적인 위로를 주고 마음을 진정시켜 주려고 기록된 책이 아닙니다. 성경의 논리적 주장을 따라가십시오. 성경이 여러분을 설득하게 하십시오.

그다음 단계는 분명합니다. 성경의 논리적 주장이 무엇입니까? 자, 어떤 의미에서 이 점은 이미 다루었으므로 오래 다룰 필요는 없을 것입니다. 간략하게 요약만 하고 넘어가겠습니다. 성경의 중대한 주장은 하나님이 친히 징계하신다는 것, 여러분이 그의 자녀이기 때문에 징계하신다는 것입니다. 본문에 여러 가지 표현이 나오지만, 9-10절의 표현이 가장 명확합니다. "또 우리 육신의 아버지가 우리를 징계하여도 공경하였거든 하물며 모든 영의 아버지께 더욱 복종하며 살려 하지 않겠느냐?" 하나님은 우리의 영적인 아버지십니다. 우리 안에 있는 새로운 생명, 세상적이고 육적인 생명이 아닌 영적인 생명을 주신 아버지십니다. 그렇기 때문에 우리를 징계하시는 것입니다. 우리가 하나님의 자녀이기 때문에, 자녀인 우리의 유익을 위해 징계하시는 것입니다. 이것이 성경의 주장이요 우리가 붙잡아야 할 진리입니다. 그러므로 징계를 받을 때 일반적으로 반응하면 안 됩니다. 낙심하거나 즉시 떨쳐 내면 안 됩니다. 태도를 완전히 바꾸어야 합니다. "하나님이 이 일 안에 계신다. 그가 이렇게 징계하시는 것은 내가 세상에 속한 자가 아닌 그의 자녀이기 때문이다. 날 위해 아들을 세상에 보내 죽게 하셨기 때문이요, 날 위해 천국을 예비해 두셨기 때문이다. 하나님이 이 일 안에 계신다. 이 일은 나의 유익을 위한 것이다"라고 말해야 합니다.

이처럼 하나님이 우리를 다루시는 방식에 대한 성경의 논리적 주장과 설득을 따라가는 일이 꼭 필요합니다. 그 말이 11절에 나옵니다. "무릇 징계가 당시에는 즐거워 보이지 않고 슬퍼 보이나 후에 그로 말미암아 연단받은 자들은 의와 평강의 열매를 맺느니라." 히브리서 기자는 "그로 말미암아 연단받은 자들"이라고 말합니다. "그로 말미암아"라는 이 말에 비결이 있습니다. 징계에서 유익을 얻는 자들은 오직 연단받은 자들—그로 말미암아 연단받은 자들, 하나님의 징계에 복종한 자들—입니다. 떨쳐 내는 자들은 유익을 얻지 못합니다. 낙심하는 자들은 유익을 얻지 못합니다. 쓴 마음을 품는 자들은 유익을 얻지 못합니다. 징계의 과정에 복종하는 자들만 유익을 얻습니다.

그렇다면 연단의 과정은 어떻게 이루어질까요? 히브리서 기자가 실제로 하는 말은 하나님이 우리를 체육관으로 데려가 이 일을 하신다는 것입니다. 이것이 "연단받은"이라는 단어의 원래 의미입니다. 체육관 gymnasium이라는 단어의 어원은 '벌거벗다'라는 말에 있다고 합니다. 그러니까 히브리서 기자는 지금 체육관에서 옷을 벗는 장면을 묘사하고 있는 것입니다.

왜 옷을 벗어야 할까요? 두 가지 주된 이유가 있습니다. 우선 옷을 입으면 운동에 방해를 받기 때문임이 분명합니다. "모든 무거운 것과 얽매이기 쉬운 죄를 벗어 버리고"(히 12:1). 우리가 옷을 벗어야 하는 또 한 가지 이유가 있습니다. 우리는 자기 운동을 하려고 스스로 체육관에 간 것이 아닙니다. 트레이너에게 이끌려 간 것입니다. 트레이너가 우리를 지켜보며 점검합니다. 체격의 균형과 비례가 맞는지 확인합니다. 그리스인들은 여기에 큰 관심이 있었습니다. 몸을 가꾸고 신체적 비율의 비례를 맞추는 일을 좋아했습니다. 그 일을 위해 트레이너가 옷을 벗게 한 다음, 일정 부위의 근육을 더 키우고 잘못된 자세와 태도를 바로잡기 위해 필요한 운동이 무엇인지 찾아내는 것입니다. 히브리서 기자가 묘사하는 장면이 바로 이것입니다. 우리는 지금 체육관 안에 들어와 있습니다. 트레이너가 우리를 지켜보며 무슨 일을 해야 하고 어떤 운동을 해야 하는지 일러 주고 있습니다.

저는 여기에 이중적인 그림이 있다고, 즉 이 그림을 적어도 두 가지 방식으로 활용할 수 있다고 생각합니다. 첫째로, 단순히 운동이 필요한 사람의 관점에서 볼 수 있습니다. 그동안 몸을 무시했던 사람, 신체적인 의미에서 태만하고 게을렀던 사람이 있습니다. 그래서 트레이너가 그를 데려다가 훌륭한 남자의 표본이 되도록 운동을 시키는 것입니다. 그런데 저는 여기에 또 다른 암시가 있다는 생각을 떨칠 수가 없습니다. 12-13절을 보십시오. "그러므로 피곤한 손과 연약한 무릎을 일으켜 세우고 너희 발을 위하여 곧은길을 만들어 저는 다리로 하여금 어그러지지 않고 고침을 받게 하라." 제 결론은 여기에 일종의 관절병으로 고생하는 사람의 그림이 포함되어 있다는 것입니다. 알다시피 무릎이 약하면 절게 됩니다. 여기 나오는 사람은 약간의 병이 있습니다. 관절에 문제가 있습니다. 그러면 대개 무릎이 약해질 뿐 아니라 주변의 근육 또한 약해집니다. 저는 여기에서 이른바 물리치료에 해당되는 놀라운 그림을 발견합니다. 관절병에는 치료만 필요한 것이 아니라 여러 가지 운동과 움직임도 필요합니다. 마사지만으로는 충분치 않습니다. 환자 자신이 적극적으로 움직여야 합니다.

이 두 가지 개념을 염두에 두고 본문의 가르침을 자세히 살펴봅시다. 징계란 이를테면 영적 체육관에 들어가는 것이라고 히브리서 기자는 말합니다. 하나님은 우리의 옷을 벗기고 점검해서 정확히 무슨 운동이 필요한지 알아내십니다. 우리는 단지 그분께 복종하고 그분의 지시를 따르면 됩니다. 그분이 시키시는 대로 운동하면 됩니다. 그러면 의와 평강의 열매가 맺히게 되어 있습니다. 자, 이 말의 의미가 무엇일까요? 그 의미를 해석하면 다음과 같습니다. 첫째로 우리가 해야 할 일은 자신을 점검하는 것, 말씀의 점검을 받는 것입니다. 뜻밖의 어려움이 생길 때 "나는 지금 체육관에 들어온 것이다. 무언가 문제가 있는 게 분명하다. 무엇이 잘못되었을까? 내 문제가 무엇일까?"라고 물어야 합니다. 어려움이 생길 때 그리스도인은 항상 이렇게 반응해야 합니다. 병이 생겼거나 사고가 났거나 실패했거나 실망스러운 일이 생겼거나 누군가 세상을 떠났습니까? 그것이 무엇이든 이 가르침에 근거하여 가장 먼저 해야 할 일은 "왜 이런 일이 생겼지? 내가 어디에서 길을 잘못 들었지?"라고 묻는 것입니다. 시편 119편을 읽어 보십시오. 시편 기자는 말합니다. "고난당한 것이 내게 유익이라"(71절). "고난당하기 전에는 내가 그릇 행하였더니 이제는 주의 말씀을 지키나이다"(67절). 다른 길로 미끄러진 것을 모르고 있었는데 고난이 깨우쳐 주었다는 것입니다. "참 감사하다. 고난당한 것이 내게 유익했다. 그 덕분에 더 나은 사람이 될 수 있었다"라는 것입니다. 그 일을 겪지 않았다면 지금도 여전히 잘못된 길로 가고 있으리라는 것입니다. 저와 여러분이 항상 제일 먼저 해야 할 일이 이처럼 자신을 점검하며 물어보는 것입니다. "그동안 영적인 삶을 소홀히 하지 않았나? 하나님을 잊고 지내지 않았나? 교만과 자기만족에 빠지지 않았나? 죄를 짓지 않았나? 잘못을 범하지 않았나?" 물어보는 것입니다. 이처럼 자신을 점검하며 힘써 원인을 찾아보아야 합니다. 철저히 찾아보아야 합니다. 히브리서 기자는 이 일이 즐겁다고 말하지 않습니다. 그래도 자신의 삶을 깊은 곳까지 조사해 보고 점검해 보라고, 고통스러워도 그렇게 하라고, 어디에서 자신도 모르는 사이에 길을 잘못 들었는지 찾아보라고 합니다. 정직하게 직면해 보라고 합니다.

둘째로, 우리는 이렇게 발견한 사실을 하나님 앞에 인정하고 고백해야 합니다. 죄를 발견하고 잘못을 발견하는 즉시, 게을렀던 부분이나 잘못된 부분이나 합당치 못한 부분을 발견하는 즉시, 하나님께 나아가 전부 솔직하게 고백해야 합니다. 연단의 핵심이 여기 있습니다. 그렇게 하지 않으면 회복은 없습니다. 하나님이 그렇게 하라고 하시니 그렇게 합시다. 하나님께 바로 나아갑시다. 여기에는 다른 사람을 찾아가 사과하거나 고백하는 일이 포함될 수도 있습니다. 늘 그런 것은 아니지만 하나님이 시키시면 그렇게 해야 합니다. 우리 안에서 들려오는 소리(체육관 트레이너의 소리), 하나님이 말씀하시는 소리에 귀를 기울이십시오. 자신을 점검할 때 들려오는 소리를 주의 깊게 듣고 "그대로 하겠다. 무슨 일이 있어도 그대로 하겠다"라고 해야 합니다. 구체적인 지시에 따라 움직여야 합니다. 자신의 잘못과 실패와 하나님께 지은 죄를 고백하고 인정해야 합니다.

그다음으로 해야 할 일이 무엇일까요? 자, 일종의 이완운동이 끝났으면 이제 적극적인 운동을 시작해야 합니다. 12절을 봅시다. "그러므로—이 주장의 논리적 연결성이 보일 것입니다—피곤한 손과 연약한 무릎을 일으켜 세우고." 하나님은 자신을 다잡으라고, 몸에 힘을 주라고, 똑바로 일어서라고, 몸을 탄탄하게 만들라고 하십니다. 여기에도 관절의 예가 아주 유용하게 쓰입니다. 어떤 모양 어떤 형태로든 류머티즘에 걸려 본 사람은, 본능적으로 아픈 부위를 감싸고 보호하게 된다는 사실을 알 것입니다. 무릎이 아픈 사람은 잘 구부리지 않습니다. 아픈 부위를 보호하고 방어합니다. 영적으로도 마찬가지입니다. 히브리서 기자가 12절에서 권하는 바는, 아픈 관절을 이제 그만 감싸라는 것입니다! 일정 단계부터는 오히려 움직이는 것이 좋습니다. "그러므로 피곤한 손과 연약한 무릎을 일으켜 세우고." "하지만 아직 움직일 힘이나 기운이 없는데요"라고 할 때 트레이너가 말합니다. "일어나서 똑바로 서 보세요. 움직이겠다는 마음을 먹으세요. 움직일수록 더 좋아질 겁니다."

이것은 신체적인 영역에도 문자 그대로 적용됩니다. 전문가는 항상 이렇게 지시한다는 사실을 여러분도 알 것입니다. 계속 움직여야 합니다. 관절을 뻣뻣하게 두지 말고 움직여야 합니다. 가능한 한 부드럽게 움직여야 합니다. 영적인 영역에서도 마찬가지입니다. 시련이 오면 일정한 자세를 고수하는 이들을 보게 되지 않습니까? 그들은 자신을 아주 불쌍하게 여기며 남들도 그렇게 불쌍하게 여겨 주길 바랍니다. "그런 자세를 버려라. 떨치고 일어나라. 피곤한 손과 연약한 무릎을 일으켜 세워라. 똑바로 일어서라. 너희가 성인임을 기억하고 마음을 다잡아라"라고 히브리서 기자는 말합니다. 처음에는 그럴 수 없었겠지만, 이제는 그래야 한다는 것입니다. 이완운동이 끝났으면, 트레이너가 지시했으면, 그 지시대로 해야 한다는 것입니다.

또 무엇을 해야 할까요? 13절을 보십시오. "너희 발을 위하여 곧은 길을 만들어 저는 다리로 하여금 어그러지지 않고 고침을 받게 하라." 왜 곧은길을 만들어야 합니까? 이것은 매우 합리적인 지시입니다. 험하고 울퉁불퉁한 길을 걸으면 아픈 관절이 어긋날 수 있지만, 곧고 평탄한 길을 걸으면 저는 다리를 고치는 데 도움이 됩니다. 곧은길의 중요성은 여러분도 알 것입니다. 영적으로 곧은길이란 무엇일까요? 이제껏 살펴본 일들을 다 한 후에 "그래. 전에는 잘못된 길로 갔지만 이제는 곧고 좁은 길로 다시 돌아가야지" 하는 것입니다. 거룩한 길을 다시 찾아가는 것입니다. 하나님의 대로로 다시 돌아가는 것입니다. 훈련의 필요성을 깨닫고 해로운 일들을 하지 않기로 결심하는 것입니다. 이것이 곧은길을 만드는 것입니다. 이처럼 다시 거룩한 길을 걷다 보면 약한 무릎에 힘이 생기고 마치 강장제라도 먹은 것처럼 몸 전체에 탄력이 회복되는 것을 느낄 것입니다.

마지막 지시는 14절에 나옵니다. "모든 사람과 더불어 화평함과 거룩함을 따르라. 이것이 없이는 아무도 주를 보지 못하리라." "따르라"도 원래 의미를 충분히 살리는 번역이 아닙니다. 히브리서 기자가 실제로 한 말은 '추구하라'는 것입니다. 화평함과 거룩함을 '추구하라'는 것입니다. 더 강력한 표현을 쓰자면 화평함과 거룩함을 '수색하라', 화평함과 거룩함을 얻기 위해 '분투하라'는 것입니다. 어떻게 성경을 읽고서도 수동적으로 가만히 있으면 거룩해진다는 생각을 채택하고 받아들일 수 있는지 모르겠습니다. 히브리서 기자는 거룩해질 때까지 온 힘을 다해 갈망하라고, 따르고 추구하고 수색하라고 합니다. 화평함과 거룩함을 추구하라고 합니다. 그렇습니다. 다른 이들과 화평해지기를 추구해야 합니다. 하나님을 닮기 위해, 거룩해지기 위해 할 수 있는 모든 일을 해야 합니다. 이것이 하나님의 체육관에서 받는 연단입니다. 하나님은 이것을 통해 우리를 참된 자녀로 만들어 가십니다.

격려의 말로 설교를 마치겠습니다. "무릇 징계가 당시에는 즐거워 보이지 않고 슬퍼 보이나 후에 그로 말미암아 연단받은 자들은 의와 평강의 열매를 맺느니라." 당시에는 그 과정을 따라가기가 아주 고통스럽습니다. 그러나 어떤 약속이 뒤따르는지 보십시오. "의와 평강의 열매를 맺느니라." 고통스러워도 신경 쓰지 않고 계속 움직이다 보면 뻣뻣하던 근육이 금세 유연해집니다. "의와 평강의 열매"를 위해 계속 운동하십시오. 체육관에서 훈련받으면 받을수록 좋습니다. 이 세상뿐 아니라 영원한 세상을 준비할 수 있기 때문입니다. 육체의 연습은 이 세상에서 약간의 유익이 있을 뿐입니다. 육신의 부모는 이 세상에 사는 잠깐 동안을 위해 우리를 훈육합니다. 그러나 이 세상의 삶은 영원한 세상의 예비단계에 불과합니다. 중요한 것은 이 세상이 아닌 다음 세상입니다. 지금 이곳이 아닌 영원한 세상입니다. 하나님은 우리가 이 삶을 사는 동안 영원한 지복과 영광을 준비하게 하십니다.

우리가 만날 분이 어떤 분인지도 기억하십시오. "이것-거룩함-이 없이는 아무도 주를 보지 못하리라." 정말 하나님을 뵙고 싶다면 체육관에서 아주 철저히 연단받는 것이 좋습니다. 14절은 "이것-거룩함-이 없이는 아무도 주를 보지 못하리라"라고 말합니다. 하나님이 우리를 이렇게 연단하시는 것은 거룩하게 만들기 위해서입니다. 따라서 하나님이 하시는 이 일에 개의치 않는다는 것은 자신이 누구인지 모른다는 뜻이며 하나님의 자녀가 아니라는 뜻입니다. 정말 하나님 앞에 가고 싶다면, 천국에 가고 싶다면, 하나님의 지시를 정확히 따르고 실천해야 합니다. 하나님은 우리를 더 거룩하게 만들기 위해 이 모든 과정을 거치게 하십니다.

마지막으로, 가장 큰 격려가 있습니다. 이런 일을 겪을 필요가 전혀 없었음에도 친히 겪으신 분을 바라보십시오. "믿음의 주요 또 온전하게 하시는 이인 예수를 바라보자. 그는 그 앞에 있는 기쁨을 위하여 십자가를 참으사 부끄러움을 개의치 아니하시더니." 주님은 그 모든 어려움의 의미를 알고 계셨습니다. 그래서 "내 아버지여, 만일 할 만하시거든 이 잔을 내게서 지나가게 하옵소서. 그러나 나의 원대로 마시옵고 아버지의 원대로 하옵소서"라고 기도하셨습니다(마 26:39). 그 앞에 있는 기쁨을 위해, 저와 여러분의 구원을 위해 그 모든 어려움을 참으셨습니다. 훈련이 과중하고 너무 고통스럽게 느껴질 때 주님을 바라보십시오. 주님을 계속 바라보며 따라가십시오. 그러면 지금 당장은 슬프고 고통스러워도, 후에는—이 세상에 사는 동안에도, 영광으로 나아간 이후에는 더더욱—하나님의 건강과 의와 화평과 즐거움이라는 놀라운 열매를 얻을 것입니다. 여러분은 어떻게 느낄지 모르겠지만, 저는 지난 2주간 이 놀라운 말씀을 묵상하면서 가장 큰 위로와 위안을 얻었다고 하나님 앞에 정직하게 말할 수 있습니다. 제가 하나님의 손안에 있다는 사실, 하나님이 그만큼 저를 사랑하신다는 사실, 저를 거룩하게 만들어 하늘에 이르게 하고자 굳게 작정하셨다는 사실, 제가 그의 말씀을 듣지 않고 따르지 않을 때 징계로 다루신다는 사실을 아는 것보다 더 큰 위로와 위안은 없습니다. 하나님은 그 자리까지 우리를 이끌고 가십니다. 이것은 두려우면서도 영광스러운 사실입니다. "다른 어떤 피조물이라도 우리를 우리 주 그리스도 예수 안에 있는 하나님의 사랑에서 끊을 수 없으리라"(롬 8:39). 여러분, 연단받으십시오. 체육관으로 달려가십시오. 그의 지시를 따르십시오. 자신을 점검하십시오. 어떤 대가가 따르더라도, 어떤 고통이 따르더라도 그렇게 하십시오. 그리하여 마침내 주님의 기쁨으로 들어가십시오.

19

하나님의 평강

아무것도 염려하지 말고 다만 모든 일에 기도와 간구로, 너희 구할 것을 감사함으로 하나님께 아뢰라. 그리하면 모든 지각에 뛰어난 하나님의 평강이 그리스도 예수 안에서 너희 마음과 생각을 지키시리라.

빌립보서 4:6-7

이것은 현존하는 모든 문헌에 나오는 말 중에 가장 위대하고 고상한 위로의 말인 것이 분명합니다. 위로의 말은 성경 다른 곳에도 많이 나오지만, 개인의 삶과 실제 경험의 측면에서 볼 때 이 두 구절보다 더 크게 하나님의 백성을 위로해 주는 것은 없습니다. 사도는 여기에서 4장뿐 아니라 빌립보서 전체의 주제를 다루고 있습니다. 그의 관심사는 빌립보 교인들의 행복과 기쁨입니다. 그는 특별히 "주 안에서 항상 기뻐하라"라고 권면하며, 거듭 "기뻐하라"라고 권면합니다. 그들이 주 안에서 계속 기쁨을 유지하길 간절히 바라는 마음으로, 그리스도인의 기쁨을 빼앗고 삶의 수준을 떨어뜨리는 여러 가지 세력과 요인들을 고찰합니다. "너희 관용—인내—을 모든 사람에게 알게 하라. 주께서 가까우시니라"라고 권합니다. 불안한 심령과 사나운 욕심이 얼마나 자주 기쁨을 빼앗아 가는지 알려 줍니다.

그는 연이어 이 두 구절에서도 주 안의 기쁨을 빼앗아 가는 가장 심각한 요인을 살펴보는데, 그것은 바로 환경과 사건에 휘둘리는 것입니다. 그런 경우가 얼마나 많고도 잦은지 모릅니다! 사도는 이 문제를 최종적으로 다루고 있습니다. 성경을 읽으면서 이 주제를 얼마나 자주 다루는지 살펴보면 놀랍습니다. 신약 서신서 기자들이 모두 이 문제에 직면해 있었으며, 초대교회 그리스도인들이 이 문제를 잘 해결하도록 돕기 위해 편지를 썼다고 말해도 무방할 정도입니다. 그들은 힘겨운 세상에 살면서 많은 것을 참고 견뎌야 했습니다. 하나님의 부르심을 받은 서신서 기자들은 편지를 통해 이런 상황을 어떻게 이겨 나가야 하는지 알려 주었습니다. 이것이 신약성경의 큰 주제를 이루고 있습니다. 물론 구약성경에도 이 주제가 나옵니다. 예를 들어 시편 3편과 4편을 보십시오. 이 주제를 아주 완벽하게 다루고 있습니다. 어떤 의미에서 인생의 중대한 문제는 "어떻게 자고 쉴 것인가?"라고 할 수 있습니다. 시편 기자는 자신이 누워서 잘 수 있었다고 말합니다(시 3:5). 눕는 것은 누구나 할 수 있습니다. 그러나 문제는 그렇게 누워서 잘 수 있느냐 하는 것입니다. 시편 기자는 대적과 어려움과 환난에 에워싸인 자신의 상황을 묘사합니다. 그런데도 주님을 신뢰하기에 자리에 누워서 잠이 들고 아무 탈 없이 아침에 깨어난다는 것이 그의 놀라운 간증입니다. 어떻게 그럴 수 있을까요? 주님이 함께하시고 돌보아 주시기 때문입니다.

이처럼 이것은 구약과 신약에 자주 등장하는 주제이자 가장 중요한 주제인 것이 분명합니다. 저는 이것만큼 그리스도인의 신분과 신앙을 철저히 검증해 주는 시금석은 없다고 생각합니다. 기독 신앙에 동의한다고 해서 다 되는 것이 아닙니다. 성경을 읽고 교리를 발췌한 다음 "네, 저는 이것을 믿고 이 신앙에 따라 삽니다"라고 말한다고 해서 다 되는 것이 아닙니다. 모든 상황이 악화되어 절망으로 몰고 갈 때에도 신앙 때문에 그것을 이기고 승리하며 기쁨을 지키는 삶이 어떤 것인지 경험해야 합니다. 이것은 그리스도인의 신분을 검증해 볼 수 있는 정교하고도 세밀한 시금석이며, 본질적으로 실천의 영역에 적용되는 시금석입니다. 단순한 이론이 아닙니다. 여러분은 **실제로** 힘든 처지에 빠지고,

실제로 힘든 상황에 처하며, **실제로** 힘든 일들을 겪습니다. 문제는 그럴 때 과연 자신이 가지고 있는 신앙의 가치가 드러나느냐 하는 것입니다. 신앙이 있는 여러분은 신앙이 없는 사람들과 다르게 반응합니까? 이것은 평강과 위로를 얻는 일을 위해서도 중요한 질문이지만, 특히 요즘 같은 때 그리스도를 증언하는 일과 관련해서도 심히 중요한 질문입니다. 오늘날 사람들은 현실주의자와 실용주의자를 자처합니다. 그래서 우리가 하는 말이나 교리에는 아무 관심이 없다고 말합니다. 그러나 승리하는 삶의 비결을 알고 있는 듯한 이들이 나타나면 바로 관심을 보입니다. 자신들이 불행과 좌절과 불확실성과 두려움 속에서 살고 있기에, 평안하고 안정되고 차분한 이들이 나타나면 언제든지 이목을 집중하는 것입니다. 이처럼 우리 각 사람이 주님의 기쁨을 지키고 행복해지기 위해서뿐 아니라 요즘처럼 어려운 시절에 그리스도를 증언하고 전하기 위해서도, 환경과 상황에 휘둘리지 않는 법을 알려 주는 사도의 이 훌륭한 진술을 주의 깊게 살펴보아야 합니다.

이 주제는 아주 간단히 나누어서 살펴볼 수 있습니다. 첫 번째로, 사도는 피해야 할 일을 한 가지 알려 줍니다. 상황에 휘둘리지 않기 위해 먼저 피해야 할 일이 있습니다. "아무것도 염려하지 말고." 이것은 소극적인 명령입니다. 염려에 빠지지 말라는 것입니다. "염려"가 무엇인지 확실하게 알아봅시다. 흠정역에는 "아무것도 개의치 말고 Be careful for nothing"라고 되어 있지만, "아무것도 걱정하지 말고"나 "아무것도 염려하지 말고"라고 번역하는 편이 더 낫습니다.* 여기에서 "염려"란 '염려

---

* 우리말 성경 개역개정판은 후자로 번역했다.

가 가득한 상태'를 가리키는 말로서, 걱정과 불안에 시달리고 초조해하며 노심초사한다는 뜻입니다. 주님도 산상설교에서 이 단어를 사용하셨습니다. 마태복음 6장에서 "염려하지 말라"라고 하신 말씀을 기억할 것입니다. 주님은 지나치게 걱정하지 말라, 노심초사하며 자꾸 생각하지 말라, 초조해하지 말라고 하셨습니다. 이것이 "염려"라는 말에 담긴 의미입니다.

덧붙이자면, 성경은 어디에서도 평상적인 삶의 대비책조차 마련해 놓지 말라거나 상식적으로 행동하지 말라고 하지 않습니다. 두 손 놓고 게으르게 살라고 부추기지도 않습니다. 바울이 데살로니가 교회에 한 말을 여러분도 기억할 것입니다. "누구든지 일하기 싫어하거든 먹지도 말게 하라"(살후 3:10). 이처럼 "염려"란 현명하게 미리 대비하고 준비하는 것을 가리키는 말이 아니라 걱정하고 괴로워하며 지치도록 근심하는 것을 가리킵니다. 무슨 수를 써서라도 이것만큼은 피해야 한다고 사도는 말합니다.

그러나 보다시피 사도는 소극적인 명령을 내리는 데 그치지 않습니다. 우리는 여기에서 아주 심오한 성경의 심리학을 만나게 됩니다. 사도는 우리가 어떻게 걱정하다가 초조하고 우울한 병적 상태에 빠지게 되는지 보여줍니다. 결국 이 모든 것의 원인은 마음과 정신에 있습니다. "모든 지각에 뛰어난 하나님의 평강이 그리스도 예수 안에서 너희 마음과 정신mind을 지키시리라"(흠정역). 걱정과 병적인 근심, 불안을 만들어 내는 것은 마음과 정신입니다.

이것은 심오한 심리학입니다. 제가 이 점을 강조하는 이유는, 사도가 이 상태를 심리학적으로 어떻게 설명하는지 알아야만 그가 제시하는 대책도 적용할 수 있기 때문입니다. 다시 말해서 사도는 삶의 안팎에 있는 많은 요소들은 통제할 수 있어도 마음과 정신은 통제할 수 없음을 지적합니다. "걱정은 어떤 의미에서 너희의 통제범위 밖에 있는 것이다. 너희 뜻과 별개로, 너희 뜻을 거슬러 생기는 것이다." 우리의 경험으로 볼 때 참으로 맞는 말 아닙니까? 걱정에 빠졌던 때를 회상해 보십시오. 자기 의지로 그 걱정을 떨쳐 낼 수 있었는지 생각해 보십시오. 그럴 때는 잠도 오지 않습니다. 잠만 잘 수 있다면, 마음과 정신이 작동하지 못하게 막을 수만 있다면, 자꾸 잠을 몰아내는 생각의 소용돌이를 막을 수만 있다면 온 세상이라도 주고 싶습니다. 그러나 마음과 정신은 우리가 가만히 잠들도록 내버려 두지 않습니다. 이처럼 마음과 정신은 우리의 통제범위 밖에 있는 것입니다. 이것은 참으로 심오한 심리학으로서, 사도는 주저 없이 이 심리학을 활용하고 있습니다. 여기에서도 우리는 인간의 실상을 있는 그대로 인정하는 성경의 놀라운 현실주의와 더없는 솔직함을 발견하게 됩니다. 사도는 마음과 정신—또는 우리 존재의 심연—이 우리를 쉽게 걱정으로 몰아간다고 말합니다. 여기에서 "마음"이란 단순히 감정이 솟아나는 곳을 가리키는 말이 아니라 인격의 중심을 가리키는 말입니다. 흠정역에 나오는 "정신"은 "생각"으로도 번역할 수 있습니다.* 오, 우리는 모두 이런 상태를 경험한 적이 있습니다. 사도의 말이 무슨 뜻인지 정확하게 알고 있습니다. 마음은 감정을 느낍니다. 사랑하는 사람이 병들면 마음이 작동하기 시작합니다! 그 사람에 대한 관심과 사랑이 염려를 불러일으킵니다. 그 사람을 생각

---

* 우리말 성경 개역개정판은 후자로 번역했다.

하는 만큼 염려가 커지는 것입니다. 어느 지점에서 마음과 감정이 끼어들기 시작하는지 여러분도 알 것입니다. 그뿐 아니라 상상력까지 작동합니다! 상상력만큼 자주 염려를 불러일으키는 원인은 없습니다. 어떤 상황이 발생합니다. 그 상황 자체만 생각하면 잠들지 못할 이유가 없습니다. 그런데 상상력이 작동하기 시작합니다. '이러저러하게 되면 어떡하지? 오늘 밤엔 그럭저럭 괜찮지만, 내일 아침에 갑자기 열이 오르거나 상태가 나빠지면 어떡하지?' 이런 상상에 휘둘려 생각이 꼬리에 꼬리를 물고 몇 시간씩 이어집니다. 그렇게 마음이 잠을 몰아냅니다.

정신과 순전한 생각의 영역에 이르면, 상상의 영역에서보다 더 많은 가능성을 예측하며 본격적으로 대책을 강구하고 분석하기 시작합니다. '그런 일이 생기면 이러이러하게 대비해야 해. 아니면 저러저러하게 해야겠다.' 생각이 어떤 식으로 작동하는지 알겠습니까? 이처럼 마음과 정신은 우리의 통제범위 밖에 있습니다. 우리는 생각의 희생자입니다. 걱정에 휘말리면서 희생자가 되어 버립니다. 우리 안에 존재하되 통제는 받지 않는 마음과 정신, 이 두 세력이 우리를 다스리고 휘두릅니다. 사도는 무슨 수를 써서라도 이런 상태를 피하라고 말합니다. 그 이유를 일일이 말씀드릴 필요는 없을 것입니다. 다들 경험으로 잘 알고 있으리라 생각합니다. 한번 걱정에 휘말리면 이리저리 따져 보고 헤아려 보고 상상하느라 시간을 다 보냅니다. 그러면서 점점 더 무력해집니다. 사람들과 말도 하고 싶지 않습니다. 대화를 할 때에도 겉으로는 듣는 것 같지만 사실은 이런저런 궁리를 하느라 여념이 없습니다. 그뿐 아니라 우리의 증언도 무력해집니다. 다른 사람들에게 아무 유익도 주지 못하며, 무엇보다 주님의 기쁨을 잃어버립니다.

이제 서둘러 두 번째 원리를 살펴봅시다. 이러한 내적 혼란에 빠지지 않으려면 어떻게 해야 할까요? 사도의 가르침은 무엇입니까?

여기에서 우리는 기독교만의 고유하고 특별한 방식을 보게 됩니다. 저는 별도의 설명 없이도 걱정에 대처하는 기독교의 방식과 심리학적 방식 내지는 상식적인 방식이 어떻게 다른지 보여 드릴 수 있습니다. 제가 심리학을 야박하게 평가한다고 여기는 분들이 있을지 몰라서 잠깐 변명을 하겠습니다. 저는 심리학이야말로 기독 신앙을 위협하는 가장 교묘한 위험 중에 하나라고 생각합니다. 기독 신앙의 힘으로 산다고 말하지만, 사실은 신앙이 아니라 단순한 심리적 기제에 의지해서 사는 경우가 있습니다. 그런 사람들은 진짜 위기가 닥치면 그대로 무너져 버립니다. 그러나 우리가 전하는 것은 심리학이 아니라 신앙입니다.

걱정에 대처하는 기독교의 방식과 여타 방식 간의 차이를 알려 드리겠습니다. 사도는 걱정이 생길 때 어떻게 하라고 말합니까? 단순히 걱정하지 말라고 하지 않습니다. 상식과 심리학에서는 그렇게 말합니다. "걱정하지 말고 마음을 다잡으라"라고 합니다. 그런데 사도가 이렇게 말하지 않는 데는 합당한 이유가 있습니다. 걱정거리가 있는 사람에게 아무리 걱정하지 말라고 해봐야 소용이 없음을 아는 것입니다. 덧붙이자면, 이것은 심리학적으로도 형편없는 대처법입니다. 의지가 강한 사람은 의식적으로 걱정을 억누르겠지만, 무의식에는 계속 걱정이 쌓일 것입니다. 이른바 억압의 상태가 되는 것입니다. 억압은 걱정보다 더 해롭습니다. 제가 바울의 '심리학'이 아주 중요하다고 말하는 이유가 여기 있습니다. 사람은 걱정하지 않을 수가 없습니다. 걱정하고 싶지 않아도 걱정하지 않을 수가 없습니다. 구제불능의 주정뱅이한테 아무리 술을 끊으라고 말해 봐야 소용없는 것과 같습니다. 주정뱅이는 술을 끊을 수가 없습니다. 술을 마시고 싶은 욕망과 정욕에 꼼짝없이 붙잡혀 있기 때문입니다. 또한 성경은 "네가 걱정하는 일은 일어나지 않을 테니 걱정하지 말라"고도 하지 않습니다. 이것은 대중적인 심리학의 표어이자 사람들이 좋게 평가하는 말입니다. "일어나지도 않을 일을 가지고 왜 걱정하느냐?"라는 것입니다. 그러나 걱정하는 제게 누가 그런 말을 한다면 저는 이렇게 대답하겠습니다. "아니, 그런 일이 **일어날 수도 있잖습니까?**" 이것이 문제입니다. 그런 일이 실제로 일어나면 어떡합니까? 문제의 핵심이 여기 있습니다. "그런 일은 일어나지 않는다"라는 것은 전혀 도움이 되지 않는 말입니다.

또 한 가지 소극적인 이유는 이것입니다. 걱정하고 근심하는 불쌍한 사람에게 "아무 걱정 하지 마세요. 걱정하는 건 잘못입니다. 걱정해 봐야 아무것도 달라지지 않아요"라고 쉽게 말하는 이들이 있습니다. 물론 전적으로 옳은 말이고 상식적인 말입니다. 심리학자들도 "걱정하느라 힘을 낭비하지 마십시오. 걱정한다고 달라질 건 없습니다"라고 합니다. 그러나 그런 말에 대한 저의 대답은 이것입니다. "아, 그렇지요. 그 말이 맞습니다. 하지만 그렇다고 근본적인 문제가 해결되는 것은 아닙니다. 나는 지금 **생길지도 모르는** 일 때문에 걱정하고 있습니다. 걱정한다고 상황이 바뀌지 않는다는 말은 맞지만, 어쨌든 그런 일이 생길 가능성은 여전히 남아 있고 나는 그 가능성 때문에 걱정하는 것이니 근본적인 문제는 해결되지 않은 거지요. 당신 말이 전적으로 맞긴 하지만 내 입장은 하나도 달라질 게 없어요." 다시 말해서 바울이 말하는 "마음과 정신"—우리를 붙잡고 있는 세력—의 힘을 모르는 이런 방법들로는 결코 문제를 해결할 수가 없습니다. 심리학적이고 상식적인 방법들이 아무 소용 없는 이유가 여기 있습니다.

그렇다면 바울이 내놓는 대책은 무엇입니까? 그는 적극적인 명령의 형태로 대책을 제시하고 있습니다. "너희 구할 것을……하나님께 아뢰라." 이것이 그의 대답입니다. 걱정에 대처하는 방법을 구체적으로, 정확하게 아는 것이 매우 중요합니다. 사도는 "너희 구할 것을……하나님께 아뢰라"라고 합니다. 이렇게 말하면 고통을 당하고 있는 많은 이들은 소리칠 것입니다. "아, 그건 나도 해봤어요. 나도 기도해 봤다고요. 하지만 당신이 말하는 평강은 얻지 못했습니다. 응답도 받지 못했지요. 이제 나한테 기도하라는 말은 하지 마세요." 다행히 사도도 이런 사정을 알고, 기도에 필요한 특별한 지침을 주고 있습니다. "아무것도 염려하지 말고 다만 모든 일에 기도와 간구로 너희 구할 것을 감사함으로 하나님께 아뢰라." 사도가 이 단어들을 마구잡이로 열거한 것 같습니까, 고심해서 신중하게 선택한 것 같습니까? 저는 사도가 우리 구할 것을 하나님께 아뢰는 방법을 보여주기 위해 단어들을 신중하게 선택했다는 점을 능히 입증해 보일 수 있습니다.

어떻게 입증해 보일까요? 무엇보다 먼저 그는 기도하라고 말하면서 기도와 간구와 감사를 구분하고 있습니다. 사도가 말하는 기도가 무엇입니까? 이것은 가장 보편적인 단어로서 하나님을 경배하고 흠모한다는 뜻입니다. 도저히 풀 수 없을 듯한 문제로 걱정이 되고 마음이 짓눌릴 때, 기도하기 위해 급하게 달려가서 탄원부터 하지 마십시오. 그러면 안 됩니다. 여러분이 구할 것을 하나님께 아뢰기 전에 먼저 기도하고 경배하고 흠모하십시오. 하나님 앞에 나아가십시오. 여러분의 문제는 잠시 잊으십시오. 다짜고짜 그 문제부터 아뢰지 마십시오. 여러분이 하나님과 대면하고 있다는 사실을 기억하십시오. "기도"라는 단어 자체가 대면한다는 개념을 내포하고 있습니다. 하나님 앞에 나아갈 때 그가 앞에 계신다는 사실을 생각하고 기억하십시오. 항상 이것이 첫 단계입니다. 구할 것을 아뢰기 전에 자신이 하나님을 대면하고 있다는 사실부터 기억해야 합니다. 하나님 앞에서 그를 흠모하며 마음을 쏟아 놓아야 한다는 사실부터 기억해야 합니다. 이것이 출발점입니다.

그 다음은 간구입니다. 기도에 이어 간구하라는 것입니다. 하나님의 하나님되심으로 인해 그를 경배한 다음에, 그를 흠모하며 경배한 다음에 특정한 문제를 아뢰라는 것입니다. 사도는 간구하도록 격려합니다. 우리의 특정한 문제를 하나님께 내놓으라고, 간구는 정당한 기도의 일부분이라고 격려합니다. 하나님께 탄원하며 염려되는 특정한 문제를 내놓으라는 것입니다.

이제 우리는 구할 것을 아뢰는 단계에 좀 더 가까이 접근했습니다. 그러나 잠깐 기다리십시오. 아직 한 단계가 더 남았습니다. "기도와 간구로……감사함으로." "감사"는 가장 중요한 단어입니다. 걱정에 빠졌을 때 가장 놓치기 쉬운 것이 바로 감사입니다. 사도가 단순히 전례典禮의 형식에 대한 관심으로 이런 단계들을 말하는 것은 아니라는 점을 굳이 설명하지 않아도 알 것입니다. 사람들이 단순히 전례의 측면에서 예배의 형식에 관심을 쏟는 것이야말로 큰 비극이 아닐 수 없습니다. 사도의 관심은 거기 있지 않습니다. 사도의 관심은 형식이 아닌 예배 그 자체에 있습니다. 그래서 감사가 꼭 필요한 것입니다. 원망하는 마음으로 기도하면서 하나님의 평강이 자기 마음과 생각을 지키실 것을 기대해서는 안 됩니다. 하나님이 우리를 대적하신다고 생각하면서 무릎을 꿇느니 차라리 자리를 박차고 일어나 나가는 편이 낫습니다. 그렇습니다. 우리는 "감사함으로" 나아가야 합니다. 하나님의 선하심을 의심 없이 믿어야 합니다. 의문이나 의구심 없이 믿어야 합니다. 적극적인 이유를 가지고 감사해야 합니다. 문젯거리와 고민거리를 가지고 나아가 무릎을 꿇을 때에도 '무엇으로 하나님께 감사드릴까?'를 생각해야 합니다. 의도적으로 감사해야 합니다. 생각하면 얼마든지 감사할 것이 있습니다. 이 점을 꼭 기억하십시오. '비록 지금 내가 어려운 처지에 놓여 있지만, 그래도 나를 구원해 주셨으니 감사하고, 나와 내 죄 때문에 아들을 보내서 십자가에 죽게 하셨으니 감사하다. 그렇다. 내게는 해결해야 할 심각한 문제가 있다. 하지만 하나님은 날 위해 이미 그 모든 일을 해 주셨다. 나는 하나님이 아들이신 주 예수 그리스도를 세상에 보내 주신 것에 감사한다. 그리스도가 친히 내 죄를 지고 나무에 달리신 것에 감사하며, 날 의롭다 하시기 위해 다시 살아나신 것에 감사한다. 그 모든 일에 감사하면서 내 마음을 쏟아 놓아야겠다. 이미 주신 많은 축복에 대해 감사해야겠다'라고 생각해야 합니다. 마음과 힘을 다해 감사를 드리며 하나님을 찬양할 이유를 찾아야 합니다. 하나님이 우리 아버지이신 것과 우리 머리털까지 다 셀 정도로 우리를 사랑하신다는 사실을 기억해야 합니다. 이런 것들을 생각하면서 감사함으로 마음을 쏟아 놓아야 합니다. 이처럼 우리는 하나님과 바른 관계를 맺어야 합니다. 하나님에 관한 진리를 알아야 하며, 사랑하고 찬양하며 예배하고 흠모하면서 굳건한 믿음을 가지고 하나님께 나아가 구할 것을 아뢰어야 합니다. 다시 말해서 바울이 주장하는 기도는 어둠 속의 절망적인 외침이나 생각할 겨를도 없이 미친 듯이 쏟아 내는 호소가 아닙니다. 우리가 영광스럽고 복되신 하나님을 경배하고 있다는 사실을 먼저 기억하고 생각해야 합니다. 이렇게 먼저 경배하고 나서 구할 것을 아뢰어야 합니다.

세 번째 중대한 원리를 서둘러 살펴봅시다. 하나님이 이렇게 기도하는 자들에게 주시는 은혜로운 약속이 있습니다. 우리가 무엇을 해야 하는지도 알아보고 걱정을 어떻게 다루어야 하는지도 알아보았으니, 이제 사도의 말을 따르는 자들에게 주시는 은혜로운 약속이 무엇인지 살펴봅시다. 물론 이것은 최고의 약속입니다. 이 약속을 제대로 이해하는 법을 배워야 합니다. 이 약속에 주목한 적이 있습니까? 이 약속의 성격에 주목한 적이 있습니까? 이 약속은 여러분의 걱정거리에 대해 일언반구도 하지 않는다는 사실을 알고 있습니까? 바로 이것이 걱정에 대처하는 기독교만의 독특한 방식입니다. 사도가 "모든 일—모든 걱정거리—을 하나님께 아뢰라. 그러면 하나님이 다 없애 주시고 해결해 주실 것이다"라고 말합니까? 아닙니다. 바울은 그렇게 말하지 않습니다. 여러분의 걱정거리에 대해서는 입도 벙긋하지 않습니다. 그리스도인의 삶에서 가장 설레는 점이 바로 이것이라고 저는 생각합니다. 복음의 영광은 이처럼 환경이 아니라 우리의 상태에 집중한다는 데 있습니다. 복음이 말하는 궁극적인 승리는 환경과 상관없이 흔들리지 않고 똑바로 서는 것입니다. 복음은 우리의 형편에 대해 언급하지 않습니다. 괴롭고 복잡한 문제들에 대해 이야기하지 않습니다. 일언반구도 하지 않습니다. 내가 두려워하는 일들이 과연 닥칠지 닥치지 않을지는 알 수 없습니다. 바울은 내가 두려워하는 일이 생기지 않는다고 장담하는 대신, 그런 일이 생기든 생기지 않든 하나님이 나를 지켜 주실 것이라고 말합니다. 이로 인해 하나님께 감사드리십시오. 이것이 승리입니다. 어떤 환경도 극복할 수 있습니다. 어떤 환경도 이겨 낼 수 있습니다.

이것은 중대한 원리입니다. 우리가 환경에 휘둘리는 것은 환경에 의존하기 때문이며, 환경을 지배하고 통제하길 원하기 때문입니다. 그러나 그것은 성경적인 대처법이 아닙니다. 사도가 말하는 대처법은 이것입니다. "너희 구할 것을……하나님께 아뢰라. 그리하면 모든 지각에 뛰어난 하나님의 평강이 그리스도 예수 안에서 너희 마음과 생각을 지키시리라." 하나님은 잠 못 들게 만드는 문제들로부터 여러분을 안전하게 지켜 주십니다. 그런 문제들이 여러분 안에 침투하지 못하도록 막아 주시며, 그런 문제들 속에서도 평강을 누리도록 지켜 주십니다.

이것은 기도하면 기분이 나아진다는 뜻이 아님을 지적해야겠습니다. 이런 이유로 기도하는 사람은 부끄러워해야 합니다. 물론 심리학자들은 이런 이유로 기도를 활용하며, 문제가 생겼을 때 기도해 보라고 권합니다. 이것은 심리학적으로는 좋은 방법일지 몰라도, 기독교적으로는 아주 잘못된 생각입니다. 기도는 자기 암시가 아닙니다.

또한 이것은 '기도하라. 기도하는 동안에는 문제에서 놓여나 잠시나마 한숨을 돌릴 수 있다'라는 뜻도 아닙니다. 이 또한 심리학적으로는 좋은 방법일지 몰라도, 기독교적으로는 잘못된 생각입니다.

그뿐 아니라 '하나님과 그리스도에 대한 생각으로 마음을 꽉 채우면 다른 문제는 저절로 잊힐 것이다'라는 뜻도 아닙니다. 이것도 심리학적으로는 좋은 방법일지 몰라도, 기독교와는 아무 상관이 없는 생각입니다.

신중하게 말씀드리지만 '기도하라. 그러면 바뀔 것이다'라는 뜻도 아닙니다. 그렇습니다. 기도는 상황을 '바꾸는' 방편이 아닙니다. 사도는 여기에서 그렇게 말하지 않습니다. 그 또한 심리학적인 방법일 뿐, 복음과는 아무 상관이 없는 생각입니다. 사도가 말하는 바는 "기도하고 너희 구할 것을 하나님께 아뢰면 하나님이 행하신다"라는 것입니다. 기도 자체가 무슨 일을 하는 것도 아니고, 여러분이 무슨 일을 하는 것도 아닙니다. 하나님이 행하십니다. "모든 지각에 뛰어난 하나님의 평강이—하나님이 모든 것을 통해—그리스도 예수 안에서 너희 마음과 생각을 지키시리라."

"지키시리라"라는 표현에 대해 잠깐 말씀드리겠습니다. 이것은 수호하시고 보호하신다는 뜻입니다. 이에 해당되는 단어들이 많습니다. 이 표현을 보면 떠오르는 장면이 있습니다. 하나님의 평강이 우리 인생의 성채와 성벽을 돌면서 순찰하는 장면입니다. 우리는 그 성안에 살고 있습니다. 마음과 생각이 작동하기 시작하면, 스트레스와 걱정과 긴장이 성안으로 침투하려 듭니다. 그런데 하나님의 평강이 막아 줍니다. 우리는 성안에서 온전한 평강을 누립니다. 하나님이 이렇게 지켜 주십니다. 우리가 지키는 것도 아니고, 기도가 지키는 것도 아니고, 심리적 기제가 지키는 것도 아닙니다. 하나님께 구할 것을 아뢰면 하나님이 이렇게 온전한 평강으로 지켜 주십니다.

"모든 지각에 뛰어난 하나님의 평강"이라는 말은 어떻게 설명해야 할까요? 우리가 이해하지도 못하고, 상상하지도 못하며, 어떤 의미에서는 믿지도 못할 평강이라는 것입니다. 그런 평강이 찾아온다는 것입니다. 그런 평강을 경험하고 누리게 된다는 것입니다. 사도는 그 평강이 그리스도 예수 안에 있다고 말합니다. 무슨 뜻일까요? 주 예수 그리스도를 알고 그에 관한 사실들을 알 때 평강이 임한다는 뜻입니다. 로마서에서 그 논거를 찾아보겠습니다. "곧 우리가 원수 되었을 때에 그의 아들의 죽으심으로 말미암아 하나님과 화목하게 되었은즉 화목하게 된 자로서는 더욱 그의 살아나심으로 말미암아 구원을 받을 것이니라"(5:10). "하나님을 사랑하는 자 곧 그의 뜻대로 부르심을 입은 자들에게는 모든 것이 합력하여 선을 이루느니라"(8:28). "자기 아들을 아끼지 아니하시고 우리 모든 사람을 위하여 내주신 이가 어찌 그 아들과 함께 모든 것을 우리에게 주시지 아니하겠느냐?"(8:32) "내가 확신하노니 사망이나 생명이나 천사들이나 권세자들이나 현재 일이나 장래 일이나 능력이나 높음이나 깊음이나 다른 어떤 피조물이라도 우리를 우리 주 그리스도 예수 안에 있는 하나님의 사랑에서 끊을 수 없으리라"(8:38-39). 하나님이 우리를 위해 아들을 십자가에 죽도록 내어 주시는 최고의 일을 해주셨는데 이제 와서 우리를 버리시겠느냐는 것입니다. 중도에 우리를 포기하시겠느냐는 것입니다. 이처럼 모든 지각에 뛰어난 하나님의 평강이 그리스도 예수를 통해, 그리스도 예수 안에서 우리 마음과 정신을 지켜 주십니다. 하나님은 이와 같이 걱정에 무너지지 않는 평강과 자유를 주실 것을 보장하십니다.

마지막 원리인 약속의 포괄성에 대해 잠깐 말씀드리고 설교를 마치겠습니다. 바울은 아무것도 염려하지 말라고 합니다. "아무것도 염려하지 말고 다만 모든 일에……." 무슨 일이든 상관없습니다. 이 약속에는 아무 제한이 없습니다. 사랑하는 그리스도인들이여, 여러분을 좌절시키는 것이 무엇이든, 여러분을 병적인 염려와 걱정의 희생자로 만드는 것이 무엇이든, 그리스도인의 삶과 증언을 공격하고 망치는 것이 무엇이든, 그것이 무엇이든 가리지 말고 아뢰십시오. 하나님은 모든 지각에 뛰어난 평강으로 여러분의 마음과 생각을 보호하고 지키며 수호해 주실 것을 보장하십니다. 마음과 정신이 아무리 요동쳐도 영향받지 않을 것입니다. 시편 기자처럼 편히 누워 잘 것입니다. 온전한 평강을 누릴 것입니다. 여러분은 이런 평강을 알고 있습니까? 이런 평강을 누려 보았습니까? 이런 평강을 하나의 이론으로만 생각합니까? 아니면, 실제 현실로 경험합니까? 2천년에 이르는 기독교 역사, 교회 역사가 이것을 사실로 선포하고 있다고 저는 주장하는 바입니다. 성도들과 순교자들과 신앙고백자들의 이야기를 읽어 보십시오. 아니, 오늘날 성도들의 이야기에서도 동일한 증거를 찾아볼 수 있습니다. 최근에 저는 존 조지 카펜터John George Carpenter—몇 년 전까지 구세군 대장으로 일했던 사람입니다—가 겪은 일을 읽었습니다. 그는 자신과 아내가 그토록 아끼고 자랑스러워하던 딸, 동양의 선교사로 청춘을 바친 사랑하는 딸을 어떻게 잃었는지 기록했습니다. 어느 날 딸이 장티푸스에 걸렸습니다. 부부는 당연히 기도하기 시작했습니다. 그런데 왠지 딸의 회복을 위해 기도할 수가 없었습니다. 계속 기도하면서도—"주님이 원하시면 이 아이를 고치실 수 있습니다"라고 기도했습니다—적극적으로 고쳐 달라고 하지 못하고, "원하시면 고치실 수 있습니다"라고만 했습니다. 그 이상은 구할 수가 없었습니다. 부부는 6주 동안 기도했고, 어여쁜 딸은 마침내 숨을 거두었습니다. 딸이 죽던 날 아침, 존 카펜터는 아내에게 말했습니다. "정말 이상하게도 마음이 평안하네." 아내는 자신도 그렇다고 하면서 "이건 분명히 하나님의 평강이에요"라고 했습니다. 진실로 그것은 하나님의 평강이었습니다. 하나님의 평강이 그들의 마음과 정신을 고요하게 지켜 주었고 낙심치 않게 붙잡아 수었습니다. 그렇습니다. 그들은 구할 것을 바르게 아뢰었습니다. 그리고 경이롭고 놀랍게도—자책감까지 느껴질 정도로—기이한 평안과 평강이 찾아왔습니다. 그들은 이해할 수 없었습니다. "이건 분명히 하나님의 평강"이라는 말밖에 할 수 없었습니다. 그 말이 맞습니다. 하나님께 감사하십시오. 이것은 우리가 설명할 수 없는 경험, 우리를 압도하는 경험입니다. 하나님은 전능하신 분입니다. 기도와 간구와 감사함으로 구할 것을 아뢰십시오. 그러면 그리스도 안에 있는 평강으로 여러분의 마음과 정신을 편안하고 평안하게 지켜 주실 것입니다.

20
자족을 배우라

내가 주 안에서 크게 기뻐함은 너희가 나를 생각하던 것이 이제 다시 싹이 남이니 너희가 또한 이를 위하여 생각은 하였으나 기회가 없었느니라. 내가 궁핍하므로 말하는 것이 아니니라. 어떠한 형편에든지 나는 자족하기를 배웠노니 나는 비천에 처할 줄도 알고 풍부에 처할 줄도 알아 모든 일 곧 배부름과 배고픔과 풍부와 궁핍에도 처할 줄 아는 일체의 비결을 배웠노라.

빌립보서 4:10-12

빌립보서 4:10-12을 볼 때마다 예배 시간에 이 말씀을 읽고 바로 축도하면 정말 적절하고 좋겠다는 생각이 듭니다! 강력한 사도가 그리스도인으로서 경험했던 최고의 경지를 이방인들에게 일깨워 주는 이 말씀, 귀하고도 고상한 이 말씀에 접근하는 것은 그 자체로 떨리는 일입니다. 그러나 아무리 두렵고 떨려도 우리는 분석하고 설명해야 합니다. 4:9에서 사도는 빌립보 교인들에게 주는 특별한 권면을 마칩니다. 그런데 이처럼 실질적으로 교리에 대한 가르침이 끝났음에도 그는 편지를 맺지 못합니다. 아직 할 말이 한 가지 남았기 때문입니다. 그는 자신이 로마 감옥에 있는 동안 빌립보 교인들이 친구이자 형제인 에바브로디도를 통해 개인적인 선물을 보내 준 것에 깊은 감사를 전하고자 합니다.

어떤 의미에서 이것이 편지를 쓴 한 가지 이유였습니다. 빌립보 교회는 사도에게 선물을 보냈습니다. 그것이 구체적으로 무엇이었는지, 돈이었는지 그 비슷한 무엇이었는지 성경은 밝히고 있지 않습니다. 어쨌든 에바브로디도는 빌립보 교회의 선물을 가지고 왔습니다. 그리고 이제 다시 빌립보로 돌아가려 합니다. 바울은 지금 그 편에 보낼 편지를 쓰고 있습니다. 교리 이야기를 마친 사도는 이처럼 선물을 보냄으로써 자신의 옥살이와 고난에 사랑과 위로를 표시해 준 이들에게 감사를 전하고자 했습니다. 그래서 10절에서 20절까지 무려 열 절에 걸쳐 그 이야기를 하고 있습니다. 늘 느끼는 바지만, 사도가 이 위대한 편지를 써 나가는 구체적인 방식을 관찰해 보면 참 재미있습니다. 심지어 감사의 말에도 교훈과 관심을 가득 담아 놓았습니다. 바울은 빌립보 교인들의 친절한 선물에 감사를 표하려 하다가 한 가지 문제에 봉착했던 것이 분명합니다. 친절하고 후한 사람들에게 감사를 표하는 데 무슨 문제가 있었겠느냐고 할 수 있지만, 바울은 분명히 문제에 봉착했습니다. 그래서 무려 열 절에 걸쳐 길게 이야기하고 있습니다. 그는 중대한 교리도 한두 구절로 간단히 처리하고 넘어갈 때가 많습니다. 그런데 빌립보 교회의 선행과 친절에 감사하는 말은 무려 열 절에 걸쳐 길게 하는 것입니다. 사도가 계속 같은 표현을 반복하는 것도 눈에 띕니다. 앞에서 "내가 궁핍하므로 말하는 것이 아니"라고 하더니, 뒤에서도 "내가 선물을 구함이 아니"라고 합니다. 이것은 일종의 논증입니다. 그는 적절한 단어를 찾고자 고심했던 것으로 보입니다.

바울의 고민은 이것이었습니다. 그는 진심으로 빌립보 교회의 친절에 감사하고 싶었습니다. 그러면서도 자신이 그런 친절의 표시를 초조하게 기다리거나 기대하지는 않는다는 점, 그들의 선량하고 후한 대접에 의지하지는 않는다는 점을 밝히고자 했습니다. 그래서 문제에 봉착한 것입니다. 그는 이 두 가지 의도를 동시에 전달해야 했습니다. 빌립보 교인들에게 감사의 마음을 전하면서도, 그리스도인으로서 하나님을 의지하며 살아온 자신의 삶을 조금이라도 손상시키거나 훼손하지 말아야 했습니다. 그래서 무려 열 절에 걸쳐 길게 이야기하고 있는 것입니다. 이것은 바울이 다른 이들의 감정을 섬세하게 헤아리는 신사적인 그리스도인이었기 때문에 생긴 문제였습니다. 사도는 다른 이들의 감정을 헤아리는 참으로 훌륭한 신사였습니다. 그래서 자신의 깊은 감사를 전하고 그들의 친절에 얼마나 감동했는지 표현하는 동시에, 설사 선물을 보내지 않았더라도 '왜 저들이 나의 궁핍과 고난을 외면할까?' 고민하지는 않았으리라는 점을 분명히 밝히려 합니다. 바울은 자신이 절대 그런 상태에 있지 않음을 확실히 짚고 넘어가려 했습니다. 이 열 절은 사도가 어떻게 이 문제를 풀어 나가는지 보여주고 있습니다.

우리가 알아야 할 사실은 기독교 진리가 우리의 삶 전체를 통치한다는 것입니다. 기독교 복음은 그리스도인의 삶 전체를 다스립니다. 8절에서 보았듯이 그리스도인의 사고도 지배하고, 9절에서 보았듯이 행동도 지배합니다. 이 열 절은 심지어 다른 이의 친절에 감사할 때에도 비그리스도인과 달라야 한다는 점을 보여줍니다. 감사할 때에도 그리스도인은 아무렇게나 감사하는 것이 아니라 그리스도인답게 감사해야 합니다. 사도는 친구들의 은혜에 감사의 마음을 표시하면서도 주님의 은혜에 더 큰 감사의 마음을 표시하고 있습니다. 항상 주님의 이름이 실추되지 않도록 애썼던 바울은 빌립보 교인들의 선물에 감사하려다가 혹시라도 주님 한분만으로 만족하지 못하는 듯한 인상을 주게 될까 봐 염려했습니다. 이것이 그의 우선적인 관심사였습니다. 빌립보 교인들을 깊이 사랑하고 그들에게 크게 감사하면서도 주님은 그보다 훨씬 더 사랑했기에, 그들에게 감사하려다가 혹시라도 주님 한분만으로 만족하지 못하고 결국 그들을 의지하는 것처럼 비칠까 봐 염려했습니다.

그래서 이 강력한 본문을 통해 놀라울 만큼 확신에 찬 어조로 주님이 으뜸이시며 모든 만족이 되신다고 선언하면서, 빌립보 교인들이 개인적으로 자신을 돌보아 주고 위로해 준 일에 대해 감사와 고마움과 사랑을 표시하는 것입니다. 이 주제의 핵심은 11절과 12절에 나옵니다. 여기에도 교리가 담겨 있습니다. "내가 궁핍하므로 말하는 것이 아니니라. 어떠한 형편에든지 나는 자족하기를 배웠노니 나는 비천에 처할 줄도 알고 풍부에 처할 줄도 알아 모든 일 곧 배부름과 배고픔과 풍부와 궁핍에도 처할 줄 아는 일체의 비결을 배웠노라."

이제부터 바울이 선언한 이 위대한 교리를 살펴봅시다. 우리는 여기에서 두 가지 큰 원리를 찾아볼 수 있습니다. 첫 번째는 사도가 어떤 상태에 도달했느냐 하는 것이고, 두 번째는 어떻게 그런 상태에 도달했느냐 하는 것입니다. 그 두 가지가 이 굉장한 말씀의 주제를 이루고 있습니다.

먼저 사도가 어떤 상태에 도달했는지부터 살펴봅시다. 그는 "자족"이라는 단어로 그 상태를 묘사합니다. "어떠한 형편에든지 나는 **자족하기를** 배웠노니." 이 단어의 정확한 의미를 파악하는 것이 중요합니다. "만족content"이라는 흠정역 번역은 원래 그리스어의 의미를 충분히 전달하지 못합니다. 바울이 말하려는 바는 자신이 "자족self-sufficient"한다는 것, 상황이나 조건이나 환경과 상관없이 충분히 자족한다는 것입니다.* 이것이 흠정역에 "만족"이라고 번역된 말의 진짜 의미입니다. 사도는 자신의 처지나 상황이나 환경이나 사건에 좌우되지 않는다고 스스럼없이 말할 수 있는 상태에 도달했다고 단언합니다. 신약성경의 다른 부분에서 사도와 그의 삶에 대한 기록들을 찾아보면 이것이 단순히 수사적인 표현이 아니라는 것을 분명히 알 수 있습니다. 예를 들어 사도행전 16장을 보면, 바울이 이 편지의 수신처인 빌립보에 처음 갔을 때 일

---

* 우리말 성경 개역개정판은 후자로 번역했다.

어난 흥미로운 사건이 나옵니다. 바울과 실라가 체포되어 매를 맞고 차꼬에 발을 묶인 채 감옥에 갇혔던 일을 여러분도 기억할 것입니다. 물리적으로 볼 때 두 사람은 최악의 상황에 처해 있었습니다. 그러나 그들은 그 상황에 영향을 받지 않고 "한밤중에……기도하고 하나님을 찬송"했습니다(행 16:25). 상황과 상관없이 "어떠한 형편에든지……자족"한 것입니다. 고린도후서 12장의 유명한 본문에도 같은 말이 나옵니다. 바울은 자신이 어떻게 "육체의 가시"에 좌우되지 않는 법을 배웠는지 이야기합니다. 육체의 가시가 있었음에도 그는 자족했습니다. 또한 그가 어떻게 디모데에게 이 원리를 붙잡으라고 권면했는지도 알 것입니다. "자족하는 마음이 있으면 경건은 큰 이익이 되느니라"(딤전 6:6). 요컨대 "자족하는 마음만 한 것이 없다. 자족하는 마음만 있으면 전부를 다 가진 것이다"라는 것입니다. 디모데전서를 쓸 무렵, 바울은 이미 노인이었습니다. 노인으로서 젊은 디모데에게 편지를 보내 "네가 가장 먼저 배워야 할 일은 상황이나 형편에 좌우되지 않는 것이다. 자족하는 경건을 갖는 것이다"라고 가르친 것입니다. 이 외에도 다른 예들이 많이 있습니다.

신약성경은 바울뿐 아니라 모든 그리스도인이 이런 상태에 도달해야 한다고 아주 분명하게 가르칩니다. 마태복음 6:34에서 주님이 하신 말씀을 기억할 것입니다. "그러므로 내일 일을 위하여 염려하지 말라." 주님은 먹고 입고 사는 문제로 너무 염려하고 걱정하지 말라고 하셨습니다. 이것은 어떤 일에도 좌우되지 않는 영광스러운 상태, 강력한 상태입니다. 우리 모두 이런 상태를 알고 경험해야 합니다. 이것은 좋은 의미의 자족입니다.

이 말의 의미를 분명하게 이해하는 것보다 중요한 일이 없습니다.

"자족"이라는 말은 사도의 가르침을 오해하게 만들기 쉽습니다. 이 말을 잘못 해석함으로써 기독교 복음이 '민중의 아편'에 불과하다는 도전을 정당화하는 빌미를 제공할 수 있습니다. 오늘날 많은 이들이 기독교 복음을 인류의 전진을 가로막는 장애물이자 진보의 걸림돌로, '민중의 마약'으로 취급하려는 경향이 있습니다. 그들은 기독교가 어떤 상황에서든 무조건 참으라는 교리, 아무리 수치스럽고 불의한 일이 있어도 참으라는 교리를 가르친다고 말합니다. 이런 본문을 다음과 같이 오해하는 바람에 예수 그리스도의 복음에 대해 정치적으로 격렬한 반발이 일어났습니다.

> 부자는 성안에,
> 가난한 자는 성문에 산다.
> 하나님이 사람을 높거나 낮게 만드시고
> 신분을 정해 주셨다.
> —C. F. 알렉산더 Alexander

이것은 사도의 가르침을 완전히 부인하는 허튼소리에 불과합니다. 그런데도 이런 식으로 해석하는 경우가 많습니다. '저 멀리 푸른 초장 있네' 같은 찬송을 지은 사람이 이렇게 성경의 가르침을 모독하는 시를 썼다는 것이 유감스러울 따름입니다. "부자는 성안에, 가난한 자는 성문에 산다"니, 그러면 영원히 정해진 신분에 따라 살라는 말입니까? 성경은 절대 그렇게 가르치지 않습니다. '더 나아지려고' 노력하지 말고 가난에 만족하며 살라고 하지 않습니다. '모든 사람은 하나님 앞에서 평등하며 공평한 기회를 얻을 권리가 있다'는 전제에 반대하는 말씀은 성경 어디에도 없습니다. 오늘 본문 같은 말씀이 마치 그렇게 가르치는 것처럼 잘못 해석하는 바람에 그리스도의 교회는 심각한 해를 입었습니다.

자족한다는 것은 상황에 무심해진다는 뜻이 아닙니다. 그것은 이방 스토아주의의 소극적인 체념에 불과합니다. 기독교의 입장은 절대 그런 것이 아닙니다. 그렇다면 자족한다는 것은 대체 무슨 뜻일까요? 상황에 지배당하거나 좌우되지 않는다는 것입니다. 합법적이고 공정하게 상황을 개선할 수 있다면 모든 방법을 동원해서 그렇게 한다는 것입니다. 그러나 설사 그럴 수 없다 해도, 괴롭고 힘든 처지를 벗어날 길이 전혀 없다고 해도 거기 지배당하고 주저앉지 않는다는 것입니다. 상황이 우리를 지배하거나 우리의 행불행을 좌우하지 못한다는 것입니다. "어떤 형편에 처하든지 거기 지배당하지 않는 상태가 되어야 한다"라고 사도는 말합니다. 그리고 자신은 이미 그런 상태가 되었다고 단언합니다. "모든 형편, 모든 상황을 내가 통제한다. 상황이 나를 지배하는 것이 아니라 내가 상황을 지배한다. 나는 상황에서 해방되었고, 상황에서 자유롭다. 지금 일어나는 일이든 장차 일어날 일이든 내 삶과 행복과 기쁨과 경험에는 아무 영향을 끼치지 못한다"라고 말합니다. 실제로 바울이 감옥에 갇혀 있는 상황에서—아마도 군병과 연결된 사슬에 양손이 묶여 있는 상태에서—이 말을 했다는 사실을 다시금 상기시키고 싶습니다. 그런 상태에서도 자신은 상황에서 자유롭다고 말하는 것입니다. "지금 일어나는 일은 내 삶을 통제하거나 결정짓지 못한다. 나는 그런 것들에 굴하지 않는 상태와 수준에 도달했다. 그런 것들은 내 삶과 경험을 결정짓는 요소가 아니다"라고 말하는 것입니다.

이것이 사도의 주장입니다. 사도는 이 주장의 포괄성을 강조하고자 했습니다. 그가 실제로 한 말을 다시 관찰해 보십시오. 일반적인 진술을 한 후에 다음과 같이 부연하고 있습니다. "나는 비천에 처할 줄도 알고 풍부에 처할 줄도 알아 모든 일—그는 다시 같은 말을 반복합니다—곧 배부름과 배고픔과 풍부와 궁핍에도 처할 줄 아는 일체의 비결을 배웠노라." 사도는 이 주장의 포괄성을 아주 분명하게 밝히고자 했습니다. 그가 어떻게 서로 반대되는 상황을 열거하는지 봅시다. 그는 비천한 것이 무엇인지, 배고프고 궁핍한 것이 무엇인지 알았습니다. 반대로 풍부한 것이 무엇인지, 배부르고 넉넉한 것이 무엇인지도 알았습니다. 둘 중 어느 상황에 처할 때 상대적으로 자족하기가 더 어려운지를 놓고 토론해 보면 재미있을 것입니다. 비천할 때 자족하기가 더 어렵겠습니까, 풍부할 때 자족하기가 더 어렵겠습니까? 과연 이 질문에 대답을 할 수 있을지 모르겠습니다. 둘 다 심히 어렵기는 마찬가지입니다. 비천해질 때 원망하거나 근심하지 않을 수 있을까요? 당장 먹을거리와 입을거리가 없는데 참아 낼 수 있을까요? 직장과 일터에서 무시당하거나 굴욕을 당할 때에도 전과 똑같은 마음을 유지할 수 있을까요? 자신이 두 번째 자리로 밀려나는 것, 상처받는 것, 모욕당하는 것, 또는 다른 이들이 이런 일을 당하는 모습을 보는 것, 물리적으로 궁핍해지거나 고통을 겪는 것—비천함이 무엇이며 배고픔이 무엇인지, 어떤 면에서든 궁핍함이 무엇인지 경험하는 것—은 참으로 힘겨운 일입니다. 이런 일을 당할 때에도 원망하거나 불평하거나 짜증내거나 괴로워하지 않는 법, 근심하고 걱정하지 않는 법을 찾는 것이야말로 인생의 큰 숙제입니다. 그런데 바울은 그 비결을 배웠다는 것입니다. 실제로 그는 온갖 종류의 시련과 환난을 겪으면서도 거기 휘둘리지 않았습니다.

또 다른 측면을 살펴봅시다. 바울은 자신이 "풍부에 처할 줄도 알" 았다고 말합니다. 배부른 것이 무엇이며 넉넉히 누리는 것이 무엇인지 알았다는 것입니다. 이런 상황에서 자족하는 일 또한 어렵습니다. 부자가 하나님을 계속 의지하는 마음을 품기란 매우 어려운 일입니다. 모든 일을 스스로 해결하고 처리할 만큼 부유한 사람은 하나님을 잊고 지내기 쉽습니다. 사람들은 대부분 힘들 때 하나님을 떠올립니다. 궁핍해야 기도하지, 모든 것이 풍족하면 쉽게 잊어버립니다. 어느 쪽이 더 어려운지 여러분 스스로 판단해 보십시오. 바울은 둘 중 어느 쪽이든 자신은 상관없다고 말합니다. 가난하다고 침체하지도 않고, 부유하다고 들뜨거나 해이해지지도 않는다고 말합니다. 자신은 상황에 좌우되지 않는다고, 그런 의미에서 자족한다고 말합니다. 자신의 삶은 상황에 지배당하지 않으며 자신 또한 상황에서 자유롭다는 것입니다. "풍부"하든 "궁핍"하든 상관이 없다는 것입니다.

그는 여기에서 그치지 않고 더 나아가 "모든 일"에 자유롭다고 말합니다. 여기에서 "모든 일"이란 모든 상황, 모든 사건을 포괄하는 말이며 구체적인 측면과 전체적인 측면을 포괄하는 말입니다. 바울은 의도적으로 이 두 측면을 나누어 이야기하고 있습니다. 어떤 경우든 상관없이 자족할 수 있음을 보여주기 위해서입니다. 그는 "이러이러한 구체적인 경우에 나는 자족한다"라고 말한 다음, "종합적으로 말해서 무슨 일이 닥치든 나는 자족한다. 그런 일들에 좌우되지 않는다. 그런 일들은 내 삶과 행복과 기쁨을 결정짓거나 지배하지 못한다"라고 덧붙입니다.

사도에 따르면 이것이 그리스도인의 삶이요 그리스도인이 살아가는 방법입니다. 이 강력한 말씀을 직시하는 것이 유익합니다. 우리는 불확실한 시대에 살고 있습니다. 우리가 가장 먼저 배워야 할 중대한 교훈은 어떻게 환경이 우리의 내적인 평강과 기쁨을 건드리지 못하게 하느냐 하는 것입니다. 오늘날처럼 이 교훈을 배우기 힘든 시대는 없었을 것입니다. 요즘은 생활 전체가 워낙 조직화되어 있기 때문에 자족하는 그리스도인의 삶을 살기가 거의 불가능합니다. 게다가 우리도 천성적으로 우리에게 닥치는 일들과 주변에서 일어나는 일들에 의지하는 존재인지라 이런 삶을 살기가 굉장히 어렵습니다. 라디오와 텔레비전이 등장하면서 그에 대한 의존도가 점점 더 높아지고 있습니다. 신문, 영화, 오락에 대한 의존도도 높아지고 있습니다. 세상은 모든 면에서 우리의 삶을 조직화하고 있으며, 우리는 세상이 제공하는 것들에 점점 더 많이 의지하고 있습니다. 제2차 세계대전이 발발한 지 얼마 되지 않아 등화관제가 처음 실시되었을 때 벌어진 상황이 그 좋은 예입니다. 이른바 '등화관제의 권태'에 대한 일화들이 있습니다. 사람들은 집에서 아무것도 하지 않고 연달아 며칠 밤을 지내기가 얼마나 힘든지 경험했습니다. 영화나 연극을 비롯한 여러 가지 오락거리에 의존해서 살다가 갑자기 모든 것이 끊어져 버리자 시간을 어떻게 보내야 할지 알 수 없었던 것입니다. 이것은 바울이 여기에서 묘사하는 모습과 정반대되는 모습입니다. 그런데 이런 경향이 오늘날 점점 더 심화되고 있습니다. 우리는 남들이 우리를 어떻게 대하느냐에 점점 더 좌우되고 있습니다. 이것은 바울의 가르침에 역행하는 것입니다.

오, 세상의 전반적인 모습만 이런 것이 아닙니다. 그리스도인 개개인의 모습도 마찬가지입니다. 영적인 차원에서 현재 당면한 가장 큰 위험은 모임에 의지하는 것이라고 말하고 싶습니다. 일종의 '모임중독자'들이 나타났습니다. 거의 항상 모임에 나가는 듯한 그리스도인들이 있습니다. 물론 모임은 아주 유익한 것입니다. 제 말을 오해하지 말기 바랍니다. 오직 주일예배만 가야 한다는 뜻이 아닙니다. 이런저런 모임도 중요합니다. 그러나 어쩌다 아파서 집에 머물게 될 때 시간을 어떻게 보내야 할지 모를 만큼 모임에 의지하면 안 됩니다. 기독교 모임—또는 기독교적인 분위기—을 과도하게 의지할 수 있습니다. 주로 청년들이 관련된 기독단체 회원들의 '누수' 현상에 대해 어떤 분과 이야기를 나눈 적이 있습니다. 이것은 아주 현실적인 문제입니다. 기독단체의 분위기에 둘러싸여 지낼 때는 관심을 갖고 열심을 내던 청년들이 불과 몇년 만에 교회에서 이탈해 버립니다. 이런 '누수'가 발생하는 원인이 대체 무엇일까요? 많은 경우 특정한 교제에 지나치게 의지했던 것이 문제입니다. 그러다가 세상에 나가거나 교제할 그리스도인들이 없는 타 지역에 가게 되면 갑자기 흥미가 떨어지면서 넘어져 버리는 것입니다. 사도는 그러면 안 된다고 경고합니다. 그뿐 아니라 교회 봉사나 간증 같은 수단에 의지하는 위험에도 빠지지 않도록 조심해야 합니다. 사도는 주변 상황에 좌우되지 않는 상태에 도달하라고 권면합니다. 이 영광스러운 자족의 마음을 키워 나가라고 권면합니다.

화이트헤드Alfred North Whitehead 교수가 종교를 정의하면서 말한 중대한 진리가 있습니다. "종교란 고독을 어떻게 다루느냐로 나타난다." 결국 혼자 있을 때의 모습이 진짜 모습입니다. 어떤 의미에서 저는 서재에 혼자 앉아 있는 쪽보다 강단에서 설교하는 쪽이 더 쉽습니다. 사람들도 대부분 혼자 있을 때보다 다른 그리스도인들과 함께 있을 때 주님의 임재를 누리기가 더 쉬울 것입니다. 바울은 자신이 누리는 상태를 우리도 누리기 원했습니다. 그는 어떤 일에도―지금 일어나는 일이든 장차 일어날 일이든―좌우되지 않게 해주신 주님을 사랑했습니다. 어떤 상황, 어떤 사건을 만나든지, 어느 곳에 가서 무슨 일을 겪든지 상관없이 그는 자족했습니다. 비천하든 풍부하든 궁핍하든 넉넉하든 상관없이 이 생명, 그리스도와 함께 감추어진 생명을 놓치지 않았습니다.

본문에 나오는 두 번째 주제, 즉 사도가 어떻게 이런 수준에 도달했는지 간략하게 살펴봅시다. 이 부분에서도 그는 아주 흥미로운 진술을 하고 있습니다. 그는 "자족하기를 배웠노니I have learned"라고 말합니다. 더 좋은 번역은 "배우게 되었노니I have come to learn"입니다. 이 말 때문에 저는 하나님께 감사를 드립니다. 우리처럼 바울도 처음부터 이런 상태에 있었던 것은 아닙니다. 그도 배워서 이렇게 되었습니다. 그가 사용하는 흥미로운 단어가 한 가지 더 있습니다. "배부름과 배고픔과 풍부와 궁핍에도 처할 줄 아는 일체의 **비결을 배웠노라**instructed." 모든 권위자들이 동의하는 바, 이것은 '비결을 전수받았다, 비법을 알게 되었다, 비밀을 알게 되었다'는 뜻입니다.

바울은 자신이 어떻게 이런 상태에 도달하는 법을 배웠는지 알려줍니다. 신약성경에 나오는 여러 가지 암시를 보면, 옥에 갇힌 상태에서 자족한다는 것이 바울에게는 특히 힘든 일이었으리라는 점을 쉽게 짐작할 수 있습니다. 그는 천성적으로 예민하고 자부심이 넘치는 사람이었을 뿐 아니라 아주 활동적인 사람이었습니다. 그런 사람이 꼼짝없이 옥에 갇혀 지내는 것보다 화나는 일은 없었을 것입니다. 그는 로마 시민으로 성장했음에도 속박을 당했으며, 뛰어난 지성인들이 아닌 노예들 틈에서 인생을 보냈습니다. 그런데 대체 어떻게 그 모든 일을 감당할 수 있었을까요? 아, 그는 그 방법을 배웠다고, 그 비법과 비밀을 배워서 알게 되었다고 말합니다.

어떻게 배웠을까요? 제가 한번 대답해 보겠습니다. 첫째는 순전히 경험으로 배웠다는 것입니다. 고린도후서 12장, 그중에서도 특히 "육체의 가시"에 대해 이야기하는 9-10절을 보면 알 수 있습니다. 바울은 그 가시가 싫었습니다. 그 가시와 씨름하며 세 번이나 뽑아 주실 것을 구했습니다. 그러나 하나님은 뽑아 주시지 않았고, 사도는 그 사실을 받아들이지 못했습니다. 계속 복음을 전해야 하는데 육체의 가시가 가로막아서 조바심이 났습니다. 그때 배운 교훈이 바로 "내 은혜가 네게 족하도다"라는 것이었습니다. 그는 하나님이 자신을 어떻게 다루시는지 경험함으로써 이 교훈을 이해하게 되었습니다. 이처럼 바울도 배워서 알게 되었습니다. 우리도 경험으로 배웁니다. 배우는 것이 더딜 때, 하나님은 그 자비하심으로 병을 주시기도 하고 때로는 넘어지게도 하십니다. 이 위대한 교훈을 가르치시고 이 위대한 상태로 인도하시는 데 필요한 일들을 허용하십니다.

그러나 경험으로만 배우는 것은 아닙니다. 바울은 중요한 논증을 통해서도 이 진리를 배웠습니다. 여러분이 직접 적용할 수 있는 그 논증의 단계를 알려 드리겠습니다. 제가 생각하는 사도의 논리는 다음과 같습니다. 그는 생각했습니다.

1. 형편은 항상 바뀌게 마련이므로, 형편에 의존하면 안 되는 것이 분명하다.

2. 최고로 중요한 것, 지극히 중요한 것은 내 영혼이며 하나님과 나의 관계다. 이것이 첫째다.

3. 하나님은 내 아버지로서 나를 염려하고 계시며 내게 일어나는 모든 일을 알고 계신다. 내 머리털까지 다 세고 계신다. 이 사실을 절대 잊으면 안 된다.

4. 하나님의 뜻과 방법은 큰 비밀이지만, 그가 무엇을 뜻하시고 허락하시든 내 유익을 위한 것임을 안다.

5. 인생의 모든 상황은 하나님의 사랑과 선의 표출이다. 나는 하나님의 선하심과 자비하심이 매번 어떻게 나타나는지 보면서 놀랄 준비를 하고 복받을 준비만 하면 된다. 하나님의 길은 우리의 길과 다르다(예컨대 바울이 육체의 가시와 관련하여 배운 중대한 교훈이 무엇입니까? "내가 약한 그때에 강함이라"라는 것입니다. 그는 하나님의 은혜가 육체의 약함을 통해 나타난다는 것을 배웠습니다).

6. 그러므로 상황과 형편을 그 자체로만 볼 것이 아니라, 하나님이 내 영혼을 온전하게 만들어 마침내 완성시키시는 과정의 일환으로 보아야 한다.

7. 지금 내 형편이 어떠하든지 다 일시적인 것이고 지나가는 것에 불과하다. 그리스도와 함께 궁극적으로 날 기다리고 있는 저 영광과 기쁨은 결코 빼앗아 가지 못한다.

저는 바울이 이렇게 추론하고 논증했을 것이라고 생각합니다. 그는 기독교의 진리와 복음에 비추어 자신의 형편과 상황을 직시했고, 이러한 논리적 단계와 순서를 따라 생각했습니다. 그리고 나서 "무슨 일이 생기든 나는 변하지 않는다. 무슨 일이 닥치든 나는 흔들리지 않는다"라고 말한 것입니다.

여기에서 선명하게 떠오르는 중대한 원리는 바울이 그리스도 안에서, 항상 그리스도 안에서만 기쁨과 만족을 찾는 법을 배웠다는 것입니다. 그것이 이 주제의 적극적인 측면입니다. 우리는 그리스도를 의지하는 법을 배워야 합니다. 그것을 배우기 위해 그를 아는 법을 배우고, 그와 교통하는 법을 배우며, 그에게서 기쁨을 찾는 법을 배워야 합니다. 분명하게 짚어서 말씀드리겠습니다. 그리스도에 관한 글을 읽는 데 과도한 시간을 쓰는 이들이 있습니다. 그러나 아무것도 읽지 못할 날이 올 수 있습니다. 아니, 실제로 그런 날이 오고 있습니다. 그것은 시험입니다. 그래도 여전히 행복할 수 있겠습니까? 귀가 멀거나 눈이 멀어도 기쁨의 샘이 마르지 않을 만큼 지금 주님을 잘 알고 있습니까? 어떤 경우에도 주님께 아뢰고 그의 말씀을 들으며 그를 즐거워할 수 있을 만큼 잘 알고 있습니까? 무슨 일이 생기든 주님과 나의 관계를 항상 의지하기 때문에 괜찮습니까? 사도는 그랬습니다. 어떤 상황에도 좌우되지 않을 만큼 그리스도와 크고도 깊은 친밀감을 누렸습니다.

마지막으로, 저는 그리스도가 보여주신 뛰어나고 온전한 본을 바라본 것이야말로 사도가 이 교훈을 배우는 데 큰 도움이 되었으리라고 생각합니다. "예수를 바라보자. 그는 그 앞에 있는 기쁨을 위하여 십자가를 참으사 부끄러움을 개의치 아니하시더니"(히 12:2). 바울은 예수를 바라보았습니다. 예수 자신을 바라보았고, 예수가 보여주신 온전한 본을 바라보았으며, 그 본을 따라 살았습니다. "우리가 주목하는 것은 보이는 것이 아니요 보이지 않는 것이니 보이는 것은 잠깐이요 보이지 않는 것은 영원함이라"(고후 4:18).

그리스도인들이여, 여러분도 "어떤 상황에 처하든지 자족하는 법, 환경에 좌우되지 않는 법을 배웠다"라고 말할 수 있습니까? 이런 상태가 어떤 것인지 알고 있습니까? 이것을 우리의 첫째가는 목표로 삼읍시다. 이것을 열망합시다. 이 복된 상태에 이르도록 있는 힘껏 노력합시다. 삶이 워낙 힘들어서 이것을 열망하는 이들이 있을 것입니다. 그러나 지금 편한 환경에서 사는 사람도 조만간 이 땅과 이 땅의 모든 것이 사라질 때 결국 홀로 남아 죽음과 영원한 운명을 맞이할 것입니다. 인생에서 가장 중요한 일은 그때 과연 그리스도처럼 말할 수 있느냐 하는 것입니다. "그러나 내가 혼자 있는 것이 아니라 아버지께서 나와 함께 계시느니라"(요 16:32).

하나님이 그 무한한 은혜로 이 중대하고 긴요한 교훈을 가르쳐 주시기를 원합니다. 그 일을 위해 오거스터스 탑레이디의 말로 다음과 같이 자주 기도합시다.

숨 쉬며 살 때도,
죽어 눈 감을 때도,
미지의 길로 올라가
심판대 앞에 설 때도,
만세 반석 열린 곳에
나를 숨겨 주소서.*

---

* 찬송가 188장 4절 다시 옮김.

21
최종해결책

내게 능력 주시는 자 안에서 내가 모든 것을 할 수 있느니라.
빌립보서 4:13

이 위대하고 강력한 사도가 이방인들에게 보내는 서신에는 엄청난 말들이 무수히 등장하는데, 13절도 그중에 하나입니다.

사도 바울의 편지를 읽을 때, 본론이 끝남과 동시에 중요하고 강력한 이야기가 다 끝났다고 여기는 것보다 큰 잘못은 없습니다. 추신으로 덧붙이는 내용까지 늘 주의 깊게 보아야 합니다. 편지 어느 구석에 보석이 박혀 있을지 모릅니다. 진리에 대한 놀라운 통찰과 교리를 심오하게 밝혀 주는 말들이 인사말, 추신 가리지 않고 편지 곳곳에 박혀 있습니다.

13절은 이 편지의 추신이라고 할 수 있습니다. 9절에서 본론을 마친 다음, 빌립보 교인들이 개인적인 선의로 선물을 보내 준 것에 감사를 표시하는 부분이기 때문입니다. 그러나 앞서 살펴보았듯이, 이 감사 또한 교리와 관련되어 있습니다. 물론 빌립보 교인들에게 감사하고 싶은 마음도 컸지만, 사도 자신이 그리스도로 만족한다는 사실과 남들이 자신을 생각해 주든 그렇지 않든 주 안에서 아무 부족함이 없다는 사실을 빌립보 교인들이나 다른 이들에게 알리려는 마음이 훨씬 더 컸습니다. 이 말도 그 맥락에서 하는 것입니다.

이것은 엄청난 말입니다. "내게 능력 주시는 자 안에서 내가 모든 것을 할 수 있느니라." 여기에는 승리감과 겸손함이 다 담겨 있습니다. 얼핏 보면 자랑하는 말 같지만, 다시 읽어 보면 주님께 바치는 가장 영광스럽고 빼어난 찬사임을 알게 됩니다. 이것은 사도가 즐겨 사용했던 역설적 표현입니다. 기독교의 진리는 본질적으로 항상 역설을 담고 있습니다. 기뻐하고 자랑하라고 하면서, 동시에 겸손하고 낮아지라고 합니다. 그러나 이 두 가지는 서로 모순되지 않습니다. 그리스도인은 자신이 아닌 주님을 자랑하는 사람들이기 때문입니다.

바울은 이 말을 즐겨 했습니다. 예컨대 갈라디아서를 보기 바랍니다. "그러나 내게는 우리 주 예수 그리스도의 십자가 외에 결코 자랑할 것이 없으니"(6:14). 고린도후서도 보십시오. "자랑하는 자는 주 안에서 자랑할지니라"(10:17). 한편으로는 자랑하라고 권면합니다. 맞습니다. 그러나 주 안에서 자랑하라고 합니다.

이처럼 13절은 역설적인 말로서, 이 말을 살펴보기에 가장 좋은 방법은 다른 번역을 찾아보는 것입니다. "내게 능력 주시는 그리스도 안에서 내가 모든 것을 할 수 있느니라"라는 흠정역 번역은 어떤 점에서 아주 정확하기는 하지만, 사도가 의도했던 미묘한 의미는 전달하지 못합니다. 저는 다음의 번역이 더 낫다고 생각합니다. "내게 계속 힘을 불어넣어 주시는 분이 있어 나는 강하니라[강해졌느니라]." 원래는 "그리스도"라는 말이 없다는 것이 권위자들의 공통된 견해지만, 그렇다고 주춤할 필요는 없습니다. 바울이 실제로 가리키는 분이 그리스도시기 때문입니다. 바울은 지금 자기 힘으로 무슨 일을 할 수 있다고 말하는 것이 아닙니다. 자신에게 능력을 주시는 분 때문에 무엇이든 할 수 있고 모든 일을 할 수 있다는 것입니다. 다시 말해서 이것은 앞서 나온 내용에 대한 궁극적이고 최종적인 설명입니다. 알다시피 바울은 "어떠한 형편에든지 나는 자족하기를 배웠노니 나는 비천에 처할 줄도 알고 풍부에 처할 줄도 알아 모든 일 곧 배부름과 배고픔과 풍부와 궁핍에도 처할 줄 아는 일체의 비결을 배웠노라"라고 했습니다. 사도도 배워서 이렇게 되었습니다. 처음부터 늘 자족했던 것이 아닙니다. 어떤 상태에서나 만족하는 법, 자족하는 법, 상황과 환경에 좌우되지 않는 법을 배워서 알게 된 것입니다. 이처럼 바울 같은 사람도 배워야 했습니다. 실제로 그는 자족의 비결을 '전수'받았다고 이야기합니다. 이것이 "일체의 비결을 배웠노니"라는 말에 담긴 의미입니다. 우리는 사도가 어떻게 이런 상태에 도달했는지 살펴보았습니다. 경험을 통해, 기독교 신앙을 가지고 논리적으로 추론함으로써, 주님을 인격적으로 친밀하게 알아 감으로써, 주님과 주님이 보여주신 영광스러운 본을 바라봄으로써 이 지식을 얻게 되었음을 알았습니다.

13절은 더 나아가 이 비결에 대한 궁극적인 설명을 제공해 줍니다. "내가 찾은 진정한 비결은 내게 계속 힘을 불어넣는 분이 계셔서 그가 나를 강하게 해주신다는 것이다." 이것이 바울의 상태를 최종적으로 설명하는 말입니다. 그가 항상 이 사실로 되돌아온다는 사실은 굳이 상기시키지 않아도 알 것입니다. 바울은 무슨 논증을 하든 이 사실로 되돌아옵니다. 무슨 논증을 하고 무슨 토론을 하든 이 사실로 되돌아옵니다. 모든 논의가 그리스도로 끝나고, 그리스도 안에서 끝납니다. 그리스도가 모든 이야기의 귀결점이요 바울의 모든 삶과 인생관을 설명하는 근거입니다. 바울이 여기에서 말하는 교리도 마찬가지입니다. 그리스도가 모든 환경, 모든 가능성, 모든 불의의 사건들을 넉넉히 감당케 해주신다는 것입니다. 바울은 이 말을 통해 여러 가지 면에서 가장 기본적이라고 할 수 있는 신약성경의 교리를 소개합니다. 그리스도인의 삶은 결국 생명과 능력과 활동의 장場입니다. 이 점을 잊고 지내기 쉽습니다. 그리스도인의 삶은 일개 철학이나 관점이나 취사선택해서 실천하는 가르침이 아닙니다. 물론 그런 차원도 있지만, 그런 차원을 무한히 더 뛰어넘는 것입니다. 신약성경이 도처에서 가르치고 있듯이, 이 삶의 핵심은 우리 안에 들어오는 강력한 힘에 있습니다. 또는 약동하는 생명력에 있다고 해도 좋습니다. 그리스도인의 삶은 활동의 장, 하나님이 활동하시는 장입니다.

사도는 빌립보서에서 이미 여러 번 이 점을 강조했습니다. 그중에 몇 가지만 찾아보겠습니다. 그는 1장에서 "너희 안에서 착한 일을 시작하신 이가 그리스도 예수의 날까지 이루실 줄을 우리는 확신하노라"라고 합니다(6절). 요컨대 "너희 그리스도인은 바로 이런 자들임을 알아야 한다. 하나님이 너희 안에서 일을 시작하셨다. 하나님이 너희 안에 들어와 일하고 계신다"라는 것입니다. 그리스도인은 바로 이런 자들입니다. 무슨 이론을 채택해서 실천하는 자들이 아닙니다. 하나님이 우리 안에서 일하시고 우리를 통해 일하십니다. 2:12-13도 보기 바랍니다. "두렵고 떨림으로 너희 구원을 이루라. 너희 안에서 행하시는 이는 하나님이시니 자기의 기쁘신 뜻을 위하여 너희에게 소원을 두고 행하게 하시나니." 하나님은 그 기쁘신 뜻을 위해 우리 안에 소원을 두고 행하게 하십니다. 우리의 가장 고상한 생각, 숭고한 열망, 의로운 의도는 다 하나님에게서 오는 것입니다. 하나님이 친히 그것들을 우리 속에 불어넣어 주십니다. 단순히 우리 혼자 활동하는 것이 아닙니다. 하나님이 활동하십니다. 바울이 3:10에서 "그리스도와 그 부활의 권능과 그 고난에 참여함"을 아는 것이야말로 최고의 열망이라고 말한 이유가 여기 있습니다. 그는 이 능력과 생명에 계속 관심을 쏟았습니다.

다른 서신에서도 마찬가지입니다. 그가 에베소 교인들을 위해 기도한 내용이 무엇입니까? "그의 힘의 위력으로 역사하심을 따라 믿는 우리에게 베푸신 능력의 지극히 크심이 어떠한 것을 너희로 알게 하시기를 구하노라. 그의 능력이 그리스도 안에서 역사하사 죽은 자들 가운데서 다시 살리시고"(엡 1:19-20). 그는 2:10에서도 "우리는 그가 만드신 바라. 그리스도 예수 안에서 선한 일을 위하여 지으심을 받은 자니"라고 말합니다. 그리고 3장 말미에서 "우리 가운데서 역사하시는 능력대로 우리가 구하거나 생각하는 모든 것에 더 넘치도록 능히 하실 이에게……"라는 위대한 진술을 합니다. 이것이 신약성경이 가르치는 교리의 특징입니다. 이것을 모르는 사람은 그리스도인의 삶과 신분에서 가장 영광스러운 면을 놓치고 있는 것이 확실합니다. 그리스도인은 본질적으로 새 생명을 받은 자입니다. 제가 지치지도 않고 계속 인용하는 그리스도인의 정의, 존 웨슬리의 유명한 정의를 다시 생각해 봅시다. 웨슬리는 17세기 인물인 헨리 스쿠걸Henry Scougal의 책 제목—『인간의 영혼 안에 있는 하나님의 생명The Life of God in the Soul of Man』—에서 이 정의를 찾아냈습니다. 바로 이 생명이 우리를 그리스도인으로 만듭니다. 그리스도인은 단순히 선량하고 점잖고 도덕적인 사람이 아닙니다. 하나님의 생명이 그 속에 들어온 사람, 하나님의 에너지와 능력과 생명이 그 속에 들어온 사람입니다. 이 생명이 우리를 그리스도인으로 만듭니다. 바울이 여기에서 말하는 바가 바로 이것입니다.

소극적인 측면에서 설명해 보겠습니다. 사도가 이 위대한 구절에서 말하는 바는 스토아주의자가 되었다는 것이 아닙니다. 오랜 자기 수양으로 세상과 환경에 더욱 무심해졌다는 것이 아닙니다. 훈련과 수양을 통해 자신이 모든 일을 할 수 있고 모든 상황을 감당할 수 있게 되었음을 깨달았다는 것이 아닙니다. 결코 그런 것이 아닙니다. 다시 한 번 상기시키지만, 수양은 스토아주의자들이 하는 것입니다. 스토아주의는 한낱 이론이 아니라 많은 이들이 추종한 삶의 방식입니다. 스토아주의자들의 생애를 읽어 보면, 바로 이런 관점 때문에 세상사에 일종의 수동적인 무심함을 보였다는 사실을 알게 됩니다. 마음의 힘을 키워 육체를 통제하고 마음의 수양에 집중함으로써 주변에서 일어나는 일들에 대해 면역성과 초연함을 길렀던 인디언 고행 수도자들의 이야기를 듣거나 읽은 적이 있을 것입니다. 힌두교나 불교를 비롯하여 여러 동양 종교를 특징짓는 중대한 원리도 이것입니다. 동양 종교는 기본적으로 상황과 환경에 초연해지도록, 주변 세상에 무심해지도록, 상황의 영향을 받지 않고 세상의 삶을 살아 나가도록 돕기 위해 만들어졌습니다. 그러나 사도가 여기에서 가르치는 교리는 그런 것이 아니라는 점을 지적하고 싶습니다. 바울은 동양의 신비주의자처럼 되었다고 말하는 것이 아니며, 어떤 일에도 영향을 받지 않을 만큼 스토아 철학에 깊이 들어갔다고 말하는 것 또한 아닙니다.

제가 이런 소극적인 측면을 애써 강조하는 이유가 무엇일까요? 이 가르침들은 사실상 아무 소망을 주지 못하기 때문이며, 이 종교들은 결국 비관적인 것들에 불과하기 때문입니다. 지난번에도 살펴보았듯이 스토아주의는 심각한 비관론에 불과합니다. 스토아주의의 결론은, 이 세상에 아무 소망이 없고 도움이 될 만한 것 또한 없으니 되도록 상처

받지 말고 최선을 다해 살아가자는 것입니다. 물론 동양의 종교들도 완전히 비관적이기는 마찬가지입니다. 그들은 물질을 악하게 보며, 육신도 본질적으로 악하게 봅니다. 만물을 악으로 봅니다. 그렇기 때문에 우리는 다만 고통을 최소화하여 살면서 윤회를 통해 모든 악을 벗어 버리고 마침내 해탈의 경지에 이르기를 바랄 뿐이라고, 절대적이고 영원한 세계에 영원히 흡수되고 동화되기를 바랄 뿐이라고 말합니다.

이것은 기독교 복음과 정반대되는 가르침입니다. 복음은 소극적이지 않고 적극적입니다. 물질을 본질적으로 악하게 보지 않으며, 세상도 물리적인 의미에서 본질적으로 악하게 보지 않습니다. 우리는 소극적인 관점을 완전히 거부합니다. 무엇보다 그런 관점으로는 주 예수 그리스도께 영광과 존귀를 돌릴 수 없기 때문입니다. 바울이 가장 관심을 쏟는 부분이 바로 이 부분입니다. 바울은 승리의 토대가 그리스도와의 연합에 있음을 보여주려 합니다. 달리 표현하자면 다시 한 번 그리스도인의 정의로 되돌아가는 것입니다. 그리스도인이 된다는 것은 단순히 그리스도의 가르침을 믿고 따른다는 뜻이 아니라, 그리스도와 긴밀히 연결됨으로써 그의 생명과 능력이 우리 안에서 역사하게 된다는 뜻입니다. 우리가 "그리스도 안에" 있다는 뜻이며, 그리스도가 우리 안에 계신다는 뜻입니다. 신약성경은 "그리스도 안"이나 "너희 안에 계신 그리스도" 같은 표현들을 사용합니다. 신약 서신서 곳곳에서 이런 표현들을 찾아볼 수 있습니다.

또는 다음과 같이 설명할 수도 있습니다. 바울은 그리스도가 자신에게 힘과 능력을 불어넣어 주심으로 모든 일을 할 수 있는 강한 사람이 되었다고 말합니다. 자기 혼자 살아가지 않는다는 것입니다. 자기 혼자 강한 적들과 승산 없는 싸움을 벌이지 않는다는 것입니다. 그리스도의 큰 능력이 자기 삶 속에 계속 들어와 동력과 에너지와 힘이 되어 준다는 것입니다. "바로 그 힘으로 나는 모든 일을 할 수 있다"라는 것입니다.

13절은 바울의 여러 말 중에서도 가장 영광스러운 말인 것이 분명합니다. 그는 평생 숱한 고난을 겪었고, 이 편지를 쓸 때도 감옥에 갇혀 있었습니다. 그는 여러 가지로 좌절을 겪었습니다. 박해를 받았고, 조롱과 멸시를 당했으며, 1장에 나오듯이 때로는 동역자들에게 실망스러운 일을 당했습니다. 그뿐 아니라 감옥에 갇히기까지 했습니다. 그의 처지는 아무리 용감한 사람이라도 낙심할 만한 것이었습니다. 게다가 언제 무참히 순교당할지조차 알 수 없었습니다. 그런데도 "내게 계속 힘을 불어넣어 주시는 분 안에서 나는 모든 것을 능히 견딜 수 있고 참을 수 있다"라고 강력하게 도전하는 것입니다.

특히 요즘 같은 때 제가 제시하고 싶은 교리가 바로 이것입니다. 이런 시대에는 마땅히 기독교 설교자와 교회가 세상의 전반적인 상황에 대해 계속 발언해야 한다고 생각하는 이들이 있습니다. "세상이 이 지경인데 개인적인 경험 이야기나 해서 되겠습니까? 그건 현실과 너무 동떨어진 태도 아닙니까? 설마 신문이나 라디오 뉴스도 접하지 않는 건 아니겠지요? 세상이 지금 어떻게 돌아가는지 알고 있습니까? 세계의 상황이나 각 국가의 상태에 대해 왜 아무 말도 하지 않는 겁니까!"라고 항의하는 이들이 많습니다. 그러나 그에 대한 저의 간단한 대답은 이것입니다. 저를 비롯한 다수의 설교자들과 온 교회가 세상의 상황에 대해 아무리 많이 발언해도 세상은 영향을 받지 않습니다. 오랜 세월 교회가 정치와 경제 상황에 대해 무수히 발언해 왔지만, 주목할 만한 변화는 일어나지 않았습니다. 설교의 임무는 그것이 아닙니다. 설교의 임무는 다음과 같이 말하는 것입니다. "사반세기 동안 벌써 두 차례의 세계대전을 겪은 세상, 앞으로 그보다 더 심각한 상황을 겪을 수도 있는 이 불확실한 세상에서 우리가 던져야 할 질문은 '어떻게 그 모든 일에 직면할 수 있을까? 어떻게 그 모든 일에 대처할 수 있을까?' 하는 것입니다." 설사 제가 국제정치에 대한 의견을 밝힌다고 한들 아무에게도 도움이 되지 않을 것입니다. 그러나 감사하게도 제가 할 수 있는 일이 있고, 제가 알려 드릴 수 있는 내용이 있습니다. 그대로 따르고 행하기만 하면 사도 바울처럼 "나는 강하다. 무슨 일이 닥치든 다 감당할 수 있다. 평화로울 때든 전쟁이 벌어졌을 때든, 자유로울 때든 종살이를 할 때든, 익숙한 삶이 계속될 때든 완전히 다른 삶이 펼쳐질 때든 다 감당할 수 있다"라고 말하게 되는 비결을 알려 드릴 수 있습니다. 거듭 밝히지만, 13절은 수동적이고 소극적으로 불의를 묵인하라는 뜻이 아닙니다. 절대 그런 뜻이 아닙니다. 무슨 일이 닥치든 다 감당할 수 있다는 뜻입니다.

성 바울이 했던 말을 과연 우리도 할 수 있을까요? 우리는 시험과 환난을 겪어 왔고, 앞으로 더 많이 겪을 것입니다. 그럴 때 이 사람 바울처럼 무슨 일이 닥치든 능히 감당할 힘과 능력이 있노라 말할 수 있을까요? 사도는 무엇이든 견딜 능력을 가지고 있었습니다. 그 능력은 대체 어떻게 얻는 것일까요?

이 문제와 관련하여 많은 혼동이 발생하고 있습니다. 제 바람은 그 혼동을 줄이는 것입니다. 평생 이 능력을 얻고자 애쓰지만 얻지 못하는 이들이 많습니다. 그들은 "그런 능력을 가진 그리스도인들을 만나 보긴

했지만, 나한테는 절대 생길 것 같지 않네요"라고 말하거나 "내 삶에 그런 능력만 생길 수 있다면 세상이라도 다 줄 용의가 있습니다. 그런데 대체 어떻게 해야 그런 능력을 얻을 수 있습니까?"라고 묻습니다. 이처럼 평생 이 능력을 얻고자 애쓰지만 얻지 못하는 이유가 무엇입니까? 저는 '나'와 '그'―사도가 말한 "능력 주시는 분"―의 바른 관계를 알지 못하고 깨닫지 못하는 데 주된 원인이 있다고 생각합니다. "내가 모든 것을 할 수 있느니라", "내게 계속 힘을 불어넣어 주시는 분을 통해 내가 모든 것을 할 수 있느니라", 또는 흠정역의 번역처럼 "내게 능력 주시는 그리스도 안에서 내가 모든 것을 할 수 있느니라"라는 이 말씀 자체에 문제의 핵심이 들어 있습니다. '나'와 '그리스도'의 바른 관계, 정확한 균형이 관건인 것입니다.

이 부분에서 많은 혼동이 발생합니다. 이 혼동의 첫 번째 원인은 '나'만 강조하는 데 있습니다. 이 문제는 이미 다루었습니다. 스토아주의자들이나 힌두교도, 불교도들이 하는 일이 바로 이것입니다. 정신 수양에 몰두하는 이들이 내내 하는 일도 이것입니다. 우리는 이런 가르침들이 적절치 못한 이유를 살펴보았습니다. 궁극적으로 이 가르침이 적절치 못한 이유는, 원래 의지력이 강한 사람, 의지력을 함양할 만한 시간을 낼 수 있는 사람만 실천할 수 있기 때문입니다. 자신이 단순한 삶을 반대하는 주된 이유는 오직 백만장자만이 그런 삶을 살 수 있기 때문이라고 밝혔던 G. K. 체스터턴Chesterton의 말에 저도 전적으로 동의하는 바입니다. 일단 수양할 시간을 확보해야 하는데, 노동자는 그런 여가나 기회를 얻을 수가 없습니다. 단순한 삶을 살려면 백만장자가 되어야 합니다. 수양을 강조하는 이 가르침은 더더욱 그렇지 않습니까? 원래 지적인 사람인데 시간과 여유까지 있다면, 몇 날 몇 주든지 집중해서 정신을 수양하고 영혼을 수양할 것입니다. 그러나 그런 여유도 없고 에너지도 없는 사람, 특히 지적이지 못한 사람에게 이런 가르침은 절대 복음이 될 수 없습니다. 이처럼 '나'를 지나치게 강조하는 데서 혼동이 발생합니다.

이것이 한 가지 잘못이라면, 또 한 가지 잘못은 다른 극단으로 치우치는 것입니다. '나'를 지나치게 강조하는 이들과 달리 '나'를 완전히 소거해 버리는 이들이 있습니다. 전에 종교잡지에서 읽었던 글을 예로 들어 설명해 보겠습니다. 그 글은 그리스도인을 다음과 같이 정의하고 있었습니다.

> 내 머리를 통해 그리스도가 생각하시고,
> 내 음성을 통해 그리스도가 말씀하시며,
> 내 마음을 통해 그리스도가 사랑하시고,
> 내 손을 통해 그리스도가 도우신다.

오늘 본문에 입각하여 제가 할 수 있는 대답은 헛소리라는 것입니다. 헛소리일 뿐 아니라 기독교의 가르침을 우습게 만드는 소리라는 것입니다. "내 머리를 통해 그리스도가 생각하시고, 내 음성을 통해 그리스도가 말씀하시며, 내 마음을 통해 그리스도가 사랑하시고, 내 손을 통해 그리스도가 도우신다"니, 그러면 '나'는 대체 어디에 있는 것입니까? '나'는 아예 사라지고 없습니다. 소거되고 없습니다. '나'는 더 이상 존재하지 않습니다. 이 인용구는 "그리스도인이 되면 개성은 사라지고 여러 가지 능력과 재능만 쓰임받는다"라는 가르침을 대변합니다. 그 사람이 쓰임받는 것이 아니라 그 사람의 머리와 음성과 마음과 손이 쓰임받는다는 것입니다. 그러나 바울이 여기에서 말하는 바는 그런 것이 아닙니다. 그는 "내게 능력 주시는 자 안에서 내가 모든 것을 할 수 있느니라"라고 말합니다. 또는 다른 서신에서 하는 말을 들어 보십시오. 갈라디아서 2:20을 기억할 것입니다. "이제는 내가 사는 것이 아니요 오직 내 안에 그리스도께서 사신 것이라." 이 구절에 '나'가 소거되고 없습니까? "이제는 내가 사는 것이 아니요 오직 내 안에 그리스도께서 사신 것이라. 이제 내가 육체 가운데 사는 것은 나를 사랑하사 나를 위하여 자기 자신을 버리신 하나님의 아들을 믿는 믿음 안에서 사는 것이라." 여기에는 '나'가 여전히 남아 있습니다.

그러므로 이 교리를 따르려면 정확한 위치를 지킬 필요가 있습니다. 그리스도인의 삶은 나 스스로 사는 삶, 내 힘으로 사는 삶이 아닙니다. 그렇다고 나는 소거되고 그리스도가 모든 것을 해주시는 삶도 아닙니다. 그렇습니다. 그리스도인의 삶은 "내게 능력 주시는 자 안에서 내가 모든 것을" 하는 삶입니다. 19세기의 유명한 설교자가 이 본문을 설교하면서 했던 말이야말로 이에 대한 최고의 설명이 아닐까 생각합니다. 옛 설교자들은 때로 아주 극적인 방식으로 설교하곤 했습니다. 이를테면 강단에서 사도와 대화를 나누는 장면을 묘사하는 식이었습니다. 이 설교자도 13절을 설교하면서 다음과 같이 가상 대화를 나누었습니다.

"내게 능력 주시는 그리스도 안에서 내가 모든 것을 할 수 있느니라."

"잠깐만요. 지금 뭐라고 하셨습니까?"

"내가 모든 것을 할 수 있느니라."

"혹시 지금 자랑하시는 겁니까? 당신이 슈퍼맨이라도 된다는 겁니까?"

"아니, 내가 모든 것을 할 수 있느니라."

자, 노(老) 설교자는 가상의 대화를 계속 이어 나갔습니다. 모든 성도 중에 가장 작은 자라고 했던 말을 비롯하여 바울이 했던 여러 말들을 인용하면서 질문을 던졌습니다. 그 모든 질문 끝에 바울이 마지막으로 한 말은 이것입니다.

"그리스도 안에서 내가 모든 것을 할 수 있느니라."

설교자는 말했습니다.

"오, 죄송합니다. 절 용서해 주십시오. 당신 혼자가 아니라 두 분이 함께 계신 것을 몰랐습니다."

저는 이 대화가 13절을 완벽하게 설명해 준다고 생각합니다. "그리스도 안에서 내가 모든 것을 할 수 있느니라." "두 분이 함께 계신 것을 몰랐습니다." 나 혼자 하는 것도 아니고, 그리스도 혼자 하시는 것도 아닙니다. 나와 그리스도, 그리스도와 내가 함께 하는 것입니다.

자, 이제 다음과 같이 설명해 봅시다. 이 능력에 바르게 접근하는 길이 무엇일까요? 주님이 바울에게 불어넣어 주신 이 능력, 그를 강하게 만들어 주고 모든 것을 견디며 참게 해준 이 능력을 어떻게 얻을 수 있을까요? 한 가지 비유를 들어 설명해 볼까요? 사실 어떤 비유도 완벽하지 않기 때문에 주저되고 떨리는 바가 있지만, 진리에 이르는 데 도움이 될 수 있으니 한번 이야기해 보겠습니다. 이 맥락에서 중요한 것은 접근법입니다. 군사 용어로 하자면 작전이라고도 할 수 있습니다. 이 말씀에는 '간접 접근' 작전을 쓰는 것이 아주 중요합니다. 군사 작전을 세울 때 늘 적을 향해 곧장 돌진하는 것은 아닙니다. 반대편으로 가는 척하다가 돌아서서 공격할 때도 있습니다. 이것이 간접 접근 작전입니다. 이 말씀에 다가갈 때 필요한 작전이 바로 이것입니다.

한 가지 예를 들어 설명해 보겠습니다. 그리스도인의 삶에 나타나는 능력의 문제는 육체적인 건강의 문제와 비슷합니다. 세상에는 건강을 위해 인생을 투자하는 사람들이 많습니다. 그런 사람들은 이 스파 저 스파 돌아다니며, 이 의사 저 의사를 찾아가 갖가지 치료를 받는 데 시간과 돈을 투자합니다. 그들이 추구하는 것은 건강입니다. 만나기만 하면 건강 이야기를 합니다. 건강이 인생의 중대사입니다. 그런데도 사실 늘 건강하지 못합니다. 대체 무엇이 문제일까요? 어떤 이들은 우선적인 건강의 원칙을 무시하다가 몸을 해칩니다. 너무 많이 먹고 너무 적게 움직여서 이상이 생기는 것입니다. 그들은 자연을 거슬러 생활합니다. 과식으로 산(酸)이 분비되고 그 산이 쌓여 치료를 받아야 할 지경에 이릅니다. 그런 이들에게 해줄 말은 적게 먹고 많이 움직여야 몸이 좋아진다는 것입니다. 삶과 생활의 기본 규칙, 우선적인 원칙만 지키면 다시 이상이 생기지 않습니다. 그 규칙을 잊어버리기 때문에 부자연스러운 상태가 심화되고 치료까지 필요한 상태가 되는 것입니다. 저는 그리스도인의 삶에 나타나는 능력의 문제도 이와 비슷하다고 말하고 싶습니다. 건강은 바른 생활의 결과물입니다. 건강 자체를 직접 얻을 방법은 없습니다. 어떻게 보면 건강 자체를 생각해서는 안 됩니다. 건강은 바른 생활의 결과물이기 때문입니다. 그리스도인의 삶에 나타나는 능력도 마찬가지입니다.

또 다른 예를 들어 보겠습니다. 설교의 문제를 생각해 봅시다. '설교의 능력'보다 더 자주 논의되는 주제는 없습니다. 설교자는 "오, 내 설교에 능력이 생겼으면" 하면서 계속 무릎을 꿇고 기도합니다. 그러나 저는 그것이 큰 잘못이 될 수 있다고 생각합니다. 내내 기도만 하고 설교를 준비하지 않는 것은 큰 잘못입니다. 설교의 능력을 얻는 방법은 주의 깊게 메시지를 준비하는 것입니다. 하나님의 말씀을 연구하십시오. 깊이 생각하고, 분석하고, 순서를 잡으십시오. 최선을 다해 그렇게 하십시오. 그렇게 준비된 메시지에 하나님의 축복이 임하기 쉽습니다. 직접적으로 접근할 것이 아니라 간접적으로 접근해야 합니다. 그리스도인의 삶을 살 수 있는 힘과 능력을 얻는 길도 똑같습니다. 우선적인 규칙과 법칙부터 지켜야 합니다.

그러므로 사도의 가르침을 다음과 같이 요약할 수 있습니다. 사도처럼 능력을 얻는 비결은 그리스도 안에서 우리에게 가능한 일이 무엇인지 신약성경에서 찾아내고 배우는 것입니다. 그리스도께 직접 나아가는 것입니다. 그와 함께 시간을 보내고, 그에 대해 묵상하며, 그를 계속 알아 가는 것입니다. 바울도 이것을 열망했습니다. "내가 그리스도[를]……알고자 하여." 그리스도와 계속 접촉하고 소통해야 합니다. 그를 아는 일에 집중해야 합니다.

또 무엇을 해야 할까요? 바울이 말한 대로 해야 합니다. 방해가 될 만한 것은 피해야 합니다. 앞서 말한 예로 돌아가서, 건강해지고 싶으면 많이 먹지 말고 해로운 환경을 피하며 한기에 노출되지 말아야 합니다. 마찬가지로, 영적인 규칙을 무시한 채 한없이 능력만 구한다고 능력이 생기는 것이 아닙니다. 그리스도인의 삶에 지름길은 없습니다. 박해 속에서도 바울처럼 느끼고 싶다면 바울처럼 살아야 합니다. 바울이 하라는 것은 하고, 하지 말라는 것은 하지 말아야 합니다. 성경을 읽고 훈련해야 합니다. 그리스도인의 삶을 연습하고 온전히 살아야 합니다. 다시 말해서 바울이 8-9절에서 가르치는 대로 해야 합니다. 그리스도 안에 거하라는 신약의 교리에 담긴 의미가 바로 이것이라고 저는 생각합니다. '거한다'라는 말은 사람을 감상적으로 만들기 쉽습니다. 수동적으로 매달리는 일처럼 오해하게 만들기 쉽습니다. 그러나 그리스도 안에 거한다는 것은 그의 말씀을 적극적으로 따른다는 뜻이며, 쉬지 않고 기도한다는 뜻입니다. 거한다는 것은 엄청나게 역동적인 일입니다.

사도는 말합니다. "자, 이렇게 하면 주님이 능력을 불어넣어 주실 것이다." 이것은 놀라운 개념입니다. 일종의 영적 수혈과 같습니다. 바울이 여기에서 가르치는 바가 이것입니다. 어떤 이유로 피를 많이 흘린 환자가 있다고 합시다. 의식을 잃은 채 숨을 헐떡이고 있습니다. 그럴 때는 약도 소용이 없습니다. 그 약을 흡수해서 사용할 만한 피가 없기 때문입니다. 환자는 빈혈 상태에 빠져 있습니다. 그럴 때 할 수 있는 유일한 조처는 수혈을 통해 피를 공급하는 것입니다. 바울은 주 예수 그리스도가 이 일을 해주신다고 말합니다. "힘이 너무 없고 기운이 다 빠져 나간 것처럼 느껴질 때가 있다. 피가 한 방울도 없는 것처럼 느껴질 때가 있다. 그러나 나와 연합하신 주님이 피를 흘려보내 주신다. 그는 내 모든 상태와 형편을 아신다. 내 필요를 정확히 아신다. 오, 그가 얼마나 넘치게 공급해 주시는지! 그는 '내 은혜가 네게 족하다'라고 하신다. 그러므로 나는 말할 수 있다. '내가 약할 그때에 곧 강함이니라.' 때로 나는 큰 능력이 임하는 것을 느낀다. 아무것도 기대하지 않았는데 모든 것이 채워지는 것을 경험한다."

그리스도인의 삶에서 누리는 낭만이 바로 이것입니다. 강단보다 더 이 낭만을 누리는 곳은 없습니다. 설교에는 확실히 낭만이 있습니다. 종종 말했지만, 강단이야말로 세상에서 가장 낭만적인 장소입니다. 매주 강단에 오르면서도 무슨 일이 일어날지 예측할 수가 없습니다. 고백컨대 이런저런 이유로 아무 기대감 없이 강단에 올랐는데 갑자기 능력이 임할 때가 있습니다. 그런가 하면 준비를 많이 하고 자신 있게 강단에 올랐는데 안타깝게 능력이 임하지 않을 때도 있습니다. 이렇게 행하시는 하나님께 감사를 드립시다. 나는 그저 최선을 다할 뿐입니다. 공급과 능력을 통제하시는 분, 힘을 불어넣어 주시는 분은 하나님입니다. 그는 하늘의 의사로서 내 상태가 어떻게 변하는지 파악하십니다. 안색을 살피시며 맥박을 재십니다. 내 설교가 부족한 것을 아시며 다른 모든 것도 아십니다. "바로 그렇기 때문에 내게 계속 힘을 불어넣어 주시는 그분을 통해 내가 모든 것을 할 수 있느니라"라고 바울은 말합니다.

이것이 처방전입니다. 능력을 달라고 기도하느라 애쓰지 마십시오. 사도가 말한 대로 하십시오. 그리스도인의 삶을 사십시오. 기도하십시오. 그리스도를 묵상하십시오. 그리스도와 함께 시간을 보내고, 그리스도를 나타내 달라고 구하십시오. 그것만 하고 나머지는 맡기면 됩니다. 그러면 힘을 주실 것입니다. "네가 사는 날을 따라서 능력이 있으리로다"(신 33:25). 우리보다 우리를 더 잘 아시는 분이 우리의 필요에 따라 공급해 주실 것입니다. 사도처럼 행하는 자는 사도처럼 말할 수 있습니다. "내게 계속 힘을 불어넣어 주시는 그분을 통해 내가 모든 것을 할 수 있느니라(강해질 수 있느니라)."

해설의 글

정근두 (울산교회 담임목사)

이번에 『영적 침체』가 로이드 존스의 가치를 깊이 이해하는 출판사에서 다시 번역 출판되는 것을 아주 기쁘게 생각한다. 많은 저자들이 세상을 떠나면 더 이상 이전처럼 읽히지 않지만, 시대를 초월해서 읽히는 책을 우리는 고전이라고 부른다. 로이드 존스가 세상을 떠난 지 이미 한 세대가 넘었지만 아직도 그의 책들이 새롭게 번역되고 읽히는 것은 그의 책이 고전에 속하기 때문이다. 이번에 그의 이 고전이 제대로 번역되고, 더욱이 그가 선호한 양장본으로 나오게 되어 더욱 기쁘다.

로이드 존스는 청중의 영적인 상태와 필요에 맞추어 뚜렷이 구분되는 세 가지 유형의 설교를 했다. 주일 아침에는 앞에 앉은 성도들을 영적으로 양육하기 위한 설교를, 주일 밤에는 복음을 들어야 하는 구도자들을 위한 전도 설교를, 그리고 금요일 밤에는 로마서와 같은 책을 선택해서 신앙의 자리에 깊이 나아가길 원하는 이들을 향한 교육 내지 교리 설교를 했다. 『영적 침체』에 포함된 21편의 설교는 '성도들의 양육'이라는 첫 번째 유형의 대표라고 할 수 있다.

내용 개관과 구조 분석

목차만 보아도 알 수 있듯이, 이 책에 포함된 21편의 설교는 영적 침체라는 주제에 대한 일반적인 고찰에서 시작해 구체적인 고찰로 나아가는 순서로 배열되어 있다. 그러면서 앞부분의 설교에서는 원인 분석을, 뒤로 갈수록 치유 방안을 다루고 있다. 로이드 존스가 의사였다는 사실을 기억하면 진단 먼저, 처방 다음이란 순서는 아주 자연스러운 것이다. 이런 접근 방식은 책 전체를 개관할 때 드러날 뿐만 아니라 한 편 한 편의 설교를 분석할 때도 자주 발견된다.

예를 들어 그의 첫 번째 설교는 '일반적인 고찰'이라는 제목처럼 영적 침체에 대한 일반적인 원인과 처방을 제시하고 있다. 이 설교의 특징은 전체의 약 40%가 서론으로 할애될 정도로 서론이 길다는 점이다. 서론에서 로이드 존스는 영적 침체라는 문제를 다루는 이유를 밝힌다. 이는 신구약 성도들이 겪은 일반적인 문제이자 양대 세계 전쟁을 경험한 그 당시의 시대적 상황과 깊은 관련이 있으며, 동시에 성도들의 기쁘거나 침체한 얼굴 표정이 복음 전도와 밀접한 상관이 있기 때문이라는 것이다.

그러고 나서 그는 영적 침체의 일반적 원인을 분석한다. 그가 첫 번째로 그리고 중심적으로 다루는 원인은 심리적인 상태, 즉 기질의 문제다. 그는 크게 '내향적인' 기질과 '외향적인' 기질로 나뉘는 이 차이가 영적 침체에 가장 큰 영향을 끼친다고 본다. 두 번째 원인은 육체적인 상태로, 여기에서는 영적 침체를 조장하는 특정 질병들이 언급된다. 그리고 마지막 세 번째 원인으로 우리 영혼의 대적 마귀의 존재가 제시된다. 마귀가 무궁무진한 방법으로 영혼을 공격하기 때문에 침체에 빠지는 것이며, 이를 한마디로 요약하면 불신앙이라는 것이다. 그러고 나서 간결하게 이에 대한 일반적 처방을 제시한다. 바로 자기 자신에게 성경적 진리를 선포함으로써 자기 영혼을 다스려야 한다는 제안이다. 로이드 존스는 시편 기자처럼 분연히 일어나 자기 자신에게 말하라고 하면서 첫 번째 설교의 결론을 맺는다.

이처럼 한 편의 설교에서 원인을 분석하고 해결책을 제시하는 구조 외에도, 다루려고 하는 중심 명제를 제시한 뒤 그에 대한 소극적인 접근을 제시하고 이어서 적극적인 접근을 시도하는 구조도 나타난다. 무엇이 아닌지를 보여주고 나서, 그렇다면 무엇이 정답인지를 제시하는 방식이다. 사실 그의 이런 독특한 접근 방식은 거의 대부분의 설교에서 발견된다. 그러므로 로이드 존스의 설교는 아주 치밀한 논리적 기반 위에 작성되어 있다고 결론 내릴 수 있다.

설교자를 위하여_모험과 도전

아주 오래전에 이 책의 원서를 읽었는데, 이번에 글을 쓰기 위해 다시금 살피면서 이 좋은 설교들을 나만 읽고 끝낼 수는 없다는 마음을 갖게 되었다. '영혼의 의사'로서의 면모를 유감없이 드러낸 이 설교들을 읽노라면, 영적 침체라는 질병이 유행처럼 휩쓸고 있는 한국 교회의 현실이 생각난다. 이 책이 널리 읽히고 사용되어, 한국 교회와 성도들이 영적 침체에서 회복되길 바라는 마음 간절하다. 개인적으로는 로이드 존스의 도움을 받아 내가 섬기는 강단에서도 이 주제로 설교하고 싶다는 강한 유혹을 받게 된다.

좋은 글을 쓰기 위해서는 많이 읽고 생각하고 써 봐야 하듯이, 이처럼 좋은 설교자가 되기 위해서는 좋은 설교를 가까이하여 그 설교를 통해 먼저 은혜를 받고, 그것을 연구하고 자신의 강단에서 활용하기를 겁내지 말아야 한다. 게으른 설교자의 부담을 덜어 주는 방안으로 남의 설교를 모방하라는 말이 아니다. "설교는 교회의 공유 재산"이라는 아우구스티누스의 말처럼 2천년 기독교의 풍부한 자산을 활용할 줄 알아야 한다는 입장에서 하는 말이다. 어떻게 보면 이 제안에는 오해의 소지도 있지만, 그저 새로운 지평을 여는 도움말로 들어 주기를 바란다.

비유로 말하자면, 땅도 있고 농사도 잘 짓고 있는 자영농에게 힘들게 농사짓지 말고 수입쌀을 사서 손쉽게 식구들을 먹이라고 말하는 것은 아니다. 다만 자기 땅도 없고 농사지을 연장도 능력도 없는 사람에게, 그대로 식구들과 함께 아사餓死하는 것보다는 뭔가 구걸을 해서라도 살길을 찾아보라고 권하는 것이다. 마치 가죽부대의 물이 다하여 목말라하는 이스마엘을 두고 "아이가 죽는 것을 차마 보지 못하겠다"라고 방성대곡하는 하갈의 심정으로 새로운 방안을 모색해 보라고 권하는 것이다(창 21:16). 하갈이 하나님께서 보여주신 "샘물을 보고 가서 가죽부대에 물을 채워다가 그 아이에게" 마시게 하듯이(창 21:19), 그런 이들은 이 책에 실린 설교를 통해 이 시대의 기갈 중에 있는 성도들을 도울 수 있을 것이다.

어떤 면에서 이 시대는 모든 직업이 분화된 시대다. 이전에 사람들은 땅을 소유하고 농사를 지어서 자녀들을 먹였고, 자기 땅이 없는 사람은 노동력을 팔아 남의 농사를 짓거나, 아니면 걸식을 해서라도 직접 자식들의 먹을거리를 마련했다. 즉 설교자가 곧 성경학자요 주석가였던 시대가 있었다. 그러나 지금은 모든 것이 전문화되고 세분화된 시대로,

성경학자도 있고 주석가도 있고 탁월한 설교자도 있다. 그렇다면 어쭙잖은 설교자로서 쓰레기 더미에서 먹을거리를 구해 자기 앞에 앉아 있는 성도들에게 먹이는 사역은 그만두어야 한다. 비록 주위의 비난을 받을지라도 "너의 저주는 내게로 돌리리니"라고 말하며 아들이 축복받기를 간절히 바라던 리브가의 심정으로 좋은 자료를 활용하기를 주저하지 말라고 권하고 싶다(창 27:13).

이것은 원리적인 입장이기도 하지만, 오늘날 한국 교회 강단의 현실에서 자신이 직접 설교 내용을 만들어야 한다는 이상적인 주문만 할 수 없다고 생각하기 때문이기도 하다. 이 책을 활용하려는 설교자들은 21편의 설교를 정독하고 대지와 소지로 설교의 구조를 분석한 뒤, 필요에 따라서는 구조를 바꾸기도 하고 청중의 수준을 고려한 리모델링도 해야 한다. 그럼으로써 영적 침체 상태에서 헤매는 청중들을 살려 내야 한다. 간절한 마음 자세로 좋은 재료를 소화해서 자기만의 설교를 시도하는 실제적인 노력이 뒷받침된다면, 다른 사람의 좋은 설교를 도용한다는 오해와 비난이 불필요해질 것이다.

평신도를 위하여

하지만 필자의 논지에 동의하는 설교자들이 있다 해도, 그들이 한국 교회 상황을 고려해 영적 침체에 대한 설교를 할 때까지 마냥 기다릴 수만은 없다. 사실 그런 기회를 만난다는 것은 정말 기적과 같은 일일 것이다. 로이드 존스는 모든 것에 대해 설명하고 싶어 하는 이지적인 영국인들을 앞에 두고 이 설교를 했다. 이 내용이 감정을 앞세우는 한국의 성도들을 향해 선포되기 위해서는 반드시 개작이 필요하다. 하지만 비록 당시 영국의 청중들을 향해서 행한 설교 그대로라고 해도 독자 자신이 직접 읽을 수만 있다면, 오늘날 한국 교회의 현실 속에 전염병처럼 만연한 질병인 영적 침체를 다스릴 수 있는 훌륭한 차선책이 될 것으로 생각한다.

영적 침체는 세상을 사는 성도들의 보편적인 문제다. 특히 우리는 과거 어떤 시대보다도 감동이 사라진 시대를 살고 있어, 영적 침체는 너무나 쉽게 우리를 찾아온다. 초목이나 사람이나 건강한 상태에서는 쉽게 질병에 노출되지 않지만, 쉼 없이 날아오는 돌팔매 아래에서 위축되어 살다 보면 영적 침체라는 이 질병은 스멀스멀 개인에게 다가오고 교회 공동체를 엄습하는 것이다. 이런 처지에서 어려움을 겪는 그리스도인들을 위한 최상의 처방으로, 이 21편의 설교를 읽고 성경적으로 자기 자신과 현실의 상황을 다시 살펴보는 것보다 더 나은 방법은 없을 것이다.

눈을 들어 영적 침체의 질병이 만연한 조국의 교회를 바라보면서 느끼는 안타까움이 크기에, 설교자들에게 그리고 평신도들에게 로이드 존스의 이 책을 강력히 추천하고 싶다. 아주 적절한 때에 이전과는 비교할 수 없는 탁월한 번역으로『영적 침체』가 다시 나오게 된 것은, 오늘날 한국 교회와 성도들의 처지를 긍휼히 여기시는 하나님이 주신 소중한 선물이라고 확신한다. 믿음이 들음에서 나는 것처럼, 치유는 읽음에서 시작된다고 확신한다.